KB260596

사회복지실천론

The practice theory for Social Welfare

사회복지 실천론

홍금자 · 천정환 · 박영숙 · 이혜영 · 정민숙 · 홍미기 · 신소정 지음

사회복지 전문출판 나눔의 집

최근 사회복지를 둘러싼 환경은 사회복지 종사자들이 적응하기 어려울 정도로 급격한 변화를 경험하고 있다. 기존의 대상자별 각종 복지문제는 물론, 양극화, 저출산, 고령화를 중심으로 한 사회 현상의 급격한 변화와 다원화, 전통적 사회복지 대상자에 부가하여 새터민이나 결혼 이주민, 성인후견인을 필요로 하는 장애인이나 노인 등과 같이 다양한 사회복지 대상자의 등장과 다문화 사회로의 돌입 등 많은 변화를 겪고 있다.

사회복지 서비스 대상자들의 복지 욕구 또한 매우 다양해지고 있어 서비스의 양 뿐 아니라, 클라이언트에 대한 권익보장이나 인권옹호, 임파워먼트 등 서비스의 질적 향상에 대한 요구도 점점 높아지고 있는 실정이다.

이에 대응하기 위한 사회복지계의 변화 또한 예외가 아니다.

먼저, 사회복지사 자격의 국가시험제로의 전환(2004년)과 이를 계기로 한 사회복지계 대학 커리큘럼의 공통화, 사회복지에 대한 지방자치단체의 역할 증대, 노인장기요양보험법의 제정 및 시행(2008년 7월)과 노인복지 서비스에 대한 시장 경쟁 체제의 도입 등이 대표적인 예라 할 수 있다.

이 같은 변화로 인해 사회복지사의 전문성에 대한 기대와 요구가 어느 때보다 절실히 요청되고 있다. 사회복지실천은 이러한 요청에 가장 잘 부응할 수 있는 사회복지 과목 중 하나이다.

사회복지실천 과목에서는 다양하고 다원화된 사회복지 대상자와 사회환경에 대한 이해, 클라이언트의 욕구 및 문제에 대한 사정과 개입방법을 비롯하여, 사회복지실천의 기본 요소인 가치 · 지식 · 기술 그리고 관련 이론 및 관점 등에 관해 학습하게 된다. 이 책에서는 위 내용을 담아내면서 특히, 통합적 사회복지실천을 적극적으로 소개하고자 노력했다. 통합적 사회복지실천은 전통적 사회복지실천과 달리, 개인 대 가족, 집단, 조직 등의 환경, 임상적 실천 대 사회행동, 미시체계와 거시체계와 같은 이분법적 접근을 지양한다. 오히려 이들 요소의 상호 관련성을 사회복지 전문직의 강점으로 적극 활용하는 접근법으로서, 인간 문제나 욕구의 사정 및 개입에 매우 유효한 것으로 알려져 있다.

집필자 모두 사회복지교육현장에서 직접 가르치면서 터득했던 핵심적 내용과 실천 경험을 본서에 충분히 반영하기 위해 많은 노력을 기울였지만, 여전히 부족한 부분이 많을 것이라 사료된다. 이 점 독자 여러분들의 지속적인 지도편달을 기대하며, 추후에도 계속 보강을 위한 노력을 기울이고자 한다.

끝으로 이 책의 출판을 맡아주신 나눔의 집 유보열 대표님과 관계자 여러분께 깊은 사의를 표한다.

2011년 12월

저자 대표 홍금자

차
례
Contents

제1장

사회복지실천의 개념과 특성

1. 사회복지실천과 관련된 사회복지, 사회복지 활동

최근 현대인들은 적응하기 어려운 정도로 급격한 사회적 변화를 경험하고 있다. 어제까지 유용하던 지식이 오늘은 무용지물이 되어 버리는가 하면, 하룻밤만 자고 나도 새로이 알아두어야 할 지식과 정보가 급격히 증가하고 있는 실정이다. 이는 사회복지를 둘러싼 환경 또한 예외가 아니다.

기존의 대상자별 각종 복지문제는 물론, 양극화, 저출산, 고령화를 중심으로 한 사회현상의 급격한 변화와 다원화, 전통적 사회복지 대상자에 부가하여 새터민이나 결혼 이주민 여성, 성인후견인[1]을 필요로 하는 장애인이나 노인 등과 같이 다양한 사회복지 대상자의 등장과 다문화 사회로 진입하는 등 많은 변화를 겪고 있다.

---

1 판단력이 미약한 장애인이나 노인 등의 재산관리, 사회복지서비스 수혜 및 기타 사회생활에 필요한 업무의 처리를 담당하는 사람

사회복지 서비스 대상자들의 복지 욕구 또한 매우 다양해지고 있어 서비스의 양 뿐 아니라, 권익보장이나 인권옹호 등 서비스의 질에 대한 요구가 매우 높아지고 있는 실정이다. 권익보장은 서비스 이용자뿐 아니라 서비스 제공자인 사회복지사들에게도 해당되는 문제로, 사회복지사들의 소진문제와 더불어 중요한 관심사로 부각되고 있다.

사회복지 요구가 다양해진 만큼, 이에 대한 사회복지의 내적 대응 또한 매우 발 빠르게 변화하고 있다. 먼저, 2004년부터 사회복지사 자격을 국가시험제로 전환함으로써 자타가 공인하는 질 높은 전문인력을 확충할 수 있게 되었고, 2003년 지역복지협의체의 출범을 법제화함으로써 지역복지 계획 수립을 통해 복지에 대한 지역총괄 시스템이 확보되었으며 지방자치단체의 역할이 증대되었다.

사회복지 인력 면에서도 기존의 대학 시스템에 더불어 새로이 사이버 대학이 대거 출현하게 되었으며 각 대학 내 사회복지학과의 신설 붐으로 인해 사회복지 지망생이 폭발적으로 증가하고 있고, 한국사회복지사협회는 물론 각 지회에 사회복지사들의 권익보장과 대변기관으로서의 기능에 대한 기대가 증대되고 있는 추세이다.

여기서는 사회복지실천과 관계 깊은 사회복지 및 사회복지 활동 그리고 사회복지학의 성립 등에 관해 설명하기로 한다.

1) 사회복지와 사회사업

사회복지 이전에는 사회사업이라는 용어가 사용되었다. 전문성, 과학성, 실천성을 특성으로 하는 "사회사업"은 영어의 Social Work에 해당되며, 역사적 발달과정 면에서 본다면 사회복지의 선행 형태라 할 수 있다. 그러나 사회사업을 협의로 한정하여 사용하는 경우에는 사회복지실천 체계를 의미하는 용어로 사용되기도 한다.

사회사업의 영역이 다양해짐에 따라 양적 확대뿐 아니라, 질적으로도 전문 분화되고 변화된 제도라는 의미를 포함한 개념으로 사회복지라는 용어를 사용하게 되었다. 이후, 우리나라와 일본에서는 사회사업을 사회사업학의 학문적 체계에서만 한정적으로 사용하고 있지만, 미국에서는 여전히 사회사업(Social Work)이라는 용어를 사용하고 있다.

(1) 사회복지

사회복지(social welfare)란, 사회(social)와 복지(wel+fare)라는 개념의 합성어이다. 웹스터(Webster)사전에 의하면, 복지(welfare)란 안정적이고 만족한 생활 상태를 의미한다. 구체적으로는 인간의 건강과 번영, 안녕(well-being)과 같은 인간의 행복한 생활과 평안을 의미하는 이념적 개념이다. 또한 사회(social)는 사람들과의 인간관계에 의한 공동체적 행위체계를 말한다(一番ヶ瀬康子, 1990).

따라서 사회복지는 "인간의 삶의 질을 향상시키기 위한 체계적이고 조직적인 사회의 노력"이라고 정의할 수 있다. 즉, 사회복지는 개인이나 집단이 지닌 심리 · 사회 · 경제적인 문제와 욕구를 해결하고 그들이 지닌 잠재능력과 사회적 기능을 향상시켜 모든 사람들이 행복하고 만족할 수 있는 생활을 영위할 수 있도록(Friedlander, 1980) 실현하기 위한 사회공동적 노력(Hoffman & Sallee, 1994)이며, 사회적 서비스나 시설 및 기관과 같이 조직화된 체계나 제도라 할 수 있다(Friedlander, 1980).

따라서 사회복지활동은 다음과 같은 특성을 가진다.

첫째, 사회의 공적 목적을 달성하기 위해 사회적 책임을 가지고 행하게 된다.

둘째, 공적 조직에 의해 행해지는 활동이다.

셋째, 인간의 소비 니드(요구)와 직접적인 관계를 갖는다.

넷째, 인간의 니드(요구)에 대해 통합적 관점에서 접근하고, 인간의 충족 되지 않은 니드(요구)를 기능적으로 충원하기 위해 노력한다.

다섯째, 이윤을 추구하지 않는다(Wilensky & Lebeaux, 1952).

(2) 사회복지의 대상

사회복지의 대상은 사람과 환경이다. 그러나 사람과 환경 자체가 직접 대상이 되는 것이 아니고, 생활 곤란 상황(생활문제)이 직접적 대상이 된다. 실제로, 사회복지 대상은 사회복지 서비스를 받는 사람을 대상자 별로 나누어 접근하는 경우와 사회복지 정책 대상인 사회문제 혹은 생활문제에 초점을 두어 접근하는 경우가 있다.

① 사회복지 서비스를 받는 사람을 중심으로 하는 대상

과거 사회에서는 복지 대상자로 누군가의 보호나 원조를 필요로 하는 빈민, 고아, 과부, 장애인, 고령자 등 사회적 장애를 가지고 있는 일부의 사람을 대상으로 했다. 그러나 오늘의 사회복지는 일차적으로는 상술한 대상자에게 관심을 가지면서 모든 국민을 대상으로 하는 보편적 사회복지로 바뀌고 있다. 현대사회에서는 본인의 의지와 관계없이 발생하는 많은 사회적 사건에 의해 누구나 사회복지 대상자가 될 수 있다고 생각할 수 있기 때문이다. 예를 들어, 2001년 뉴욕에서 일어난 9. 11 테러 사건은 본인의 의사와는 전혀 관계없이 일어나 이로 인해 돌연 부모님이나 형제 남편이나 아내를 잃은 가족들은 일시적 또는 장기적인 사회복지 대상자가 되지 않을 수 없게 되었다.

② 사회복지 정책의 대상인 사회문제 · 생활문제

사회복지 대상을 해결하려 하는 문제에 초점을 두고 접근하려 할 때 인간의 사회 · 생활문제나 사회적 요구에 관심을 갖게 된다.

베버리지(Beveridge)는 복지를 저해하는 생활상의 곤란으로 빈곤, 질병, 무지, 불결, 태만을 들고 이러한 곤란을 제거하는 것을 사회보장의 목표로 삼았다. 그러나 사회문제와 생활상의 곤란이라는 개념은 그 범위가 너무 넓고 포괄적이어서 사회복지의 고유성을 확립하는 데 한계가 있기 때문에 사회복지에서는 사회적 요구라는 개념을 사용하여 표현하고 있다.

사회적 요구는 '어떤 상황이나 상태가 일정 목표나 기준에 비추어 볼 때 부족한 상태를 말하며, 그 상태를 개선 · 회복할 필요가 있다고 사회적으로 인정하고 있는 것'을 말한다. 사회적으로 그에 대한 개선 및 회복의 필요성을 인정할 때 사회적 요구는 사회복지의 대상이 되는 것이다.

③ 사회적 욕구(social needs)

사회복지사업의 역사는 인간의 욕구에 대한 인식과 욕구를 채우기 위한 사회조직에 대한 이야기라고 할 수 있다. 사회적 욕구는 어떤 종의 상태가 '유익한 특정 자원'이나 '일정한 목표 및 기준'에서 판단할 때 '괴리 상태'에 있어 이 '상태를 회복 · 개선할 필요가 있다고 사회적으로 인정'한 것을 말한다.

사회적 욕구에 대한 여러 학자들의 개념 정의에 포함된 중요한 의미들을 모아보면 ① 문제, 결핍, 장애 등과 같은 상태가 존재한다는 점, ② '유익한 특정 자원', '일정 목표', '기준에서 볼 때 괴리' 등에서 '일정 이상의 수준이나 기준'이 설정되어 있다는 점, ③ 그 기준으로부터 판단해서 좋지 않는 상태로 그 기준이 고정적이지 않고 유동적, 상대적[2]이라는 점, ④ '판단', '사회적 인정'이라는 말에서 '가치 판단'이 포함되어 있다는 것, ⑤ '회복 · 개선할 필요'에서 괴리 상태가 좋지 않은 상태라는 것, ⑥ '사회적 인정'에서 사

회구성원들의 공통 인식을 필요로 한다는 점 등의 내용이 포함되어 있음을
알 수 있다.

(3) 사회적 욕구의 종류와 사회복지실천에의 적용

매슬로우(Maslow)는 인간의 개인적 욕구에 초점을 맞추어 욕구를 분류한 학자로서 인간의 기본 욕구를 생리적 욕구에서 가장 고차적 욕구인 자기실현의 욕구에 이르기까지 계층적으로 분류하였다. 그러나 복지국가에서 인간 욕구의 특징은 매슬로우의 욕구단계론에서와 같이 사회구성원들이 안전 욕구, 소속 욕구, 자아실현 욕구 등을 단계적으로 충족하기를 원하는 것이 아니라 이 같은 욕구들이 동시에 수평적으로 충족되기를 원한다(Allardt, 1973). 이러한 의미에서 사회복지실천에 있어서는 개인적 욕구뿐 아니라 사회적 욕구에 대한 사정 및 충족을 위한 지원과 노력이 요구되는 것이다.

사회적 욕구에 대한 분류법은 매우 다양하지만 보건 · 의료 · 복지와 같은 휴먼 서비스 영역에서는 비교적 브래드쇼(Bradshaw)의 분류가 많이 인용되고 있다. 브래드쇼는 사회적 욕구를 규준적 욕구(normative need), 정서적 욕구(felt need), 표명된 욕구(expressed need), 비교 욕구(comparative need) 등 4가지로 분류하였다.

---

2 "기본적 욕구(basic human needs)"나 "보편적 욕구(universal human needs)"는 인간에게 공통된 보편적, 기본적 욕구이므로 고정적인 것이라 생각할 수 있지만 이들 욕구 또한 실제로는 사용하는 시점에 따라 '살아남기 위해 필요한 최소한의 것', '신체적 · 정신적 · 문화적 충족', '기회 평등' 등 그 범위를 몇 가지로 나누어 생각할 수 있으며 그 범위는 시대나 문화, 사회, 정세 및 법률이나 정책의 개정에 의해서도 변화될 수 있기 때문에 고정적이라 보기 어렵다는 것이다.

2) 사회복지학의 성립

　사회복지학은 제2차 세계대전 후 20세기 복지국가가 전개되는 과정 중 사회복지가 발전하면서 확립된 비교적 젊은 학문이다. 사회복지학은 사회복지에 관한 종합적이고도 실천적인 학문으로 복지 욕구를 가진 사람들의 생활상의 자립을 지원하는 데 동원되는 물심양면의 서비스를 포함하는 실천적 과학이며, 아동, 장애인, 노인 등으로 구별되는 대상별 분야 각론과 함께 정책적, 행정적(경영적), 임상적 영역의 세 가지 구성요건으로 성립되는 종합적인 과학이다. 또한 사회환경에서의 개인, 집단, 가족을 이해함과 동시에 지역사회 및 행정에 따른 관계 이론의 연구와 함께 현장실습을 통하여 우리나라 사회복지의 발전과 사회복지실천을 도모하는 학문이다.

　이러한 의미에서 사회복지학은 사회철학을 비롯하여 사회학, 심리학, 의학 등의 기초과학을 기반으로 하면서 보건학, 교육학, 행정학, 경제학, 경영학 등 인접영역의 모든 학문적 성과를 받아들여 체계화해 나아가야 할 학제적 과학, 또는 복합적 과학이라 할 수 있다.

　엄밀하게 사회복지학이 하나의 독립된 학문영역으로 성립될 수 있는가 없는가에 대한 논쟁이 있긴 하지만, 적어도 유럽이나 일본 등의 선진국에서는 복지 서비스의 증대나 복지 서비스의 확충 등 사회복지실천이 진전되면서 사회복지 교육이나 연구의 축적이 이루어져 왔기 때문에 사회복지 연구가 분명히 독립된 학문영역으로 성립되어 가고 있다는 것은 의심할 여지가 없다(京極高宣, 1994).

　이렇듯 사회복지학은 결코 완성되었거나 고정된 학문이 아니라 지금도 발전을 거듭해가고 있는 학문이다. 이는 휴먼서비스 영역 원조 전문직들의 근거 학문인 상담학이나 간호학도 예외가 아니며, 인간을 대상으로 한 학문의 공통적 특성이기도 하다.

사회복지학이 완성된 학문이 아니라 발전해 가는 학문이기 때문에 더욱이 사회복지학을 규명하고 발전시키는 데 사회복지사는 물론 예비 사회복지학도들과 학자 모두가 주체적으로 참가하여 함께 생각하고 솔직한 의견을 나누지 않으면 안 된다. 사람들의 생활문제 하나하나를 현대적 사회문제로 삼고 그 원인 및 해결방안을 사회과학적 차원에서 모색해 나가야한다.

(1) 사회복지학과 전문직과의 관계

사회복지와 사회복지학과 사회복지사라는 전문직은 서로 분리할 수 없는 관계에 있기 때문에 사회복지사의 전문성 문제는 사회복지와 사회복지학과 순환적인 관계에 있다고 할 수 있다. 이러한 차원에서 볼 때, 사회복지사의 전문성 강화를 위한 노력의 한 축은 장기적인 차원에서 사회복지학의 학문적 완성도와 크게 관련된다고 본다. 따라서 한국 사회복지학의 지속적인 자기 성찰 및 학문적 역량강화 노력이 매우 중요할 것으로 본다(강철희, 2005: 147~175).

그러므로 학문적 차원의 상호비판을 수용하고, 각자의 사상과 의지에 기초한 실천방향과 방법을 찾아가야 한다. 또한 다학문적, 학제 간(Germain, 1984: 212~213), 학제 초월적(최송식, 1998) 의견을 다양하게 수렴하여 사회복지학의 정립을 위해 발전적으로 반영해 갈 수 있어야 한다. 이러한 과정을 통해 조금씩 우리의 이론을 정립해 갈 때, 명실공히 사회복지학은 학문으로서의 완성도를 확고히 해 갈 수 있을 것이다(홍금자 외, 1997: 31).

(2) 사회복지와 사회복지사

사회복지 인력은 초기에는 사회사업가 또는 사회사업종사자라는 명칭으로 호칭되었다. 이어 1985년 사회복지사업법 개정을 통해 사회복지사로 개칭되어 오늘에 이르고 있다. 동년 개정 사회복지사업법에 의해 사회복지사 자격증 교부의 근거가 마련되었는데, 1급 사회복지사의 경우 처음에는 무시험 검정에 의해 교부되다가 2003년부터 국가자격시험제로 전환하게 되었다.

사회복지사업법에 의하면 사회복지사란 사회복지사업의 전문지식과 기술을 가진 자(제11조)로, ① 사회복지 프로그램의 개발 및 운영, ② 시설 거주자의 생활지도 업무, ③ 사회복지를 필요로 하는 자에 대한 상담업무 수행 등 사회복지서비스 제공을 주된 업무로 수행하는 전문직이다.

(3) 사회복지와 사회복지 업무

동법에서 사회복지서비스는 국가 · 지방자치단체 및 민간 부문의 도움을 필요로 하는 모든 국민에게 상담 · 재활 · 직업소개 및 지도, 사회복지시설의 이용 등을 제공하여 정상적인 사회생활이 가능하도록 제도적으로 지원하는 것이라고 규정하고 있다.

또한 동법은 사회복지사업을 목적으로 설립된 사회복지법인과 시설 및 기관에서 사회복지사를 채용하도록 규정하고 있다. 사회복지사업이란 국민기초생활보장법과 아동복지법 등을 비롯한 16개 항목의 법률에 의한 보호 · 선도 또는 복지에 관한 사업과 사회복지상담 · 부랑인 및 노숙인보호 · 직업보도 · 무료숙박 · 지역사회복지 · 의료복지 · 재가복지 · 사회복지관 운영 · 정신질환자 및 한센시 병력자의 사회복귀에 관한 사업 등 각종 복지사업과 이와 관련된 자원봉사활동 및 복지시설의 운영 또는 지원을 목적으로 하는 사업을 말한다고 규정함으로써, 사회복지사의 업무를 구체적으로 제시하고 있다.

(4) 사회복지사의 활동영역

바커가 제시한 사회복지사의 세 영역의 전문적 업무[3]를 소개하면 다음과 같다(Barker, 2003).

제1은 임상적 실천영역으로, 심리요법(Psychotherapy)이나 집단요법(Group Therapy), 그룹워크(Social Group Work), 부부/가족치료(Family and Marital Therapy), 기타 다양한 종류의 상담기법 등을 활용한 실천을 주로 한 업무이다.

제2는 비임상적 실천영역으로, 예를 들면 자원봉사자들을 관리 감독하거나 협회 전문가와 협의하는 등 비임상적 서비스를 제공하거나 훈련집단(Training Group)이나 세미나, 독자적인 조사 연구(Independent Research) 등을 실시한다.

제3은 사업과 관련된 영역으로, 이익을 목적으로 한 장기요양보험사업이나 사회복지와 관련된 다양한 사업을 시행한다고 밝히고 있다.

바커의 전문적 업무 분류는 한국 사회복지사의 전문적 업무영역을 규정하는 데 많은 참고가 될 것이라 생각된다. 또한 전문적 업무에 따른 업무지침이나 매뉴얼도 작성, 비치하여 신진 사회복지사들이 참고하면서 업무에 임할 수 있도록 도움을 줄 것이 요구된다.

이는 바로 2008년부터 시행된 노인장기요양보험법(이하 보험법) 시대에 대한 대비이기도 하며 보험법 시행과 동시에 증가하게 될 개업사회복지사의 출현에 대한 현명한 대비책이 될 것이라 사료된다.

현재 한국에서의 사회복지사의 활동영역으로는 사회복지전담공무원으로 대표되는 공적 사회복지영역, 아동복지, 노인복지 등 여러 분야에 걸친

---

3 이는 미국 개업사회복지사(Private Practice)의 업무를 중심으로 바커가 분류한 것임.

민간사회복지기관 영역, 의료사회복지사나 정신보건사회복지사와 관련되는 보건의료영역, 학교사회복지사, 자원봉사활동관리전문가, 교정사회복지사, 군사회복지사, 산업사회복지사 등에 의해 수행되는 확장영역 등이 있으며 사회복지사는 이들 영역에서 전문성을 발휘하며 활동하게 된다.

2. 사회복지실천(Social Work Practice)

사회사업은 역사적 발달과정 면에서 볼 때 사회복지의 선행형태로 정의되지만, 사회사업을 협의로 한정하여 사용하는 경우에는 사회복지실천 체계라는 의미로 사용되기도 한다. 따라서 그동안 사회복지 분야에서 사용되던 사회사업(Social Work), 케이스워크(Social Casework), 임상사회사업(Clinical Social Work), 통합적 사회사업(Generic Social Work) 등을 대신하는 용어라 할 수 있다.

사회복지실천은 원초적인 단계에서는 비교적 미분화 상태에서 시작되었다. 실천분야가 분화됨에 따라 케이스워크(Social Casework), 그룹워크(Social Groupwork), 지역사회조직사업(Community Organization; CO)이라는 세 가지 방법론을 중심으로 발달하게 되었다. 이 세 가지 방법론의 분화를 거쳐 이에 대한 비판적 관점에서 통합이론이 나오게 되었고, 통합적 접근으로부터 사회복지실천(Social Work Practice)이라는 용어가 사용되기 시작했다. 케이스워크 대신 개인을 대상으로 한 사회복지실천(Social Work with Individuals), 그룹워크 대신 집단을 대상으로 한 사회복지실천(Social Work with Group), CO 대신 지역을 대상으로 한 사회복지실천(Social work with Community)이라는 용어를 사용하게 된 것이다. 이 중에서도 사회복지실천이 직접적으로 이루어지는 개인(case),

집단(group), 가족(family)을 대상으로 한 사회복지실천활동을 일컫는 개념으로 통용되게 되었다.

본 장에서는 초기 사회복지실천론에 대한 이해 없이 현재의 사회복지실천을 이해하기 어렵다고 생각되기 때문에 분화된 방법론에 관해 간단히 설명함으로써 그 이해를 돕고자 한다.

1) 케이스워크

케이스워크라는 용어가 정식으로 사용된 것은 1878년 전미 자선교정회의에서였다. 이후, 케이스워크는 사회사업방법론 중 가장 빨리 이론화가 진행되었으며 리치몬드는 최초로 이를 체계화한 인물로 유명하다.

사회복지실천이라는 용어는 1970년 메이어(Meyer)가 최초로 사용한 것으로 알려져 있지만, 최초의 정의는 1915년 리치몬드(Richmond)에 의해 행해졌다고 할 수 있다. 케이스워크의 어머니로 불리는 리치몬드 시대에는 사회복지에 케이스워크 밖에 확립되지 않았기 때문에 케이스워크가 사회복지실천을 대표했던 것이다.

(1) 케이스워크에 대한 학자들의 정의

① 리치몬드(Richmond)의 정의[4]

케이스워크란 '개인과 사회환경 간 개별적·의식적 조정을 통해 그 사람의 인격 발달을 도모하는 제반 과정이다'라고 정의했다. 즉, 리치몬드는 케이스워크의 특질을 개별화, 의식적 조정, 인격 발달 및 과정이라는 말로 표현하고 있다. 이를 구체적으로 살펴보면 다음과 같다.

---

4 Richmond, E. (1992), *What is a Social Casework?*, New York: Russell Sage Foundation, pp. 98~99.

첫째, 사회복지사는 개인을 대상으로 한다. 즉, 개인의 문제, 개인의 행복이나 조정이 목표가 된다.

둘째, 케이스워크의 조정은 의식적인 것이다. 즉, 사회복지사가 활용하는 수단방법은 합리적 기초 위에 사회사업가에 의해 의식적으로 사용된다.

셋째, 케이스워크의 목표는 조정이 아닌 개인의 인격발달에 있다. 즉, 개인에게 참된 의미를 지니게 하는 계속적이며 효과적인 조정을 통해 개인의 능력을 발휘하게 함으로써 궁극적으로는 개인의 인격 발달을 도울 수 있어야 한다.

끝으로, 케이스워크는 여러 과정을 통해 이루어진다. 케이스워크는 연속적인 과정으로, 일반적으로 조사 · 진단 · 치료의 과정을 거치며, 각 과정들은 상호 밀접하게 관련된다.

리치몬드는 또한 케이스워크를 "다양한 사람을 위해, 다양한 사람과 함께 클라이언트의 복지와 사회적 개선을 동시에 달성할 수 있도록 그들과 협력해서 여러 가지 일을 실시하는 기술로, 인간과 사회환경 사이에 개별적 · 의식적 조정을 통해 인격을 발달시키는 제 과정으로 성립된다"고 정의하였다.

"다양한 사람을 위해"에서는 사회복지실천의 대상에 대해 생활문제를 가지고 있는 사람이 다양하고 복잡하게 존재하고 있다는 것을 시사하고 있다.

"다양한 사람과 함께"에서는 사회복지실천이 다 직종의 사람들과 팀을 짜서 실천하는 전문직이라는 것을 강조하고 있음을 알 수 있다.

"클라이언트의 복지와 사회적 개선을 동시에 달성할 수 있도록"에서는 사회복지실천의 목적에 관해 언급한 부분으로, 클라이언트 개인의 문제 해결을 통해 개인의 행복을 지원함과 동시에 사회구조적인 문제도 개선해야 한다는 것을 강조하고 있다. 이 목적은 "인간과 사회환경 사이에"라는 말로 구체화되어 지금도 사회복지실천의 개입영역을 나타내는 말로 통용되고 있다.

"그들과 협력해서"에서는 대상자를 단지 서비스를 받는 수동적 존재로 보지 않고 사회복지사의 협력자와 파트너로 인정하고 있다는 것, "여러 가지 일을 실시하는 기술"에서는 사회복지의 영역이나 범위가 매우 넓다는 것을 의미하고 있다.

리치몬드의 이 같은 정의는 가장 고전적이지만 지금도 계속 인용되고 활용되고 있는 훌륭한 정의로 대표되고 있다.

② 보어스(Bowers)의 정의

케이스워크란 사회복지사가 클라이언트와 그 환경의 전체 또는 일부 간에 보다 나은 적응을 지원하기 위해, 각 개인이 지닌 내적인 힘과 사회자원을 동원하기 위해 그의 인간관계에 관한 과학적 지식 및 대인관계 기능을 활용하는 기술(arts)이다.

보어스의 정의의 특징은 '전문적 대인관계 조정'과 '인간관계에 대한 지식이나 기능'을 강조했다는 점이다. 또한 케이스워크를 예술과 같은 의미의 기술이라는 말로 표현함으로써 사회복지사에 따른 기술의 차이를 시사하고 있다. 보어스가 케이스워크를 사람과 사회환경 간의 조정활동이라고 본 점은 리치몬드와 유사하다.

③ 펄만(Perlman)의 정의

펄만은 케이스워크를 사람들이 사회적으로 기능하는 데 있어 그들의 문제에 보다 효과적으로 대처해 나갈 수 있도록 원조하기 위해 사회사업기관에서 활용하는 하나의 과정이라고 정의했다.[5]

---

5 Perlman, H. H. (1957), *Social Casework: A Problem-solving Process*, Chicago: University of Chicago Press, pp. 164~165.

이 정의는 첫째, 사회복지사를 사회사업기관의 기능과 관련시켰다는 점,
둘째, 클라이언트를 사회적으로 기능할 수 있는 주체적 존재로 보았다는
점, 셋째, 개념 정의를 통해 케이스워크를 구성하는 기본 요소인, 4P[6]의 개
념을 명확히 했다는 점을 특색으로 들 수 있다. 펄만의 4P는 사람, 문제,
장소, 과정으로서, 먼저 사람(Person)은 생활상 정서적·사회적인 어떤
면에 도움을 받을 필요가 있다고 스스로 인정하거나, 받을 필요가 있다고
전문가에 의해 판단된 어떤 사람을 말한다. 문제(Problem)는 어떤 욕구,
장애, 욕구불만이나 부적응 상태 또는 이 모든 것들이 복합적으로 얽힌 상
태를 말한다. 장소(Place)는 사회시설, 또는 기타 여러 종류의 복지기관
및 부서를 말한다. 과정(Process)이란 원조를 전문적으로 하는 사람과 클
라이언트 간에 진전되는 업무로, 의미 있는 인간관계 및 상호작용을 통해
진행되는 일련의 문제해결 작업을 말한다.

그러나 실제에 있어 케이스워크는 위 네 가지 요소들이 통합적으로 결합
된 총체적 개념으로, 네 요소가 분리되어 형성된 구성적 개념은 아니다.

(2) 케이스워크의 특성 및 개념

앞에서 논한 세 사람의 대표적인 정의를 통해 케이스워크의 공통적 성격
및 특성을 정리하면 아래와 같다.

① 자기 스스로 해결하기 곤란한 문제를 가진 개인 및 그 가족이 대상이
   된다.
② 문제에 대한 과학적 인식과 전문적 기술을 가진 전문가에 의해 실시
   된다.
③ 개별적으로 이루어진다. 즉, 대상에 따라 방법이 달라진다.

---

6 "A Person with a problem comes to a place where a professional representative helps
   him by a given process."라는 문장 안에 4P가 모두 포함되어 있다.

④ 환경에 대한 적응과 인격의 성장 및 발달을 돕기 위한 의식적 노력이
  지속된다.
⑤ 사회복지사와 클라이언트와의 인간관계가 중시된다. 즉, 개별 사회
  사업가와 클라이언트의 협동적인 활동이다.
⑥ 케이스워크에는 과정이 있다.
⑦ 예방보다 조정이나 치료에 중점을 둔다.
⑧ 개인과 그 사회환경과의 상호작용을 중시한다.

이를 종합해 볼 때 케이스워크는 자기 스스로 해결하기 어려운 문제를
가진 개인과 그 가족을 대상으로 이들 문제에 대해 과학적 지식과 전문적
기술을 가진 전문가가 개별적으로 행하는 실천활동이라 정의할 수 있다.
케이스워크에서는 사회복지사와 클라이언트의 인간관계를 중시하며 예방
보다는 재조정이나 치료에 중점을 둔다.

2) 사회복지실천

급격한 사회 변동에 의해, 발현하는 사회문제나 그 해결에 대한 사람들
의 욕구가 매우 다양하고 복잡해지자, 케이스워크에 의한 대처만으로 한
계를 느끼게 되었다. 여기에 체계이론이나 생태이론 등 이론의 발전에 힘입
어 케이스워크나 그룹워크와 같은 사회복지 방법을 통합한 사회복지실천
이라는 용어를 사용하게 되었다.

(1) 국제사회복지사연맹(The International Federation of Social Workers; IFSW)

사회복지실천(Social Work Practice)은 그 목표를 사회적 변혁의 촉진,

인간과 관련된 문제의 해결, 인간의 복리를 증진하기 위해 권한강화(Empowerment)와 해방(Liberation)을 촉진하는 데 둔다.

사회복지실천은 개인과 사회의 가치, 사회사업과 관련된 제이론 및 실천이 상호 관련된 체계로, 인간의 행동과 사회체계에 관한 제이론을 이용하여 인간과 그 환경이 상호 영향을 주고받는 접점에 개입하게 되며, 인권과 사회정의의 원리를 근거 기반으로 삼는다. 사회복지실천은 또한 다양한 형태로 행해지며 인간과 환경 사이의 다양하고 복잡한 상호작용에 관여하게 된다. 사회복지실천은 모든 인간이 지닌 가능성을 충분히 발전시키고 그 생활을 풍요롭게 하고 나아가 기능부전을 방지하는 것을 그 사명으로 하며, 전문직으로서의 사회복지실천의 초점은 문제해결과 변혁에 있다.[7]

(2) 사회복지실천의 특성

사회복지실천(사회복지의 선행형태인 사회사업과 그 실천을 포함)이 다른 인간봉사 영역과 구별되는 점은, 먼저 사회복지실천의 초점을 인간과 환경의 쌍방에 맞춘다는 점을 들 수 있다. 인간, 환경, 상황 속의 인간이라는 실천 대상이, 다른 대인원조법인 심리요법이나 상담 등과 명확하게 구별되는 사회복지실천 고유의 시점이 된다는 것이다(平山尙, 2002). 따라서 사회복지실천은 클라이언트의 욕구와 문제를 해결하기 위한 해결방안으로, 개인 및 가족을 대상으로 한 대인원조는 물론, 사회자원의 발굴과 동원과 연계에 많은 시간과 노력을 투자하게 된다.

둘째, 다원적 사회복지실천 기술을 활용한다는 점이다.

임상심리사나 심리상담가와 간호사는 직접적 대인원조 기술에 의존하여 다양한 실천활동을 전개하지만, 사회복지사는 상기한 바와 같이 직접적

---

7 이는 2000년, 국제사회복지사연맹(IFSW)이 몬트리올 총회에서 채택하고, 세계적으로 이를 공유하기로 한 정의이다.

실천기술 외에 간접적 실천기술 및 관련 기술들을 통합적으로 활용한다는 점에서 구별된다. 더욱이 사회복지 욕구가 다양화, 다원화됨에 따라 네트워크나 케어 매니지먼트 등 관련 기술의 활용도가 점점 더 높아지는 추세여서 그 차이는 더욱 더 커질 전망이다.

셋째, 사회적 변혁과 인간의 권한강화 및 해방을 목표로 한다는 점이다.

다른 휴먼서비스 영역 또한 인권을 기본 이념으로 실천활동을 전개한다는 점에서는 공통적이다. 그러나 사회복지는 클라이언트의 권익을 위해 주요 실천기술은 물론, 사회행동(Social Action)이나 사회운동(Social Movement)을 활용하여 클라이언트의 대변자적 역할을 구체적으로 수행해 나간다는 점에서 다른 휴먼서비스 영역과 명확히 구별된다.

넷째, 사회복지는 실천목적에 있어 치료적·문제해결적 목적이나 예방적 목적 이외에 건설적 목적을 지닌다는 점에서 다른 휴먼서비스 영역과 구별된다. 건설적 목적은 모든 사람들이 자신이 지닌 가능성과 능력을 최대한 신장·발휘할 수 있게 하는 사회를 만들어 가는 데 중점을 둔다. 이는 지역주민들의 다양한 요구를 파악하고 이에 부응할 수 있는 창조적인 서비스나 프로그램을 창안·기획하고 이를 운영하기 위해 기금을 모으고, 계획한 것을 실행에 옮기는 일련의 과정인 지역복지사업 등을 통해 달성된다. 이러한 과정을 통해 발휘되는 사회복지사의 적극적인 도전의식과 리더십(Leadership) 또한 다른 휴먼서비스 영역과 구별되는 특성이라 할 수 있다.

(3) 사회복지실천의 정의

사회복지실천은 여러 사람들과 함께 협력하여 다양한 사람들의 행복과 사회 개선을 위해 다양한 기술을 활용하여 지원하는 활동(김융일, 1995)이며, 인간의 삶의 질 향상을 위해 개인, 소집단, 가족 또는 지역사회 문제와 욕구에 권한부여적인 문제해결방법을 사용하는 종합적인 전문활동이다(양옥경, 2000). 사회복지실천은 인간과 그를 둘러싼 사회환경 간의 부작용이나 갈등을 해소하여 개인의 욕구를 충족시켜 주고 사회의 규범에 적응하도록 도와주는 것을 목적으로 한다(김융일, 1995).

사회복지실천은 전문적 기술인 ① 개인, 집단, 가족을 대상으로 한 직접적 실천기술과, ② 지역사회(Community Work)실천기술을 비롯한 사회복지조사법(Social Work Research), 사회복지운영관리(Social Administration), 사회복지계획법(Social Planning), 사회행동 등의 간접적 실천기술, ③ 케이스, 케어 매니지먼트, 네트워크, 슈퍼비전, 전문가와의 협의, 상담 등 관련 실천기술을 통합하여 활용하는 방법론이라 할 수 있다.

(4) 사회복지실천의 개입 수준

사회복지실천은 아래 세 수준에서의 대처가 요구된다.

① 미시 수준(micro level)

개인이나 가족, 그룹을 대상으로 하는 개입 수준을 말하며, 개인이나 가족을 대상으로 하는 경우를 케이스워크, 그룹을 대상으로 하는 경우를 그룹 워크라 한다.

② 중간 수준(meso level)

학교나 탁아소·유치원, 병원, 복지기관이나 단체, 경찰, NPO, 법인이나 자원봉사단체, 반상회, 근린 등을 대상으로 한다.

③ 거시 수준(macro level)

관계 기관의 협동이나 조직화 및 주민의 조직화를 목표로 하며 이러한 실천을 지역복지(community work)라 한다. 교육위원회나 복지기관, 정부 등의 제도나 정책을 대상으로 하며 보다 좋은 교육제도·시책을 위한 개혁활동 등이 포함된다. 이외에 복합적 요구를 가진 개인이나 가족을 지원할 경우에는 위 세 수준에서의 동시적 접근이 요구되는데, 이러한 사회복지실천을 케이스 매니지먼트(case management)라 한다.

(5) 사회복지실천의 목적과 목표

사회복지실천은 사람들의 문제해결 및 처리능력을 향상시키며, 사람들을 자원과 서비스와 기회를 제공하는 체계와 연결시키고, 그런 체계들의 효과적이고 인도적인 운영을 증진시키며, 사회정책을 개발하고 개선하는 데 공헌하는 것을 목적으로 한다. 이러한 목적을 달성하기 위해 헵워스와 라센(Hepworth & Larsen)의 주장을 중심으로 사회복지실천의 목표에 대해 구체적으로 제시해 보기로 한다.

첫째, 사회복지사는 개개인의 문제해결능력과 대처능력을 향상시켜 이를 효과적으로 사용할 수 있도록 돕는다.

사회복지사의 원조를 필요로 하는 사람들은 대체로 혼자 대처하기 어려운 문제를 가지고 있거나 자신의 대처능력이 한계에 달한 사람들이거나, 생활과업을 처리하지 못해 신체적·정서적·경제적·사회적 문제로 인해 고통 받고 있는 사람들이다. 이들을 위해 사회복지사는 ① 클라이언트가 자신의 문제를 말로 표현하고 새로운 관점에서 볼 수 있도록, ② 문제해결에 대한 방법을 여러 각도에서 검토하도록, ③ 의사결정에 필요한 정보를 제공하여 개선방법을 찾을 수 있도록, ④ 자신이 지닌 강점을 인식하여 자신의 대처능력을 높일 수 있도록 지원하고, ⑤ 자기 인식을 촉진하고 문제를 해결할 수 있는 방법과 대인관계 형성 방법 및 기술을 가르치는 등의 개입활동을 하게 된다.

둘째, 클라이언트가 사회자원에 관해 잘 알 수 있도록 자원에 대한 정보를 제공하고 필요한 자원을 얻을 수 있도록 지원한다.

자원이 필요함에도 불구하고 비공식적, 공식적 사회적 자원체계와 연결되지 못하는 것은 클라이언트가 자원의 존재를 모르거나 자신에게 어떤 자원이 필요한지 그 필요한 자원이 어디에 있는지 등에 대한 정보에 어둡거나, 이용하는 것을 주저하거나, 자신의 요구를 충족시킬 수 없다고 생각하고 있거나, 필요한 자원체계가 결여되어 있기 때문이다. 그러므로 사회복지사에게 있어 도움을 필요로 하고 받을 자격이 있음에도 이를 모르고 있는 사람을 찾아내는 과업은 매우 중요하다. 이들을 찾아내게 되면 자원에 대한 정보를 제공하고 자원을 얻을 수 있는 자격이나 자원을 얻기 위한 절차에 대해 알려주고 자문하며 체계의 상반된 요청이나 신청조건 등에 관해 협의하게 된다. 이때 사회복지사는 클라이언트와 사회자원을 묶는 중개자의 역할을 한다. 예를 들어, 치매노인을 돌보는 데 어려움을 겪고 있는 가족을 대상으로 어디서 상담을 해주는지 치매노인 전문 치료시설로는 어떤 시설이 있는지 등에 관한 정보를 제공하게 된다.

이러한 정보를 제공함으로써 클라이언트로 하여금 현실과 대결하게 하여 안이한 상태에서 벗어나 변화할 수 있도록 동기를 부여하고, 생활과업을 수행하는 기술을 지도하여 스스로 문제를 해결할 수 있는 능력을 키우며, 이미 연결된 자원을 좀 더 효과적으로 이용하도록 지원할 수 있다.

클라이언트가 필요로 하는 사회자원이 존재하지 않거나 혹은 극도로 부족한 경우에는 사회복지사는 사회자원의 개발자 역할을 하기도 한다. 그러나 새로운 사회자원을 만들어 내는 것은 쉬운 일이 아니어서 사회복지사의 상상력, 창조력, 행동력, 정치력 등이 요구된다. 그러므로 사회자원의 개발에 참여하는 사회복지사는 사회자원에 공적인 기관이나 시설뿐 아니라 복지에 관심 있는 자원봉사자 · 시민 단체 · 회사 · 노동조합 · 교회 · 사찰 등도 포함된다는 사실을 받아들여 적극 활용하는 것이 바람직하다.

셋째, 대인관계 교류를 촉진할 수 있도록 지원한다.

인간의 삶의 질은 자신이 살아 온 사회환경과 대인관계의 질에 의해 결정되는 경우가 많다. 예를 들어, 가족·직장·학교 내에서 대인관계 갈등은 긴장감을 높여 삶의 질을 저하시키는 주요한 원인이 되는 경우가 많다.

사회복지사는 가족 내 커뮤니케이션을 촉진하여 학교·교사·부모·아동 간 협력체제를 구축할 수 있도록 지원하기도 하고 직장 동료들 사이에 보다 좋은 협력체제를 형성하여 서로 지지할 수 있도록 지원하는 등 폭넓은 활동을 하게 된다.

또한 자원체계 내 사람들 사이의 상호작용을 촉진시키며 서로 간의 관계를 수정하거나 수립하는 활동을 전개하기도 한다. 사회복지사는 비공식적, 공식적 자원체계와 사회체계로 하여금 회원들의 욕구를 충족시키고 자원공급 능력을 향상시킬 수 있도록 지원하기 위해 자원체계 내 사람들 사이의 상호작용을 촉진시키며 서로 정서적인 지지와 애정 관계를 형성할 수 있도록 지원하며 갈등과 논쟁을 처리하거나 그러한 기술을 훈련하는가 하면 클라이언트의 대변자적 활동을 하기도 한다. 회원들의 무관심, 갈등, 의사소통의 결핍, 적절하지 못한 결정 등으로 생길 수 있는 불화를 처리, 수정할 수 있도록 사람들 간의 업무관계를 재조정하기도 한다.

넷째, 사회 내 여러 조직들이 사람들의 요구에 부응하는 조직이 될 수 있도록 개혁에 앞장선다.

사회복지사는 자신이 근무하는 조직 자체는 물론, 사회 내 여러 조직들을 이용자가 가능한 한 사용하기 쉽게 개혁을 진행시켜 나간다. 사회복지사는 자신이 근무하는 사회복지기관이나 시설의 정책·규칙·관습 등이 클라이언트에게 이익이 되도록 고려되어 만들어져 있는지를 음미하고 안으로부터 개혁을 실시할 책임을 진다. 예를 들어, 복잡한 서비스 신청, 서비스를 받을 때까지의 긴 대기 시간, 클라이언트의 편의가 고려되지 않은 시설이나 기관의 운영 시간 등에 대한 개혁을 들 수 있다. 사회복지사는 클라이언트를 대변하여 클라이언트의 권익을 옹호하는 대변자적 입장에서 자신의 기관과 시설을 평가할 수 있어야 한다. 이를 위해 서비스에 대한 클라이언트의 반응을 설문조사 등을 통해 파악하고 있을 필요가 있다.

다섯째, 조직 간 교류 · 협력을 촉진한다.

이 목적을 완수하기 위해 사회복지사에게는 조정 · 중개 · 정보 발신 등의 기능을 완수할 것이 요구된다. 예를 들어, 케어 매니저가 의료기관, 교육기관, 복지기관의 관계 직원을 모아 사례회의를 통해 케어 매니지먼트에 대한 계획을 세우고자 할 때 각 조직 간 갈등이나 직원들 각각의 역할에 대한 불이해나 개성의 차이로 인한 인간관계 갈등 등을 파악하여 이를 중재하고 대화를 진행시켜 나갈 수 있도록 지원할 것이 요구된다.

여섯째, 사회정책이나 환경정책을 개발하고 수정하기 위해 노력한다.

개별 클라이언트와 일하는 사회복지사라 하더라도 인간의 삶의 질을 개선하는 데 도움이 되는 사회정책이나 환경정책의 발전을 위해 적극적으로 활동할 책임을 진다. 또한 사회복지사는 사람들의 문제에 영향을 미치는 사회문제에 참여해야 할 책임을 지며 사회체계 내 사람들이 클라이언트나 잠재적 클라이언트에게 좀 더 책임 있게 일할 수 있도록 영향을 주고 압력을 행사할 책임을 진다.

개인, 가족, 집단, 지역사회의 문제의 예방과 개선은 적절한 사회정책과 환경정책에 대한 입법과 시행에 의해 가능해진다. 사회복지사는 개인으로서는 물론 사회복지사협회, 사회복지협의회, 사회복지시설협의회 등 관련 조직과의 협력을 통해 끊임없이 정부나 입법기관에 좋은 사회정책과 환경정책이 입안될 수 있도록 제안하고 운동을 전개하는 등 적극적인 노력을 기울여야 한다(Hepworth & Larsen, 2002).

|1장참고문헌|

김융일 외(1995), 『사회복지실천론』, 나남출판사.
박용오(2004), 「사회복지사의 직무만족이 전문직업적 정체성에 미치는 영향」, 연세대
    학교 행정대학원 석사학위논문.
박종우(1994), 「사회사업가의 전문직업적 정체성 연구」, 서울대학교 대학원 박사학위
    논문.
양옥경 외(2000), 『사회복지실천론』, 나남출판사.
이영분 · 홍금자 외(2001), 『사회복지실천론』, 동인출판사.
최송식(1998), 「의료세팅에서의 팀협력에 관한 연구」, 경성대학교 사회과학연구소, 사
    회과학.
한국사회복지사협회(1997), 『한국사회복지사협회 삼십년』, 한국사회복지사협회.
홍금자 외(1997), 『이화여자대학교 사회복지학과 50년사』, 31쪽.

Barker, R. L.(1992), *Social Work in Private Practice*, National Association of
    Social Workers Practice.
____________(2003), *Private Practice, Social work dictionary: 1905~1909*.
Germain, C. B(1984), *Social Work Practice in Health Care: An Ecological Per-
    spective*, New York: The Free Press.
Hepworth, D. J. & Rooney, R. H. & Larsen, J. A.(2002), *Direct Social Work
    Practice: Theory and skills*(6th ed.), Pacific Grove, CA: Brooks/Cole Pub-
    lishing co.
Richmond, M.(1992), *What is Social Casework?*; 杉本一義譯, "人間の發見と形
    成", p.206.
板橋登美(1993), 「アメリカにおけるソーシャルワークの有料制度と個人營業の
    展開」, 『東北福祉大學校研究紀要』 第18卷: 111~124.
奧田いさよ(1992), 社會福祉專門職性の研究, 川島書店.
木下武德(2001), 「アメリカにおけるソーシャルワーク個人開業の檢証—プライ
    バタイゼーションと個人責任の觀点から」, 『評論 · 社會科學』, 66号, 同志社
    大學人文學會.
社団法人日本社會福祉士會(2005), 獨立型社會福祉士全國ネットワーク委員會
    · 獨立型社會福祉士研修委員會, 「第3回獨立型社會福祉士全國研究集會地
    域包括ケアと獨立型社會福祉士の可能性~地域における新しい相談據点と
    して~」, 社団法人日本社會福祉士會.

平山尙(2003), 平山佳須美·黒木保博·宮岡京子共著,『社會福祉實踐の新潮流』, ミネルヴァ書房.

中島健一(2005),「福祉人材の今日的課題と福祉專門職に求められる資質」『月間福祉』[6], 15-16頁.

洪金子(2004),「グループワークが自我の成長に及ぼす影響」,『日本女子大學大學院人間社會研究科紀要』第10号.

洪金子·李惠英(2008), '福祉實踐演習', イェメク出版社.

洪金子外(2008), 'はじめての社會福祉', ミネルヴァ書房.

제2장

사회복지실천의 역사

이 장에서는 현재 세계 여러 나라 중 사회복지실천에 있어 가장 선도적 입장에 있을 뿐 아니라, 한국 사회복지실천에 가장 큰 영향을 준 미국의 사회복지실천을 중심으로 살펴보기로 한다. 시대적 구분에 있어서는 역사의 연속적 특성을 고려하면서 이해의 편의를 돕는 방향으로 구성하였으며, 미국 사회복지실천의 뿌리 국가인 영국의 역사를 기점으로 기술하였다.

1. 전문적 사회복지실천 이전기(~19C 말)

전근대적 사회복지실천은 유럽, 특히 영국에서 행해진 교회 중심의 구제 활동에서 그 기원을 찾을 수 있다. 중세 영국에서 가난한 사람들을 돌보는 일은 교회의 중요한 활동 중 하나였고 의무였다.

12세기부터 15세기에는 직업적인 길드(guild) 조직에 의한 구호활동도 시작되었다. 회원들 간의 상부상조를 목적으로 조직된 수공업·상인 길드, 농촌우애조합 등에서 회원들의 미망인과 고아들을 원조하였고, 시간이 흐름에 따라 회원뿐 아니라 마을의 빈곤한 사람들을 위한 자선사업도 시행하게 되었다.

교회와 민간 차원의 구호활동은 영국 최초의 국가 차원의 구호법령이라 할 수 있는 1531년 헨리 8세(Henry Ⅷ)의 법령이 제정될 때까지 지속되었다. 이 법은 부랑자와 걸인을 처벌하는 데 주목적이 있었으며, 시장이나 치안판사들이 교구 내 보호노인과 무능력 걸인들의 생활을 조사하는 책임을 맡았다.

1601년 제정된 엘리자베스 구빈법(The Elizabeth Poor Law of 1601)은 종전부터 내려오던 영국의 빈민구호에 관한 법률들을 집대성하여 성문화시킨 것으로, 가족과 친족이 부양하지 못하는 빈민을 해당 교구가 책임을 지고 부양하도록 규정하여, 교구를 중심으로 한 구제가 시작되었다.

엘리자베스 구빈법에서는 빈민을 ① 일할 수 있는 유능한 빈민(the able-bodied poor), ② 일할 수 없는 무능한 빈민(the impotent poor), ③ 요보호 아동(dependent children) 셋으로 분류하였으며, 빈민을 억압하고 사회질서를 유지하려는 사회통제적 성격이 강한 법령이었다. 그러나 가족·친지·이웃으로부터 보호받지 못하는 빈민을 국가 책임 하에 구제하도록 규정했다는 점에서 사회복지사적으로 매우 큰 의미를 갖는 법률이라 할 수 있다. 엘리자베스 구빈법은 세계 최초의 공적 복지법률로, 제정 이후 산업혁명기 동안에도 그대로 유지되었고, 미국 식민지법에도 그대로 반영되어 영국뿐 아니라 유럽 여러 나라들과 미국의 사회복지정책 및 실천에 지대한 영향을 미치게 된다.

2. 전문적 사회복지실천의 출현(19세기 말~1900)

산업혁명 이후(19세기 말) 영국 사회는 열악한 노동조건 아래에서 질병·빈곤·슬럼가의 발생·범죄·비행 증가 등과 같은 사회문제가 대량으로 발생하게 됨에 따라 공적 구빈사업만으로는 도저히 대응할 수가 없었다. 이에 대응하기 위해 개인적 차원의 자선사업과 박애사업이 시작되었고, 인도주의적 사회개량사상과 연계된 민간사회복지가 발달하기 시작했다. 전문적 사회복지는 이 시기(19세기 말부터 1900년에 걸쳐)에 등장한 영국과 미국의 과학적 자선사업이나 박애사업에서 그 기원을 찾을 수 있다. 이들 자선사회사업가들의 활동이 자선조직협회의 설립으로 이어지면서 사회복지실천은 새로운 전기를 맞이하게 되었다.

그러나 이 시기에는 사회복지실천에 관한 마땅한 이론이 없었던 시기였던 만큼, 자선사회사업가들은 당시 지배적이던 구제철학에 입각하여 구제활동을 전개할 수밖에 없었다. 자선사회사업가들은 당시의 사회적 관념에 기초하여 빈민을 가치있는 빈민(worthy)과 가치없는 빈민(unworthy)으로 구별하였고, 가치있는 빈민임에도 불구하고 도덕적으로 문제가 있는 빈민은 교정하는 방안을 모색했다.

1) 자선조직협회(Charity Organization Society; COS)

세계 최초의 자선조직협회는 1869년 런던에 설립되었으며(김기태·박병현·최송식, 1999: 85~86) 그 목적은 시대적 상황을 극복하고 구제 서비스를 보다 효과적으로 제공하는 데 두었다. 미국의 자선조직협회는 1876년 런던 자선조직협회를 본받아 설립된 버팔로(Buffalo) 자선조직협회가 그 효시이다.

자선조직협회의 주된 기능은 구제신청자에 대한 과학적이고 면밀한 조사, 구제중복을 피하고 효율적 구제활동을 전개하기 위한 구제등록의 실시, 여러 구제기능 간의 연락 · 조정, 우애방문원이라 불리는 자원봉사자의 활용에 있었다. COS가 행한 이 같은 일은 이후 사회복지실천에 초석이 되었다. 특히 우애방문원에 의해 시작된 가정방문 · 면담 · 기록 · 사례연구(case conference) 등의 활동들은 개별사회복지실천기술의 기초가 되었고, 사회복지조사 및 지역사회실천 활동의 뿌리가 되었다(신성자 · 홍금자 · 라동석 · 김진이, 2000).

2) 청소년 단체 운동

YMCA(1844)와 YWCA(1855)로 대표되는 청소년 단체 운동은 아주 작은 집단으로부터 출발했다. 당시 청소년 단체들은 첫째, 빈곤과 열악한 노동조건 · 질병이나 범죄 등 심각한 사회문제 상태에 있는 청년들에게 기독교 신앙과 집단활동 및 레크리에이션을 통해 정신적 생활기술을 지도함으로써 사회문제에 대응했다.

둘째, 자발적이고 비공식적인 집단 내에서 인격적인 교제를 기초로 한 사회교육적 여가활동에 앞장섰다.

셋째, 건강하고 인간다운 생활을 할 권리에 대한 인식을 높이는 활동이 목표였다는 점에서 사회복지영역에서 빼 놓을 수 없는 그룹워크 실천의 원류를 찾아볼 수 있다.

3) 인보관(settlement) 운동

인보관 운동은 기독교 사회주의 사상에 입각하여 빈민가 사람들의 생활

개선을 목표로 시작되었다. 1884년 런던 이스트 엔드 지구에 세계 최초의 인보관인 토인비 홀이 설립되었고, 설립자인 바네트(Samuel Barnett, 1844~1913) 목사에 동감하는 옥스퍼드·케임브리지 양 대학 학생들이 중심이 되어 이 운동을 전개했다. 지식인들이 지역 일원으로 빈민과 함께 생활하고 인격적인 접촉을 하면서 그들의 욕구에 부응하는 사회교육적 집단활동을 실시했던 것이다.

미국으로 옮겨 온 세틀먼트 운동은 사회복지실천방법으로 발전하게 되었다. 1886년 코이트(Coit)가 토인비 홀에서의 경험을 살려 뉴욕에 설립한 미국 최초의 근린조합(neighborhood guild), 1889년에 제인 아담스가 시카고의 빈민가에 설립한 헐 하우스(Hull House) 등지에서 주민 상호 간에 서로 배우고 가르치고 돕는 세틀먼트 운동이 시작되었다. 이후 세틀먼트 운동은 가진 자가 가지지 못한 자에게 주는 시혜가 아니라, 서로가 서로에게 영향을 주고받으면서 서로의 문제를 유용하게 해결하는 방향으로 조직화하여 지역사회운동의 거점이 되었다. 당시 자선조직협회나 세틀먼트의 중요한 실천기술로 지역사회실천기술이 활용되었다.

브라이언은 사회복지실천에 미친 세틀먼트 운동의 영향에 대해 ① 사회적 참가와 협동, ② 민주적 접근, ③ 학습과 성장, ④ 다른 배경을 가진 사람들과의 직접적인 상호작용, ⑤ 사회환경이 사람들에게 주는 영향의 인식 등을 들고 있다.

3. 사회복지실천의 전문화기(1900~1920)[8]

1898년 뉴욕 자선조직협회에서 최초로 유급직원에 대한 사회사업 강습 후 학위가 주어졌는데, 이것이 사회사업 전문화의 발단이라 할 수 있다. 이후 시카고나 뉴욕에 박애사업학과가 개설되었고 이것이 사회사업 전문대학으로 발전하게 되었다. 이 시기를 전문화기로 보는 이유는 전문화의 구체적인 근거인 ① 전문적 사회복지실천 이론의 확립, ② 사회사업조직이나 단체에 유급직원의 배치, ③ 전문적 복지사업의 시작, ④ 사회사업 관련 단체 및 연맹의 전국 조직화, ⑤ 사회사업 관련 전국회의 개최 등을 찾아볼 수 있는 시기이기 때문이다.

먼저 전문적 이론의 확립에 있어서는 '케이스워크의 어머니'라 불리는 리치몬드(Richmond)가 1917년 『사회진단』을 저술하여, 케이스워크를 처음으로 과학적으로 체계화함으로써 사회복지실천의 전문화에 커다란 공헌을 했다. 이어 리치몬드는 『케이스워크란 무엇인가?』라는 저서를 통해 케이스워크의 이론화를 명확히 함과 동시, 케이스워크의 사회적 측면을 중시하였다.

또한 민간사회사업기관에서는 1908년 지방사회사업협의회의 설치와 함께 계획 및 연락 · 조정 · 실천기준의 설정 등에 대한 연구가 이루어졌다. 또한 1909년 전미 자선교정회의에서 회의 주제로 '이웃과 시민적 개선'을 다루면서 사회사업 영역에서 지역사회조직사업에 대한 특별한 관심이 시작되었다. 1912년에는 전미 자선교정회의에서 오드윈이 지역사회조직사업이라는 용어를 처음 사용하였으며, 린드맨과 스타이너에 의해 초창기 이론화가 진행되었다.

---

8 Louise C. Johnson, 1995: pp. 26~28.

단체의 조직화에 있어서는 전미 자선조직협회(1911)나 전미 인보관연맹 (1911) 등 전국적 연계망이 조직되었고 각종 전문가회의도 자주 개최되었다. 그 중 플렉스너(Flexner, 1915)가 전미 자선교정회의(1915년)에서 '사회사업은 전문직인가'라는 제목하에 사회사업이 진정한 전문직이기에는 부족한 점이 많다고 지적 · 비판한 것이 사회사업의 전문성을 둘러싼 논쟁을 불러일으키는 계기가 되었다. 이 회의는 1917년 전미 사회사업회의(National Conference of Social Work; NCSW)로 개칭되었고, 1921년에는 전국적인 전문직 조직인 미국사회사업가협회(American Association of Social Workers; AASW)로 결성되었다. 그 후 의료나 학교 등 분야별 사회사업가의 조직화가 뒤를 이었고 전문교육 발전의 기운도 고조되었다.

한편, 의료 분야에서의 사회사업의 전문화는 비교적 일찍부터 이루어졌다. 의료사회사업은 영국의 경우 1860년대 알모너(Almoner)의 도입, 미국은 1905년에 보스턴의 매사추세츠 종합병원에 알 캬보 의사의 제안에 의한 보조사회사업가 채용(1905년) 및 신경과에 정신의료 사회사업가 채용(1907년)을 계기로 시작되었다.

4. 사회복지실천의 전문적 분화기(1920~1950)

전문적 분화는 1920년대 미국 사회복지실천의 주된 흐름으로, 두 가지 면에서 진행되었다. 하나는 사회복지실천 이론의 전문분화이고 또 하나는 사회복지실천기술에 있어서의 전문분화이다.

초기 사회복지실천 이론과 관련된 논쟁은 진단주의와 기능주의로부터 시작되었고, 이 논쟁은 이후 사회복지실천 모델의 발전에 많은 영향을 주게 되었다.

1) 케이스워크

(1) 진단주의

케이스워크는 리치몬드의 『사회진단』의 흐름을 이어 받으면서도 제1차 세계대전 후 전쟁후유증환자 치료에 활용되었던 프로이트 정신분석학의 개념과 방법을 적극적으로 도입했다. 진단주의는 정신의학 분야의 실천자들 뿐 아니라 가족복지 기관이나 아동상담소 등에도 널리 확대되었다. 이후 진단주의 이론은 시대적 요청과 이론적 영향을 받아 변화하게 되는데, 뉴욕 사회사업대학 교수인 해밀턴(Hamilton)에 의해 이론화가 진행되었고, 그의 저서 『케이스워크의 이론과 실제』(1940)는 세계적으로 많은 영향을 미쳤다. 이어 홀리스(Hollis)에 의해 '심리사회적 모델'로 체계화되어, 현대 사회복지실천 모델의 하나로 발전적으로 계승되었다.

(2) 기능주의

1930년대 대공황과 대량 빈곤문제를 경험하게 되면서 신프로이트 학파인 랑크(Rank, 1939)가 진단주의에 비판을 가하고 인지심리학에 기초를 둔 기능주의를 수립함으로써, 진단주의와의 격렬한 논쟁이 시작되었다. 기능주의 대표자로는 창시자인 랑크를 비롯하여 로빈슨(Robinson), 타프트(Taft)를 들 수 있으며, 이론은 로빈슨의 저서인 『케이스워크 심리학의 변천』(1930)에 잘 소개되어 있다.

기능주의는 '질병이론'이 아닌 '성장이론', '치료' 대신 '원조'라는 용어를 사용했다. 기능주의는 그 후 절충주의인 펄만(Perlman)의 '문제해결 모델', 스몰리(Smalley)의 '현대 기능주의 모델', 로저스(Rogers)의 '클라이언트 중심주의'와 그룹워크 기술을 포함한 '상호작용모델' 그리고 시스템 이론을 사용한 현대적 모델로 연결 발전되었다.

기능주의 논쟁은 사회복지의 관점이 '의학모델'에서 '생활모델'로 전환하는 단초를 제공했다는 점에서 그 역사적 의의가 매우 크다.

2) 그룹워크

1920년대 접어들어 도서관 · 성인교육기관 · 보육원 · 유치원 등의 지역사회 공공시설과 지역사회센터 건설 등으로 주민들의 자발적인 여가활동과 집단활동이 성행하게 되었다. 이에 따라 지금까지의 경험 위주의 집단지도와는 다른 전문적 · 이론적으로 체계화된 기술이 요구되었고, 이에 부응하기 위해 그룹워크 전문교육이 시작되었다. 1923년 웨스턴 리저브 대학 사회복지 대학원에서 처음으로 코일(Coyle)이 그룹워크 강의를 시작했고, 이후 많은 대학에서 그룹워크 교과과정을 갖추어 가르치게 되었다.

1936년에는 그룹워크의 이념과 실제를 명확히 할 목적으로 미국 그룹워크 연구협회가 발족되었다. 1940년대에 접어들면서는 사회복지 전문가로 인정받기를 원하는 그룹워커들의 열망뿐 아니라 정신분석기법을 지향하는 케이스워커들과의 긴밀한 협력으로 인해 집단을 치료 목적으로 활용하는 경우가 늘어나기 시작했다.

그룹워크가 케이스워크나 지역사회조직사업과 똑같이 사회복지실천기술의 한 방법으로 공식적인 인정을 받게 된 것은 1946년 전미 사회복지회의의 코일의 보고서에 의해서였다. 코일은 보고서를 통해 '사회관계의 의식적인 활용'을 수반한다는 점에서 세 방법론 모두 사회사업의 방법들이라고 주장함으로써, 그룹워크가 사회복지의 한 방법이라는 이론적 근거를 제공하였다. 당시 그룹워크는 이론적 체계화에 있어 케이스워크보다 훨씬 뒤쳐져 있었던 것이 사실이다.

그룹워크 전문직 단체로는 1946년 설립된 미국 그룹워커협회가 최초로,

설립 당시 회원 수는 2,500명이었다.

3) 지역사회조직사업

1920년부터 주 단위 공적 복지기관이 설치되면서 지역사회조직사업은 새로운 단계에 돌입하게 되었다. 1929년의 대공황은 사람들로 하여금 지금까지의 민간사회사업의 한계점을 인식하게 했다. 이에 대응하기 위해 1935년 사회보장법이 제정되었고, 연방정부가 사회보장에 대한 책임을 명확히 함으로써 미국에서도 공적 사회사업기관이 발달하게 되었다. 사회복지사는 뉴딜 정책의 추진에 적극적으로 개입했고, 공적 기관에서의 사회사업계획 등에 일상적으로 가담하게 되었다. 이러한 상황 속에서 지역사회조직사업의 이론화에 크게 공헌한 것이 『레인(Raine) 보고서』였다.

레인을 위원장으로 하여 전미 사회사업회의에 제출된 레인 보고서의 의의는 다음과 같다.

① 지역사회조직사업의 개념 · 방법 · 활동 · 분야 · 자격 · 교육훈련 등의 체계화를 꾀했다는 점,

② 지역사회조직사업의 주된 기능을 욕구와 자원의 조정으로 규정하고 지역사회의 욕구를 중심으로 했다는 점,

③ 주민참가의 중요성을 강조하고 그 개념을 보급했다는 점,

④ 욕구조사에 대한 기술을 발달시키는 계기가 되었다는 점 등을 들 수 있다.

레인 보고서를 계기로 지역사회조직사업은 이론적으로 충분하지는 않았지만, 사회사업방법론의 하나로 정착하게 되었다.

1939년 전미 사회사업회의에서 방법론으로서의 지역사회조직사업에 대한 중요한 논의가 있었고 1944년에는 9개 사회사업 필수 교과목 중 하나

에 포함되었다. 1946년에는 버팔로에서 열린 전미 사회사업회의에서 지역 사회조직연구회가 발족되었다.

5. 사회복지실천의 통합(1950~1960)

전문분화의 과정을 거친 실천가들 사이에 일찍부터 사회사업에 대한 하나의 전문직으로의 통합을 요구하는 목소리가 높아져 갔다. 특히 1960년대에서 1970년대는 NASW 설립 이래 사회복지방법론의 통합화에 가장 많은 관심을 기울였던 시기이다. 과거 방법론별 접근방법으로는 급격한 사회변동이나 여러 사회문제에 적절히 대응할 수 없었기 때문이다.

방법론 통합화의 움직임은 먼저 1962년 NASW 내부의 분회제도를 폐지하고 전문직 전체의 과제로서 통합적인 방법을 지향하게 되었다는 점을 들 수 있다. 이로써 사회사업 분회들도 자연히 해체되었고 통합을 강조하는 입장에서 '사회복지실천'이라는 호칭이 일반화되기 시작했다.

1) 사회복지실천 이론의 통합

사회복지실천 이론의 통합에는 단계적으로 세 가지 의미가 포함된다.

첫째는 전통적인 방법을 전제로 하여 상황에 따라 적절한 방법을 절충하여 사용하는 방법상의 통합으로, 통합의 초기 단계에 해당된다.

둘째는 공통기반과 준거틀에 명확화를 기하는 것이다. 기본적으로는 전통적 방법에 대한 구별을 한 뒤, 공통적인 가치·지식·개입방법을 분명히 하고, 사회사업 고유의 초점과 시점을 명확히 하면서 사회복지실천의 전체적 틀 속에 실천기술을 위치시킴으로써 통합화를 시도한다. 공통기반의 형성을 목표로 미국에서는 1958년 NASW에 의해 사회복지실천에 대한 정의가 이루어졌고 이를 기반으로 바틀렛(Barttlet)의 『사회복지실천의 공통기반』이 완성되었다.

셋째는 통합적 사회복지실천 이론의 형성에 의한 통합이다. 여기서는 전통적인 방법론적 구분이 대상자의 문제나 개입을 분리시키게 된다고 보고, 이러한 구분을 배제한다. 따라서 전혀 새롭고 포괄적이며 체계적인 실천을 하기 위해 일반체계론을 도입·체계화를 시도한다. 한(Hearn)의 '사회사업에 대한 이론 구축'은 체계론적 관점에서 사회사업 이론의 통합을 시도한 대표 논문이라 할 수 있다.

2) 통합이론의 대표적 모델

사회복지 통합이론을 대표하는 이론으로는 핀커스와 미나한(Pincus & Minahan)의 '4체계 모델', 골드스타인(Goldstein)의 '단일화(unitary) 모델', 콤튼과 갤러웨이(Compton & Galaway)의 '문제해결과정(problem-solving process)모델', 저메인과 기터맨(Germain & Gittermann)의 '생활(life)모델' 등을 들 수 있다.

3) 사회복지실천 기술의 통합

사회복지실천기술의 통합은 케이스워크·그룹워크·지역사회조직사업이라는 세 가지 전통적 방법의 틀을 넘어 서로 접근하게 되었으며, 사회행동·조사·관리행동 계획·정책론을 포함한 거시적 방향으로의 발전이 요구되었다.

이러한 방향은 클라이언트와 전문 사회사업가라는 관계를 넘어서 가족을 전제로 받아들이고 클라이언트의 생활에 대한 전체적인 이해 위에 필요한 서비스를 조정해 주는 가족치료나 케이스 매니지먼트 그리고 자조그룹 활동에 대한 지원을 포함한 지지 네트워크의 형성 등 과거 미시적 수준의 원조와 거시적 수준의 원조를 통합한 새로운 영역으로 넓혀가고 있다.

4) 전문직 단체의 통합

1953년 미국에서는 복지 관련 부서가 보건교육복지부로 통합하였고, 1955년에는 전미사회사업가협회(National Association of Social Workers; NASW)가 창설됨으로써 전문직 부서 및 단체가 통합되었다. 전미사회사업가협회는 의료사회사업가협회(1918), 학교사회사업가협회(1919), 사회사업가협회(1921), 정신의료사회사업가협회(1926), 그룹워커협회(1946)의 다섯 전문직 단체와 지역사회조직사업과 사회사업조사에 관한 두 연구단체를 합하여 결성되었으며, 단일 전문직 단체로 출범하게 되었다. 이로써 사회사업가들은 분야나 방법의 구분 없이 모두 같은 사회사업가로서의 정체성을 확립하게 되었다.

5) 사회사업 교육의 통합

사회사업가들의 교육·훈련 면에서의 통합화에 대한 연구는 전미사회사업가협회가 설립되기 이전부터 진행되어 왔다. 미국 사회사업교육협의회(Council of Social Work Education; CSWE)가 뱀의 지도 아래 실시한 커리큘럼에 대한 연구 결과보고(1959)는 사회사업교육에 대한 획기적인 연구로 이후 교과과정 연구의 기초가 되었다. 보고서에는 사회복지실천은 전문직이며, 사회적 기능의 회복·유지 및 강화를 목표로 한다고 명시하고 있다. 또한 사회복지실천은 다른 전문직이나 학문과 함께 개인·집단·지역사회가 가진 사회적 기능상의 여러 문제를 예방·치료·조정하는데 기여한다고 제시함으로써 통합에 대한 방향성을 확고히 하였다.

6. 사회복지실천의 발전기(1960~1980)

이 시기에는 사회사업 통합이론이 진행되는 한편, 전통적인 실천기술도 각기 현실적인 요구에 부흥하여 새로운 이론을 형성하면서 서로 의존적으로 발전하는 과정을 겪게 되었다.

1) 개인을 대상으로 한 사회복지실천

(1) 실천이론과 기술의 발전

1960년대에 접어들면서 사회 변화 및 그에 따른 직업상의 갈등 등으로 인해 케이스워크에 대해 비판의 목소리가 높아지기 시작했다. 이를 계기로 케이스워크는 실천적인 면에서 많은 발전을 하게 된다. 그 비판의 주된 내용은 크게 두 가지로 집약되는데, 첫 번째로, 케이스워크는 가난하고 소외받는 계층이 억압받고 있는 상황을 묵인하거나 심지어 조장하고 있다는 것이다(Alinsky, 1965). 개인·가족·집단을 대상으로 한 사회사업 활동이 회피·미봉책으로 일관하고 있어, 사회적 차원에서 대항하려는 억압받는 자들의 동기를 격감시킨다는 것이다.

두 번째 비판은 케이스워크가 방법론으로 불충분할 뿐 아니라, 과학적으로도 정밀하지 못하다는 것이었다. 이 부분에서 지적되는 비판들로는 문제에 대한 부정확한 이해·클라이언트와 임상전문가의 불완전한 동의

· 불명확한 개입기법 · 미심쩍은 성과 등이 지적되었고 더욱 확실한 책임성
이 요구되었다(Wood, 1978).

① 대상의 확대

전통적 케이스워크는 정신분석에 의한 심리요법적 모델에 기반을 두었기
때문에 클라이언트에 대한 관점이 매우 한정되었었다. 그러나 케이스워크
의 대상은 전통적 모델들이 대상으로 생각했던 한정된 클라이언트뿐 아니
라 모든 사람들이라는 것을 인식하게 되었고 실천에 있어서도 모든 클라이
언트를 대상으로 확대되었다.

② 기능의 확대

클라이언트의 확대는 케이스워크 기능의 변화 · 확대에도 연계되었다.
많은 역할이나 기능들 중 특히 최근에 강조되고 있는 기능은 중재적 기능
과 대변적 기능이다. 이를 케이스워크에 적용시켜 보면, 당사자 간의 조정
을 꾀하는 간접적 기능과 강력하게 설득하거나 힘을 행사하여 변화시켜 가
는 직접적 기능으로 나누어진다. 직접적 기능은 면접 등을 통해, 클라이언
트나 가족들에게 동기를 부여하는 것이고, 간접적 기능은 클라이언트의 환경
이나 사회자원의 활용을 통해 간접적으로 동기를 부여하는 기능을 말한다.

(2) 새로운 모델의 발전

케이스워크 영역에서는 전통적 사회사업의 흐름을 발전시킨 홀리스의 '심
리사회적 모델', 랑크의 '기능주의적 모델', 펄만의 '문제해결 모델'에 부가
하여 토마스(Thomas) 등의 행동요법을 도입한 '행동주의 모델'이 주요 모
델로 등장했다. 또한 1970년대를 전후하여 라포포트(Rapoport, 1970)
의 '위기개입 모델', 라드(Reid)와 엡스타인(Epstein, 1972)의 '과제중심모

델', 그리고 저메인 등의 '생활모델'에 대한 이론화가 진행되었다.

이 모델들의 공통적인 특징은 클라이언트의 환경을 중시한다는 점이다. 심리사회적 모델은 진단주의의 흐름을 답습한 모델이지만, 홀리스는 『케이스워크: 심리사회요법』(1965)이라는 저서를 통해 '상황 속의 인간'이라는 시점을 명확히 한 체계론적 접근을 제창했고 직접적 기법과 간접적 기법을 체계화했다. 이로써 개별사회복지실천은 전통적인 의료모델로부터 생활모델로의 전환단계로 돌입하게 되었다. 생활모델은 인간과 환경과의 관계를 가장 잘 설명해주는 모델이다.

또 다른 특징은 행동주의, 과제중심모델, 위기개입모델 등과 같이 표적이 되는 문제에 초점을 두고, 실천목표를 명확히 한 비교적 단기적 실천모델이 등장하게 되었다는 점이다. 문제에 대한 즉각적인 대응과 클라이언트 요구의 긴박성, 정책상의 대책에 대한 사회적 욕구를 반영하게 된 것도 기존의 모델들과는 다른 특징이라 할 수 있다.

(3) 임상사회사업의 발전

1970년대 접어들면서 미국은, 존슨의 사회복지정책에 대한 보수주의자들의 공격으로 인해 공공부문의 직업과 훈련수당이 삭감되는 등 어려움을 겪게 되었다. 이때 발전하게 된 것이 임상사회사업이다. 임상사회사업은 전문가로서의 자격보호와 관련된 규제, 임상사회사업가의 서비스 비용 청구, 개인 개업 등을 통해 케이스워크보다 더 독립적이다.

1984년 NASW의 정의에 의하면, 임상사회사업은 모든 사회복지실천과 같이 개인·가족·소집단의 심리사회적 기능을 증진시키고 이를 유지하는데 그 목적을 둔다. 임상사회복지실천은 정서 및 정신장애를 포함한 심리사회적 역기능과 무능력, 손상을 치료·예방하는 사회사업이론과 기술을 응용한다. '환경 속의 인간'이라는 관점은 임상사회복지실천의 핵심이며,

임상사회사업은 인간발달이론을 지식의 기반으로 한다. 임상사회사업은 대인 간의 상호작용, 정신계의 역동, 생활지지 및 관리 문제에 입각한 개입을 지향한다. 임상사회사업 서비스는 심리치료 및 상담, 클라이언트 중심의 옹호·자문·평가 등을 포함하며 사정·진단·치료의 과정으로 구성된다.

2) 집단을 대상으로 한 사회복지실천

(1) 실천이론과 기술의 발전

사회복지실천이론 및 기술이 발전하게 되면서, 가족체계·인지행동·심리사회와 같은 이론들이 사회복지 아류형 이론의 빈번한 출현으로 정교하게 다듬어져 갔다. 예를 들어, 대상관계(object relations) 접근법과 자아(self)심리학적 접근법은 이고(ego)심리학과 정신분석적 충동이론과 접목되어 심리사회적 접근법의 초석이 되었다. 가족 접근법도 확장되어, 구조·전략·체계·의사소통·이야기·심리교육 등의 접근법을 포괄하게 되었다. 또 생태학 및 생활모델 접근법, 인종 중심적 실천, 경험주의 실천 등과 같은 새로운 관점이 등장하게 되었다. 생태학적 접근법은 성장 촉진, 능력 고취 중심의 서비스, 삶의 현장, 상호교류적이고 인공지능적인 인식론 등을 폭넓게 정리하고 있다(Lum, 1986). 또한 권한강화(empowerment), 권리옹호(advocacy) 등과 같은 1960년대 몇몇 주요 개념들이 억압받는 집단들을 대상으로 하는 직접 실천에 포함되기에 이르렀다.

(2) 새로운 모델의 발전

1970년에는 그룹워커들이 다른 전문가들과 협력하게 되었고, 감수성 훈련집단·마찰집단·교류분석·행동수정·게슈탈트 그리고 사이코드라

마와 연관성을 갖는 등 상이한 형태의 집단에 대한 실험이 이루어졌다. 이로써 집단은 일상적이고 성공적인 삶의 한 부분이며, 개인의 통합적인 성장·상호원조·사회행동 등을 이룰 수 있는 잠재력을 보유한, 중추적 양식으로 손꼽히게 되었다(Lee & Swenson, 1986).

1960년대 그룹워크는 전문적 응용 차원에서 성격별로 연구되어 ① 케이스워크적 모델, ② 임상적 모델, ③ 일반적 그룹워크 모델의 세 개의 초기 모델로 정비되었다. 이는 다시 분화, 발전을 거듭하여 60년대 후반부터 70년대에 이르러 사회목표모델(social goals model), 치료모델(Remedial model), 상호작용모델(Reciprocal model), 인본주의 모델, 사회학습모델, 목표형성모델(Goal Formation model)의 여섯 가지 모델로 성장하게 되었다.

(3) 권리옹호 운동으로의 발전

1960년대에 접어들어 미국의 빈곤과 인구문제가 해밀턴의 『또 하나의 미국』 등에 의해 표면화되기 시작했고, 이는 빈곤과 인종차별에 대한 철폐를 요구하는 흑인들의 시민권 운동(Civil Rights Movement)으로 전개되었다.

3) 지역을 대상으로 한 사회복지실천

1960년대에는 특히 사회행동으로서의 지역사회조직사업에 의한 사회문제 해결이 강조되었고, 사회적 측면을 기반으로 한 사회사업실천 전반에 중요한 영향을 미쳤다. 동시에 사회행동으로 분명해진 사회사업 욕구를 어떻게 사회사업 서비스 계획으로 구체화해 갈 수 있을 것인가가 중대한 과제로 대두되면서 1970년 중반 이후의 역점은 사회계획 쪽으로 이동해 갔다.

(1) 지역사회사업 실천이론과 기술의 발전

지역사회조직사업 이론이 레인 보고서에 뒤이어 중요한 견해로 등장한 것은 집단사회복지실천 기술을 최초로 공식 정의한 뉴스테터의『인터 그룹 워크론』(1947)에서다. '인터 그룹워크'란 지역 내에 각종 조직, 단체, 기관 대표자의 토의의 장을 설정하여 집단 사이의 관계를 조정함으로써 각 집단의 협동을 촉진하는 원조기술을 말한다.

1950년에 들어서면서부터 지역사회조직사업은 도시계획 이론의 영향을 받아, 사회계획이 지역사회실천의 불가결한 요소임을 인정하게 되었다. 또한 로스는『지역사회조직사업』(1955)에서 사회계획에 대한 지역사회의 참가를 중시하고 지역사회 활동에는 자기결정, 공동사회 보유의 폭, 지역으로부터 형성된 계획, 공동된 사회의 능력 증진, 개인에 대한 의욕이 중요하다고 주장했다.

(2) 새로운 모델의 발전

이어 로스만(Rothman, 1968)이 지역사회활동을 지역개발(Locality Development) 모델, 사회계획(Social Planning) 모델, 사회행동(Social Action) 모델의 세 가지 모델로 분류하였다. 여기에 이후 개발된 근린지역의 지역사회조직, 기능지역 지역사회조직, 프로그램 개발과 지역사회 연계, 사회운동, 연대활동의 5가지 모델이 부가되어 현대 지역사회복지와 문제해결에 준거틀이 되고 있다.

7. 새로운 관점의 등장과 개입전략의 확장(1980~현재, 다중관점 · 다중적 개입전략)

이 시기에는 절대 진리나 절대적 설명체계를 밝히려는 연구의 한계가 드러남에 따라 다중관점의 필요성이 새롭게 대두된 시기이다(McNamee & Gergen, 1992). 이 시기에는 생태학적(Ecological) 모델, 생활모델, 지역사회 및 가족 중심의 접근법들도 특히 가난하고 불우한 사람들에게 적절한 서비스를 제공하고 프로그램을 폭넓게 수행하기 위해 노력하게 되었으며, 이러한 점에서 각광을 받게 되었다.

1) 개별사회복지실천의 확장

다양한 이론적 관점을 수용하게 되었고, 클라이언트의 관점에 보다 관심을 갖게 되었으며(Anderson & Goolishian, 1988), 병리보다는 강점(Strength)에 초점을 두게 되면서(Goldstein, 1990), 충격이론이 강점 관점의 버팀목이 되었다(Herman, 1992). 상황에 맞는 개입뿐 아니라 클라이언트의 처지와 체질에 맞는 개입이 강조되었으며, 역할 및 개입전략의 다중성이 중요하게 여겨졌다(Germain & Gitterman, 1980). 또한 문제에 대한 사회 · 정치적 측면뿐 아니라 개인적 차원에서 동시 해결되어야 한다는 필요성이 강조되었다. 개인이나 가족들과 치료적인 대화를 나누는 이야기 치료(Narrative therapy) 및 해설자적 접근법과 사례관리(Case management) 등 독특한 개입기법이 개발되었고(Borden, 1992), 단기 문제해결 중심의 개입기법이 속속 개발되었다(Fanger, 1990).

2) 집단사회복지실천의 확장

집단사회복지실천도 최근에는 집단구성원들로 하여금 자신의 고유한 능력과 힘을 개발하여 개인적인 문제뿐 아니라, 주변 문제처리도 돕는 권한을 강조함으로써 '권한강화'가 집단사회복지실천의 중요한 요소로 등장하고 있다(Beman-Rossi, 1992). 사회활동을 집단실천의 중요한 구성요소로 재도입하려는 몇 가지 전략이 제안되기도 했다(Garvin, 1991). 집단은 일상적이고 성공적인 삶의 한 부분이며 개인의 통합적인 성장·상호원조·사회행동 등을 이룰 수 있는 잠재력을 보유한 중추적인 양식으로 손꼽히게 되었다(Lee & Swenson, 1986).

이어 1980년대 초 이후, 집단실천에 필요한 기본구조를 제공하는 수많은 사업이 등장하였다. 1988년 창간된 영국의 정기간행물 「그룹워크」는 복합가족집단·폭력·보건단체·아동·청소년 등을 주제로 하고 있어 관련자들의 시각을 넓히고 그룹워크를 발전시키는 데 크게 기여하고 있다. 또한 에이즈 감염인을 대상으로 한 집단실천(Getzel & Mahoney, 1993), 회상실천기법(Gibson, 1992), '폭력 증오 사건'(Weiss & Ephross, 1986) 등을 통해서도 집단실천의 무한한 가능성을 엿볼 수 있다. 이 같은 집단을 대상으로 한 작업의 토대는 외형적으로는 달라 보일지 모르지만, 집단사회복지실천 방법의 고유성과 통합성을 부여하는 연계가치 기준 및 개념의 핵심을 제공하고 있다.

3) 지역사회복지실천의 확장

사회적 보호와 지역사회사업의 개념은 상처받기 쉽고 혜택을 받지 못한 집단에 특별히 주안점을 둠으로써 더욱 강화되었다(Challis & Hugman,

1993). 특히, 최근에 등장한 임파워먼트(Empowerment) 모델은 가난하고 억압받는 집단이나 지역사회를 대상으로 활동하면서 특별히 그 필요성이 인정되었다(Lee, 1994). 이어 루빈과 루빈(Rubin & Rubin, 1992)은 1970년대부터 1990년대까지의 지역사회조직과 개발의 실천경향을 ① 현안문제에 기초한 지역사회에 대한 관심의 증가, ② 지역사회에 기초한 경제개발의 강조, ③ 영속적인 정치적 활동가가 되어 가는 지역사회조직체들의 증가, ④ 신인민주의(Neopopulist)와 여성론적 관점(Feminist Perspective) 및 그 실천전략에 대한 새로운 강조라고 밝히고 있다.

8. 한국 사회복지실천의 역사

한국에서의 개별사회복지실천의 기원은 일제시대의 방면위원에서 그 뿌리를 찾을 수 있다. 방면위원제도는 1927년 일제에 의해 인보사업과 사회사업 서비스를 원활히 한다는 명목으로 도입되었다(朝鮮社會事業協會, 1942: 47). 방면위원의 임무는 빈민의 생활상태를 조사하고, 빈곤의 원인을 판명하여 적절한 지도 교화 및 구제방법을 강구하는 데 있었다. 일제는 방면위원을 한국인 지역유지나 민간인 중에서 임명했다.

한국에서의 본격적인 전문적 케이스워크는 1948년 이화여대에서 한국 최초로 사회사업 전문인력을 배출하기 시작한 것을 시점으로 잡는다. 우리나라의 경우 선교사들의 영향으로 전문적 사회복지실천에 앞서 전문적 교육이 이루어지는 독특한 과정을 거치게 되는데, 전문적 실천현장은 미군병원 및 미국 기독교 선교사들이 설립한 세브란스 병원이나 상담소 등에서 사회복지사를 고용함으로써 시작되었다. 이들의 실천과정은 1940년대 이후의 미국의 사회복지실천 과정을 거의 그대로 답습한 형태로, 심리치료가 주를 이루었다.

이후 한국전쟁을 전후해서 설립된 기독교아동복리재단(CCF), 홀트아동복리회, 선명회 등과 같은 외원사회사업기관과 외국민간원조기관 한국연합회(Korea Association of Voluntary Agencies; KAVA)를 중심으로 하여 기관을 통한 개별사회복지실천이 행해졌다.

1959년에는 국립의료원에서 의료사회사업(Medical Casework)이 시작되었고, 그 해에 관심 있는 6~7명의 케이스워커들이 모임을 시작한 것이 '한국케이스 워커협회(Korea Case Worker Association)'로 발전하게 되었다. 한국 최초의 전문사회사업가 집단이라 할 수 있는 이 협회는 1965년 7월 당시 캐나다 유니테리안 봉사회와 기독교 봉사회에 소속되어 주로 구제사업을 담당하던 케이스워커들을 중심으로 한 임의단체로 발족되었다. 1967에는 이를 발전적으로 흡수·병합하여 모든 분야의 전문사회사업가를 총망라한 명실공히 한국 최초의 전문사회사업가 회원조직인 '한국사회사업가협회'가 탄생하게 되었고 이어 한국사회복지사협회로 발전하면서 사회복지사 자격증을 발급하기에 이르렀다.

이어 1980년대에는 지역복지와 재가복지사업이 도입되면서 전국적으로 사회복지관 사업이 확장·활성화되었으며, 많은 사회복지전문인력이 사회복지관에 투입되어 전문가로서의 역량과 기술을 발휘하게 되었다. 공공영역에서는 생활보호사업을 담당하는 '사회복지전문요원'을 저소득층 밀집지역과 전국 동사무소에 배치함으로써 사회복지 전달체계가 확립되었다. 최일선 창구에서 정부의 복지정책을 공적 입장에서 실행함으로써 한국 사회복지실천의 중추적 역할을 담당해 오고 있다. 현재는 그 직제가 '사회복지전담공무원'으로 변화되었고, 전국 읍·면·동과 복지사무전담기구에 확대 배치되고 있다.

1997년에는 정신보건법의 시행으로 '정신보건사회복지사' 제도가 도입

되어 정신질환에 대한 예방활동 및 정신보건에 관한 조사 · 연구 수행, 정
신질환자의 사회적응 및 직업재활 등의 사회복지실천에 중대한 전환을 가
져오게 되었다. 또한 2003년부터 사회복지사 자격제도가 무시험 검정에서
자격시험제도로 전환됨에 따라 사회복지실천의 전문화 및 전문인력의 확
보에 중요한 계기가 되었다. 2011년 10월 31일을 기준으로 사회복지사
총수 478,181명 중 1급 자격증 소지자 수는 94,442명이다.

우리나라 지역사회실천의 뿌리는 매우 깊다. 고대의 두레 · 품앗이, 중세
의 계나 향약 · 사창 등에서 부락 단위의 자율적 복지관행 사례를 다수 발
견할 수 있다.

그러나 일제시대에는 이러한 우리민족 고유의 지역복지적 전통이 끊기게
되었고, 그 대신 농촌 지역을 중심으로 한 협동조합 운동과 기독교 선교사
들에 의한 사회복지실천으로 겨우 그 명맥이 유지되었다. 이 중 한국 선교
100년을 기념하여 1921년 설립된 태화기독교 사회관은 한국 최초의 사회
복지관으로, 저소득층 주민과 여성들의 권익 옹호에 중대한 영향을 미쳤
다. 설립 초부터 빈곤층 주민과 여성을 대상으로 사회복지 서비스를 제공
하였고, 1925년부터는 여자맹인학교를 설립하여 안마법 · 한글 · 일본어
등을 가르쳤다.

일제 시대 지역사회실천으로는 YMCA와 YWCA를 중심으로 한 노동야
학 · 농민야학 · 아동야학 · 여자야학을 비롯하여, 공창 폐지(1912)나 금
주단연운동(1921), 교풍운동(1923), 농촌문제 강연회 및 강좌(1929), 한
글강습(1930) 등을 통한 민간 차원의 사회교화사업이 주를 이루었다(기
독신문, 1923년 8월 8일자).

한국전쟁 직후에는 KAVA와 한국정부를 중심으로 한 지역사회활동이
주를 이루었다. 결핵예방 · 기생충 박멸 등 농어촌지역 보건의료사업, 염
전, 굴 · 조개 · 김 양식 등의 개간 · 간척사업 및 지역사회개발사업(com-

munity development), 한미재단(AKF)의 지원으로 시작된 4H운동, 신용협동조합운동(Credit Union Movement) 등이 전쟁의 폐허를 재건하는 중요한 방책으로 활용되었다.

이어 1970년대에 새마을 가꾸기 운동으로부터 시작된 새마을 운동이 한국의 지역복지에 지대한 영향을 미치게 되었다. 새마을 운동은 시대적 상황과 필요에 따라 중점 내용과 사업을 바꾸어가며 발전을 거듭하여 지역복지운동이 한국식으로 정착하게 하는 데 많은 영향을 미쳤다. 그러나 민간 주도가 아닌 정부 주도형 사업구조로, 지역사회주민들의 자발적 동기 및 참여가 배제되었다는 점, 관료적 추진체계로 평등주의보다는 위계적 체계로 운영되었다는 점, 이로 인해 정치와 정권에 지나치게 밀착된 운동으로 시종일관하게 되었다는 점에서 지역사회복지가 추구하는 이념 및 정책방향과는 유리된 운동이었던 것으로 평가되고 있다. 이 같은 지역사회실천은 1980년대에 이후 사회복지관사업과 재가복지센터 및 재가복지사업으로 이어져 뿌리를 내리고 있다.

|2장 참고문헌|

김융일 · 조흥식 · 김연옥(1996), 『사회사업실천론』, 나남.
양옥경 · 김정진 · 서미경 · 김소희(2000), 『사회복지실천론』, 나남.
이화여대 사회사업학과 편(1993), 『집단사회사업실천방법론』, 동인.
장인협(1991), 『사회복지실천방법론(상)』, 서울대학교출판부.
최일섭(1990), 『지역사회복지론』, 서울대학교출판부.
홍금자(1999), 『일제시대 사회복지정책 및 사회복지서비스』, 한국사회복지정책학회.

Athur, D. (1970), *The New Community Organization*, New York: Thomas Y. Crowell Co.
Douglas, T. (1979), *Group Processes in Social Work: A Theoretical Synthesis*, G. Britain: Wiley & Sons.
Hamilton, G. (1940), *Theory and Practice of Social Casework*, New York, Columbia University Press, p. 239.
Hollis, F. (1964), *Casework, A Psycho-Social Therapy*, N. Y.: Random House.
Louise, C. J. (1995), *Social Work Practice: A Generalist Approach*, Allyn & Bacon.
Murray, G. R. (1967), *Community Organization: Theory, Principles, and Practice*, New York: Harper & Row, Publisher.
Perlman, H. H. (1957), *Social Casework: A Problem-solving Process*, Chicago, University of Chicago Press, pp. 164~165.
Toseland, R. W. & Rivas, R. F. (1984), *An Introduction to Group Work Practice*, New York: McMillan, p. 3.
Woods, M. E. & Hollis, F. (1990), *Casework: A psychosocial therapy*(4th ed.). New York: McGraw-Hill.
朝鮮社會事業協會(1942), 「朝鮮社會事業」, p. 47.
洪金子(1998), 植民地社會事業關係資料集: 朝鮮編, 平成11年, 近現代資料刊行會.

제3장

사회복지실천의 지식, 가치, 기술

지식, 가치, 기술은 감정, 사고, 행동의 구성요소와 관련 있다. 지식과 가치 모두 사고 요소를 가지고 있지만, 굳이 구분하자면 지식은 실천의 인지적, 사고적 요소이고, 가치는 실천의 감정적, 정서적 요소의 일부이며, 기술은 사회복지의 행동이나 활동적 요소이다. 본질적으로는 기술 역시 인지적인 것임을 주목해야 한다.

노던(Northen)은 그의 저서 『*Clinical Social Work*』에서 "사회복지실천의 지식, 가치, 기술은 사회복지실천의 기본 요소로, 실천활동을 통해 구현되기 때문에 사회복지사는 이들 지식, 가치, 기술들을 미리 학습하고 익혀야 한다"고 밝히고 있다. 그는 특히 가치를 상위 개념으로 두어, 사회복지사의 가치에 근거한 실천이야말로 명확하게 사회복지실천을 다른 대인 서비스 활동과 구별하게 하는 기준이 된다고 주장했다.

1. 가치

1) 가치에 대한 정의

사회적 가치체계는 일반적으로 사회의 지배집단에 의해 유지되는 가치를 포함한다. 현대사회에서의 가치는 성공과 성취, 활동과 일, 도덕적 책임감, 자연재해나 일시적 재난의 희생자에 대한 관심, 효율성과 실용성, 물질적 안정, 평등, 자유, 외적 순응, 과학과 현실적 합리성, 국가주의, 애국심, 민주주의, 개인의 가치, 지배집단의 우월성 등으로 나타난다.

문헌에서는 가치를 ① 행동지침, ② 개인적 경험으로부터 성장하는 것, ③ 축적된 경험에 따라 수정된 것, ④ 본성으로부터 끌어낸 것 등으로 정의하고 있다. 또한 가치가 갈등적 요구를 가져온다는 사실에 주목하여 가치의 본질을 설명하고 있다.

사회복지와 관련된 가치에 관한 학자들의 정의를 들어보면,

펌프리(Pumphrey)는 "가치란 어떤 개인이나 사회집단에 의해 유지되고 우선시되는 행동의 구조틀이다. 이는 특정 수단, 목적, 삶의 조건에 대한 일반적 선호로, 때로는 강한 감정을 수반한다"고 한다. 한편 고든(Gordon)은 "가치는 인간의 잠재력을 충분히 발휘하고, 자신에 대한 이해와 타인이 자신과 자신의 능력을 이해하도록 조화시키는 데 있어 바람직하고 선한 것이다"라고 정의한다.

이들 정의를 종합할 때 가치는 어떤 사물 · 현상 · 행위 등이 인간에게 의미 있고 바람직한 것인지를 나타내는 개념이라는 것을 알 수 있다. 가치는 현실세계에 대한 인간의 실천과 경험 그리고 인간과 대상과의 관계를 통해 정착된 역사적 산물인 것이다. 이들 가치는 인간의 사고와 태도에 영향을 미치며 동시에 그들의 존재조건 · 욕구 · 이해관계 등을 보여주며, 가치의

내용은 변화되는 의식구조를 반영하면서 시대적 · 사회적 여건에 따라 각기 다른 형태로 나타난다.

2) 사회복지실천의 가치기반

사회복지실천의 핵심적 가치는 다양하지만 공통된 토대를 갖는다. 사회복지실천에서 자주 논의되는 공통된 가치는 개인의 가치와 존엄, 인간존중, 변화를 위한 개인의 능력 평가, 클라이언트의 자기결정, 비밀보장과 사생활 보장, 개인에게 잠재력을 발전시킬 수 있는 기회 제공, 인간의 공통된 욕구의 충족, 사회변혁과 사회정의에 충실, 적절한 서비스와 자원의 제공, 클라이언트의 역량강화, 평등한 기회의 보장, 다양성의 존중 그리고 전문지식과 기술의 전달 및 제공 등을 들 수 있다(Barnett, 1920; Timms, 1983; Reamer, 1993).

개인과 환경 간 복잡한 상호작용에 대한 사회복지사의 평가는 영속적인 일련의 가치에 근거한다.

3) 가치의 유형

가치는 크게 궁극적, 근사적, 도구적 가치의 세 가지 유형으로 분류된다.

① 궁극적 가치: 대다수의 사람들이 가장 쉽게 동의하고 널리 이해된 가치로 가장 추상적이며, 어떤 집단의 장기목적에 관한 일반적인 지침으로 제시된다. 사회복지실천이 궁극적으로 추구하고자 하는 자유, 인간 존중, 평등, 정의 등과 같은 가치가 포함된다.

② 근사적 가치: 궁극적 가치보다 더 구체적인 가치로, 바람직한 특정 목적 상태를 의미하며 어떤 집단이 추구하고자 하는 단기목적과 관련

된 가치이다. 클라이언트의 의료권이나 낙태에 관한 권리, 특정한 방법으로 아동을 훈육할 권리, 정신질환자의 치료거부권 등과 같은 복지정책의 형식을 취한다.

③ 도구적 가치: 바람직한 목적을 달성하기 위한 수단을 구체화한 가치로, 일종의 행동방식으로 열거된다. 예를 들어, 클라이언트의 권리 존중이라는 목적을 달성하기 위해 비밀보장, 자기결정의 존중 및 동의 등과 같은 구체적인 방법을 활용하게 된다.

이 외에도 사회복지실천 가치에 대한 levy(1993)와 Pumphrey(1999)의 분류가 있다.

| 표 3-1 | 사회복지실천의 가치 유형과 내용

학자 명	가치 유형	구체적 내용
Pumphrey (1999)	사회복지 문화 관련 가치	사회정의, 사회변혁, 인간욕구에 관한 가치
	사회복지 관련 회원들 안에서의 내적인 관계	사회복지실천의 가치를 해석하고 실행하는 방식이나 윤리적 행동을 독려하는 방식
	사회복지사의 실천 관련 가치	클라이언트의 가치체계에 반응하고 이해하기 위해 시도하는 사회복지사의 실천행동 관련 가치
Levy Charles (1993)	인간의 존재 개념과 관련된 가치	개인의 존엄성, 건설적 변화 능력과 요구, 상호책임감, 소속 욕구, 특성, 인간의 통합적 욕구에 관한 신념 등
	인간이 선호하는 결과물과 관련된 가치	개인 성장과 발전을 위한 기회 제공, 기아, 부적합한 교육과 주거, 질병, 차별 등 문제를 피하고 사람들의 욕구를 충족시키도록 돕는 서비스 제공, 사회참여에 대한 동등한 기회 제공과 사회적 책임에 대한 신념 등
	클라이언트에 대한 처우 및 처우방법과 관련된 가치	인간은 자기결정권, 가치와 존엄성을 지닌 존재, 사회변혁에 참여하는 고유한 개인으로 인정받아야 한다는 신념 등

4) 사회복지실천의 가치 이념

사회복지실천은 인간을 대상으로 하기 때문에 인간에 대한 가치 개념은 사회복지사의 실천활동의 중요한 준거틀이 된다. 이 외에 근래 사회복지실천 활동의 중요한 준거틀이 되고 있는 가치 이념으로 자기실현, 정상화, 인클루전, 권리옹호, 임파워먼트, 삶의 질, 자립 지원 등의 인간에 대한 가치와 구체적인 실천활동은 다음과 같이 제시할 수 있다.

(1) 인간존중과 자기실현

① 인간에 대한 개념

- 사회복지사는 인간의 천부적 가치와 존엄을 믿는다.
- 모든 인간은 변화를 향한 선천적 동기와 능력을 가지고 있다.
- 모든 인간은 사회 및 인류와 자신에 대해 책임감을 가진다.
- 인간은 소속 욕구가 있다.
- 모든 인간은 공통된 욕구를 가지지만 각 개인은 독특하고 타인과는 다른 존재이다.

② 인간에 대한 기대

- 사회는 개개인이 가진 잠재력을 충분히 발휘할 수 있도록 성장과 발달을 위한 기회를 제공해야 한다.
- 사회는 굶주림, 부적절한 교육, 차별, 질병치료 기회의 제한, 부적절한 주택 등의 문제를 피하기 위해 개인의 욕구 충족을 돕는 서비스와 자원을 제공해야 한다.
- 인간은 사회라는 형태에 참여할 동등한 기회를 가져야 한다.

③ 인간에 대한 개입도구

인간은 존경과 존엄한 존재로 대우받아야 한다. 인간은 자신의 삶의 방향을 결정할 수 있는 최대한의 기회를 가져야 하며, 사회는 모든 인간의 욕구에 대응하는 사회를 건설하기 위해 타인과 상호작용할 수 있도록 지원하고 이를 촉진해야 한다. 그 사람의 특이한 성격이나 삶의 경험 때문에 편견을 갖기보다 그 사람을 독특하고 유일한 개인으로 인식해야 한다.

④ 자기실현

인간은 연령이나 환경조건 등의 차이 속에서도 속도의 차는 다르지만, 성장하는 존재이며 존재한다는 사실만으로 가치를 지닌 존재이다. 건강한가, 질병을 가지고 있는가, 풍부한가 궁핍한가, 사회에 유용성이 높은가, 낮은가 등으로 존재 가치를 결정하는 것은 사회복지 이념에서 벗어난다. 사회복지는 실천활동을 통해 클라이언트로 하여금 자기다운 존재방식을 추구하고 달성할 수 있도록 지원함으로써 그가 지닌 잠재력과 가능성을 최대한 실현할 수 있게 하는 데 그 가치와 목표를 둔다.

(2) 정상화(normalization)

정상화 개념은 일찍부터 한국에 소개되어 잘 알려져 있는 이념으로, 니르제(Nirge)와 뱅크-미켈젠(Bank-Mikkelsen)으로 대표된다. 1952년경 덴마크의 지적 장애아동 부모모임이 중심이 되어 시작한 지역사회 운동에서 그 뿌리를 찾을 수 있다.

정상화는 사회적 지원을 필요로 하는 사람들을 정상인으로 전환하는 데 목적을 두는 것이 아니라, 그들에게 필요한 생활조건을 제공함으로써 클라이언트가 장애를 수용하면서 장애와 함께 정상적으로 생활할 수 있도록 지원하는 데 중점을 둔다. 정상화를 실현하기 위해서는 시민권을 포함한 생활의 모든 장면에서 개개인이 다른 사람들과 동등한 입장에 설 수 있도록 지원할 것이 요구된다. 또한 클라이언트가 자신의 생활상의 장애를 제거할 수 있도록 생존은 물론 생활(living)에 초점을 맞추어 전체로서의 인간으로 지원해갈 것이 요구된다(河東田博, 2005).

또한 환경적, 조직적, 개인적 요인이 그들의 생각이나 염원을 저해하고 있는 것도 사실이기 때문에 이들 환경적, 조직적, 개인적 측면에 도전할 필요가 있다. 개인이 가지고 있는 잠재적인 편견이나 차별의식에 대한 자각과 불식을 위한 노력 및 실천활동도 요구된다.

(3) 인클루전(inclusion, 당사자 참가)

소외, 배제당하는 사회적 약자를 대상으로 한 참가 촉진 활동이 인간생활의 전 활동 분야에 걸쳐 확산, 추진되고 있는 추세이다. 완전한 사회 참여 및 인클루전은 구체적으로 모든 사람들이 격리, 차별받지 않으며, 서로의 다양성을 인정하고 독자적인 가치관이나 생활양식에 대해 프라이드를 가지고, 존엄과 자유 속에서 삶의 권리를 가지며 의사결정에 대한 참가와 사회발전의 성과를 향유할 수 있도록 사회정책, 운동, 원조활동, 방법(지식, 기술의 개발 등) 등을 정비한 사회서비스나 개개인의 삶의 방법(의식, 관계 행위)을 통해 실현된다.

(4) 권리옹호(advocacy)

권리옹호는 초기 "어떤 생각이나 정책을 자신을 위해 제대로 말을 꺼내기 어려워하는 사람들을 위해 다른 사람이 목소리를 높여 외부에 호소하는 행위"(Katcher) 또는 "문제 제기와 그 해결을 위한 행동"이라 정의되었다. 즉, 사회적 약자로 발언력이 없는 사람들의 대변자적 역할을 수행하는 활동(山中龍宏, 2003)이라는 것이다.

지금의 사회는 인간으로서의 가치가 사회적 유용성과 깊게 연계되어 있어 자칫 약자가 소외당할 가능성이 크다. 사회복지사는 인간을 사회적 유용성 면에서만 평가하려는 사회적 풍조에 대한 전환을 요구하고, 사회적 약자의 소리 없는 목소리를 대변하며 권리를 옹호하는 데 가치를 두어야 한다는 것이다.

최근 들어 권리옹호는 개인이나 집단이나 지역사회의 임파워먼트를 지원하는 기술이나 방법의 하나로, 특히 사회적·법적인 권리에 관련되는 여러 문제가 ① 침해 또는 위협당하고 있는 개인(집단, 지역사회)의 권리성을 명확히 하도록 지원함과 동시에, ② 그 권리성을 침해하는 저해 요인과 대결하도록 지원하며, ③ 그 문제를 해결하는 힘이나 여러 지원을 활용하는 힘을 높이도록 지원하는 방법과 기술의 총체로, 보다 포괄적 개념으로 정의되고 있다.

권리옹호의 구체적 활동은 문제를 명확히 하고, 해결안을 제시하고, 실행하며, 언론매체를 통해 사회적 분위기를 조성하고, 정치가를 개입시켜 행정을 움직이게 하는 활동 등을 통해 이루어진다. 차일드 시트의 법제화, 금연운동 추진, 예방접종 무료화, 광역화 등은 권리옹호를 실천한 좋은 사례라 할 수 있다.

(5) 임파워먼트(empowerment)

구티에레즈(Gutierrez)로 대표되며 강점 관점의 살리베이(Saleebey)도 의식 고양과 임파워먼트를 사회복지실천의 중요한 열쇠라 주장하고 있다.

임파워먼트 모델에서 힘은 '자신의 요구를 충족시키기 위해 환경에 영향을 미치는 능력'으로, 구체적으로는 '사람이 필요로 하는 것을 얻는 능력, 다른 사람의 사고, 느낌, 행동방식, 신뢰방식에 영향을 미치는 능력, 가족이나 조직 및 지역사회와 사회체계 내 자원배분에 영향을 미치는 능력'이라

정의된다. 또한 임파워먼트는 개인적, 대인 간 혹은 정치적 능력을 향상시키는 과정으로서 삶의 조건을 향상시키기 위해 행동을 취하는 것이라 정의하고, 능력 고취는 클라이언트가 필요한 자원을 얻거나 통제하도록 지원하는 것이라고 강조했다(Gutierrez, 1990: 149).

임파워먼트를 위해서는 개인과 사회환경과의 관계의 질에 초점을 맞춰 사회자원이나 수단을 발견, 확대, 획득하는 등 주어진 환경을 개선하는 힘을 키울 수 있도록 개인, 집단, 가족, 지역사회를 지원할 것이 요구된다. 임파워먼트의 실천적 방법은 힘이나 권위적 관계가 뿌리깊이 박혀있는 사회문화와 권위적, 권력적 힘에 압제되어 무력한 상태에 있는 사람들의 상황을 개선하기 위해 대변활동을 비롯하여 권리옹호 활동이나 욕구 충족에 필요한 서비스의 조정, 사회자원의 개발 노력 등을 활용하게 된다(門田光司, 2000: 71~85).

(6) 삶의 질(Quality of Life; QOL, 이하 QOL) 향상

사회복지실천은 모든 사람들의 인권과 자기실현을 보장하는 사회의 실현을 목표로 하는 만큼, QOL 향상이 필요조건이 된다.

QOL은 생활자의 만족감, 불만감 또는 행복감, 불행감에 대한 의식이라고 정의되는가 하면, 사람들이 행복하고 만족하며 살아가게 하기 위한 체계의 창조라고 정의되기도 한다. 전자는 삶의 질을 개인의 의식에서, 후자는 사회환경에서 찾고 있음을 알 수 있다.

① QOL의 준거

- 안전성: 안전성은 스웨덴의 삶의 질 모델에서 중시하는 8가지 가치(자유, 평등, 기회균등, 평화, 안전, 안심감, 연대감, 공동, 공정성)에 포함된 가치로, 재해나 범죄에 휘말리지 않고 안전이 보장되는 상태이다.

- 선택가능성: 자신이 생각하는 몇 가지 선택지 중 자신의 기호나 적성이나 지향에 맞는 것을 선택할 수 있어야 한다.
- 접근가능성: 필요 적절한 삶의 영위와 질 높은 삶에 대한 접근이 가능해야 한다.
- 계속성: 안정이나 적절하고 편안한 삶의 영위가 계속될 수 있어야 한다.
- 보람: 개인의 생에 대한 보람이나 자기실현 그리고 창조적 생활의 촉진으로 연결될 필요가 있다.

(7) 자립지원

인간은 누구나 다른 사람으로부터 도움이나 시중을 받지 않고 가능한 한 자력으로 생활하기를 원한다. 모든 것을 남의 도움을 받지 않으면 안 되던 사람이 사소한 것이라 하더라도 자력으로 할 수 있게 되었을 때의 기쁨은 헤아릴 수 없다. 사회복지사의 역할은 클라이언트가 무엇이나 도움을 받고 싶어 할 것이라는 생각을 앞세워 지원해서는 안 되며, 클라이언트의 요구 충족에만 중점을 두어서는 안 된다. 사람들은 자신이 다른 사람들로부터 '어떤 기대를 받는 존재인지' 그 이미지에 기초한 방향으로 자립을 시도한다.

5) 가치 관련 시 사회복지사의 역할

사회복지사는 ① 현실사회가 요구하는 사회적 가치, ② 사회복지사 개인의 개인적 가치, ③ 전문직으로서의 사회복지가 추구하는 가치, ④ 소속하고 있는 기관이 추구하는 가치의 영향을 받으며 직무를 수행하게 된다.

첫째, 사회복지사는 사회적 가치와 개인적 가치, 즉 클라이언트의 가치와 자신의 가치를 고려하면서 동시에 사회복지의 가치와 윤리체계 내에서 기능해야 한다.

이를 위해 사회복지사는 가치갈등을 해결하고 신념과 행동을 일치시키는 일에 편안해져야 한다. 예를 들어, 비밀보장에 관한 가치 판단 시 갈등을 일으키게 하는 문제로 낙태, 동성애, AIDS 환자를 위한 개입 등을 들 수 있다. 그러나 이에 대한 윤리적 행동 결정에 도움이 될 만한 명확한 지침이 없기 때문에 어려운 상황이 자주 발생하게 된다.

둘째, 사회복지사들은 윤리원칙의 한계와 법적 보호에 대해 명확히 알고 있어야 하고 고지된 동의에 대한 지침과 위험에 대해 알고 있어야 한다.

HIV 양성반응자나 AIDS 환자인 클라이언트가 성적 파트너에게 위험을 알리지 않을 경우, 비밀보장의 윤리원칙에 대한 전문가적 판단이 요청된다.

셋째, 사회복지사는 자신의 가치체계를 인식해야 한다.

사회복지사의 가치는 어떤 면에서는 사회적 가치체계와 비슷할지도 모르지만 차이는 있다. 사회복지사는 이러한 차이점들을 인식하고, 이로 인한 긴장과 갈등을 다룰 수 있는 방법을 개발해야 한다. 자신이 잘 인식하고 있지 않은 가치가 실천에 영향을 미치지 않도록 자신의 가치를 잘 인식해야 한다.

넷째, 사회복지사는 가치의 다양성을 인정할 수 있어야 한다.

한쪽의 가치가 우월하면 다른 쪽은 열등한 것처럼 다르게 보는 이분법적 경향은 사람들을 열등하게 취급하거나, 편견과 차별, 억압을 가져오는 명분을 제공한다. 다양성의 가치를 인정할 때, 사회복지사는 새로운 경험과 인식을 하게 되며, 다양성을 통해 개인의 강점을 보게 된다.

사회복지사의 노력은 개인의 존엄성과 사회적 책임감이라는 두 가지 가치에 토대를 두며, 이 두 가지 가치는 다음의 행동원칙으로 표현된다.

- 인간은 선택의 자유를 가진다.
- 개인은 중요하다: 개인의 욕구와 관심은 사회의 욕구에 종속될 수 없다.

- 사회복지사는 개인과 개인의 관심이나 욕구에 대해 비심판적으로 접근해야 한다.
- 사회복지사의 역할은 통제가 아니라 지원과 조력이다.
- 감정과 개인적 관계는 중요하다.
- 인간은 타인에 대한 자신의 욕구와 관심에 대한 책임을 진다.

6) 노인을 대상으로 한 사회복지실천과 가치

사회복지사가 노인 클라이언트와 일할 때 가장 먼저 해야 할 과업은 노인과 관련성 있는 가치문제를 확인하는 것이다. 젊음, 건강, 신체적 능력, 젊은 육체에 대한 사회적 가치는 노인과 노화에 대한 부정적 태도로 연결되어 노인의 자기 존중감과 가치감 형성에 영향을 준다. 노인에 대한 부정적 감정은 노인 클라이언트와의 관계에 영향을 준다. 그러므로 사회복지사는 자신도 의식하지 못한 상태에서 '노인은 무력하다, 학습할 수 없다' 등의 노인에 대한 잘못된 가치를 수용하지 않도록 경계할 필요가 있다. 고령자 및 노인에 대한 차별 행동은 가치에서 비롯되며, 이러한 차별은 사회복지 윤리강령에도 위배된다.

죽음과 죽어가는 것에 대한 가치 또한 노인과 일하는 사회복지사에게는 매우 중요한 내용이다. 많은 젊은 사회복지사는 죽음에 대한 화두를 피하려 하지만 노화 과정을 다루고 죽음에 관해 노인이 대비할 수 있도록 지원할 필요가 있다. 그러므로 노인에게 개입하는 사회복지사는 죽음이라는 주제에 관해 다룰 때에도 편안하게 대응할 수 있도록 노력해야 한다.

2. 지식

전문성의 중요한 특징으로 체계적 이론과 윤리강령을 든다. 사회복지실천 또한 예외가 아니다. 체계적 이론의 발전은 지식의 기초에 근거하며, 사회복지사는 의사결정에 기초가 되는 지식을 실천에 활용하게 된다. 바틀렛(Bartlett)은 사회복지실천이 확실한 지식을 바탕으로 이루어져야 하며, 지식은 실천을 선도해 나가야 한다고 주장했다.

사회복지는 미확인된 사고에 관한 신념보다 과학적 지식을 강조한다. 그러므로 사회복지사가 지식에 기반한 실천을 하려면 유용한 지식을 평가할 수 있는 능력과 특정 상황에 적용할 수 있는 지식을 선택하는 능력, 상황 속의 클라이언트에 대한 지식과 새로운 지식을 시험적으로 사용하는 개방성을 갖추어야 한다. 또한 사회복지사는 논리적, 체계적, 비판적, 창의적으로 생각할 수 있어야 한다.

그러나 사회환경에 둘러싸인 인간의 복잡한 현실에 관심을 갖고 있는 사회과학의 특성은 이를 어렵게 하며, 지식기반에 유연성을 부여하게 된다. 사회복지는 상황 속의 인간과 사회 기능에 대한 광범위한 시각을 가지므로 이에 대한 실천적 정보와 막대한 지식을 보유하고 있다. 이들 지식에는 사회복지사들이 삶의 경험으로부터 얻은 지식, 다른 사람의 인생 경험에 대한 관찰, 광범위하고 자유로운 예술적 교육활동을 통해 얻을 수 있는 이해 등이 모두 활용된다.

1) 사회복지의 지식기반

사회복지 지식은 먼저 다양한 학문으로부터 도입한 지식을 기반으로 한다. 사회복지 지식 중 특히 기초가 되는 지식에는 생물학과 생리학 등 자연과학뿐 아니라 인류학, 정치학, 경제학의 공헌이 크며, 심리학과 사회학 등의 사회과학(특히, 의사소통론, 소집단론, 지역사회론, 조직론) 등으로부터 많은 지식을 가져 왔다. 이들 지식을 통해 개인과 환경과의 관계에 대한 복잡한 상황을 분석하고 개인, 단체, 사회, 문화의 변혁을 촉진하는 데 기여해 왔다.

다음으로 사회복지실천 경험으로부터 얻은 지식을 들 수 있다. 이들 지식은 사회복지실천으로부터 도출된 지식을 기초로 한 것들로, ① 개인과 환경과의 상호작용에 관여하는 다양한 요인들과 관계, 인간발달이나 행동, 사회체계에 관한 지식들을 활용한다. ② 사회복지실천의 조직이나 영역에 관한 지식과 사회복지사의 행동을 끌어내고 지시하는 원리 등에 관한 지식, 인간과 환경에 대한 이해, ③ 사람들의 능력 고양을 위한 신체기능적, 정신심리적, 사회환경적 요인과 그 관련성에 대한 지식들이 포함된다.

결국 이들 지식은 사회복지사들이 클라이언트의 생활에서 배우고, 클라이언트와 공유하면서 터득한 지식이라 할 수 있다.

2) 지식의 유형

지식은 두 가지 유형으로 분류되는데, ① 경험적 관찰과 검증에 의해 확인된 지식과 ② 사실인 것 같지만 아직 검증되지 않은 것으로 현재는 받아들여져 활용되는 가정적 지식의 두 가지이다. 인간 서비스 영역에서 활용되고 있는 지식 중에는 가정적 지식이 많다. 그러므로 이러한 가정적 지식을 검증하기 위한 인간 서비스 전문가들의 적극적인 노력과 시도가 요구된다.

3) 지식, 이론, 원리

지식과 이론은 상호교환적으로 사용되기도 하지만, 지식은 분리된 사실로 간주되는 반면, 이론은 사실들을 어떤 의미 있는 총체로 배열하고 관련 짓는 일련의 논리적인 명제라는 의미에서 구별된다. 가령, 사회복지실천에서 방어기제의 지식은 종종 정신분석이론으로 불린다. 이것은 방어기제의 개념이 정신분석이론에서 개발되었기 때문이다.

이론이란 일군의 현상에 대한 설명의 원리로 사용되는 일반적인 명제나 개념의 결합체이며, 사실이나 현상 및 그들의 상호관계를 해명하는 다소 증명되었거나 확립된 설명이다.

이에 반해 '원리(principle)'란, 수용되거나 공언된 행위규칙이라는 의미와 다른 진리들의 기반이 되는 기초적, 일차적 또는 일반적인 진리라는 의미의 두 가지로 정의된다.

사회복지실천 이론은 일부 경험적으로 검증된 지식 및 일부 경험적으로 검증되지 않은 가정적 지식으로 구축되며, 사회복지실천에서 행동의 원리는 사회복지실천의 가치와 이론 모두에 기초하여 이루어진다.

사회복지사들에게 필요한 지식은 대체로, 첫째, 사회복지사의 실질적인 개입활동을 다루는 실천지식(practice knowledge), 둘째, 인간과 환경의 상호작용에 관련되는 인간체계의 발달, 성장, 기능 및 역기능 등에 관한 기초지식(Compton & Galaway, 1984: 45~46)으로 나누어 볼 수 있다.

(1) 사회복지 실천에 필요한 지식

카두신(Kadushin, 1959: 44)은 사회복지사가 도움을 주는 과정에서 사용해야 하는 지식으로, 일반적인 사회복지실천 지식, 특수한 실천분야에 대한 지식, 특수한 기관에 대한 지식, 특수한 클라이언트에 대한 지식, 그리고 특수한 접촉에 대한 지식의 다섯 가지 단계로 분류·규정하였다.

① 일반적 사회복지실천 지식

- 사회문제에 대한 사회복지정책과 서비스, 프로그램과 제도, 사회복지 운동과 힘, 사회정책의 영향, 공식적인 정책에서의 사회복지사의 역할
- 인간의 성장과 인성발달, 인간행동과 사회환경, 병과 무능력, 문화적 규범과 가치, 지역사회 과정들, 그리고 개인과 집단의 사회적 기능 작용의 다른 측면
- 직접 서비스 측면-개별사회복지실천, 집단사회복지실천, 지역사회조직사업과 조사와 행정 등을 포함한 사회복지실천방법에 대한 지식

② 특수한 실천분야에 대한 지식

사회복지사는 자신이 소속한 기관이나 시설이 다루는 사회복지실천 분야의 목적과 철학, 그리고 사회에서 요구하는 실천 분야의 제반 기능에 관해 설명해 줄 수 있도록 실천 분야에 관한 지식을 갖추어야 한다.

③ 특수한 기관에 대한 지식

사회복지사는 자기가 소속된 기관에 대한 특성과 역사적 배경, 목적 및 직무에 대한 지식을 갖추어야 한다. 또한 치료계획과 제도가 제공하는 자원에 대해서도 잘 알고 있어야 한다.

④ 특수한 클라이언트에 대한 지식

등교 거부 아동이나 에이즈 환자 등과 같은 특수 사례가 증가되고 있는 실태에 대응하기 위해 사회복지사는 다양한 클라이언트에 대한 폭넓은 지식을 갖추어야 한다. 이를 위해 접수단계에서부터 클라이언트에 대한 세심

한 기록과 사정이 요구된다.

⑤ 사회복지사와 클라이언트의 관계에 대한 지식

사회복지실천에서 가장 중요한 것은 사회복지사와 클라이언트와의 첫 만남이다. 비에스텍(Biestek, 1961)의 원조 관계에 관한 7가지 원칙이나 면접론에 대한 지식은 클라이언트와의 관계 형성에 많은 도움을 주는 만큼, 숙지할 것이 요구된다.

(2) 실천적 지혜

사회복지실천에서 과학적 지식만을 활용하는 것은 인간에 대한 지식과 변화가 일어나는 방법에 대해 많은 부분을 설명하지 못한다. 현실은 대부분 증명되거나 구체적 방법을 통해 관찰되는 것 그 이상이기 때문에 협소한 과학적 방법 이외의 또 다른 앎의 방식을 실천적 지혜로 설명한다. 골드스테인(Goldstein)은 이를 "클라이언트의 삶에서 배우고, 그들과 함께 공유하는 경험으로부터 배우는 것"이라고 설명하였다.

실천적 지혜는 독특하고 개별화된 인간의 특성을 잘 설명해 준다. 또한 실천적 지혜는 사람과 환경에 대한 강점을 파악할 수 있고 다양성과 개별화를 존중하는 능력을 포함한다. 그러므로 사회복지사는 이들 가치를 중시하고 클라이언트의 삶과 경험을 공유함으로써 배울 수 있도록 개방되어야 한다. 이러한 사회복지사는 빠른 속도로 성장하고 클라이언트를 임파워먼트할 수 있을 뿐 아니라, 사회복지 지식 기반을 강화하는 데 기여할 수 있다. 클라이언트를 일반화하거나 선입견을 갖지 않으며, 클라이언트의 단점이나 한계보다 강점과 능력에 초점을 맞춰 도움을 줄 수 있다. 개입의 초점 또한 클라이언트가 무엇을 잃어버렸느냐에 두지 않고 무엇이 가능한가에 두게 된다.

이렇듯 사회복지 지식의 기초는 절충적이고, 다학문적이며, 시험적이고, 복잡하고, 때로는 주관적이다. 사회복지는 공통의 개념과 관련 틀을 계속 찾아나가고, 보다 과학적으로 되기 위해 실천의 본질에 대한 가설을 계속 검증해 가고 있다.

3. 기술

기술은 특수한 전문적 기술을 유능하게 수행하기 위해 효과적으로 지식을 사용하는 능력이다. 그러므로 기술은 지식과 가치에 토대를 둔 다양한 가능성에서 선택해야 하며, 그 선택은 사회적 기능에 대한 행동과 관련이 있다. 기술은 지식과 가치를 융화시켜 학습을 통해 개발되며, 관심과 욕구에 대한 반응으로 전환하는 실천요소이다.

바틀렛(Bartlett)은 사회적 기능상의 문제에 가치와 지식을 융화할 때 개입목록이라는 용어를 사용한 후, 개입목록에 조직적 방법(method), 전문적 기법(technique), 기술(skill)을 포함시켰다. 그러나 최근 사회복지 문헌에서는 실천적 행동요소를 논할 때 개입목록보다는 기술이라는 용어를 사용한다.

사회복지사는 사회복지 서비스를 제공할 때 사회복지 가치에 기초하여 적절한 기술을 결정하고 사용하게 되기 때문에 특정 상황에서 그 상황에 맞는 적절한 기술을 선택하여 효과적으로 사용할 수 있는 능력이 요구된다. 사회복지실천기술이란 사회복지사가 클라이언트와 관련된 특정 상황 아래에서 클라이언트의 바람직한 변화를 위해 사회복지실천 가치와 지식에 근거하여 개입할 수 있는 사회복지사의 능력을 의미한다(김융일 · 조홍식 · 김연옥, 2000).

이 기술적 개입 결과 초래되는 변화는 사회복지사가 클라이언트의 강점과 능력을 활용하고 감정을 고려하여 개입할 때 최상의 결과를 가져올 수 있다.

그러므로 사회복지실천기술은 특별한 상황에 맞는 적절한 기법을 선택하는 것뿐 아니라 그것을 효과적으로 이용하는 능력을 필요로 한다. 특별한 기법의 선택은 가장 유용한 지식의 이용, 사회복지실천의 가치들과 양립할 수 있는 지식인지 고려한 후에 사회복지사는 그 기술을 이용해야 한다.

1) 방법

사회복지사의 기술은 하나 또는 그 이상의 사회복지실천방법의 구조 내에서 표현된다. 원칙, 실습, 그리고 원칙과 실습의 범위에 공통적으로 정의된 체계이론적 양식으로서 사회복지실천에서의 방법이라는 용어는 전통적으로 개별사회복지실천, 집단사회복지실천, 지역사회조직사업을 포함하고 있지만, 점차 통합적 실천방법으로 나아가고 있다. 사회복지실천방법은 개인이나 집단과의 관계에서 목적 달성을 위해 사회복지사 자신이 책임 있고, 의식 있고, 능숙하게 이용하는 수단 및 방식이다.

2) 기법

기법은 주어진 업무에 이용되는 도구나 특별한 절차이며 작용을 말하며, 그것은 사회복지실천방법을 이용할 때에 구체화된다. 고든(Gordon, 1992: 8)은 사회복지사에 의해 달리 결합되어 적용될 수 있는 기법의 목록을 다음과 같이 제시했다. 기법 목록에는 지원, 분류화, 정보 제공, 해석, 통찰력 개발, 클라이언트와 사회복지사의 구별, 기관의 기능과 동일시, 구조의 창조와 이용, 활동가 계획의 이용, 긍정적인 경험의 준비, 교육, 집단 상호작용의 자극, 무대 제한, 유용한 사회적 자원의 이용, 개인이나 집단 혹은 그 합성체에 작용하고 있는 환경의 힘에서 변화 초래하기 등이 포함되어 있다.

3) 사회복지실천의 기본적 기술

억압받고 차별받는 집단의 이익을 위해 일하는 사회복지사에게는 다양한 기술이 필요하다. 여기에는 사회복지사 내부의 장벽을 인식하는 기술뿐 아니라 클라이언트의 문제를 인식하는 기술까지 포함한다. 그러므로 사회복지사는 복잡한 상황을 이해할 수 있어야 하고 개방적, 창의적이어야 하며, 자기인식, 공감, 관계, 특별히 인종, 문화, 성, 연령, 성적 취향, 무능력과 관련된 기술을 개발해야 한다.

예를 들어, 어떤 상황에서는 개별노인, 노인집단, 노인의 가족, 지역사회 집단과 함께 일하는 데 필요한 기술이 요구되기도 한다. 어떤 노인에게는 이야기하기, 감정과 사고를 표현하는 그림그리기 활동이 적절할 수 있다. 위기에 처한 노인에게는 지지가 필요할 수 있기 때문이다.

사회복지에는 여러 상황에 적용할 수 있는 다양한 기술이 있다. 모든 사회복지사에게 필요한 기본적이고 핵심적 기술요소에는 ① 정보수집과 사정기술, ② 전문적 자아의 개발과 활용기술, ③ 개인, 집단, 지역사회에 대한 개입기술, ④ 평가기술 등을 들 수 있다.

이 중 특히 사회복지사에게 기대되는 기술 유형으로 ① 인지적 기술과 ② 상호작용 및 관계기술의 두 가지를 들 수 있는데, 인지적 기술은 상황 속의 인간이라는 개념을 기반으로 개인과 상황에 대한 이해를 발전시키는 데 필요한 지식을 확인하고, 개입계획을 세우고, 평가를 수행하는 데 사용된다. 상호작용기술은 개인, 집단, 가족, 조직, 지역사회와 일할 때 이들에 대한 이해를 돕고, 의사소통하며, 공동 계획의 수립 및 행동계획 수행에 사용되는 기술이다. 사회복지사는 이들 기술 요소나 기술 유형에 능숙해야 한다.

기술에 대한 숙련성은 다양한 기술과 방법론을 반복적으로 사용하고 실천한 결과 함양된다. 숙련성은 지식의 적용, 가치의 조직화뿐 아니라 사회복지사의 개인적 특성과 업무 스타일의 개발과 관련이 있다. 기술능력의 향상과 발달을 위해 오랜 훈련이 요구되기도 한다. 사회복지사는 인지적 기술과 상호작용 기술의 조화를 배움으로써 숙련된 사회복지사로 발전해 가게 된다.

이렇듯 사회복지사는 클라이언트의 욕구, 자원, 달성하고자 하는 목적에 따라 각 상황에 적용 가능한 기술을 선택하게 된다.

(1) 사회복지실천 시작단계에서의 기본기술

사회복지사는 다양한 종류의 지식과 기술, 기법, 전략들을 자유자재로 이용할 수 있어야 하며, 지식과 기술을 적용할 때 가치를 분리시켜서는 안 된다. 사회복지사는 기술자(technician)가 아니라 가치지향적 인간 서비스 전문가(human service professional)이기 때문이다.

능숙한 사회복지사는 환자에게 단순 분명하고 구체적인 질문을 함으로써 환자를 좀 더 현실적인 기능 발휘를 할 수 있도록 조심스럽게 이끌어 간다. 사회복지실천의 시작단계에 필요한 기초기술로는 ① 기본원조기술(basic helping skill), ② 관여기술(engagement skills), ③ 관찰기술(observation skills), ④ 커뮤니케이션 기술(communication skills) 등을 들 수 있다(Loewenberg & Dolgoff, 1992: 60~67).

시작단계 기본기술	구체적 기술
(1) 기본 원조기술	① 통찰력, ② 관계형성기술, ③ 사회복지사 자신을 이용하는 기술
(2) 관여기술	① 클라이언트(개인, 가족, 집단)를 참여시키기 위한 의도적 자아 사용 기술 ② 계층, 하위문화, 상식 밖 집단, 준거집단, 소수 인종집단, 다양한 집단 성원들과의 관계 확립 기술 ③ 관여 과정의 전후관계나 적절한 구조 기술 ④ 개방적, 정직, 비심판적, 현실적 노력
(3) 관찰기술	① 타인에 대한 자신의 특별한 편견에 대한 이해(자기인식) ② 클라이언트의 언어적 표현, 비언어적 표현, 행동 및 동기 등에 대한 관찰력 ③ 목표지향적 관찰력(모든 것을 관찰할 수는 없으므로)
(4) 커뮤니케이션 기술	① 클라이언트와 사회복지사 간 커뮤니케이션의 상호 교환 및 그에 대한 이해 ② 클라이언트의 생활양식 및 일반적인 관심과 양립된 대화기술 ③ 비언어적 커뮤니케이션의 배경에 있는 의미 파악 ④ 전문적 대화인 면접에서의 경험 해석과 질문 등의 사용 ⑤ 적극적 경청 기술, 간단하고 관련성 있는 회화와 질문기술 ⑥ 침묵에 대한 인내와 적절한 반응 기술, 클라이언트의 감정에 대한 민감성 ⑦ 클라이언트의 문제에 대한 최상의 이해와 해석기술 ⑧ 질문 기술(질문의 적절한 시간, 질문의 적절성, 그리고 클라이언트와의 좋은 관계 등이 요구됨), 유도적 · 개방적 질문

(2) 사회복지실천기술의 개발을 촉진하는 기술

사회복지실천기술의 개발을 촉진하는 방법으로는 사례기록(case recording), 슈퍼비전(supervision), 사례회의(case conference), 검토와 평가(review and evaluation), 자문(consultation)(Gordon, 1962: 7), 팀웍(team work), 네트워킹(networking)(홍금자, 2007: 65~92) 등을 들 수 있다.

① 실천기술의 촉진 기술 및 구체적인 접근 방안

- 사례기록(case recording): 면접에서 발생하는 역동적인 상호작용에
  관한 기록으로, 면접 목적, 관찰 내용, 면접 내용(면접의 시작, 정보
  및 그에 대한 클라이언트와 사회복지사의 대응, 면접 준비와 종결),
  느낌(인상), 사회복지사의 역할, 계획 과정 등을 기록한다.

- 슈퍼비전(supervision): 슈퍼바이저(supervisor)와 슈퍼바이지(super-
  visee)와의 관계에서 이룩한 전문지식과 기술의 발전을 통해 클라이
  언트에 대한 서비스를 증진시키기 위해 계획된 관리과정으로, 관리적,
  지지적, 교육적 기능을 갖는다.

- 사례회의(case conference): 실천적 컨퍼런스나 사례회의 등을 통해
  사회복지사 상호 간에 클라이언트 개인이나 가족과의 다양한 관계의
  실제, 이에 대한 서로의 견해 등을 얘기함으로써 클라이언트에 대한
  이해를 심화할 수 있다.

- 검토와 평가(review and evaluation): 평가란 일정한 기준과 목표에 맞
  추어 문제 해결 측면에서 실천을 다시 객관적으로 파악하는 것으로
  평가를 통해 해결을 보다 합리적으로 진행하게 된다. 최종 평가는 목
  표 달성의 효과성과 효율성 관점에서 종합적으로 평가하게 된다.

- 자문(consultation): 지식이 많은 전문가(consultant)와 지식이 더 적
  은 실무진(practitioner, 예: 사회복지사 혹은 학생) 사이에 제한된 시간
  을 가지고 목적적이며 계약적인 관계를 통해 문제를 해결해 가는 방법

- 팀워크(team work): 여러 분야의 전문가들이 공식적인 팀을 이루어 함
  께 활동하는 것을 말하며, 둘 이상의 전문가들이 함께 각자의 명확한
  입장과 위치에서 협력하게 된다.

- 네트워킹(networking): 다양화와 다원화를 촉진하고 새로운 문제해결
  방식을 찾기 위해 개별적 차이를 인정하면서 능동적으로 인적 · 물적

· 제도적 자원을 연계해가는 과정을 말한다.

4) 지식, 가치, 기술의 창의적 조화

사회복지실천상황에서 지식, 가치, 기술을 창의적으로 발휘하는 능력은 사회복지사에게 정말 중요하다. 이 능력은 지식, 가치, 기술의 조화를 필요로 한다. 이 능력은 관련 없는 지식을 가려내고 적절한 지식을 선별해 내며, 상황에 맞는 지식과 기술을 능숙하게 적용하는 능력이다. 상황 속의 개인은 모두 다르며, 지원에 대한 욕구 또한 다르기 때문에 지식, 가치, 기술도 각 개인에 따라 상황에 따라 다르게 사용된다. 상황 속의 개인에게 접근해 갈 수 있는 일반적인 절차나 접근방법은 있을지 모르지만, 구체적 지침이나 표준화된 방법은 없다. 지식, 가치, 기술을 적절하게 조화시켜 적용해 갈 사회복지사의 전문가적 창의성에 의존할 수밖에 없다. 이러한 창의성은 때로 사회복지학이라는 과학(Science)에 반대되는 것으로, 사회복지 기술(Art)이라 표현된다. 이 기술은 경험에 근거한 직관, 육감, 사회복지사의 개인적 속성에 토대를 둔다.

그러므로 사회복지사는 자신의 가치와 문화의 영향으로 개입에 한계를 가져올 가능성은 없는지 명확하게 자기인식을 할 것이 요구된다. 사회복지사는 자신의 가치와 다양한 집단의 가치를 인식한 상태에서 사회복지 가치와 윤리를 활용해야 하며, 다양한 집단이 사회복지사의 도움을 구하고 받고 있다는 사실을 고려하면서 이에 필요한 기술을 갖추어 가야 한다.

| 3장 참고문헌 |

김기덕(2007), 『사회복지사의 역할과 윤리』, 한국사회복지사협회 40년사, 한국사회
　　복지사협회, 37~64쪽.
김기태 · 김수환 · 김영호 · 박지영(2007), 『사회복지실천론』, 공동체.
김융일 · 조흥식 · 김연옥(2000), 『사회사업실천론』, 서울: 나남신서.
나동석 · 서혜석(2008), 『사회복지실천론』, 학현사.
신성자 · 홍금자 · 라동석 · 김진이(2000), 『사회복지실천론』, 고헌출판부.
양옥경 외(2000), 『사회복지실천론』, 나남출판사.
엄명용 · 김성천 · 오혜경 · 윤혜미(2000), 『사회복지실천의 이해』, 학지사.
윤현숙 · 김성천 · 이영분 · 이은주 · 최현미 · 홍금자(2000), 『사회복지실천기술론』,
　　동인출판사.
이경남 외, 『사회복지실천론』, 학지사, 2008.
이영분 · 윤현숙 · 이원숙 · 이은주 · 최현미 · 홍금자(2000), 『사회복지실천론』, 동인
　　출판사.
장인협(1991), 『사회복지실천방법론 상』, 서울대학교 출판부.
＿＿＿＿(1990), 『사회복지실천방법론 하』, 서울대학교 출판부.
홍금자(2007), 「사회복지와 사회복지사의 전문성에 대한 정체성, 힘있는 사회복지
　　사」, 한국사회복지사협회: 65~92쪽.

Compton, B. R. & Galaway, B. (1984), *Social Work Processes*, Belmont,
　　pp. 45~46.
Gordon, R. (1992), *Basic Interviewing Skills*, Itasca, Ⅲ: F. E. Peacock, p. 8.
Hepworth, D. J., Rooney, R. H. & Larsen, J. A. (2002), *Direct Social Work
　　Practice: Theory and skills*(6th ed.), Pacific Grove, CA: Brooks/Cole Pub-
　　lishing co.
Kopfstein, R. (1994), *Inservice education for interdisciplinary teamwork:
　　Training and evaluating teams*, D. S. W. diss University of New York.
Levy, C. (1993), *Social Work Ethics on the Line*, New York: Haworth Press.
Loewenberg, F. & Dolgof, R. (1992), *Ethical Decisions for Social Work Practice*
　　(4th ed.), Itasca, Ⅲ: F. E. Peacock: pp. 60~67.
Gutierrez, L. M. (1990), Working With Woman of Color: An Empowerment
　　Perspective, *Social Work 35*, No. 2(March): pp. 149~153.
Reamer, F. (1993), *Ethical Dilemmas in Social Services*(2nd ed.), New York:

Columbia University Press.
Sheafor, B. W., & Horejsi, C. R., & Horejsi, G. A. (1977), *Social Work Practice*(4th ed), Allyn ad Bacon, pp. 142~180.

제4장

사회복지실천 대상과 사회복지사

사회복지실천현장에서 사회복지사가 수행해 온 접근 방법은 개인, 집단, 가족, 지역사회를 중심으로 한 실천활동이었다.

1970년대 이후 사회복지실천에서 사회복지사가 개인, 집단, 지역사회를 구분하지 않고 접근하는 통합적인 방법이 강조되고 있지만, 사회복지사의 구체적인 사회복지실천방법은 대상의 특성과 규모에 따라 구분될 필요가 있다.

이 장에서는 실천대상과 방법에 따라 개별, 가족, 집단, 지역사회로 나누어 설명하고 사회복지사의 역할에 대하여 소개하고자 한다.

1. 개인 대상의 실천

1) 개인 대상 실천의 개념 및 목적

개인 대상의 실천은 '개별사회사업(case work)'이라 하며, 사회복지실천 방법 중에서 가장 먼저 개발된 것이다. 또한 이 방법은 모든 사회복지실천 방법의 토대가 되었다.

19세기 후반과 20세기 초 인보관이나 자선조직협회를 중심으로 활동하던 사회복지사들은 개인, 가족, 집단, 지역사회를 대상으로 구체적인 실천기술보다는 단순히 상식적인 수준에서 개별생활에 필요하다고 여겨지는 활동들이 이루어졌다. 그 후 리치몬드(Richmond, 1917)가 『사회진단』이라는 저서를 통해서 개인을 돕는 방법으로서 개별사회사업의 접근방법을 체계화함으로써 사회복지사가 개인 대상의 실천을 사회복지 최초의 전문적이고 과학적인 사회복지실천 방법으로 제시하였다.

리치몬드는 개별사회사업을 '개인과 개인 그리고 개인과 그 사회환경 사이에서 인위적인 조정을 통해 개개인의 인격개발을 이루어가는 과정'이라고 하였으며, 개인의 욕구충족과 인격개발을 목적으로 한 미시적이고 치료적인 과정임을 강조하였다.

또한 펄만(Perlman)의 정의에 의하면 개별사회사업이란 '개인이 사회인으로서의 기능을 수행하는 중에 나타나는 개인의 문제를 효과적으로 대처하기 위해서 사회복지관이나 전문기관에서 활용하는 하나의 과정이다'라고 하였으며, 개별사회사업의 목적은 치료가 아니라 문제에 대처하는 개인의 능력을 향상시키는 것임을 강조하였다.

초기의 개별사회사업은 심리내적 적응과 개입을 강조하여 왔다. 그러나 점차 개인의 문제를 사회환경과의 관련성 속에서 삶의 문제를 이해하고 다양한 수준에 체계적으로 개입할 것을 강조하는 통합적 접근이 강조되면서 개별사회사업 또는 개별지도라는 용어가 개인 대상의 실천(Social Work Practice with Individuals)이라는 용어로 바뀌었고 개입의 영역도 점차 다양화되고 확대되고 있다.

최근에는 클라이언트의 주변 체계에 대한 개입과 서비스 전달체계 내의 자원을 연결하고 조정하는 간접적 역할이 강조되면서 사례관리(case management)가 개별지도의 대체 용어로 사용되기도 하면서 개념상 혼동이 있기는 하지만, 개인 대상 사회복지실천의 개념이란 클라이언트와 일대일 관계 속에서 이루어지는 직접실천이라고 정의할 수 있다(김혜란, 2001).

2) 개인 대상 실천의 특성

개인을 대상으로 하는 직접적 실천의 특성을 제시해보면 다음과 같다(전재일 외, 2004).

① 개별사회사업의 대상은 문제를 가진 개인이다.
② 개별사회사업의 주체는 문제에 대한 과학적 지식과 전문적인 기술을 가진 전문가이다.
③ 그 방법은 대상에 따라 달라지는 개별적(case by case)인 것이다.
④ 개별사회사업은 성격의 성장, 발달과 환경으로의 적응을 다루는 의식적인 노력이다.
⑤ 개별사회사업은 사회복지사와 클라이언트 간의 인간관계를 중요시하는 협동적인 활동이다.
⑥ 개별사회사업은 과정(process)이며 예술이다.
⑦ 예방보다는 치료적 입장에서 문제해결 및 재조정을 중요시한다.
⑧ 개인과 그 사회환경과의 상호작용을 중요시하는 개인의 내면 강화와 환경조성을 한다.
⑨ 클라이언트의 주체성을 인정한 측면적 도움이다.

⑩ 기관의 기능을 중시한다.

3) 개별사회사업의 모형

개별사회사업의 모형으로 로버츠와 니는 심리사회적 접근모형, 기능주의모형, 문제해결모형, 행동수정모형, 위기개입모형을 들고 있다(Roberts & Nee, 1970). 이들 모형에 대하여 간략히 설명하고자 한다.

(1) 심리사회적 접근모형

심리사회적 이론은 상황 속의 인간(Person in situation)을 강조하는 관점으로써 리치몬드(Richmond)에서 그 기원을 찾을 수 있으나 1930년대 후반에 해밀턴(Hamilton)에 의해서 심리사회적 이론으로 처음 불리기 시작하였다. 그 후 1960년대 홀리스(Hollis)의 『케이스워크: 심리 · 사회 치료에서의 사회복지실천 이론과 접근방법』으로 구체화되었다.

이 모형에서의 치료는 클라이언트의 욕구에 의해서 달라져야 하고 사회복지사는 클라이언트에게 문제를 야기시키는 사회환경을 변화시켜야 함은 물론, 이러한 변화를 통해 클라이언트의 성격과 행동도 함께 변화시켜야 한다는 것이다.

(2) 기능주의 모형

기능주의 모형은 1930년대에 펜실베니아 대학의 태프트(Taft), 스멀리(Smally), 그리고 로빈슨(Robinson)에 의하여 개발되었다.

이 모형은 인간의 본질에 대한 이해, 사회복지실천의 목적에 대한 이해, 과정의 개념에 대한 이해를 강조하고 있다. 즉, 기능주의 모형은 성장심리학에 근거하기 때문에 변화를 사회복지사 중심이 아닌 클라이언트 중심으로 보았으며, 사회복지실천의 목적은 클라이언트에게 주어진 건강한 개인적 · 사회적 조건을 위해 영향을 주는 것이고, 사회복지실천 기관을 통해 과정을 돕는 것임을 강조하였다(최옥채, 2003).

(3) 문제해결 모형

문제해결 모형은 1957년 시카고 대학 펄만(Perlm)에 의해서 소개된 이론으로서 클라이언트의 문제해결 능력과 대처능력을 향상시키는 것을 목적으로 한다. 즉, 문제해결 모형은 클라이언트가 가지고 있는 문제의 해결은 클라이언트를 통하고, 클라이언트와 함께, 클라이언트의 힘으로 가능하다는 점을 강조하고 있다. 이후에 콤튼과 갤러웨이의 문제해결 모델이나 핀커스와 미나한의 4체계 모델의 기초가 되었다.

(4) 행동수정 모형

1960년대 행동수정기법으로 소개되면서 개별 사회복지사들이 이 분야에 관심을 가지면서 개발되었다. 즉, 클라이언트의 특정 행동을 변화시키거나 아니면 지속시키기 위해 개별 사회복지사들이 행동수정 모형을 활용하게 되었다.

이 모형은 인간의 행동을 관찰하고 측정할 수 있는 장점으로 인해 사회복지실천의 객관적 평가를 높일 수 있는 과학적 이론으로 받아들여지게 되었다.

(5) 위기개입 모형

위기개입 모형은 사회복지실천에서 1960년대부터 관심을 갖기 시작하였다. 이론적으로 위기개입 이론은 정신분석 이론을 비롯하여 인간행동에 관한 여러 이론을 기초로 하고 있다. 위기개입의 목표는 클라이언트가 당면하고 있는 위기를 해소하는 데 있다. 즉, 클라이언트가 직면하고 있는 위기를 심리적으로 해소해 가고 그래서 적어도 클라이언트가 위기 기간 이전에 보전하고 있었던 기능 수행의 수준까지 회복시키는 것이다(최옥채, 2003).

2. 집단 대상의 실천

사회복지실천현장에서 집단 대상 실천은 19세기 후반에 사회개혁의 일환으로 볼 수 있는 인보관 운동과 기독교청년회(YMCA)에서 그 기원을 찾을 수 있다.

영국 런던에 설립된 최초의 인보관인 토인비 홀(Toynbee Hall, 1884)은 빈민 지역을 중심으로 보육사업, 여가 및 사교클럽, 교육 프로그램, 고용정보 프로그램, 문맹퇴치 프로그램, 운동장, 체육관, 쓰레기 수거 및 공중목욕탕 설립활동 등 인보사업을 실시하였다. 이 외에도 보이스카웃 · 걸스카웃이나 유태인센터는 다양한 소집단활동을 활용하여 클라이언트 체계에 개입하는 집단 대상 실천의 시작에 기여하였다. 오늘날에는 집단 대상 실천의 집단적 과업과 개인적 치료의 두 가지 목적을 동시에 성취하기 위해 지속적으로 사용되고 있다. 클라이언트에 대한 효과적 서비스와 사회기관의 효율적 운영을 위해 과업집단에 대한 요구는 증가하고 있고, 여러 사회문제에 직면하는 사람들의 증가에 따른 치료집단에 대한 요구도 꾸준히 늘어나고 있다(Zastrow, 2001).

1) 집단의 개념 및 개입의 목적

집단은 공통의 관심사를 지닌 사람들이 공동의 목표를 달성하기 위해 지속적으로 상호작용하는 두 사람 이상의 집합을 말한다. 남세진 외(1997)에 의하면 집단이란 2인 이상의 일정한 구성원을 갖고 있으며, 성원들이 소속감 및 공통의 목적이나 관심사를 가지며, 성원들끼리 정서적 결속과 함께 상호의존적이며 상호작용이 이루어지고, 성원의 기능과 역할을 규제하는 규범을 갖고 있는 인간 집합체라고 하였다.

사회복지실천에 있어 집단개입은 "소집단을 활용하여 집단성원들이 자신에 대한 태도, 대인관계, 환경에 대한 효과적 대처능력을 지지하고 수정하는 실천방법"이라고 정의할 수 있다(Northen, 1969). 즉, 의도적인 집단경험을 통해 개인의 사회적 기능과 문제에 대한 대처능력을 향상시키는 사회복지실천의 목적을 달성할 수 있도록 원조하는 것이라고 할 수 있다(Konopka, 1983).

결국 집단이란 적어도 두 사람 이상이 공통의 목적과 관심사를 가지고 모여서 인지, 정서, 사회적 상호작용을 함으로써 상호 영향을 미치고 함께 기능할 수 있는 규범을 창조하며 집단활동을 위한 전체로서의 목적을 발달시키고 집단응집력을 발달시킴으로써 다른 집단과는 구별되는 전체로서의 집단의식을 발달시킨다(Hartford, 1971).

사회복지실천에서의 집단개입의 목적은 미국사회사업가협회(NASW, 1962)에서는 다음의 6가지로 들고 있다.

① 활동적인 시민으로서의 책임감 형성, ② 개인적 성장과 풍요로운 생활, ③ 자아인식과 사회적 소속감의 증진, ④ 스트레스를 받는 시기의 지지와 새로운 상황에 적응능력 배양, ⑤ 만족할 만한 사회적 기능의 유지,

⑥ 사회적 해체나 질병의 교정 및 치료에 있다고 기술하고 있다(양정남 외, 2008).

2) 집단의 특성

① 최소한 2인 이상의 사람이 모여 지속적으로 상호작용한다.
② 공통된 목적이나 관심사가 있다.
③ 전체로서의 집단에 대한 정체성을 갖는다.
④ 공동으로 기능하기 위해 집단규범을 설정한다.
⑤ 집단을 구성하는 구성원들은 소속감을 느끼고 인정받고 싶은 욕구
  를 가지는데 집단은 이를 충족시킨다.

3) 집단의 유형

집단의 크기, 형성 목적 등에 따라 매우 다양하게 정의된다. 목적에 따라서 집단을 분류할 경우 많은 유형이 존재하게 되는데 사회복지사가 관여하는 집단으로 크게 과업집단(task groups)과 치료집단(treatment groups)으로 구분해 볼 수 있다(Kirst-Ashman & Hull, 1999).

(1) 과업집단(task groups)

과업집단은 과업의 달성을 위해, 성과물을 산출해 내기 위해서, 명령을 수행하기 위해서 만들어진 집단이다. 과업집단의 목적은 조직적인 문제에 대한 해결책을 찾고 새로운 아이디어를 만들어 내며, 결정하고 산출물을 만들어 내는 것에 초점이 주어진다. 사회복지사는 클라이언트의 강점과 자원을 강조하면서 클라이언트의 관심사를 처리하는 협의회에 초점을 맞

추고 클라이언트에 대한 서비스의 질을 높이기 위해 행동한다. 팀, 처리위
원회, 직원발전집단 등이 있으며, 위원회나 자문위원회, 이사회, 사회행동
집단, 연합체, 대표위원회, 행정집단, 협의회, 치료협의회, 태스크포스팀 등
이 있다.

(2) 치료집단(treatment groups)

집단성원의 교육, 성장, 지지, 치유, 행동변화, 사회화 등 성원의 사회정
서적 욕구를 충족시키려는 목적을 갖는다. 목적에 따라 지지집단, 성장집
단, 교육집단, 사회화집단, 치유집단으로 구분된다.

먼저 지지집단(support group)은 집단성원들이 생활사건에 대처하고
이후에 효과적으로 대처할 수 있는 능력을 향상시킬 수 있도록 원조하는
것을 주요 목적으로 한다. 일반적으로 유사한 문제를 경험한 사람들로 구
성되기 때문에 유대감 형성이 용이하며, 자기개방 수준이 매우 높다. 이혼
한 부부의 자녀로 구성된 집단, 암환자나 환자의 가족들이 질병과 그로 인
한 영향 등에 대처하는 방법에 대해 토론하는 집단, 자녀 양육의 어려움에
대해 공유하는 한부모집단 등이 있다.

성장집단(growth group)은 성원들의 자기인식 증진과 사고의 변화를
목적으로 한다. 성원들이 자신의 능력을 최대한 발휘하기 위한 도구로서
의미를 지니며, 질병의 치료보다는 사회정서적 건강의 증진이 중요시된다.
참만남 집단, 퇴직 준비집단, 잠재력 개발집단 등이 있다.

교육집단(educational group)은 집단구성원들이 자기 자신이 속한 사
회를 잘 이해할 수 있도록 교육을 통해 원조하는 것을 목적으로 한다. 정
보의 전달과 교육을 목적으로 하기 때문에 강의 형태로 많이 이루어지며,
성원 간의 상호작용이 많지 않기 때문에 성원 간 자기노출의 정도가 높지
않다. 병원, 학교, 교정기관 등에서 활용되며 청소년 성교육집단, 부모역할

훈련집단, 위탁부모집단 등이 있다.

사회화집단(socialization group)은 사회적 관계에서 어려움을 겪는 경우 사회적 기술을 습득하고 사회생활에 효과적으로 기능할 수 있도록 원조하는 것을 목적으로 한다. 과잉행동주의력 결핍 아동을 대상으로 하는 활동집단, 퇴원한 정신장애인을 위한 사교집단 등이 있다.

치유집단(therapy group)은 집단구성원의 행동변화와 개인적인 문제의 완화나 제거 등을 목적으로 한다. 성원들은 자신의 문제를 해결하기 위해 집단활동을 하며 사회복지사는 권위적 인물 또는 대리인으로서의 역할을 수행한다. 집단구성원의 자기노출 수준이 높지만 개별성원의 문제 정도에 따라 달라질 수 있다. 외래환자를 대상으로 한 정신치료집단, 금연집단, 약물중독자 집단 등이 있다.

| 표 4-1 | 과업집단과 치료집단의 비교

	치료집단	과업집단
결속	집단구성원의 개별적 욕구에 따라 결성	수행해야 할 과업에 따라 결성
역할	상호작용을 통해 발달	상호작용이 임명을 통해 발달
의사소통 패턴	개방적	특정한 과업에 대한 토론에 초점을 맞춤
절차	집단에 따라 융통적이거나 공식적으로 이루어짐	공식적인 안건이나 규정
구성	공통의 관심사, 문제, 특성 등에 근거	필요한 재능, 전문성, 노동분화에 따라 구성됨
자기노출	높음	낮음
비밀보장	개인적 수준에서 처리되거나 집단 내에서 유지됨	개인적으로 처리될 수 있지만 공개되기도 함
평가	집단성원의 치료적 목적성취도에 따라 성공 여부를 평가함	집단구성원이 성취한 과업이나 의무사항, 결과물에 의해 평가됨

※ 자료: Toseland & Rivas, 1995.

(3) 자조집단(self-help group)

자조집단을 지지집단의 한 유형으로 구분하는 학자도 있고, 지지집단과 다른 집단으로 구분하기도 한다. 알코올, 마약 등 약물이나 암 또는 비만과 같은 핵심적인 공동 관심사가 있다는 점에서 지지집단과 유사하다. 자조집단은 특정 목적을 성취하고 성원 상호 간의 원조를 목적으로 형성되는 자발적 소집단이다. 자조집단은 특정 장애나 생활상의 분열, 혼란문제와 사회적·개인적 변화를 가져오고자 하는 동료들에 의해 구성되며 서로가 일상적 욕구를 충족시키고 상호지지, 원조하기 위해 함께 모임을 갖는다(윤현숙 외, 2002).

자조집단은 사회적 태도나 변화를 위한 캠페인으로부터 개인적 문제의 해결과 지지를 얻기 위한 집단자원의 활용에 이르기까지 다양한 목적을 가지고 활동한다. 자조집단에서는 정서적 지지는 물론, 물질적 원조를 제공하며, 개인적 정체감을 고양하기도 한다(Katz & Bender, 1976).

카츠와 벤더(Katz & Bender, 1976)는 이러한 자조집단을 5가지 유형으로 분류하였다(양정남 외, 2008 재정리).

① 자기성취나 개인의 성장에 초점을 두는 집단(예: AA, 단도박모임 등)

② 사회적 옹호에 초점을 두는 집단(예: 장애인 권익옹호협회 등)

③ 대안적 생활 패턴을 찾는 집단(예: 동성애자 옹호집단, 특정 종교 옹호집단)

④ 부랑자 집단(예: 노숙자쉼터)

⑤ 이상의 2~3가지 유형이 혼합된 집단(예: 한부모가족집단-개인의 성장과 옹호, 성원들의 사회적 지위 향상)

이러한 자조집단의 이점으로는 다음의 7가지를 들 수 있다(Zastrow, 1995).

① 집단성원들이 문제에 대하여 내적인 이해가 있어 서로 도움을 줄 수

있다.

② 문제 상황을 절실히 느껴보았기 때문에 자신과 동료 집단성원들을 돕기 위해 변화동기가 높고 헌신적이다.

③ 집단 성원들이 상호 도움으로써 심리적 보상을 받는다.

④ 타인을 도움으로서 행복감과 가치감을 느끼고 자신의 문제를 타인의 문제보다 덜 심각한 것으로 받아들이도록 해준다.

⑤ 자조집단에서 서로 도움을 주고받는 동안 성원들은 자신의 인생의 중요한 부분을 통제할 수 있다는 가능성에 대하여 권한부여의 느낌을 갖는다. 그리고 권한부여는 동기와 에너지, 개인적 성장, 상호 도움을 주고받을 수 있는 능력을 증진시키는 역할을 한다.

⑥ 자조집단에 따라서 집단성원의 권리와 생활양식을 옹호함으로써 사회에서 차별이 아닌 차이로서 수용되도록 돕는 경우도 있다(예: 정신지체장애인 가족 모임의 경우 지역사회에서 모금을 하거나 지역사회 프로그램을 마련하는 일을 하기도 한다).

⑦ 일반적으로 자조집단은 최소한의 예산으로 효과적인 개입을 하는 이득이 있다. 오늘날 자조집단은 다양한 영역에서 활용되고 있는데, 현재 미국에서 자조집단으로 활동하고 있는 것들을 예로 들어보면, 피학대여성을 위한 집단(Abused Women's Aid in Crisis), 피입양자 권익옹호집단(Adoptees Viabetes Movement Association), 단주모임(Alcoholics Anonymous), 당뇨환자집단(American Diabetes Association), 뇌종양환자 지지집단(Brain Tumor Support Group), 화상재활환자 집단(Burns Recovered), 이혼자 자조집단(Divorce Anonymous), 암환자가족을 위한 집단(Make Today Count), 교도소 수감자가족을 위한 자조집단(Prison Families Anonymous), 이혼과 별거가족 자조집단(We Care), 배우자사별여성 자조집단

(Naim Conference) 등이 있다(양정남 외, 2008).

자조집단과 일하는 사회복지사의 역할은 크게 세 가지로 볼 수 있다(Toseland & Hacker, 1982).

첫째, 물질적 지지를 제공하는 역할로 자조집단의 운영자금 마련을 돕고 행정적 지원을 하며 사회복지기관을 장소로 활용할 수 있도록 해준다.

둘째, 다른 체계와의 연결기능으로 지역 내의 다른 기관이나 단체와의 연결과 상호 의뢰를 도와주고 지역을 벗어나 전국적인 체계와의 연결을 도와준다.

셋째, 집단에 정보와 전문적 지식, 특정 문제에 대한 이해와 개입방법, 문제를 감소시킬 수 있는 자원 등을 알려주는 자문역할을 한다. 이러한 자문역할은 대체로 자조집단과 일치하는 사회복지사의 가장 중요한 역할로 알려져 있다.

4) 집단 대상 실천의 개념 및 목적

집단 대상 실천은 집단사회사업으로 전문사회사업 실천방법 중의 하나로서 개별사회사업 이후에 개발되었다. 알리시(Alissi, 1980)는 집단사회사업의 정의, 목적, 실천방법 및 기술에 대해 분명한 정의를 내리기는 어렵다고 하였다.

빈터(Vinter), 로스(Ross), 사리(Sarri) 등은 소집단에서 개인적인 변화의 기술에 초점을 두어 사람들의 소집단을 지도하는 것이라고 보고, 어떤 학자들은 전문가가 클라이언트의 개인적 욕구를 충족하도록 돕고, 기관 혹은 단체가 그 자체의 목표를 달성하도록 돕는 전문가 치료집단 및 과제집단의 실천을 의미하는 것으로 보기도 하지만 광의의 정의는 집단사회사업의 범위를 이해할 수 있도록 정의하고 있다.

"집단사회사업은 사회정서적 욕구를 충족시키고, 과제를 수행하는 데 목
적을 둔 인간과 소집단들과의 목표지향적 활동이다. 이러한 활동은 집단의
각 성원과 서비스 전달체계 내에서 전체로서의 집단에 지향되어 있다."

이 정의는 계획적이고 질서정연한 전문가의 활동이 인간과의 전문적 실천
의 맥락에서 수행되는 목표지향적 활동으로서 집단사회사업을 설명하였다
(전재일 외, 2004).

키엔(Kien, 1972)은 집단사회사업의 일부분이고 개인을 돕는 집단사회
복지사의 임무에 적합한 여덟 가지의 목표를 제시하였다.

(1) 재활

재활(rehabilitation)의 과정은 사람이나 일이 이전의 능력 또는 수준으
로 회복되는 것을 의미한다. 사람의 재활은 감정적 또는 정신적인 어려움
이나 행동에 관한 것이라 할 수 있다. 그것은 또한 어떤 태도나 가치를 변
화시키는 수단에 관한 것이라 할 수 있다.

(2) 교육훈련

교육훈련(habilitation)의 과정은 치료(treatment)보다 오히려 성장과
발달을 의미한다. 교육훈련이라는 용어는 어려움을 가진 어떤 개인들이 어
렸을 때 행동하는 법을 배운 적이 결코 없었기 때문이라고 본다. 그래서 '재
활'이라는 용어가 의미하는 것으로는 회복될 수 없다고 보고 교육훈련이
성장과 발달을 가져온다고 본다.

(3) 교정

교정(correction)의 과정은 사회법(social law) 혹은 사회적 관습에 대해

어려움을 가지고 있는 사람들과 범법자나 폭력자를 돕는 것을 의미한다.

(4) 사회화

사회화(socialization)의 과정은 사람들이 사회적으로 기대되는 것을 행하는 방법 그리고 다른 사람들과 같이 살아가는 방법을 돕는 것을 의미한다.

(5) 예방

예방(prevention)의 과정은 어려움이 일어나기 전에 그 어려운 문제를 미리 처리하고 사람들이 필요로 하는 환경적 영양물을 제공하는 것을 의미한다.

(6) 사회행동

사회행동을 격려하는 과정은 사람들이 대처하고 적응하는 것 이외에 그들의 환경을 변화시키는 것을 배우도록 돕는 것을 포함한다. 집단에서 적극적인 관계를 통해 개인은 이끌고, 따르고, 결정을 내리는 데 참여하고, 그들 자신에 대해 책임을 지고 더 큰 지역사회에 대해 책임감을 지는 것을 배우게 된다.

(7) 문제해결하기

문제해결하기(problem solving)의 과정은 사람들이 과업을 달성하고, 결정하고 사회문제를 해결하도록 집단을 이용하는 데 도움을 주는 것을 의미한다.

(8) 사회적 가치

사회적 가치(social value)의 발달을 조장하는 과정은 개인이 생활과 관련된 실천 가능한 사회적 가치를 발달시키는 것을 돕는 것과 관계가 있다. 집단은 동시에 이들 목적 모두 혹은 이들 중 어느 하나를 위해 이용될 수 있다.

5) 집단개입의 효과적 치료요인

얄롬(Yalom, 1985)은 사회복지실천분야에서 집단 개입의 효과를 가져올 수 있는 11가지 치료적 요인을 제시하고 있다(양정남 외, 2008).

① 희망부여: 집단에 참여한 성원은 자신보다 더 심한 문제를 가진 사람의 치료효과를 보고 자신도 치료와 변화에 대한 희망을 갖게 된다.

② 보편성: 자신의 문제를 자신만의 것으로 생각하고 수치스럽게 생각하던 성원은 다른 성원들도 유사한 문제를 가지고 있다는 것을 듣고 자신의 문제를 보편적인 문제로 인식함으로써 위로를 얻게 되고 치료에 적극적으로 참여하게 된다.

③ 정보공유: 집단경험을 통하여 자신의 문제해결에 도움이 될 수 있는 다양한 정보를 얻게 된다.

④ 사회적 지지(이타심): 자신에 대한 무가치감과 낮은 자존감이 형성되어 있는 성원들은 집단경험을 통해 자신이 타인을 도와줌으로써 타인이 변화되는 것을 경험하면서 낮은 자존감과 무가치감에서 회복하게 된다.

⑤ 일차 가족집단의 교정적 반복 발달: 집단의 경험을 통하여 가족에서의 경험과 유사한 환경을 제공받아 성원의 부정적 경험을 긍정적 경험으로 대치하도록 돕는다. 간접적 가족관계 형성을 통하여 성원들은 원가족에서 영향을 받은 상처나 문제행동을 교정할 수 있는 기회를 제공한다.

⑥ 사회화기술의 발달: 소집단은 개인의 성장에 있어 부족한 사회화기술을 학습할 수 있는 안전한 환경을 제공한다. 역할놀이와 집단성원들의 피드백을 통해 자신의 인지적 왜곡을 수정하고 새로운 사회기술을 학습한다.

⑦ 모방행동: 집단성원들은 새로운 변화된 행동을 배우는 데 집단 내에서 다른 성원의 행동을 모방함으로써 치료의 효과를 높일 수 있다.

⑧ 대인관계의 학습: 집단성원과의 상호관계를 통해서 자신에 대한 통찰력을 높이고 다른 사람의 독특성을 인정하는 새로운 관계기술을 배운다.

⑨ 집단응집력: 집단성원들은 점차 집단응집력이 향상되면서 집단에 대한 매력이 상승되고 그 결과 사회에 대한 소속감, 친밀감, 존중감을 형성하게 된다.

⑩ 정화: 신뢰할 수 있는 수용적 분위기의 집단 내에서 성원들은 자신의 억압된 부정적 정서를 자유롭게 표현함으로써 억압된 부정적 감정의 표출을 통해 정화가 이루어지며 문제해결을 위한 목표지향적 활동에 적극적으로 참여하게 된다.

⑪ 실존적 요인들: 집단을 통하여 성원들은 각자의 경험들을 공유함으로써 각각 개별적인 특성을 인정하게 되고 자신의 문제에 대해 스스로 의사결정하고 선택하며, 책임질 수 있는 인간으로서의 실존적 경험을 하게 된다.

| 표 4-2 | 집단사회사업의 실천모델

특성	사회적 목표 모델	치료 모델	상호작용 모델
사회복지의 주 과제	필요한 자원 제공과 사회적 붕괴의 예방(비공식적 정치 및 사회활동)	사회적 사고 및 위험으로부터의 회복과 재활(집단매개체를 통한 치료)	앞의 두 모델의 조합(문제해결을 위한 상호원조체계의 개발)
장기적 목적	더 나은 민주사회 건설	개개인의 사회적응 향상	개인과 사회의 조화
구체적 목표	① 소속감의 증대, 민주적 참여에 대한 훈련 ② 처음에는 전문가에 의해 집단목표가 결정되나 점차 그 책임은 집단에게 이양	① 집단 상호작용을 활용하여 역기능 행동을 하는 성원의 치료와 재활 ② 세부적인 집단목표를 전문가가 사전에 결정	① 적정수준의 적응과 사회화를 성취하기 위해 성원 간의 상호 원조체계 형성, 대인관계 향상 ② 집단목표의 결정을 전문가와 회원이 공유
개입장소 및 기관	회원이 있는 가정, 인근지역 인보관, 지역사회복지관	임상기관, 사회복지기관 및 시설	임상기관, 사회복지관(집단목표에 따라 다양함)
초점	개인의 성숙과 민주시민의 역량 개발	개인적 역기능 변화	구성원 간의 자조, 상호원조체계 개발
지도자 역할	'영향력을 끼치는 자'의 역할; 바람직한 역할 모델을 제시	전문적인 '변화매개인'의 역할	'중재자'의 역할
대상	시민, 이웃, 지역주민	역기능 또는 문제의 해결을 위해 도움을 필요로 하는 자	공동관심사 성취를 위해 협력하는 구성원
집단활동	토론, 참여, 합의, 집단과제의 개발 및 실행, 지역사회 조직화, 성원의 사회행동 기술 습득	성원의 행동변화를 일으키기 위해 구조화된 개입을 하거나 직접, 간접적 영향력을 발휘	관심사를 토론, 상호 원조 형성, 상호이익이 되는 결속된 사회체계의 형성
집단크기	3~25명 정도	7~10명 정도	상황에 따라 유동적
신입회원의 가입문제	개방적이며, 누구나 친구가 될 수 있음	전문가의 통제	전문가와 회원의 동의에 의한 자유로운 가입
회합기관	지도력 유형에 따라 유동적	정기적이며, 시간사용 계획을 사전 설명	유동적, 지도자의 구성원이 합의
대표학자	Ryland, Wilson, Coyle, Klein	Vinter, Sarri, Glasser, Redl	Schwartz, Bion, Lewin, Tropp

※ 자료: 남세진 · 조흥식(2001)

6) 집단사회사업의 실천모델

Papell과 Rothman(1996)은 집단사회사업의 실천모델을 3가지로 제시하고 있다.

(1) 사회적 목표 모델

이 모델의 대표적 학자는 코일(Coyle), 코놉카(Konopka), 릴랜드(Ry-land), 윌슨(Wilson), 진스버그(Ginsberg) 등이며 위너(Wiener)에 의해 정리되었다.

사회적 목표 모델은 필요한 자원 제공과 사회적 붕괴의 예방으로 더 나은 민주사회 건설을 목적으로 한다. 이 모델은 이웃이나 지역주민을 대상으로 개인의 성숙과 민주시민의 역량 개발에 초점을 둔다. 사회적 목표모델에서는 인간관계의 훈련, 지도력의 실험, 민주적 과정의 학습 등의 활동을 통하여 사회적 의식과 사회적 책임이라는 목표를 성취한다(남세진·조홍식, 1997). 집단사회복지사의 역할은 교사, 조력자, 역할모델이라고 본다(Konopka).

(2) 치료 모델

치료 모델은 사회적 사고 및 위험으로부터 회복과 재활에 초점을 둔다. 따라서 개인의 역기능적인 변화를 통해서 사회 적응을 향상시키는 데 그 목적이 있다.

집단구성원은 역기능이나 문제의 해결을 위해 도움을 필요로 하는 개인을 대상으로 집단 지도자에 의해서 선별된다.

또한 치료 모델에서는 집단사회복지사가 집단을 구성하고 변화를 주도해 나가며 관계를 설정하고 대안을 탐색하며 변화를 행동화하도록 지원하므로 집단에서의 중심인물이 되며 집단을 변화시키기 위한 수단으로 활용된다. 따라서 치료집단에서 사회복지사는 변화매개자로서 기능하며 집단발달이 사회복지사의 행동에 의해 영향을 받고 통제된다(Sarri & Galinsky, 1964).

치료모델은 정신분석학, 자아심리학, 사회적 역할이론 등에 기반을 두고 있다. 최근에는 인지행동이론, 사이코드라마, 게슈탈트, 교류분석, 현실치료 등과 같은 치료모델들이 다양한 분야에서 집단개입에 활용되고 있다.

(3) 상호작용 모델

상호작용 모델은 사회적 목표 모델과 치료 모델의 조합된 형태로 문제해결을 위한 상호원조체계의 개발에 초점을 둔다.

집단지도자는 공동의 관심사를 성취하기 위해 모인 집단구성원들을 대상으로 구성원 간의 자조와 상호원조체계의 형성, 대인관계 향상을 목표로 집단을 운영한다. 이 과정에서 집단 지도자는 가능케 하는 자 또는 중재자로서의 역할을 수행한다.

7) 집단사회사업의 실천과정

집단사회사업의 실천과정에 대한 학자들마다의 분류는 학문적 배경과 목적에 따라 각기 다르다. 집단사회사업의 실천과정은 집단발달단계의 특성을 고려해야 한다. 집단발달단계를 구분 짓는 것은 복잡하고도 어려운 일이다. 각 발달단계는 순서대로 거쳐 가는 것도 아니고 소요되는 시간도 집단의 특성에 따라 다르게 나타나기 때문이다. 많은 학자들의 집단발달에 대한 개념과 단계별 활동을 비교하면 〈표 4-3〉과 같다(남세진 · 조흥식, 1997).

	Tropp	Northen	Schwartz	Glasser Garvin	Vinter	Sarri
준비단계	초기단계	초기단계 (준비단계)	조절단계	접수단계	접수단계 진단과 치료계획	접수, 선별, 진단, 집단 형성, 응집력
초기단계	시작단계	오리엔테이 션, 탐색과 시험	시작단계	표적선택과 형성 개인과 체제	집단구성과 형성	집단수정 후 집단유지
중기단계	중기단계	중간단계 (문제해결)	중간단계	변화계획의 집행과 평가	치료단계	집단과정 안내 집단의 유지
종결단계	종료단계	종료단계	종료단계	종료단계	평가와 종결	종료단계

(1) 준비단계

집단발달단계 중 준비단계(pregroup stage)는 집단을 계획하는 단계이며 전문가와 성원이 하나의 집단으로 대면하기 이전 단계이다. 이 단계의 계획은 집단의 형성과 관련된 계획, 집단발달단계 전반에 걸친 계획으로 구분할 수 있다.

먼저 집단의 형성과 관련된 계획에서 사회복지사는 개별 성원, 전체로서의 집단, 집단환경에 초점을 두어야 한다. ① 개별 성원에 대해서는 성원의 동기, 기대, 목적을 고려해야 하며, ② 전체로서의 집단과 관련해서는 집단의 목적과 성원 간의 상호작용으로 집단이 발달해 가는 방법을, 그리고 ③ 집단의 환경과 관련해서는 후원기관과 지역사회의 영향을 고려해야 한다(양정남, 2008).

이렇게 집단을 계획할 때 고려해야 할 요소에는 학자들마다 이견을 보이고 있지만, 대체로 ① 집단의 목표설정, ② 잠재적 후원기관과 집단성원에 대한 사정(assessment), ③ 성원의 모집, ④ 집단의 구성, ⑤ 집단의 소개 및 설명(orientation), ⑥ 계약, ⑦ 집단환경의 준비, ⑧ 집단계획서의 작성 등이 포함되어야 한다(김종옥·권중돈, 1993).

① 집단목표의 설정

준비단계에서 가장 중요한 요소는 집단목표의 설정이다. 집단의 목표는 평가기준, 의사소통의 양태, 그리고 집단활동에 영향을 미치고 집단의 성격을 규정한다. 따라서 집단목표는 집단의 효과성 측정, 집단의 방향 설정 및 유지에 유용하도록 구체적이며 측정 가능한 진술로 이루어져야 한다. 그리고 집단목표는 다양한 개인적 목표를 포괄할 수 있을 정도로 포괄적이며 명확하게 제시되어야 잠재적 성원들이 집단에서 함께 무엇을 할 것인가를 결정하는 데 도움을 준다(Klein, 1972).

집단의 효율성과 구성원의 만족도는 구성원들이 자기들의 개인적 목표가 집단의 목표에 의해서 발전된다고 느낄 때, 그리고 개인과 집단의 목표가 조화를 이루고 있다고 인식할 때 높아진다(Berelson & Steinner, 1964).

② 잠재적 후원기관과 집단성원에 대한 사정

집단활동은 기관의 서비스 전달체계 내에서 이루어지는 것이므로 후원기관의 사명, 목적, 자원 그리고 내담자 계층 등이 집단의 형성에 중요한 영향을 미친다. 따라서 사회복지사는 사정 시 기관의 정책이나 목적과 집단의 목적 사이에서 적합성(fitness)을 찾아내야 한다.

준비단계에서의 사회복지사는 다양한 방법을 통하여 내담자에 대한 자료를 수집한다. 잠재적 성원이 확인되면 전문가는 그들의 문제, 욕구, 관심사 등에 대한 구체적인 정보를 수집하여, 이를 집단의 목표와 연결시킨다.

③ 성원의 모집

사회복지사는 잠재적 성원의 확보를 위해 모집절차를 거쳐야 한다. 모집과정에서 전문가는 모든 원천을 활용하여야 한다. 동료직원, 기관의 기록 또는 주소록을 활용하는 방법, 잠재적 성원이 기관이나 집단지도 전문가에게 개인 또는 집단으로 특정 서비스에 대한 요청을 해 오는 경우 그 명단, 기관의 대기 목록, 다른 기관에의 의뢰 요청, 지역사회자원 활용(지역지도자, 경찰, 사회단체, 법원 등)으로 나누어 볼 수 있다.

성원모집 방법으로는 성원과의 접촉, 안내문 게시, TV, 라디오를 통한 홍보, 인쇄물 배포 등의 방법이 있다.

④ 집단의 구성

집단을 구성할 때 다음과 같은 몇 가지를 고려해야 한다.

- 동질성(homogeneity)의 원칙: 성원들의 유사한 목적과 개인적 특성이 공통적이어야 한다는 개념이다. 성원 상호 간의 공동목적, 공통적 특성은 의사소통을 촉진시키고 상대방의 관심사, 문제를 파악할 수 있게 해주며, 상호 간의 관계 형성을 용이하게 하여 집단의 기능을 향상시키는 역할을 한다. 토스랜드와 리바스(Toseland & Rivas, 1984)는 교육 수준, 의사소통 능력, 집단과제 수행능력 면에서 동질적일 것을 권하였다.
- 이질성의 원칙: 성원의 다양한 대처기술, 인생경험, 전문성의 강도는 대부분의 집단에서 상이하며, 이러한 경우에는 성원이 타 성원들을 보고 상호 학습할 수 있는 기회를 제공해 준다. 성별, 직업, 사회계층과 같은 다양한 배경을 가진 성원으로 집단을 구성하는 것은 다양한 자원 확보와 함께 복잡한 과제 수행에 있어서 효율적인 노동의 분업화를

이룰 수 있다.

- 집단구조화: 성원 개인의 욕구를 충족시키고, 집단목적을 성취하기 위하여 의도적인 집단의 구조화가 필요하다. 집단의 구조화에 포함되는 요소는 집단의 장소, 시간, 참여횟수, 빈도, 참여방법 등이 포함된다. 집단의 한 회합의 길이는 일주일에 한두 번, 1~2시간이 적당하며 총 회기는 보통 10~16회가 필요하다고 보는 견해가 많다(Rose & Adleson, 1987; 조휘일·이윤로, 2000에서 재인용).

- 집단의 크기: 집단에 적합한 성원의 수는 집단목적과 성원의 특성에 따라 달라질 수 있는데, 목적을 효과적으로 성취할 수 있을 만큼 작게, 동시에 성원이 만족스러운 경험을 할 수 있을 만큼 크게 적절히 조정해야 한다. 대체로 치료집단의 경우는 5~7명 정도가 적절하지만, 15명 정도의 집단도 가능하다(Klein, 1972).

- 집단유형(개방형 집단, 폐쇄형 집단): 개방형 집단은 집단 시작부터 종결까지 집단성원의 들고 나는 것이 허용적인 개방된 경계를 가지고 있는 집단을 말하고, 폐쇄형 집단은 그 반대로 집단이 일단 시작되면 집단성원의 들고 나는 것이 허용되지 않는 폐쇄된 경계를 가진 집단을 말한다. 개방형 집단과 폐쇄형 집단 중 어느 하나를 선택하는 것은 집단목표, 환경에 따라 달라질 수 있다. 사회복지사는 개방형 집단과 폐쇄형 집단 중 어느 형태로 진행할 것인지에 대하여 그 장단점을 충분히 고려하여 결정하여야 한다.

개방형 집단의 장점은 첫째, 새로운 성원의 새로운 아이디어나 새로운 자원을 활용할 수 있으며, 둘째, 새로운 성원의 가입으로 집단 전체의 특성을 변화시킬 수 있다는 점이지만 이에 반해 개방형 집단의 단점은 첫째, 지도력의 결여, 성원의 교체, 집단정체감의 부족 등으로 인하여 집단의 안정성이 없을 수 있으며, 둘째, 새로운 성원이 가입함으로써 기존 성원의 문제해결이나 집단과업을 성취하려는 노력을 방해할 수 있다는 점을 들 수 있다.

폐쇄형 집단의 장점으로는 첫째, 집단이 시작되면서부터 성원들이 계속 참여하기 때문에 결속력이 매우 높고, 둘째, 역할이나 규범이 안정적이고, 셋째, 성원의 구성이 안정적이므로 집단의 사기가 높고, 넷째, 역할행동을 예측할 수 있고, 다섯째, 성원 간에 협동심이 높으며, 여섯째, 성원이 안정적이므로 화합을 계획하기가 쉽다는 점을 들 수 있다. 그러나 폐쇄형 집단의 단점으로는 첫째, 성원의 결석이나 탈락이 있을 경우에 의미 있는 상호작용이 줄어들거나 어려워지고, 둘째, 새로운 사고나 가치의 유입이 어렵기 때문에 집단 외부의 의견이나 소수의 의견을 무시한 채 집단적 사고에 빠질 위험이 있으며, 셋째, 효율성이 떨어지는 집단일지라도 성원은 집단에 순응하라는 요구를 받게 된다는 점이다(남세진 · 조흥식, 1997).

⑤ 집단의 소개 및 설명

준비단계에서 집단에 대한 소개를 집단의 목표와 성원의 기대를 명확화하는 기능 외에 앞으로 진행될 집단의 절차에 대하여 친숙하도록 도움으로써 성원의 참여 동기를 높이게 된다. 집단의 소개를 개별적으로 또는 소집단으로 접수면접 시 실시되거나 또 다른 방법으로는 토론, 역할극, 실제 집단의 관찰이나 녹화 테이프의 시청, 집단에 대한 강의 등의 방법을 활용할 수 있다.

⑥ 계약

준비단계에서 이루어지는 계약의 형태는 집단절차에 대한 계약과 개별 성원의 목적에 대한 계약의 2가지가 있다.

집단절차에 대한 계약에는 회합의 빈도와 기간, 참여규정, 비밀보장, 만나는 시간, 장소, 서비스 비용 등의 기타 사항이 포함되어야 한다. 개별목적에 대한 초기단계에서 이루어지는 것이 보통이지만, 집단 시작 전에 이러한 계약절차가 시작되어야 한다.

⑦ 집단환경의 준비

집단환경은 집단성원의 행동과 집단의 전체적 과업 성취도에 많은 영향을 미친다. 사회복지사는 집단환경을 준비할 때 방의 크기, 공간, 의자배열, 가구, 분위기 등과 같은 물리적 환경은 될 수 있으면 성원의 사적 영역을 보장하고 회합의 분위기가 조화롭고 편안하게 유지될 수 있도록 섬세하게 배려하여 준비하여야 한다.

또한 참여하는 성원이 집단활동에 참여하는 데 불편이나 장애요인들이 없는지 살펴서 특별히 필요로 하는 것들을 준비하여야 한다.

⑧ 집단계획서의 작성

사회복지사는 이 모든 준비과정을 진행하면서 집단계획서를 작성하게 된다. 집단계획서 작성 시 포함될 항목들은 집단목표에 대한 간단한 기술, 집단의 운영방식, 집단지도 전문가의 역할과 기능, 기관명과 목적, 자원, 기관의 지리적 위치에 관한 정보, 집단활동의 대상 및 선별근거, 모집방법, 집단 구성과 관련된 사항, 집단소개절차, 회합기간, 빈도, 시간 등의 계약 내용, 집단환경 등이 있다.

(2) 초기단계

초기단계는 상호작용하면서 개인의 목표가 집단의 목표와 일치되는지, 집단성원들이 어떤 사람들인지, 집단의 기대는 무엇인지에 대하여 조심스럽게 탐색하는 단계이다.

① 성원의 소개와 참여방식의 구조화

집단 초기에 사회복지사는 참여자들을 상호 소개하고 집단의 목적과 집단이 진행되는 방식, 집단과정 중 전문가의 역할과 성원들의 역할, 지켜야 할 기본 규칙에 대하여 소개하고 약속을 받도록 한다. 이때 사회복지사는 성원 간의 공통적인 특성이나 관심사를 지적해 주거나 다양한 프로그램 활동을 활용하여 집단성원 간의 상호작용을 촉진시킬 수 있다.

② 과업 및 사회정서적 초점의 유지

모든 집단과정에는 과업을 위한 활동과 정서적인 관계를 형성하는 활동이 각각의 집단적 개입모델에 따라 다양하게 배분되어 있는데 사회복지사는 전체 집단과 각 성원의 욕구를 면밀하게 평가하여 정서적 측면과 과업 측면의 상호작용이 적절한 수준에서 균형을 이루도록 도움으로써 목적 성취를 할 수 있도록 원조해야 한다.

③ 성원의 환류 및 집단 구조화

사회복지사는 성원들이 감정과 사고를 공유하는 상호작용을 촉진시킴으로써 성원 간의 환류를 격려할 수 있다. 집단의 구조와 목적, 개입모델에 따라 성원 간의 환류를 주고받는 방식은 달라진다.

④ 집단활동에 대한 동기와 능력의 촉진

집단목표가 설정되면 사회복지사는 성원들의 목표를 성취하려는 동기를 증진시키도록 원조하는 역할을 수행해야 한다. 목표지향적 활동에 대한 동기 수준은 전문가의 역할에 대한 기대, 집단활동을 통하여 성취될 수 있는 것에 대한 성원의 기대에 따라 결정된다.

성원들의 목표달성을 원조하고 동기를 증진시키기 위해서는 ① 변화에 대한 양가감정을 극복할 수 있게 하고, ② 변화가 일어났을 때 야기될 수 있는 상황을 미리 검토하게 하고, ③ 지지와 긍정적 환류를 통하여 자기확신과 자존심을 고양시켜야 한다.

(3) 중간단계(문제해결단계)

중간단계에 접어들면 의사소통과 상호작용의 유형, 성원 간의 정서적 유대, 집단응집력, 사회적 통제, 그리고 집단문화가 활발히 형성되어 문제해결의 단계에 들어서게 된다. 이 단계에서는 상호 간의 탐색과 시험이 계속적으로 이루어지면서 성원 간의 관계를 조정하기도 하며 집단의 목표와 개입모델에 따라 사회복지사는 성원 개인의 목표와 집단 전체의 목표가 달성될 수 있도록 원조한다.

매 회기마다 사회복지사는 성원의 개별적 욕구 사정, 목표달성 여부를 평가하여 성원 개인과 집단 전체의 목표달성을 위해 효과적인 개입을 계획하는 재검토, 이를 토대로 한 개입계획이 지속적으로 이루어지도록 해야 한다. 또한 집단성원의 상호작용을 목표지향적으로 초점을 유지하도록 원조하여야 하며 이를 위해 끊임없이 집단을 구조화해 가는 작업을 하게 된다.

(4) 종결단계

① 집단 종결 준비

종결단계에서 사회복지사는 집단종결에 대한 준비와 평가를 준비한다. 종결의 유형에는 5가지 형태의 종결이 있는데 그것은 다음과 같다. 성공적인 집단의 종결, 목적달성에 성공스럽지 못한 집단의 종결, 회원의 탈퇴로 인한 종결, 회원의 이동으로 인한 종결, 전문가의 전출 등으로 인한 종결들이 있다(Zastrow, 1993).

성공적인 집단 종결은 말 그대로 집단과 그 구성원들이 목표를 대체적으로 성취한 집단을 말한다. 성공스럽지 못한 집단의 종결은 집단과 구성원들의 목표 중 대부분 또는 모두를 거의 이루지 못한 집단을 말한다. 이때의 성원들의 반응은 분노, 좌절, 실망, 절망, 죄책감, 책임전가, 비난, 냉담 등과 같은 감정적 반응을 보일 수 있다. 사회복지사는 이러한 성원들의 부정적인 감정에 대하여 적절하게 다루어 주면서 성공적 집단의 종결과 마찬가지로 종결을 잘 계획하도록 한다.

② 평가

집단개입에 대한 평가방법도 과정평가(process evaluation)와 결과평가(outcome evaluation)의 두 가지 방법을 사용한다(Zastrow, 1993). 과정평가는 집단과정에 대하여 집단이 구성원들에게 도움이 되었던 점과 그렇지 않았던 점에 대해 질문함으로써 집단원으로부터 환류를 받아 집단성원 개개인에 대한 진전 상황을 평가하고 점검하는 것을 말한다. 이러한 과정평가에서 얻은 결과는 사회복지사가 집단과정 중에 집단성원에 대한 원조를 수정하고 개입의 초점을 유지하며 집단과정을 촉진시키는 데 매우 중요한 자료가 된다. 과정평가는 구두로 행해질 수 있고 간단한 설문지를 사용할 수도 있다.

결과평가는 집단이 시작하기 전에 세웠던 목표가 얼마나 성취되었는지의 정도를 평가하는 것을 포함한다. 목표달성을 평가하기 위해서는 단일사례설계, 과정성취척도, 만족도 설문 등을 활용할 수 있다.

종결단계에서의 사회복지사의 과업은 다음과 같다(김종옥, 권중돈, 1993).

- 변화 노력의 유지와 일반화: 종결단계에서 사회복지사는 성원들이 집단

활동을 통하여 획득한 변화노력을 집단이 종결된 후에도 일상생활에서 지속적으로 유지될 수 있도록 돕는다. 그렇게 하기 위하여 사회복지사는 성원들이 자신과 관련된 상황을 집단에서 다룰 수 있도록 하며 다양한 환경을 활용하여 새로운 행동을 배울 수 있도록 돕는다. 또한 집단활동 중에 획득한 변화 노력에 대한 자기확신을 갖도록 해 주어 집단이 종결된 후에도 자신감과 희망을 가지고 지속적인 노력을 할 수 있도록 돕는다.

- 집단에 대한 의존성의 감소: 집단에서 집단에 대한 매력이 증가하고 집단응집력이 증가함에 따라 성원들은 집단원들과 긍정적인 의존적 관계를 통하여 자신의 문제를 해결하는 경험을 한다. 그러나 집단을 성공적으로 종결하기 위해서는 이와 같은 집단성원들의 집단에 대한 의존성을 감소시키는 것이 필요하다. 이를 위하여 성원들이 성원 자신의 기술과 자원, 그리고 집단 외부의 지지를 활용하여 문제해결을 할 수 있도록 대처능력을 점차 향상시키도록 원조하여야 한다.

  가빈(Garvin, 1981)은 종결 시에는 종종 의식을 갖기도 한다고 하였다. 집단의 종결을 나타내는 의식으로는 파티, 각자 분담식 저녁식사, 수료증 수여, 다른 성원에게 특별히 할 말을 적어 교환하는 등의 프로그램 활동이 있다. 이러한 의식을 창조적으로 사용하게 되면, 성원들이 변화를 유지하고 일반화하는 데 많은 도움이 된다.

- 종결에 대한 감정의 처리: 집단이 성공적으로 종결되면 클라이언트는 다음과 같은 긍정적인 감정을 경험하게 된다.
  - 성원들이 목적 성취를 통해 갖게 되는 자기효능감
  - 자신의 생활에 대한 통제력을 행사할 수 있다는 데서 얻는 자신감
  - 환류, 지지, 제안, 정보, 대안적 행동노선 등을 제공함으로써 타 성원을 도울 수 있다는 데 대한 만족감, 자부심, 그리고 유용감

- 성원이 집단에 참여하고 목적을 완수하였을 때 느끼는 성취감
- 성원들이 다른 생활영역에서도 활용할 수 있는 종결에 대처하는 방법을 배웠을 때 나타나는 성원의 감정 등

　동시에 성원들은 집단 종결에 대한 부정적인 감정을 경험하기도 한다. 가장 보편적으로 나타나는 감정은 부정이다.

　사회복지사는 이러한 부정적 감정에 대하여 의도적 감정표현을 돕고, 그동안의 성원들이 성취에 대하여 확인을 해줌으로써 성원들에게 자신의 능력에 대한 확신과 자신감을 갖도록 해준다. 또한 새로 습득한 기술을 집단 외부에서도 반복적으로 활용하도록 격려하는 등의 방법으로 성원 자신의 기술, 자원, 그리고 장점을 사용할 수 있도록 지지해준다.

- **미래에 대한 계획**: 시간제한이 있는 집단에서 성원들은 부가적인 서비스를 받기 위하여 재계약을 하고 싶을 수 있다. 새로운 서비스를 고려할 때는 사회복지사는 성원들이 자신의 충족되지 않는 욕구, 성취하고 싶은 목적, 새로운 서비스를 받고자 하는 기간, 원래 계약에서 어떤 부분을 수정할 것인지를 명확히 할 수 있도록 원조하여야 한다. 미래에 필요한 서비스를 계획할 때 사회복지사는 조기에 탈락한 성원에 대해서도 반드시 고려해야 한다. 이러한 과정에서 사회복지사는 조기탈락 성원들이 계속해서 서비스를 받고자 하는 욕구가 있는지를 파악하고, 가능하다면 적절한 자원을 연결하고 서비스를 받을 수 있도록 의뢰하여야 한다.
- **의뢰**: 의뢰는 성원이 부가적인 서비스나 자원을 필요로 한다고 판단되었을 때, 사회복지사가 성원의 동의를 받아 이루어진다. 성원이 부가적 서비스를 받고자 하는 동기가 없는 경우에는 부가적 서비스에 대한 저항이 다루어진 후에 의뢰절차를 진행시킬 수 있다. 의뢰는 기

관 내의 다른 사회복지사에게 의뢰할 수도 있으며, 다른 기관의 전문
가에게 의뢰할 수도 있다. 의뢰가 이루어진 경우에도 사회복지사는 의
뢰기관과 지속적인 관계를 유지하고 서비스에 대한 점검을 함으로써
성원이 필요한 자원이나 적절한 서비스를 받고 있는지를 살펴보도록
한다.

3. 가족 대상의 실천

1) 가족의 개념

가족이란 인간이 발전시켜 온 기본적인 사회제도 가운데 가장 오래된 것
으로서 인간의 성장과 발달에 필요한 것을 가르치고 양육하는 일차적인 집
단이다.

또한 가족은 공동 주거 또는 경제협력 및 출산의 기능을 하는 하나의 사
회집단으로서 성관계가 허용되는 최소한의 성인 남녀와 그들에게서 출생
하였거나 양자로 된 자녀로 이루어지며 그들 스스로를 가족으로 정의하고
지속적으로 서로에게 가족체계의 핵심적 요소로 간주되는 의무감을 주는
둘 이상의 개인으로 구성된 집단이다. 이는 한부모가정, 확대가족, 혈연·
입양, 결혼 등으로 제한되지 않는 친족의 개념, 레즈비언과 게이부부 그리
고 그들의 아이들을 포함하는 가족형태의 다양성을 인정하는 개념이다
(NASW, 1995).

2) 가족체계

체계란 '관계를 맺고 상호작용하는 하나의 단위들의 합'(Miller, 1978), 또는 '상호작용하는 요소들의 합'(Bertalanffy, 1968)이라고 정의할 수 있다. 체계란 상호 영향을 주고받음으로써 함께 변화해 가는 부분들 또는 단위들로 구성되어 있는 하나의 실체이다(Goldenberg & Goldenberg, 1980).

그리고 체계는 상위체계와 하위체계로 구성되어 있고 위계적 질서를 이루면서 존재한다. 또한 모든 체계는 균형 혹은 항상성(homeostasis)을 유지하기 위해 조직화되고 생존을 위한 노력을 하게 된다. 체계의 항상성 유지에 있어서 체계가 자체의 노력에 의해 효과적으로 통제되어 변화할 필요가 없는 경우에는 항상성을 유지하게 되지만 체계의 항상성 유지노력이 실패하는 경우에 체계는 변화를 향해서 노력하게 된다. 변화 후에 나타나는 체계의 항상성은 이미 이전의 항상성과 그 특징, 그리고 규칙 등 모든 면에서 다른 모양과 모습을 갖게 된다(김용태, 2000).

가족을 체계로 보는 관점에서도 가족도 다른 사회체계와 마찬가지로 사회환경과 상호작용하며 발달주기에 따라 변화하는 하나의 개방된 '체계'로 인식한다. 따라서 가족 내의 상호작용 체계의 유형과 관계 형태에 관심을 둔다.

체계로서의 가족을 이해하기 위해서는 가족은 하나의 자연적인 사회체계로 그 구조와 체계로서 어떻게 지속적으로 작용하는지 이해해야 한다.

이와 같은 가족체계는 가족 내의 균형과 항상성을 유지하려는 경향을 가지고 있고, 가족의 역기능적 증상은 이러한 균형이 깨어질 위협이 느껴질 때 이를 회복하려는 작용이라고 할 수 있다(Bolch & LaPerrier, 1973).

(1) 하위체계(subsystem)

가족은 좀 더 큰 사회체계에 속하며 많은 하위체계를 포함한다. 또한 가족은 상호의존적 하위체계, 또는 커다란 체계 내에서 상호작용하는 작은 체계들의 복합체로 구성되어 있다. 하나의 체계는 상위체계에 속한 하위체계이면서 동시에 다른 것의 상위체계가 된다. 가족체계는 가족구성원들로 이루어진 하위체계를 포함한다. 하위체계는 전체로서의 하나의 체계 안에서 특정한 기능 및 과정을 수행하도록 배당된 부분들이며, 다른 하위체계와, 또 하나의 전체로서 좀 더 큰 체계와 구분되는 경계를 가지고 있다. 건강한 가족은 하위체계 간 경계가 혼돈되지 않고 분명하다.

(2) 가족 항상성

체계는 스스로 평형/균형상태를 유지하려는 경향 혹은 내적 기제를 갖고 있는데 이를 항상성이라고 한다. 가족의 항상성은 가족 내에서 일어나는 내적이고 지속적인 관계를 유지시켜 주는 상호작용적 과정을 뜻하며 내적인 균형을 보장해 준다. 가족 간에 존재하는 균형적 상태가 위협을 받으면, 마치 온도에 따라 자동조절 되는 난방장치처럼 예전의 평온한 상태로 돌아가려고 한다. 가족이 안정된 상태로 들어가려는 경향, 균형을 이루려고 하는 속성을 가족항상성이라고 한다. 모든 가족은 구성원들의 행동이나 태도를 상식적인 수준으로 제한하고 균형이 깨지려 하면 다시 유지하려 한다. 가족항상성은 위기이론과 관련이 있는데 가족은 위기상황 이후에 정상적인 기능 수행으로 되돌아가려는 경향이 있다.

(3) 순환적 인과성(순환적 인과관계)

가족 내 한 성원의 변화는 다른 성원을 반응하게 하는 자극이 되고 이 자극은 다른 가족에게 영향을 미치게 되어 전체에 영향을 주게 된다. 이 영향은 처음 변화를 유발한 성원에게 다시 순환적으로 영향을 미친다는 개념이다. 가족구성원의 행동은 단순히 원인-결과, 자극-반응이라는 단순유형보다 순환적인 반응으로 보는 것이다. 순환적인 인과성에 따라 가족문제를 해결하기 위해서는 "왜?"보다는 "무엇"을 하느냐에 초점을 두어야 한다. 즉, 문제의 원인(왜?)보다는 문제를 유지하는 가족의 상호작용(무엇을)에 초점을 둔다.

(4) 환류고리(feedback loop)

가족은 현재의 평형상태를 유지하려는 경향을 갖고 있는데, 주로 의사소통을 통해 조절하거나 피드백을 통해서 이 상태를 유지하려고 한다. 가족은 가족규범을 만들고 강화함으로써 항상성을 유지하려고 한다. 가족구성원들은 환류고리에 따라 규범을 강화하기도 하고 가족규범에서 벗어나려는 행동을 부적환류 과정을 통해 저지하며 가족의 항상성을 유지한다.

(5) 개방체계와 폐쇄체계

① 개방체계(open system)

외부로부터 그리고 외부를 향한 정보 흐름의 수준이 높은 체계를 개방체계라고 한다. 환경과의 상호작용이 있는 체계로 그 경계는 그 요소들 간의 통합이나 전체성을 잃지 않는 한에서 외부와의 상호작용을 허용하며 네겐트로피(negentropy; 변화에 대한 적응력, 개방성)가 있다. 개방적일수록 가족체계는 더 적응적이고 변화의 가능성이 높으며 새로운 경험들을 받아들인다. 개방적인 가족체계는 침투 가능한 가족의 경계를 통해 가족 밖의 사회와의 교환이 허용적이다. 가족들은 자유롭게 말하고 느끼며 생각하며 '나'의 입장이 존중되고 개별화가 장려된다.

② 폐쇄체계(closed system)

환경과의 상호작용이 없고 자신의 경계 내에서만 작용하는 체계를 폐쇄체계라고 하며 엔트로피(entropy; 비조직성, 자기 파괴성)의 성향이 있다. 외부에서 정보나 에너지가 들어오는 것을 허용하지 않기 때문에 경직된 경계를 가진다. 외부세계와의 교환이 단절되어 투입이 불충분해지므로 역기능적이 된다. 폐쇄체계의 가족구성원은 가족 내에서 안정된 관계를 추구하며 변화를 회피한다. 환류(feedback)가 일어나기 어렵다.

(6) 가족규범(가족규칙)

가족의 항상성 유지를 위해 가족구성원들에게 특정한 방식으로 행동하는 것을 허용하거나 허용하지 않을 수 있는데 가족들 간에 지켜야 할 의무나 태도에 대한 지침이나 권리 등이다. 가족집단 내에서 적절한 행동이라고 간주되는 것을 구체화한 규범이다. 모든 가족이 대부분 동의하지만 말로 표현되지 않는 경우가 많다. 가족구성원이 정해진 규범이나 무언의 약속에 충실하면 가족의 항상성은 어느 정도 유지된다(허남순 외, 2004).

가족의 규칙은 잭슨(Jackson, 1965)이 처음 제안하였고, 가족의 관계패턴이 개인의 기능에 미치는 영향을 연구하면서 가족의 규칙이 가족원의 행동양식을 결정하고 가족생활의 원칙이 된다고 주장하였다. 가족구성원들이 서로 협력하고 조화를 이루기 위해서는 가족규칙을 잘 지켜야 한다. 한 성원이 가족규칙을 위반하면 다른 가족구성원들은 그 성원을 통제하기 위해 힘을 행사하게 된다. 즉, 가족규칙은 가족성원의 행동에 영향을 준다.

(7) 경계

경계는 가족 내 체계들 간을 구분하거나 가족체계와 외부체계를 구분해 주는 선이다. 경계는 눈에 보이지는 않으며, 체계에 대한 정보와 에너지가 들어오고 나가는 정도와 방향인 투과성의 정도에 따라 경직된 경계, 혼돈된 경계, 명확한 경계로 나눈다. 경직된 경계는 체계 간 상호작용이 이루어지기 어렵기 때문에 의사소통에 융통성이 없고 다른 체계에 관심을 보이지 않는다. 혼돈된 경계는 체계 간에 독립심과 자율성이 결여되어 밀착된 관계가 형성되기 쉽다. 명확한 경계는 너무 경직되지도 않고 너무 혼돈되지도 않은 경계이며, 유연하고 융통성이 있다.

이러한 가족체계는 다음과 같은 특징을 가지고 있다(이대사회복지연구회 역, 2001).

- 전체로서의 가족은 각 부분의 합 이상이다(비총합성).
- 가족은 변화와 안정성의 균형을 맞추기 위해 노력한다.
- 가족 내 한 구성원의 변화는 모든 가족성원에 영향을 미친다.
- 가족성원의 행동은 순환인과관계로 가장 잘 설명된다.
- 가족은 보다 큰 사회체계에 속하며 많은 하위체계를 포함한다.
- 가족은 기존의 규칙에 따라 움직인다.
- 가족구성원 모두는 가족 내에서 다른 가족원에게 일어나는 일의 영향을 받는다.
- 가족성원과 전체로서의 가족은 가족을 둘러싼 다른 많은 환경체계의 영향을 받는다.
- 가족과 외부체계를 구분하는 경계는 엄격함과 침투성 정도에 따라 다양하다.
- 가족은 시간이 지나면서 반복되는 상호작용 패턴, 즉 적응과 균형을 추구한다.

3) 가족치료

가족치료는 가족에 초점을 두는 치료방법을 통칭하는 용어이다. 즉, 가족체계의 역기능적인 상호작용 패턴과 관계구조를 변화시킴으로써 문제해결과 스트레스 대처를 돕고, 건강하고 기능적인 개인과 가족이 되도록 돕는 접근방법이 가족치료이다(송정아 · 최규련, 1997). 가족을 대상으로 서비스를 제공하는 사회복지사는 가족문제에 대하여 가족의 시간적 · 공간적 관점에서 이해하고 접근할 필요가 있다. 즉, 시간적 관점이라 하면 가족의 생활주기와 문화, 가치, 관계 유형 등의 세대 간 전달과정을 이해하는 것을 말하고, 공간적 관점이라 하면 가족을 하나의 사회체계로서 바라보면서 개별 성원의 상위체계임과 동시에 상위체계인 확대가족, 지역사회, 문화 등과 지속적인 상호작용을 하는 하위체계로서 이해하는 것을 말한다(김혜란 외, 2001).

가족치료에는 서로 다른 이론적 배경을 가진 다양한 모델들이 포함되지만 여기서는 보웬의 다세대가족치료, 구조적 가족치료, 전략적 가족치료, 사티어의 경험주의 가족치료, 해결 중심 가족치료모델을 중심으로 간략하게 살펴보기로 한다.

(1) 보웬의 다세대가족치료(Bowenian therapy)

보웬(Bowen, 1976)의 가족치료는 여러 가족치료 접근 중에서 인간의 행동과 인간문제에 대해 가장 포괄적인 관점을 가지고 있다. 이 모델은 정신분석에서 출발하여 가족생활로 구체화되었으며, 하나의 독립된 가족치료 모델로 발전하였다(Nichols & Schwartz, 1995).

보웬은 가족을 하나의 체계로 보고 한 부분의 변화는 반드시 다른 부분(가족성원)의 변화를 이끌 수 있다는 개념에 근거한다. 인간은 부모에 대한 해결되지 않은 정서적인 반응을 가지고 있으며, 새로운 깊은 관계를 형성할 때 과거의 유형을 반복하게 된다고 본다. 따라서 건강한 인격을 형성하기 위해서는 가족에 대한 해결되지 않은 정서적 애착을 적극적으로 해결해야 함을 강조한다.

이 모델의 이론적 기반은 정신역동적인 접근법과 체계적 관점을 연결시킨 것으로 볼 수 있다. 치료의 초점은 개인이나 부분단위이지만 주로 다세대의 가족체계에 두고 있다.

① 주요 개념

- 자기분화(differentiation of self): 자기분화란 자신과 타인을 구분하는 정서적 과정과 지적 과정의 구분능력을 말한다. 즉, 자기분화가 잘된 사람은 진짜 자기(solid self; 지적 · 합리적 신념과 의견을 가진 삶의 원칙을 가진 사람)로서 기능하고 반면에 정서적으로 융합되어 미분화된 사람은 가짜 자기(pseudo self; 감정적 압력에 기반하여 선택하고 결정하며 일관성이 없고 자기인식이 결여된 사람)를 가진 사람으로 보았다.

  보웬은 자기분화 수준을 0에서 100 사이의 연속선상에 두고 대체로 4가지 수준에서 분류하였다(Kerr & Bowen, 1988).

  - 0~25: 매우 낮은 자기분화 수준의 사람으로 미분화된 가족자아 상태에 융합(fusion)되어 있으며, 모자 간의 공생관계를 이루고 감정에 지배당하거나, 관계지향적 생활을 한다. 이런 사람들은 관계체계에 문제가 발생하면 신체적 · 정신적 질병과 역기능을 유발하며 적응력이 부족하다.

  - 25~50: 낮은 자기분화 수준의 사람들은 불안이 낮은 수준에서는 기능적이지만 높은 불안에서 낮은 자기분화 상태를 보이는 사람들이다.

- 50~75: 보통의 자아분화 수준의 사람들은 불안의 증가에도 지적 체
  계와 정서적 체계의 적절한 기능을 유지하고 독립적인 의사결정을 하
  며 자율적으로 기능하는 사람이다. 이 사람들은 다른 사람과 융합
  되지 않으면서 친밀한 관계를 유지하고 목표지향적 활동을 한다.
- 75~100: 높은 자아분화 수준의 사람들은 사고와 감정의 분화, 높
  은 수준의 독립성을 유지한다. 이 사람들은 거의 완전한 수준의 성
  숙 수준을 보이고 자신의 가치관과 신념이 뚜렷하다. 이들은 타인의
  관점을 존중하면서 타인의 반응에 크게 좌우되지 않고 자신과 타인
  에 대한 기대가 현실적이다.

- 삼각관계(triangles): 두 사람 사이에서 스트레스나 긴장관계가 발생했
  을 때 제3자를 두 사람의 상호작용 체계로 끌어들여 긴장의 수준을
  완화하려고 한다. 그러나 삼각관계 형성은 긴장완화 효과는 있지만
  두 사람 사이의 문제해결을 방해한다. 가족분화가 낮을수록 삼각관
  계 형성이 빈번하고 반복적으로 일어난다.

- 핵가족 정서체계(nuclear family emotional system): 해소되지 못한 불
  안들이 개인에게서 가족에게로 투사되는 것이다. 가족이 분화되지 않
  으면 부모와의 정서적 단절이 생기고 부모와 정서적 단절이 있는 사람
  이 결혼하면 다시 가족끼리 정서적으로 융합하게 된다는 것이다. 정
  서적 융합은 부부 간의 갈등, 부부 간의 정서적 거리감, 자녀에게 문
  제 투사 등이 나타난다.

- 가족투사과정(family projection process): 가족투사란 부모가 자신의
  미분화를 자녀에게 전달하는 과정이며, 분화 수준이 낮은 가정일수록
  투사 경향이 심하다. 부부 간의 낮은 자아분화 수준을 미분화에서 오
  는 불안 상태에서의 긴장을 해결하기 위해 모자 간의 공생관계를 형성
  하게 되고 미분화된 자기문제를 자녀에게 투사함으로서 정서적 융합

을 이루게 된다.

- 다세대 정서전달과정(multigenerational transmission process): 가족투사를 통하여 낮은 분화 수준이 세대에 걸쳐 자녀에게 전수되고 분화 수준이 비슷한 남녀가 부부가 되어 다음 세대인 자녀에게 미분화된 특징을 투사하게 되어 더욱 낮은 분화 수준이 세대 간에 걸쳐 전달되게 된다.
- 출생순위(sibling position): 핵가족 내에서 출생순위에 따라 정서적 전달과정에 적용되어 가족역할을 형성하거나 가족투사 대상이 된다. 동일한 사건에 대해서 형제들마다 경험하는 것이 다르기 때문에 가족원의 특징적인 성격은 출생순위에 의해 결정된다.
- 정서적 단절(emotional cut-off): 정서적으로 융합된 가족 내에서 구성원들이 서로 거리를 두는 극단적인 형태를 말한다. 세대 간의 불안을 처리하는 방법으로서 해결되지 못한 정서적 애착으로부터의 도피를 의미하며, 세대 간 미분화의 결과로 나타나고, 정서적 융합이 클수록 정서적 단절이 일어나는 경향이 높다.
- 사회적 퇴행(societal regression): 사회적 불안의 증대가 가족 내에서의 기능적 분화수준을 떨어뜨릴 수 있다. 만성적 스트레스 아래에서 가족과 사회는 지적 과정을 활용하기보다는 정서적 과정에 의하여 선택을 하거나 결정을 내리고 되고 이러한 것들은 하위집단 간 융합을 유발하여 폭력, 불신, 성차별주의, 편견, 범죄율 증가와 같은 역기능적 현상이 나타나게 된다고 본다.

② **치료과정**

치료과정에서 치료자의 역할은 코치, 교사, 중립적 관찰자로서 치료 분위기를 조정한다. 보웬은 치료자의 역할을 가족이 기능하는 방법을 탐색하도록 돕는 자로서 코치라는 말을 즐겨 사용하였다(Goldenberg & Goldenberg, 장혁표 외 역, 1992). 치료자는 가족 내에서 가장 중요한 두 사람(대개 부모)과 정서적 접촉을 유지하면서 삼각관계에 빠져들지 않고 정서적으로 비교적 객관성을 유지하면서 체계에서 벗어나서 개입할 것을 주장한다.

구에린(Guerin, 1976)은 치료과정을 다음의 3단계로 설명하고 있다.

가. 정확한 가계도 작성: 다세대 체계맥락 안에서 현재 문제를 파악한다.

나. 중요한 가족원과 접촉: 불안과 정서적 불안 수준을 감소시킨다.

다. 증상을 보이는 삼각관계와 중요한 연동적 삼각관계를 탐색한다.

③ 치료기법

- **탈삼각화**: 제3자를 두 사람의 관계에서 분리시켜 가족 내에 형성되어 있는 삼각관계를 벗어나게 함으로써 가족원들이 자아분화하도록 돕는 기법이다.

- **가계도**: 가족의 문제를 사정하기 위해 가계도를 그리고 치료적으로도 활용하여 다세대에 걸쳐 내려오는 가족체계의 문제, 가족역할, 유형, 갈등, 단절, 삼각관계 등을 알아볼 수 있도록 한다.

- **관계 경험**: 체계과정에서 내담자에게 자신의 역할을 인식하도록 돕는다.

- **코칭**: 치료자가 내담자에게 개방적이고 직접적으로 접근하여 가족의 정서적 과정들과 그 안에서의 자신의 역할을 발견하도록 돕기 위해 고안된 순환적 질문을 함으로써 관계성 패턴을 수정하는 것을 돕는다.

- **자기 입장 취하기**: 타인의 행동에 대한 이야기 대신에 자신의 느낌을 말함으로써 자기 유형을 취하도록 하여 정서적 반응의 악순환을 깨뜨리는 직접적인 방법이다.

- **객관성 증가시키기**: 직면에서 오는 불안을 감소시키기 위한 방법이다.

비슷한 문제를 가진 다른 가족의 예를 들거나 비디오테이프, 영화 등 자료를 이용하고 교육함으로써 논쟁과 방어를 감소시켜 가족 내 기능학습을 돕는다.

(2) 미누친의 구조적 가족치료

구조적 가족치료는 가족을 재구조화(restructuring)함으로써 가족이 적절한 기능을 수행할 수 있도록 돕는 방법이다. 미누친(Minuchin)은 가족 내에서 발생되는 견고하고 반복적인 상호작용 패턴을 가족의 구조화라 하며 그 패턴을 재조직하거나 새로운 구조와 상호작용 형태로 대체시키는 작업이 가족을 재구조화하는 가족치료라고 하였다. 이 모델에서는 가족을 하나의 기본적인 구조로 보고, 가족 안에서 일어나는 복잡한 상호작용들은 때때로 예측할 수 없는 방향으로 문제를 야기한다고 본다.

또한 가족 내에서는 가족성원의 상호작용 패턴과 지속적이고 반복적인 가족 행동의 패턴이 있으며, 세대 관심 등 구분되는 다양한 하위체계가 있다(Nichols & Schwartz, 1995). 가족 역기능의 주요 원인은 하위체계 간의 불건전한 동맹과 분절, 지나친 경직과 불분명한 경계선 등으로 본다.

① 주요 개념

- 경계: 가족의 상호작용 과정에서 구성원의 누군가가 어떠한 방법으로 참가할 수 있는가에 대한 규약으로서, 가족원 간 명확한 경계, 경직된 경계, 밀착된 경계 등이 있다.
- 하위체계: 가족체계는 각각 하위체계들을 가지고 있으며 다른 체계와는 구별되는 기능을 한다. 하위체계에는 부부하위체계, 부모-자녀하위체계, 형제하위체계 등이 있다.
- 제휴: 제휴는 가족체계의 한 개인이 다른 구성원이 활동하고 있는 것

에 대해 협력하거나 상반된 관계를 가지는 것이다. 제휴의 종류로는 연합, 동맹이 있다. 연합은 두 사람이 제3자에게 대항하기 위해서 제휴하는 것이고, 동맹은 제3자와는 다른 공동의 목적을 위해 두 사람이 제휴하는 것으로 반드시 제3자와 적대관계에 있지는 않다.

- 세력: 개개인이 가족의 상호작용 과정을 통해 다른 사람에게 미치는 영향으로서 절대적인 권한을 의미하는 것은 아니며, 가족원들이 적극적 혹은 수동적으로 조화를 이루는 방법에 의해 만들어진다.
- 가족구조: 가족성원들이 다른 가족구성원들과 관계하는 방법을 조직하는 기능적인 차원이다. 가족성원들이 언제, 어떻게, 누구와, 상호작용을 하며 가족성원들 사이에 상호작용 유형을 어떻게 유지하는가 등과 관련된 모든 가족규칙을 파악할 수 있다.

② 치료과정

구조주의 가족치료는 다음과 같은 세 단계, 즉 치료자가 지도자의 위치에서 가족에 합류하고, 가족구조를 조사하고 평가하며, 구조를 변형시키기 위해 환경을 조성하는 단계로 이루어진다. 치료자는 가족의 의견을 들으면서 사건에 대한 가족의 해석을 재구조화하여 대개 개인적인 병리나 외부의 영향을 중시하는 관점으로부터 체계적 관점이나 구조적 관점으로 변화시킨다(양정남 외, 2008).

이러한 구조주의 가족치료의 전체 개입은 합류와 적응, 상호작용을 하면서 개입, 진단, 상호작용을 활성화시키고 변화시킴, 경계 만들기, 인지적인 구조의 확대의 과정으로 이루어져 있다(Nichoals & Schwartz, 1991).

③ 치료기법

- 경계 만들기: 가족의 재구조화를 위해서는 부부체계 간의 명확한 경계

와 부모와 자녀의 하위체계 간의 분명한 경계를 설정하는 것이 매우 중요하며, 각 체계의 경계가 명확할 때 새로운 상호작용 유형이 생기고 체계의 기능은 증가한다. 밀착된 가족에 대한 개입은 하위체계 간의 경계선을 강화시키고 각 개인의 독립성을 키워준다. 분리된 가족에 대한 개입은 가족성원 간의 지지·통제하는 기능을 강화하여 하위체계 간의 교류를 촉진시키고 경직된 경계선을 완화시킨다.

- 합류하기: 치료자가 가족과 인간적인 관여를 하는 것 혹은 가족의 현실상황에 들어가 함께 경험하는 것으로서, 가족 내부로 들어가는 것이고, 가족의 스타일에 맞추고 가족구조를 변화시킬 수 있는 행동을 할 수 있게 하는 것이다.

- 실연(enactment): 가족에게 역기능적인 가족성원 간의 교류를 실제로 재연시키는 것으로 가족들은 치료자 앞에서 가족의 문제나 갈등 상황을 직접 실행해 본다. 가족원들이 직접 행동함으로써 자신의 상호교류를 경험하고 관찰해 볼 수 있다.

- 긴장고조시키기: 가족 내의 긴장감을 고조시킴으로써 대안적인 갈등해결 방법을 사용하도록 돕는 기법이다. 치료자가 가족체계의 경계선, 제휴, 연합, 권력에 직접 개입함으로써 가족들의 긴장을 고조시키고, 긴장을 고조시킴으로써 가족구조를 재구조화하는 방법이다.

- 과제부여: 가족 상호교류에서 자연스럽게 발전될 수 없는 행위를 실연해 보도록 하며, 가족이 행할 필요가 있는 분야를 개발시키기 위하여 과제를 주는 것이다.

(3) 헤일리의 전략적 가족치료

전략적 가족치료는 원래 헤일리(Haley)가 밀턴(Milton), 에릭슨(Erickson)의 관점과 개입방법을 "전략적 치료(strategic therapy)"라고 명명한

데서 비롯되며(Haley, 1973), 에릭슨의 전략적 접근을 사용하여 제시된 문제를 해결하는 특성을 갖는 치료 모델을 통칭하는 말이다.

헤일리는 최면요법을 실시하는 에릭슨으로부터 직접적인 치료전략과 기법의 영향을 많이 받았다. 헤일리의 치료기법을 '전략적'이라 표현한 이유는 인간의 행동이 왜 일어났는지는 관심이 없으며 단지 행동의 변화에만 관심을 가지기 때문이다. 즉, 문제행동을 변화시키기 위한 다양한 전략에 그 초점이 있다(김유숙, 1998).

헤일리는 증상을 통제할 수 없는 행동으로 보기보다는 모든 다른 전략들이 실패하였을 때 관계를 통제하기 위해 사용하는 전략이라고 보았다(Goldenberg & Goldenberg, 1980).

① **주요 개념**
- **권력**: 전략적 치료모델에서는 규칙을 만드는 자가 권력을 갖는다고 본다. 체계 내에서 규칙에 관한 결정을 하는 지위에 있는 사람이 위계적 조직에서의 권력을 가진 사람이다.
- **삼각관계**: 문제란 두 사람 사이의 권력투쟁이 제3자를 포함시키려 할 때 발생한다고 가정한다. 제3자는 증상을 갖는 아이가 되거나 정체감을 갖지 못하거나 자기 탓으로 돌리는 사람이 될 수 있다(Griffin & Greene, 1999).
- **위계질서**: 헤일리는 가족의 위계질서를 통제와 권력이라는 관점에서 접근한다. 위계질서를 혼란하게 만드는 요인을 세대 간 결탁(삼각관계)과 권력다툼이라고 본다(양정남 외, 2008).

② **치료과정**
헤일리는 치료목표로서 가족조직의 변화를 통한 현재 문제의 해결이라

는 접근방식을 택하고 가족의 위계질서나 경계선의 재구조화를 강조하였다(송성자, 1995). 전략적 치료과정은 대개 1회 간격으로 총 10~15회 실시하는 단기치료적 성향이 강하다. 헤일리는 치료과정을 문제규정단계, 치료전략의 수립 및 개입 단계, 분리단계의 3단계로 구분하였다.

③ 치료기법

- 시련: 치료자들은 현존하는 문제에 힘들기는 하지만 건설적인 활동을 부과한다.
- 역설: 역설적 기법으로는 문제행동을 더 하도록 증상을 처방하기, 변화를 제지하거나 속도를 감소시키기, 과장된 관점을 부여하기 등이 있다.
- 재정의: 치료자가 경험된 상황과 관련된 개념적, 혹은 정서적 틀이나 관점을 변화시키고 사실들에 적합한 다른 틀을 제공하여 전체 의미를 변화시키는 것이다.
- 긍정적 함축: 증상을 가족 내에서 긍정적 기능을 하는 것으로 보도록 재정의한다.
- 증상의 조작: 증상은 감추기보다는 광고하기, 증상을 처방하고 예정하기, 증상을 실행하기, 증상에 대치되는 행동을 처방하기 등이 포함된다(Griffin & Greene, 1999).

(4) 사티어의 경험적 가족치료

사티어(Satir, 1972)의 경험주의적 가족치료는 1960년대 인본주의 심리학의 영향을 많이 받았으며, 개인과 가족의 정서적인 경험과 지금-여기(here and now)의 경험을 강조하고 있다(송정아 · 최규련, 1997).

사티어는 가족체계 내에서 가족성원들이 자신과 다른 가족성원들에 대하여 어떻게 느끼고 어떻게 반응하는가에 관심을 두었으며(Bodin, 1981), 인간의 잠재 능력에 많은 관심을 가졌다. 따뜻하고 온정적이며 강한 인본주의적 가치를 지닌 사티어는 친밀한 가족관계와 진실한 감정을 표현하는 일차적 의사소통을 강조한다(Goldenberg & Goldenberg, 1985).

사티어는 문제가 있는 가정의 의사소통은 모호하며 간접적이라고 지적하면서 이러한 의사소통은 가족원의 낮은 자존감(self-esteem)에서 기인된다고 하였다. 즉, 자신의 자존감을 확장하고 결핍된 욕구를 채워줄 것이라는 기대를 가지고 배우자를 만나지만 결혼을 통해 그 환상이 깨지면서 불화가 발생한다. 나름대로 그 차이를 직접적으로 직면하지 않고 상대방을 자신이 원하는 방식으로 조정하기 위해 의사소통은 점점 모호해지고 간접적이 되며 때로는 제삼자인 자녀를 사이에 두고 대화하는 방식을 취하기도 한다(Zastrow, 1987). 가족관계의 병리적 측면보다는 긍정적 측면에 초점을 두고 가족과 개인의 상호작용이나 경험 등을 변화시킴으로써 성장할 수 있는 경험을 하게 하는 것이다.

① 주요 개념

사티어의 성장 모델에서는 주요 개념으로 자기가치, 가족규칙, 의사소통 등을 들고 있다(송성자 · 정문자, 1994).

- 자기존중과 자기가치: 자기존중이나 자기가치는 다른 사람들이 자기를 보는 것과는 별개의 것으로 자기가 자신에게 가지는 애착, 사랑, 신뢰, 존중과 같은 것이다. 사티어는 가족성원들의 자존감을 증가시키는 것을 가족치료에 있어 중요한 과정으로 다룬다. 사티어는 자존감을 인간 기본 욕구로 간주하고 성장을 위한 에너지 개념으로 설명하고 있으며 낮은 자존감을 학습을 통하여 재형성이 가능하다고 보았고 자존감을 향상시키는 것을 치료의 목표로 삼았다.

- 가족규칙: 사티어는 가족규칙을 가족구조 내에서 필수적이며 역동적이고 영향력이 강한 행동규범으로서 가족은 규칙의 지배를 받는 체계로써 가족의 반복된 행동 유형을 형성한다고 보았다. 의사소통을 관찰함으로써 가족규칙을 발견하는 데 관심을 두었으며 특히 감정규칙에 초점을 두고 변화매체로서 접근하였다.

- 역기능적 의사소통: 사티어는 역기능적 의사소통은 낮은 자존감과 불균형적인 상태에서 생존 유형으로서 나타난다고 보고, 가족 내 역기능적 의사소통방식을 다음의 4가지 유형으로 분류하였다(송성자·정문자, 1994)

  - 회유형: 회유형은 의사소통을 하는 사람은 자신이 느끼는 감정보다는 상대방에게 "예"라고 대답하는 것이 중요하다고 생각하면서, 다른 사람의 문제를 해결하는 것이 유일한 목적인 것처럼 행동한다. 회유형은 일이 잘못되는 것의 책임이 자기 자신이나 자신과 관련된 것에 있다고 생각하며 사과하고, 결코 다른 사람을 비난하거나 반대하지 않으며 비위를 맞추면서 말한다.

  - 비난형: 비난형은 회유형과 정반대 유형이다. 비난 유형은 다른 사람들의 변명, 불편함, 비난을 수용하지 않은 불일치적 의사소통을 사용하는 것이다. 비난형은 자신을 힘 있고 강한 사람으로 다른 사람이 인식하게 하려고 노력한다. 독재적이며 높은 사람처럼 행동하며 다른 사람의 결점을 발견하여 지적하고 적개심, 폭군, 잔소리, 난폭한 언행을 한다.

  - 초이성형: 초이성형의 의사소통 방식을 사용하는 사람은 자신이나 다른 사람을 과소평가하고 지나치게 합리성과 상황만을 중요시하며 기능적인 데 관심이 있고 대체로 자료의 논리를 중요시한다. 초이성적 유형은 어떤 감정도 나타내지 않고 매우 정확하고 이성적이며

조용하고 냉정하고 차분하다. 그리고 객관적인 자세를 유지하며 자신이나 다른 사람의 감정을 중요시하는 것을 허용하지 못한다.

- 산만형: 산만한 유형의 사람들은 계속해서 움직이고 주제에 대한 사람들의 관심을 분산시키려고 한다. 생각이 자꾸 바뀌고 동시에 여러 가지 행동을 한다. 산만한 사람에게는 자신, 타인, 상황 모두가 중요하지 않다. 산만형은 행동과 말이 타인의 행동이나 말과는 무관하여 다른 사람의 질문은 무시하며 초점이 없고 주의집중을 못한다. 산만형의 자세와 동작은 부적절하고 지나치게 활동적이고 목적이 없는 것 같이 보인다.

② 치료과정

사티어 모델에서 변화과정은 6단계로 설명된다.

- 내담자의 현재의 상태를 파악하고 이해하며 접근하는 단계
- 체계의 외부 사람을 소개하고 변화를 위한 상황을 형성하는 단계
- 혼란의 단계: 혼란을 새로운 항상성을 형성하기 위한 변화과정으로 봄
- 새로운 선택과 통합의 단계
- 연습단계: 새로운 선택의 반복적 연습과 격려
- 새로운 현상: 건강한 균형 상태, 좀 더 만족하게 기능하는 가족관계의 새로운 항상성을 유지하고 발전시킴

③ 치료기법

- 가족조각(family sculpture): 가족조각이란 어느 시점을 선택하여 그 시점에서의 인간관계, 타인에 대한 느낌과 감정을 동작과 공간을 사용하여 표현하는 비언어적인 기법을 말한다. 언어적 표현이 부족하고, 소극적으로 참여하는 가족들이 자연스럽게 참여하면서 치료에 관여

하게 하는 기법이다. 주어진 공간에서 구체적으로 관계유형을 볼 수 있고 경험하게 할 수 있게 하는 진단적이고 치료적인 기법이기 때문에 가족을 사정할 때도 사용되고 개입기법으로도 사용된다.

- 역할극, 역할연습: 가족치료자가 한 가족성원에게 다른 가족성원의 역할을 수행해 보도록 요청함으로써 다른 사람의 내면에 대한 이해를 높일 수 있게 하거나 자신의 역할을 수행하지만 이전과는 다르게 행동해 보도록 함으로써 실제 생활에서 겪을 수 있는 위험에 대한 부담이 없이 새로운 행동을 연습하게 하는 기법이다.

- 가족그림: 치료자가 가족성원에게 가족을 인식하는 대로 그리도록 요구함으로써 예전에 미처 생각하거나 대화하지 못했던 상황을 경험하도록 돕는 기법이다.

- 재정의: 클라이언트나 가족의 세상에 대한 내면의 준거틀을 변화시키는 데 효과가 있는 치료기법이며, 문제시 되는 태도와 반응을 재구성하고 긍정적인 의미를 부여하는 기법이다.

- 원가족도표(family of origin map): 원가족도표는 가족의 역동성과 대인관계를 이해하고 평가하게 해준다. 즉, 가족구성원의 성격, 자존감 정도, 대처방법인 의사소통 유형, 가족규칙, 가족의 역동성, 가족 내의 상호 대인관계, 세대 간의 유사점과 차이점, 그리고 사회와의 연계성 수준 등을 파악할 수 있다.

- 가족생활연대기(family fact chronology): 가족생활연대기는 가족구성원을 포함하여 3세대의 생활연대기를 적은 것이다. 이 기법은 가족구성원의 문제를 가족 및 사회, 역사적 상황과 상호 연관 지어 이해하게 되므로 결과적으로 가족구성원의 가족 재구성에 도움을 주게 된다.

- 영향권(wheel of influence): 가족구성원의 아동기와 사춘기를 통하여 가족구성원에게 지적 · 정서적 · 신체적 · 사회적으로 영향을 준 사람

이나 사건과의 관계를 선의 두께와 모양으로 표시함으로써 관계의 친
밀도나 갈등 정도를 보여준다.

- 의미 확인하기(making a meaning): 의미 확인하기는 자신의 의도를 정
  확하게 상대방에게 전달하고 상대방의 의미를 정확하게 파악하게 되
  며 결과적으로 언행이 일치되고 의도와 표현이 일치되는 의사소통을
  하게 된다. 구체적인 기법은 거울보기, '나'의 뜻 전달하기, 관계 호전
  시키기, 의사소통 실험, 바르게 의사소통하기 등이 있다. 이 외에도 비
  유, 유머, 명상, 학습삼인군 등이 있다.

(5) 해결 중심 단기가족치료(Solution focused Family Therapy)

해결 중심 단기가족치료 모델은 1970년대 초에 스티브 드 쉐저(Steve
de shazer)와 인수 김버그(In soo kim berg)와 동료들이 발전시킨 방법
으로 전략적 가족치료이론에 뿌리를 두고 있다. 이 치료 모델은 1982년부
터 세이즈와 인수 김버그를 중심으로 밀워키의 단기가족치료센터에서 발전
된 것으로 클라이언트가 긍정적으로 생각하도록 함으로써 문제를 축소시
켜 나가는 모형이다(송성자, 1997).

해결 중심 단기가족치료에서는 인간과 문제를 유전적 요소나 성장과정,
가족적 배경에 의해 결정된다고 보지 않고 변화 가능한 것으로 바라본다.
해결중심단기 가족치료는 인간의 경험은 사회적 상호작용과 언어에 의해
크게 영향을 받는다고 보는 사회구성주의의 전통에서 그 뿌리를 찾을 수
있다(Carlson & Kjos, 2002). 이 모델은 문제의 원인을 가족이나 개인 내
부에서 찾기보다는 자신의 삶을 개선하도록 그 사람의 능력을 강화시키는
데 중점을 둔다.

해결 중심 단기가족치료는 다른 치료 모델과 달리 치료기간이 짧으면서
도 치료자들이 일련의 질문기법과 과제부여기법들을 활용하여 클라이언트

를 강화하는 데 효과가 크고, 전체 가족이 참여하지 않아도 적용할 수 있는 장점이 있다(전재일 외, 2004).

① 기능적 가족과 역기능적 가족

기능적 가족은 가족성원들 간의 분명한 경계와 자율성이 있고 서로 염려하고 깊이 신뢰하는 분위기가 형성된다. 그러나 역기능적인 가족은 폐쇄적이고 가족의 규칙에 융통성이 없고 위협적이며 서로에게 집착하는 정도가 심하거나, 지나치게 무관심하여 적절한 가족의 기능을 수행하지 못하게 된다. 골든버그와 골든버그(Goldenberg & Goldenberg, 1985)는 가족의 역기능의 종류를 다음과 같이 보았다.

- 이중구속 메시지와 위장: 이중구속(double-bind)은 한 사람이 다른 사람에게 메시지를 보낼 때 적어도 두 가지 또는 그 이상의 상반된 메시지나 요구를 동시에 보냄으로 인해 메시지를 받는 사람은 어떻게 반응하든지 간에 실패하게 되는 것을 의미한다. 위장(mystification)은 자기 행동을 통해 분명 상대방으로 하여금 어떤 생각을 품게 했으면서도 그 생각을 말로 표현하면 자신의 행동을 부인하는 것을 의미한다.
- 대칭적 · 보완적 관계: 대칭적(symmetrical) 관계는 한 사람의 행동이 상대방의 행동에 영향을 주고 다시 또 그 행동에 영향을 받아 서로 계속 상승 작용하는 것을 의미한다. 보완적(complementary) 관계는 대칭적 관계와 같은 극한 대립은 없지만 불평등과 차이가 극대화되어 한 사람은 매우 지배적이고 또 한 사람은 매우 복종적인 관계를 맺는 것이다.
- 밀착, 유리된 가족: 밀착(enmeshment)된 가족은 가족들 간의 상호작

용이 너무 지나쳐 과잉염려가 있는 가족으로 가족 중 한 사람의 일이 다른 사람에게 미치는 영향은 지나치게 크다. 유리(disengagement) 된 가족은 지나치게 자주적이어서 가족에 대한 충성심이 많이 부족한 것을 의미한다.

- 속죄양: 가족 중 환자로 지목된 사람(Identified Patient; IP)으로 가족의 균형을 유지하기 위해 병리적인 문제를 짊어지고 있으므로 속죄양(scapegoat)으로 표현된다. 보통 가족구성원 모두가 한 개인의 속죄양이 되는 과정에 참여하게 되는데, 가족들은 가족의 역기능을 그 개인의 문제로 전가시켜 균형을 유지하려 하고 그 사람 역시 자신을 희생하여 가족의 조화로운 관계를 유지하려고 한다.

- 가족폭력: 가족은 공격성을 표현하는 데 있어 비교적 규제와 통제가 적고 다른 집단에 비해 밀접한 상호작용을 하고 있어 서로에 대한 기대가 높고 이러한 기대가 만족되지 않을 때 그러한 좌절이 쉽게 폭력으로 나오는 경향이 있다.

- 알코올 및 물질 남용: 가족성원 중 한 사람이 알코올 및 물질 남용을 하게 되면 역기능적인 가족이 된다. 물질 남용을 하는 사람은 환자로 지목되고 그는 속죄양의 역할을 하면서 가족의 항상성과 체계 유지의 기능을 수행한다.

- 지속적인 가족신화: "싸우지 않은 가족은 행복한 가정이다", "화합하는 가족은 모두 의견이 같아야 한다", "부부는 서로 말을 하지 않아도 통한다", "우리 가정은 남자가 더 우월하다" 등과 같은 잘못된 가족신화는 무비판적으로 가족성원들에게 받아들여져서 그 신화에 따라 서로에게 기대를 하게 된다. 이러한 신화에 짓눌려 가족들은 유사 상호작용을 하게 되어 겉으로는 서로 잘 이해하고 긍정적으로 상호작용하는 것 같지만, 실제로는 상당한 거리감을 두고 있다. 그러니

서로의 의견이 다르면 관계가 파괴된다는 잘못된 가족신화 때문에 개
인적인 정체감을 희생해가면서까지 형식적인 동의와 충성을 보이는 것
이다.

② **치료기법**

- 면담 전의 변화에 대한 질문
  - 첫 면담시간에 치료자가 내담자에게 어떻게 문제의 심각한 정도가
    완화되었는지를 내담자가 파악할 수 있도록 질문한다.
  - 내담자의 잠재능력을 발견하고 내담자 자신이 의식하지 못하는 해
    결방안을 찾는 데 도움이 된다.
- 예외질문

  문제시되는 실패경험보다는 성공했던 경험을 찾아내어 그것을 의
  도적으로 계속 실시함으로써 성공의 경험을 확장하고 강화하는 것으
  로, 문제가 없던 상황은 지금(문제가 있는 상황)과 어떻게 달랐었는
  지 탐색하게 함으로써 문제해결이 안 된 그 상황을 확대하기 위한 단
  서를 찾게 한다.
- 기적질문

  기적이 일어나서 문제가 해결되었다고 상상하게 함으로써 문제 자
  체보다는 문제와 별개로 해결책을 생각해보게 하여 기적이 일어났을
  때 달라질 수 있는 일들을 실제 행동으로 해보게 하는 것이다.
- 척도질문

  구체적인 숫자를 이용하여 가족구성원에게 자신의 문제와 정도, 변
  화정도, 변화에 대한 의지 등을 표현해 보게 하는 것이다.
- 대처/극복질문

  문제 상황에 있는 내담자에게 경험을 활용하도록 하고 새로운 힘

을 갖게 하며, 자신의 자원과 강점을 발견하도록 하는 데 도움이 되는 질문이다. 어려운 상황에서 잘 견뎌내고 더 나빠지지 않을 것을 강조하고 그것을 인식 및 확대하기 위한 근거로 이용하는 것이다(송성자, 2001).

4. 지역사회 대상 실천

사회사업은 개인을 대상으로 하는 개별사회사업(social case work), 집단을 대상으로 하는 집단사회사업(social group work), 지역사회를 대상으로 하는 지역사회조직사업(community organization) 등 세 영역을 전문사회사업 3대 방법론으로 중요시해 왔다.

지역사회조직은 개인이 속한 지역사회를 대상으로 하는 차원에서 사회환경의 자원개발 및 사회운동의 차원으로 폭넓게 변화되어 왔으며, 이 방법은 지역사회의 문제와 욕구를 해결하는데 초점을 두기도 하지만 사회복지사의 개별사회사업방법과 집단사회사업방법에 많은 배경적 도움을 주기도 한다. 즉, 지역사회사업의 초점은 지역사회를 사회복지실천의 클라이언트로 간주하며, 사회복지사의 개입목표는 지역사회가 지니는 욕구 혹은 문제의 예방 또는 해결에 있으며, 철저히 사회복지실천의 전문지식과 기술을 토대로 이루어진다는 데 두고 있다(최옥채, 2001).

1) 지역사회의 개념

앤더슨(Anderson)과 카터(Carter)는 지역사회를 장소와 비장소의 개념으로 나누어 정의하였다. 즉, 지역사회를 장소(place)로 이해하는 경우에는 "주거와 생계를 위해 제한된 영역상의 공간을 공유하며 이러한 공간 속의 공유과정에서 생겨나는 특징적인 사회적 행동 양식을 마련함으로써 공통의 욕구를 충족시키기 위한 기능을 수행하는 곳"으로 정의된다. 반면에 지역사회를 비장소로 이해하는 경우에는 "주요한 사회적 기능을 수행하는 사회적 단위체계와 체계의 결합"으로 정의한다. 여기에는 장소와 상관없이 다른 구성원과 나누고 있는 연대의식이나 정체감을 중심으로 형성되기도 한다(양옥경 외, 2005).

윅과 샐리비(Weick & Saleebey, 1995)는 지역사회를 수동적이기보다는 능동적인 개념으로 정의하여 가족원들이 보호막으로서의 기능을 하는 대신 지역사회는 그 구성원을 지탱하고 보호하며, 활력을 주는 풍부한 자원이 된다고 보았다. 워렌과 워렌(Warren & Warren, 1984)은 지역사회란 지역성에 중요한 "주요한 사회적 기능을 수행하는 사회 단위와 체계의 조합"이라고 하였다.

첫째, 지역사회의 중요한 사회적 기능은 상품이나 서비스의 생산, 분배 그리고 소비의 기능, 둘째, 지식, 가치, 신념 및 행동을 지역사회 구성원에게 가르치는 과정 또는 사회화의 기능, 셋째, 구성원들이 지역사회의 규범 안에서 살도록 하는 사회통제의 기능, 넷째, 지역사회 구성원으로 하여금 소속감을 향상시키기 위하여 다양한 활동에 관한 사회참여의 기능, 다섯째, 환자를 보호하고 빈민과 무주택자를 도우며, 다양한 보건과 인간서비스를 제공하는 등의 상호부조의 기능이다.

2) 지역사회 대상 실천의 개념

지역사회 대상 실천은 지역사회 내의 집단, 조직, 제도 그리고 사람들 관계의 행동적 유형과 이들 간의 상호 작용을 바꾸기 위해서 실천기술을 적용하는 활동이다(Hardcastle et al., 1997). 네팅과 동료들은 거시적 실천의 일부로써 지역사회실천을 생각하였다. 그들은 조직과 지역사회에서 계획된 변화를 야기시키기 위해 고안된 전문적이고 직접적인 개입으로 거시적 실천을 정의했다(Netting et al., 1993).

최근 우리나라에서도 지역사회를 클라이언트로 보는 지역사회실천 (community practice)이 강조되고 있다(최옥채, 2001). 웨일과 겜블 (Weil & Gamble, 1995)은 유동적인 지역사회를 위해 사회경제적 삶의 질을 향상시키고자 하는 다양한 개입모형과 방법을 포함하고 있는 지역사회실천은 조직화 기술과 시민의 능력 개발, 지역사회에서 사회계획의 원활화, 지역사회 토박이들에게 사회경제적 투자 연계, 지역사회문제 해결을 위한 폭넓은 연대 옹호, 사회정의를 위한 사회계획을 고취하는 목적을 갖는다고 하였다.

이와 같은 지역사회실천의 개념과 사회복지실천의 전문성을 반영하여 정의하면, 지역사회실천이란 지역사회의 욕구나 문제를 예방·해결하기 위해 사회복지사가 그 지역사회의 제반 자원과 지역사회실천 관련 기술을 활용하여 개입하는 사회복지실천의 한 방법이라고 할 수 있다. 따라서 지역사회실천은 다음 사항에 중점을 둔다.

첫째, 지역사회를 사회복지실천의 클라이언트로 간주한다.

둘째, 사회복지사의 개입 목표는 지역사회가 지니는 욕구와 문제의 예방이나 해결에 있다.

셋째, 지역사회실천은 철저히 사회복지실천의 전문지식과 기술을 토대로 이루어지나 필요한 타 분야 지식의 기술을 응용하여 활용한다(김범수 외, 2006).

3) 지역사회 대상 실천모델

지역사회실천모델은 사회마다 각기 다른 전통과 사회 · 정치 · 경제 발전과정과 관련하여 발전하였기 때문에, 지역사회실천모델을 단일한 모델로 설명하는 것은 어렵다. 그동안 대표적인 지역사회실천모델로 언급되고 있는 로스만(Rothman, 1995)의 모델에 대해 살펴보기로 한다(오정수, 2006).

(1) 지역사회개발모델(local community development)

지역사회개발모델은 자조기반에 근거하여 지역사회 문제해결을 위한 지역사회 능력과 사회통합이라는 과정 목표를 통해 지역사회를 새롭게 만드는 데 초점을 두고 있으며, 주민들이 문제를 스스로 해결할 수 있는 능력을 강화시켜 주는 데 역점을 두고, 문제의 파악 및 해결과정에 있어 주민들의 광범위한 참여를 장려한다. 민주적 절차와 합의, 자발적인 협조, 토착적인 지도력 개발을 강조한다.

(2) 사회계획모델(social planning)

문제해결의 기술적인 과정을 강조한다. 지역사회의 변화를 위해서는 숙달되고 전문적인 계획가가 필요하며, 계획가는 정보를 수집하고 자료를 분석하며 프로그램을 설계하고 실행하며 활성화하는 역할을 한다.

(3) 사회행동모델(social action)

사회행동모델은 지역사회의 억압받고 소외된 주민들이 사회정의와 정치적 공평성의 입장에서 사회, 정치, 경제적으로 보다 나은 처우를 받을 수 있도록 해 주는 활동을 말한다. 이 모델에서는 지역사회에서 권력과 자원의

| 표 4-4 | 로스만(Rothman)의 지역사회실천모델 비교

구분 \ 모델	지역사회개발 (local development)	사회계획 (social planning/policy)	사회행동 (social action)
지역사회 활동목표	지역사회의 활동능력과 통합; 자조(과정목표)	지역사회문제의 해결(과업목표)	권력관계와 자원의 변화; 기본적인 제도 변화(과업 및 과정목표)
지역사회 구조와 문제상황에 관한 전제	지역사회의 상실, 아노미; 관계 및 민주적 문제해결 능력의 결여; 정태적, 전통적 지역사회	실질적인 사회문제, 정신 및 신체적 건강문제, 주택, 여가 등	사회적 고통을 당하고 있는 사람, 사회부정의, 박탈, 불평등
변화전략	문제 결정 및 해결에 다수의 사람 참여	문제에 관한 자료수집과 최적의 합리적 행동조치 결정	이슈의 구체화와 표적대상에 대해 조치를 취할 수 있도록 주민 동원
변화기술과 기법	합의; 지역사회집단 간, 이해관계 간 상호의사소통, 집단토의	합의 또는 갈등	갈등 대결, 직접행동, 협상
사회복지사의 역할	조력자-촉매자, 조정자; 문제해결기술과 윤리적 가치에 대한 교사	사실수집자와 분석자, 프로그램실행자, 촉진자	행동주의적 옹호자, 선동자, 중개자, 협상자
변화의 매개체	과업지향적인 소집단 활용	공식 조직과 객관적인 자료 활용	대중조직과 정치과정 활용
권력구조에 대한 지향성	협력자로서 권력구조의 구성원	고용주와 후원자로서 권력구조	활동의 외부표적으로서 권력구조; 타도되거나 강요된 압제자
수급자체계(지역)의 범위정의	지리적 측면에서 전체 지역사회	지역사회 전체 또는 지역사회 일부	지역사회 일부
지역사회 하위부분의 이해관계에 대한 전제	공통의 이해관계 및 조정 가능한 차이	이해관계의 조정가능 또는 갈등	쉽게 조정할 수 없는 갈등적 이해관계, 자원의 희소성
수급자 개념	시민(citizens)	소비자(consumers)	희생자(victims)
수급자 역할의 개념	상호작용적 문제해결 과정에의 참여	소비자 혹은 수령자(recipients)	고용주, 지역사회구성원, 회원
임파워먼트의 활용	협동적이고 의사결정을 할 수 있는 지역사회 능력 구축; 주민의 개인적 주인의식 고취	소비자들의 서비스 욕구 구명; 소비자의 서비스 선택의 정보 제공	수급자체계(지역사회)를 위한 객관적 권력-지역사회의 의사결정에 영향을 미치는 권리와 수단의 획득; 참여자의 주인의식 고취

※ 자료: Rothman, J. (2001)(sixth ed), Approaches to community intervention, In J. Rothman, J. L. Erlicgh, & J. E Tropman, *Strategies of Community Intervention*, pp. 45~46.

재분배, 사회적 약자에 대한 의사결정의 접근성을 강화함으로써 지역사회의 변화에 초점을 두고 있다.

이상의 세 가지 실천모델을 지역사회활동의 목표, 지역사회구조와 문제상황에 대한 전제, 변화전략 및 전술, 사회복지사의 역할 등의 열두 가지 실천 변수에 따라 비교 정리한 것이 <표 4-4>이다.

4) 지역사회 대상 실천의 과정

지역사회실천의 과정을 살펴보면 다음과 같다(박태영, 2003).

(1) 지역사회사정

지역사회의 사정을 통해 지역주민이 자신의 지역사회문제를 어떻게 경험하고 인식하는지, 또한 그 문제를 해결하려는 의욕과 자원·기술이 어느 정도 있는지를 파악하여 지역사회의 특성을 알아야 한다.

(2) 지역사회 복지욕구의 파악

지역사회의 욕구와 문제를 파악할 때는 지역사회의 욕구를 누가 판정하는가, 그리고 지역수준의 욕구인가를 파악하는 것이 중요하다. 지역사회 복지욕구를 파악하고자 할 때는 지역사회의 전반적인 복지욕구를 파악해야 하고, 구체적인 과제에 초점을 두어 그 대상이나 문제에 한정하여 상황을 파악해야 한다.

(3) 실천계획의 수립

지역사회복지 실천계획은 지역에서 파악된 욕구나 문제를 명확하게 하고, 목표를 설정하며, 어떤 방법이나 지역사회자원을 활용할 것인가에 대한 구체적인 내용이나 스케줄 등을 설정하는 것이다.

(4) 실천계획의 실시

실천계획의 수립단계에서 설정한 목표나 실시계획에 근거하여 구체적으로 실시해야 한다. 이 단계에서는 지역사회의 문제해결, 주민참여에 의한 주민의 문제해결 능력 향상, 지역사회의 연계나 협동의 강화, 장래의 활동 기반 만들기 등에 초점을 맞추어야 한다.

(5) 평가

지역복지실천에서 평가는 실천의 전개과정에서 적절한 방법과 프로그램이 원활하게 진행되고 있는지를 분석하고, 어느 정도 실천이 종결된 단계에서는 이제까지의 실천을 점검하여 목표의 달성 정도나 방법 등을 평가하게 된다.

| 4장 참고문헌 |

김범수 · 신원우(2006), 『지역사회복지론』, 공동체.
김유숙(1998), 『가족치료』, 학지사.
김종옥 · 권중돈(1993), 『집단사회사업방법론』, 홍익제.
김혜란 · 홍선미 · 공계순(2003), 『사회복지실천기술론』, 나남출판.
남세진 · 조흥식(1997), 『집단 지도방법론』, 서울대학교 출판부.
______________(2001), 『집단 지도방법론』, 서울대학교 출판부.
송성자(1995), 『가족과 가족치료』, 법문사.
______(1997), 『한국문화와 가족치료: 해결중심 가족치료 적용』, 한국사회복지학
　　32.
송성자 · 정문자(1994), 『경험적 가족치료』, 중앙적성출판사.
송정아 · 최규련(1997), 『가족치료 이론과 기법』, 하우기획출판.
양옥경 · 김정진 · 서미경 · 김미옥 · 김소희(2005), 『사회복지실천론』, 나남출판.
양정남 외(2008), 『사회복지실천론』, 양서원.
오정수 · 류진석(2006), 『지역사회복지론』, 학지사.
윤현숙 · 김기환 · 김성철 · 이여분 · 이은주 · 최현미 · 홍금자(2002), 『사회복지실천
　　론』, 동인.
이대사회복지연구회 역(2001), 『가족복지실천론』, 도서출판 나눔의집.
전재일 외(2004), 『사회복지실천론』, 형설출판사.
조휘일 · 이윤로(1999), 『사회복지실천론』, 학지사.
______________(2000), 『사회복지실천과 수퍼비전』, 학지사.
최옥채(2001), 『사회복지실천론』, 양서원.
최옥채 외(2003), 『인간행동과 사회환경』, 양서원.
허남순 외 역(2004), 『사회복지실천이론과 기술』, 도서출판 나눔의 집.
장혁표 · 제석보 · 김전택 역(1995). 『가족치료』, 중앙적성출판사.

Alissi, A. (1980), Social group work: Commentments and perspectives, In A,
　　Alissi(ed), *Perspectives on social group work practice*, New York: The
　　Free Press.
Bodin, A. (1981), The interaction view: Family therapy approaches of the men-
　　tal Research Institute, In A. S., Gurman & D. P., Kniskern(eds.), *Hand-
　　book of family therapy*.
Bowen, M. (1976), Theory in the practice of psychotherapy, In Guerin, P.

J. (Ed), *Family therapy: Theory and practice*, New York: Gardener.

Carlson, J. & Kjos, D. (2002), *Theories and strategies of family therapy*, Boston, MA: Allyn & Bacon.

Hardcastle & David, A. et al. (1997), *Community Practice*, Oxford Univ. Press.

Netting, F. E. (1992), "Case Management: Service of Symptom?", *Social Work*, 37(2): pp. 60~164.

Garvin, C. D. (1981), *Contemporary group work*, Englewood Cliffs., N. j: Prentice-Hall.

Goldenberg, I. & Goldenberg, H. (1980), *Family therapy: An overview*, Monterey, CA: Books/Cole Publishing Company, 장혁표 · 제석봉 · 김정택 역 (1991), 가족치료, 서울: 중앙적성출판사.

Griffin, W. A. & Greene, S. M. (1999), *Models of family therapy*

Guerin, P. J. (1976), *Family therapy: Theory and Practice*, New York: Gardener Press.

Haley, J. (1973), *Uncommon therapy: The psychiatric techniques of Milton H. Erickson*, New York: Norton.

Katz, A. H. & Bender, E. I. (1976), *The Strength in US: Self-Help Group in the Modern World*, NY: Franklin-Walts.

Kirst-Ashman, K. K. & Hull, Jr. (1999), *Generalist Practice with Organization & Communities*, Brooks/Cole.

Klien, A. (1972), *Effective group work*, New York: Association Press.

Konopka, G. (1963), *Social group work: A helping process*, Englewood Cliffs, NJ: Prentice-Hall.

Miller, J. G. (1978), *Living systems*, New York: McGraw-Hill.

NASW (1962), *Defining Community Organization*, New York.

______(1995), *Encyclopedia of Social Work*, 19th.

Nichoals, M. P. & Schwartz, R. C. (1991, 1995, 1998), *Family therapy: concepts and methods*, Boston: Allyn & Bacon.

Northen, H. (1969), *Social Work with Groups*, NY: Columbia Univ. Press.

Papell, C. P. & Rothaman, B. (1966), Social group work models profession and heritage, *Journal of Education for Social Work*, 2(2).

Rothman, J. (1995, 2001), Apporoaches to community intervention, In J., Rothman, J. L., Erlich, & J. E., Tropman, *Strategies of Community Intervention*, Itaxca, IL: F. E. Peacock Publishers, Ins(fifth ed., sixth ed.).

Satir, V. (1972), *People making Palo Alto*, CA: Social and Behavior Books, Inc.

Toseland, R. W. & Hacker, L. (1982), Self help groups and professional involvement, *Social Work*, 27.

Toseland, R. W. & Rivas, R. F. (1984; 1995), *An introduction to group work Practice*, Needham Heights, MA: Allyn & Bacon.

Warren, R. B. & Warren, D. E. (1984), How to diagnose a neighborhood, In F., Cox, J. L., Erlich, J., Rothman, & J. E., Tropman(eds.), *Tactice and techniques of community practice*(2nd ed), Itasca, IL: Peacock.

Weil, M. & Gamble, D. (1995), *Community practice models, In Social Work Encyclopedia*(19th ed, 577~593). NASW Press.

Yalom, I. (1985), *The theory and practice group psychotherapy*, New York: Basic Books.

Zastrow, C. (1987), *Social Work with Groups*, Chicago: Nelson-Hall.

__________(1995), *The practice of social work*(5th), Pacific Grove, CA: Brooks/Cole Publishing.

__________(2001), *Social Work with Groups*, Pacific Grove, CA: Books/Cole.

제5장

사회복지사의 자기인식과 전문적 관계형성

사회복지사는 클라이언트와 전문적 관계를 형성할 때나 사회복지실천 활동을 전개할 때 개인의 가치관뿐 아니라 전문직업적 가치관에 의해 대처할 것이 요구된다. 사회복지사의 개인적인 감정이나 가치관이 클라이언트와의 관계에 영향을 주지 않도록, 사회복지사의 전문직업적 가치관을 이해할 것이 요구된다.

1. 사회복지사의 자기인식

1) 자기인식의 개념

사회복지사는 개인적으로 자신이 어떠한 문화 속에서 어떤 사상이나 가치관을 형성해 왔는가, 어떤 반응이나 행동을 하는 사람인가, 어떤 집단에

속해 있고 어떤 경험을 해왔으며 어떠한 성격을 형성해 왔는가 등에 관해 시간적·공간적으로 깊이 자기이해를 하지 않으면 안 된다. 또한 클라이언트와 보다 좋은 원조관계를 구축하고 클라이언트에 대한 원조를 잘 하기 위해서는 자기감정의 움직임, 경향, 가치기준을 어떠한 방식으로 설정할 때 자신을 효과적으로 활용할 수 있을지 등 자기 자신에 대해 의식적으로 알아 둘 필요가 있다.

사회복지사가 전문가로서의 자기 자신에 대해 잘 알고 이해하는 것을 '자기인식(self-awareness)'이라고 하며 자기인식의 필요성이나 중요성에 대해서는 펄만을 비롯하여 수많은 연구자들이 다루고 있는 주제이다.

사회복지사에게 자기인식이 요구되는 것은 사회복지사도 인간으로서 의식적, 무의식적 동기를 가지고 있으며, 양면적 가치와 편견 및 행동에 대한 객관적·주관적 이유를 가지고 있는 존재이기 때문이다(大塚, 1964: 24).

사회복지사는 주위 사람들이나 자기 자신의 의식 내에서는 사람을 돕는 것이 자신의 주요한 동기라고 느낀다. 반면, 마음속 깊은 곳에서는 완전히 반대의 생각이나 느낌, 즉 도와주고 싶은 소망 대신 지배하거나 클라이언트로부터 힘을 빼앗는 것에 대한 기쁨이나 욕망이 대치되기도 한다. 사회복지사가 클라이언트의 뜻에 반해 일해야 한다고 생각할 때 무의식적인 심층을 분석해 보면 힘에 대한 욕구가 매우 큰 동기가 된다. 사회복지사에게는 곤란한 사람을 돕고 싶어 하는 '빛'의 부분과 다른 사람을 지배하고 싶어 하는 '그림자' 부분이 동시에 존재하며, 사회복지사 중 이 '그림자'의 영향으로부터 벗어날 사람은 없다. 사회복지사가 이 '그림자'로부터 자유로워지려면 사회복지에는 '빛'과 '그림자' 양쪽이 존재한다는 것을 인식하는 것이 중요하고, 그 '그림자' 부분이 가지는 부정적인 영향을 가능한 한 최소화하고 피하기 위해 자신 안에 존재하는 '그림자' 부분을 의식화하고 통찰하는 것, 즉 자기인식이 필요 불가결하다(大塚達雄外, 1994: 237~238).

2) 자기인식의 과제

사회복지사는 클라이언트나 그의 문제에 대해 감정적으로 반응하지 않
도록 자신의 편견이나 선입견 등을 없애야 하고, 클라이언트를 중심으로
한 도움 관계를 형성하기 위해 전념할 수 있는 상황을 만들어 가야 한다.
이를 위해 사회복지사는 자신이 전문적 실천과정에서 클라이언트와의 관
계에 어떠한 영향을 주고 있는지 항상 민감하게 인식해야 하며, 그 영향력
이 누구를 위한 것이고 그 실체가 무엇인가를 명확히 하여 제거할 것이 요
구된다. 이것은 전문가로서의 필수 조건으로 매우 중요한 과제임과 동시
에 실행하기 어려운 과제이기도 하다.

2. 사회복지실천에 있어 전문적 관계형성

1) 관계의 개념

펄만(Perlman, 1978)은 관계를 "문제해결과 도움을 향한 인간의 에너
지와 동기를 지지하고 양성하며 자유롭게 하는 원동력"이라고 보았다. 사
회복지실천에서 관계는 사회복지사와 클라이언트 사이의 감정과 태도의
역동적 상호작용으로, 클라이언트가 환경과의 사이에 좀 더 잘 적응할 수
있도록 지원하는 것을 목적으로 한다(Biestek, 1951). 관계는 정서적인
유대 및 인간적 도움을 위한 수단이며, '좋은 관계'는 상대에게 자극과 영양
이 되고, 타인의 개성을 존중하고 키워주며 타인으로 하여금 안전한 느낌
과 일치감을 갖게 한다(Johnson, 1995 재인용). 사회복지실천의 돕는 과
정은 이러한 관계 내에서 일어나며, 일반적 관계와 달리 전문성, 의도성, 목

적성, 시간제한성, 권위성의 특성을 갖는다.

사회복지사가 클라이언트와 좋은 관계를 형성·유지·발전시키기 위해 노력하는 것은 사회복지실천의 필수적 요소라 할 수 있다. 이를 위해 사회복지사는 심리사회적 욕구와 문제를 가진 클라이언트와 그의 인간관계에 관해 전문적 지식과 태도를 갖추어야 한다.

관계는 개별사회복지실천이나 집단사회복지실천과 같은 대인관계뿐 아니라 체계적 실천에서도 중요하게 여겨져 오고 있다. 통합적 방법론자인 핀커스와 미나한(Pincus & Minahan, 1973)은 관계를 "사회복지사와 그가 관계하는 다른 체계들 간의 정서적인 유대로 볼 수 있으며, 이들 관계에는 협력, 협상이나 갈등이 포함될 수 있다"고 주장했다.

위 학자들은 사회복지실천에서 관계의 공통적인 요소로 ① 의도성, ② 클라이언트의 욕구에 대한 의무, ③ 사회복지사 입장에서의 목적성과 자기인식 등을 들고 있다.

바람직한 관계형성을 위해서는 사회복지사는 클라이언트가 현재의 상황을 변화시켜 나갈 능력 있고 존중받을 만한 사람이라는 사실을 믿어야 한다. 즉, ① 사회복지사의 능력에 대한 믿음, ② 변화에 대한 클라이언트의 능력에 대한 믿음, ③ 클라이언트의 존엄성에 관한 믿음이라는 세 영역에서 사회복지사와 클라이언트가 신념을 가지고 유대할 책임을 질 때 좋은 관계가 형성된다는 것이다.

2) 전문적 관계와 기본요소

전문적 관계는 상술한 바와 같이, 클라이언트와의 상호작용에 의해 형성·유지되며, 클라이언트의 문제해결 및 적응이라는 분명한 목적을 가지고 그 목적을 달성하기 위해 제한된 시간 동안 이루어지는 특수한 관계이다.

사회복지사는 자발적으로 도움을 요청해 온 클라이언트는 물론, 사회복지사가 도움이 필요하다고 파악한 클라이언트와 함께 협력관계를 형성·유지하면서 문제해결 및 적응 목적을 달성하기 위해 노력하게 된다. 전문적 관계는 항상 클라이언트의 입장에서 출발하게 되며, 사회복지사는 관계의 전 과정에 대해 전문가로서의 책임을 지게 된다. 전문가로서의 책임을 완수하기 위한 준거로는 사회복지 전문직 윤리강령과 관계의 기본요소를 활용하며, 관계요소는 관계 목적과 유형에 따라 적합하게 사용될 수 있다(Compton & Galaway, 1994: 165~166).

(1) 전문적 관계의 특성(Johnson, 1995)

사회복지사와 클라이언트 간 전문적 관계는 다음과 같은 특성을 가진다.

① 합의된 의식적 관계: 클라이언트의 보다 나은 적응 및 문제해결 등의 목적을 가진다.

② 구체적이고 한정된 기간: 목적이 달성되었거나 달성될 수 없다고 판단될 때 관계를 종결한다.

③ 클라이언트의 이익을 위해 헌신: 사회복지사는 타인의 욕구에 민감해야 하고, 객관성과 자아인식에 기초한 관계 형성을 위해 노력하게 된다.

④ 사회복지사의 권위 기반: 특화된 지식 및 기술과 전문적 윤리강령에 기반을 둔다.

⑤ 통제된 관계 유지: 현 사례에 대한 객관성 유지, 자신의 감정·반응·충동에 대한 자각 및 전문가로서 책임을 진다.

(2) 전문적 관계의 기본요소

① 타인에 대한 관심

누구나 다른 사람을 도우려 할 때는 그 사람과 깊이 있는 관계를 맺어야 한다. 그러나 다른 사람과 정서적 유대가 깊을수록 해결해야 할 문제에 과도하게 관여하게 될 위험이 있으므로 사회복지사는 명확한 목적의식을 갖고 관계를 유지해 나가야 한다.

타인에 대한 관심은 클라이언트에 대해 진심어린 관심을 가지고 서로 정서적으로 교류할 수 있어야 한다는 것을 의미한다. 관심은 책임감, 배려, 존중, 타인에 대한 이해 및 클라이언트의 더 나은 삶에 대한 바람을 포함하며, 클라이언트의 삶과 욕구에 대한 조건 없는 긍정적 인정을 의미하기도 한다.

② 헌신과 의무(commitment & obligation)

헌신이란 자신의 이익을 돌보지 않고 타인을 위해 진력을 다하는 것을 말하며, 도움과정에서의 책임과 일관성을 포함하는 개념이다. 전문적 관계에서의 헌신은 일정한 의무도 함께 요구되는데, 돕는 과정에서 관계 목적을 달성하기 위해서는 사회복지사뿐 아니라 클라이언트에게도 의무가 요구된다.

- 사회복지사의 의무: 관계 형성 시 필수적인 절차상의 조건을 최대한 지키는 것으로, 미리 예약된 시간과 장소 지키기, 클라이언트의 문제에 대한 초점의 유지, 성장과 변화를 가져오는 관계의 제공과 유지 등이 요구된다.
- 클라이언트에 기대되는 일반적 의무: 클라이언트가 지닌 문제 상황, 문제에 대처하는 태도에 대해 정직하고 개방적으로 제시할 것과 최소한의 절차상 조건에 따르기 등을 들 수 있다.

(3) 권위와 권한(authority & power)

권위는 클라이언트와 기관에 의해 사회복지사에게 위임된 권한으로, 사회복지사는 전문적 지식과 경험을 보유하거나 일정한 지위에 있음으로써 영향력을 미칠 수 있는 권한을 가진다. 클라이언트는 지식과 기술면에서 권위를 가진 사람을 찾는다. 그러나 권위와 권한이 잘못 사용될 경우 클라이언트가 사회복지사에 대해 반감과 불신, 저항을 표출하게 되면 관계 형성이 어려워질 수 있다. 그러므로 사회복지사는 자신이 갖는 권위와 권한의 내용, 범위 및 사용방법 등을 잘 알고 사용할 수 있어야 하며 이에 관해 클라이언트에게 설명해 주어야 한다.

(4) 진실성 또는 순수성(genuineness of being real)

진실성은 클라이언트와의 관계에서 사회복지사가 실제적이고 순수해질 수 있는 능력을 말한다. 사회복지사는 클라이언트와 관계 형성 시 일관성·정직성·개방성을 유지하고, 대화 내용과 행동이 항상 일치하면서도 전문가로서의 자아와 가치체계에 부합되어야 하며, 오직 클라이언트에게 최대한의 도움을 주기 위해 노력해야 한다.

(5) 존경심과 보살핌(respect or caring for someone)

사회복지사의 클라이언트에 대한 관심과 보살핌은 물론, 클라이언트가 자신의 문제나 인생에 대해 무엇인가 할 수 있는 능력을 가지고 있다는 것을 사회복지사가 확신하고, 이를 클라이언트에게 전달할 수 있는 능력이 포함된다. 이는 구체적으로 클라이언트의 독자성과 존엄성에 대한 수용·전달 및 자기결정권에 대한 지지·격려로 표현된다.

(6) 구체성(concreteness)

구체성은 클라이언트가 자신의 행동, 사고, 감정을 독자적인 방법으로 정확하게 묘사·표현할 수 있도록 도와주는 것을 말한다. 이는 공감 능력과 문제해결을 위한 구체적 계획 수립의 근거가 된다.

(7) 직면(confrontation)

직면이란 사회복지사가 클라이언트의 말을 경청한 결과, 발견된 어떤 모순점이나 다른 점을 클라이언트에게 사실 그대로 전달하거나 클라이언트가 묘사하는 상황이 실제 상황과 다를 때 이에 대응하여 맞닥뜨릴 수 있도록 도와주는 기술이다. 클라이언트의 상황에 대한 공감적 이해를 바탕으로 클라이언트의 행동을 명확화, 검토, 분석하고 적절한 도전을 통해 클라이언트 자신의 행동, 사고, 행동 내에 포함된 왜곡이나 모순점들을 인식하게 한 후, 이를 극복할 수 있도록 지원하는 기술이다. 그러나 이 기술은 클라이언트와 사회복지사가 파악한 현실이 같고, 다루고자 하는 것에 합의할 때에만 처리될 수 있다. 잘못 사용하면 클라이언트의 이전 노력을 완전히 파괴시키는 비극을 초래할 수 있기 때문에 고도의 숙련성을 필요로 한다.

(8) 직접성(immediacy)

사회복지사와 클라이언트 사이에 현재 그 순간에 일어나고 있는 감정이나 경험 및 현실에 대한 이해의 차이를 인식하고 서로의 반응을 통해 직접 수정해 갈 수 있도록 돕는 능력을 말한다. 이를 위해 사회복지사는 어떤 관계나 상호작용에 관해 현재 사회복지사가 어떻게 느끼고 있는지를 클라이언트에게 표현할 수 있고, 피드백을 주기도 한다.

(9) 자기노출(self-disclosure)

자기노출은 사회복지사가 적절하다고 생각되는 자신의 경험을 클라이언트와 함께 나눌 수 있는 능력을 말한다. 사회복지사와 클라이언트의 관계가 1:1의 동등한 인격적 관계일 때는 효과적인 도움 기술로 활용될 수 있다.

(10) 따뜻함(warmth)

따뜻함은 대인 원조 전문가가 반드시 지녀야 할 자질이라 할 수 있으며, 클라이언트의 안녕과 복지를 위해 언어적·비언어적 방법으로 보살핌 내지 관심을 전달할 수 있는 능력을 말한다.

(11) 자아실현(self-actualization)

매슬로의 욕구위계설 중 가장 높은 위치에 있는 욕구이다. 자아실현을 한 사회복지사는 클라이언트와의 관계에서 이루어지는 모든 일들을, 사회복지사 자신의 가능성과 잠재력을 최대한 발휘하여 성장할 수 있는 기회(opportunities)로 받아들이고, 모든 클라이언트의 문제와 난관에 당면해서도 유머감각을 잃지 않고 해결 노력을 경주한다.

(12) 감정이입(empathy)

감정이입은 사회복지사가 도움과정 중 자신의 관점을 유지하면서 클라이언트의 느낌과 경험에 몰입할 수 있는 능력을 말한다. 이는 사회복지사의 클라이언트의 입장에서 보고 느낄 수 있는 능력으로 서술되기도 한다(엄명용 외, 2007).

노던(Northen, 1995)은 감정이입을 위해 사회복지사에게 요구되는 몇 가지 행동으로, ① 클라이언트의 관심사와 감정에 대한 민감한 예측, ② 클라이언트가 이해할 수 있는 언어로 명확하게 의사소통할 수 있는 능력, ③ 클라이언트의 말에 귀 기울이고 관심을 가지고 있다는 것을 표현하는 능력, ④ 관찰을 통해 클라이언트의 긍정적. 부정적 감정을 탐색하고 표현할 수 있는 능력, ⑤ 클라이언트에 대한 피드백을 통해 클라이언트가 표현하는 느낌이나 말의 의미를 사회복지사가 이해하고 있다는 것을 전달하고 점검하는 능력이 필요하다고 주장했다(양정남 외, 2003).

(13) 기타

이 외에도 전문적 관계를 이행하기 위해 사회복지사는 ① 성숙함, ② 창조성, ③ 자기를 관찰하는 능력, ④ 용기, ⑤ 인간적 자질 등을 갖추어야 한다(Compton & Galaway, 1994).

3. 관계의 기본원리

비에스텍(Biestek, 1957)은 사회복지사의 도움을 받으러 오는 클라이언트는 7가지 기본 욕구를 가지고 있으며, 이 욕구는 사회복지실천 과정에서 충족되어야 한다고 주장했다. 비에스텍의 7가지 욕구로는 개별화, 의도적 감정표현, 통제된 정서적 관여, 수용, 비심판적 태도, 클라이언트의 자기결정 및 비밀보장 욕구를 들 수 있다.

1) 제1원리: 개별화(individualization)

사회복지사는 모든 사람이 각기 다른 것처럼, 개별 클라이언트의 감정, 사고, 행동, 독특한 생활양식, 경험 등 또한 각기 다르다는 점을 인정하고 존중해야 한다는 원리로 인간 존중과 인권에 기초를 둔다. 그러므로 사회복지사는 클라이언트를 개별적이고 개인차를 가진 인간으로 취급해야 하며 클라이언트에 대한 실천방안을 강구함에 있어서도 원리와 방법을 다르게 적용하여 도울 수 있어야 한다(Biestek, 1957). 각 클라이언트는 존엄성을 지닌 개인으로 취급되어야 하며, 그들이 지닌 문제는 특수한 것으로 받아들여져야 하며, 사회복지사는 특정 클라이언트나 집단에 대한 편견과 선입관에서 벗어나야 한다. 예를 들어, 동성애는 바람직하지 않다는 사회복지사의 편견은 동성애자 클라이언트의 성적 경향에 대한 인간적 고뇌와 번민을 과소평가할 수 있고, 그들의 욕구를 정확히 파악하지 못할 뿐 아니라 문제해결을 돕는 데 매우 제한적인 목표를 세워 개입하게 할 가능성이 크다.

이를 극복하기 위해 개별화를 실천해야 하며, 개별화를 위한 사회복지사의 자질 및 능력으로는 ① 편견과 선입견에 대한 자기인식, ② 인간 행동에 관한 지식, ③ 경청하고 관찰하는 능력, ④ 클라이언트의 보조에 맞춰 움직이는 능력, ⑤ 사람의 감정을 헤아릴 수 있는 능력, ⑥ 개개인의 관련성을 인식한 다음 사물을 전체적으로 파악하는 능력, ⑦ 인간의 개별성을 강조하는 한편 인간의 본성과 행동의 공통성이 중요함을 인정할 줄 아는 능력이 요구된다.

2) 제2원리: 의도적 감정표현(purposeful expression of feelings)

의도적 감정표현은 클라이언트가 자신의 감정 —특히 비판받을까 두려워 표현하기를 꺼려하던 부정적 감정— 을 표현하려는 욕구를 인식하고 이를 자유롭게 표현할 수 있도록 사회복지사가 지원하는 것을 말한다. 사회복지실천에서 감정을 자유로이 표현하도록 지원하는 목적은 클라이언트로 하여금 스트레스나 긴장에서 벗어나, 자기의 문제에 대해 좀 더 명확하고 객관적으로 인식할 수 있도록 돕는 데 있다. 감정표현은 오랫동안 억압되어 표현할 수 없었던 감정의 단순한 분출이 아니라, 클라이언트를 부정적 감정으로부터 자유롭게 하여 긍정적이고 건설적인 행동으로 나아가게 하는데 중점을 두게 된다.

그러므로 사회복지사는 클라이언트의 말을 의도적으로 경청하고 말에 숨겨진 감정표현을 저해하거나 비난하지 말아야 하며, 사회복지실천 서비스의 일부로 치료상 유용하다고 판단될 경우에는 클라이언트가 감정을 표현하도록 적극적으로 자극하고 격려해야 한다.

클라이언트의 문제는 문제가 지닌 의미나 심각성에 부가하여 문제를 둘러싼 감정이 클라이언트에게 큰 어려움을 줄 수 있기 때문에 클라이언트의 감정을 이해하는 것은 매우 중요하다. 감정표현을 통해 클라이언트는 ① 긴장이나 압박에서 벗어나 자신의 문제를 좀 더 객관적이고 명확하게 볼 수 있게 된다. ② 사회복지사와의 감정교류로 문제에 대한 부담감을 덜 수 있게 된다. ③ 문제해결을 위해 사회복지사와 더 깊이 있는 관계를 형성하게 된다. ④ 클라이언트의 부정적인 감정 자체가 문제인 경우 감정표현을 통해 문제의 많은 부분이 해결될 수 있다.

클라이언트가 감정을 잘 표현할 수 있도록 지원하기 위해 사회복지사는,

① 클라이언트가 편안하고 안정감을 느낄 수 있는 환경을 조성하도록 노력한다. 면접 장소에 편안한 의자, 책상배열, 기타 간단한 실내 장식과 같은 물리적 환경을 잘 정돈하고, 긴장하지 않고 침착하게 클라이언트를 맞을 수 있어야 한다.

② 시간적, 정신적으로 충분히 여유를 가지고 면접에 임해야 한다. 면접을 위한 사전준비는 물론, 클라이언트와 함께 생각하고 보고 느끼는 태도 등이 도움이 된다.

③ 감정표현의 방법과 수단에 대한 적절한 활용이 요구된다. 이를 위해 사회복지사의 주의 깊은 관찰 능력과 의도적 경청 능력이 요구된다.

④ 클라이언트의 감정을 표현하도록 정서적 지지와 격려가 요구된다. 클라이언트가 사용한 용어나 문구의 반복, 양가감정이나 기타 감정 표현들에 대한 허용을 직접 알리는 등 감정 표현을 격려할 필요가 있다.

⑤ 클라이언트의 감정 환기를 위한 노력이 필요하다. 사회복지사는 각 면접에서 사회복지실천 목표를 향해 움직이는 클라이언트의 속도를

민감하게 인식하고 적절한 반응이 요구된다.

⑥ 너무 성급하거나 비현실적인 보증, 너무 빠르거나 많은 해석은 클라이언트의 감정 표현을 방해할 수 있기 때문에 하지 않도록 한다.

다만, ① 기관 안에서 처리될 수 없는 감정, ② 클라이언트가 표현할 준비가 되지 않은 감정, ③ 사회복지사에게 책임을 전가하기 위한 감정, ④ 사회복지사의 관심을 끌거나 수용을 시험하기 위한 감정표현 등에 대해서는 사회복지사가 제한할 것이 요구된다.

3) 제3원리: 통제된 정서적 관여(controlled emotional involvement)

이 원리는 인간이 감정을 표현할 때, 이를 표현한 사람은 상대방으로부터 자신이 표현한 감정에 대해 어떤 반응을 기대한다는 이론에 기초한다. 통제된 정서적 관여란, 사회복지사가 클라이언트의 감정에 민감하게 반응하고, 클라이언트의 감정의 의미를 이해하며 그 감정에 대해 목적을 가지고 적절히 반응하는 것을 말한다. 클라이언트의 감정에 대한 사회복지사의 반응은 사회복지실천 관계에서 가장 중요한 심리적 요소이자, 고도의 기술이 요구되는 부분이다. 사회복지사의 통제된 정서적 관여는 민감성, 이해, 반응의 세 가지 요소로 구성된다.

(1) 민감성

클라이언트는 자신이 느끼고 있는 감정을 말의 속도, 머뭇거림, 어조의 높낮이, 얼굴 표정, 자세, 몸이나 손의 움직임 등을 통해 표현하게 된다. 민감성이란 사회복지사가 클라이언트의 감정을 관찰·경청을 통해 잘 보고 들은 후, 그에 대해 민감하게 반응을 보이는 것을 의미한다.

(2) 이해

사회복지사는 클라이언트의 감정에 관해 클라이언트에게 도움을 주는 전문가로서 문제와 관련지어 그 의미를 이해할 것이 요구된다. 이때 사회복지사의 목적은 클라이언트의 감정이 그와 그의 문제에 무엇을 의미하는지 감정이입적으로 이해할 수 있어야 한다. 이를 위해 인간행동과 환경에 관한 지식은 클라이언트의 감정의 의미를 이해하는 데 도움을 주며, 개별적이고 특별한 클라이언트를 보다 잘 이해하고 도울 수 있는 준거틀로 활용된다.

(3) 반응

위에서 살펴본 것처럼 사회복지사는 클라이언트가 언어적 · 비언어적으로 전달하는 감정에 대해 민감성을 가지고 관찰 · 경청해야 하며, 문제와 관련된 클라이언트의 감정을 이해하기 위해 노력해야 한다. 그러나 민감성과 이해만으로는 그 자체가 충분하지 못하며, 이에 대한 사회복지사의 감정적인 반응이 필수적으로 요구된다.

사회복지사의 클라이언트에 대한 정서적 수준에서의 반응은 사회복지관계에서 가장 중요한 심리적 요소이며, 사회복지기술 중에서도 고도의 기술이 요구되는 가장 어려운 측면이다. 사회복지사의 반응은 클라이언트의 문제해결이나 적응이라는 목적의식과 방향성을 지녀야 하며 자기인식에 의해 통제되고 조절되어 이루어져야 하기 때문이다. 그러므로 사회복지사는 끊임없는 자기훈련을 통해 자신의 욕구와 감정을 자각하고 이를 관리함으로써 클라이언트의 감정을 왜곡하여 이해하지 않도록 주의해야 한다. 또한 사회복지사의 정서적 반응은 목적과 방향성을 지닌 의도적인 것이면서도 내면에서 우러나오는 진심어린 공감의 표현이어야 한다.

4) 제4원리: 수용(acceptance)

수용이란 사회복지사가 클라이언트를 장점과 약점, 잠재력과 제한, 바람직한 행동이나 바람직하지 않은 행동, 긍정적 감정과 부정적 감정, 건설적 태도나 파괴적 행동 등을 포함하여 실제 있는 그대로 지각하고 편견 없이 받아들인다는 것을 의미한다.

수용은 사회복지사들에게 가치 정형화된 클라이언트의 성향이나 편견 등과 관련된 차이에 대한 자기인식을 요구한다. 예를 들어, 사회복지사가 성폭력 가해자나 딸을 성폭행한 아버지, 성전환자, 상습적 마약 복용자, 가정폭력 가해자 등 자신의 가치와 다른 클라이언트를 처음 대할 때 이들을 수용하기가 매우 힘들 수 있다. 따라서 이들의 문제에 대한 깊은 이해와 자기인식의 확장이 필요하게 된다(양정남 외, 2003).

그러나 사회복지사의 수용은 클라이언트의 일탈적 태도나 행동에 대한 승인이나 허용이 아니라는 점을 명확히 해야 한다. 수용의 대상은 선하거나 좋은 것이 아니라 진실한 것이며, 있는 그대로의 현실이다. 그러므로 사회복지사는 윤리와 법, 전문적 가치 등에 의거하여 바람직한 것과 수용할 수 있는 상황에 대한 기준을 갖는 것이 당연하며, 클라이언트가 바람직하고 수용할 수 있는 상황으로 발전할 수 있도록 전문적으로 돕는 역할을 수행할 수 있어야 한다.

사회복지사의 수용은 ① 클라이언트가 현재 있는 그대로의 자신을 표현할 수 있도록 안정감을 갖게 지원하며, ② 클라이언트 자신의 문제와 자신에 대해 보다 현실적인 방법으로 대처해 갈 수 있도록 돕고, ③ 클라이언트가 바람직하지 못한 방어기제로부터 벗어나 자신의 현실을 객관적으로 바라볼 수 있도록 돕는 것이다(Biestek, 1973).

사회복지사는 클라이언트로 하여금 그의 말에 동조하거나 비난하는 태도를 보이지 않으면서, 클라이언트의 현재의 실패를 포함하여 있는 그대로 수용하고 있다는 것을 느끼게 해야 한다.

사회복지사가 클라이언트에게 보여주어야 할 수용 반응의 특성은 다음과 같다.

① 반응은 클라이언트가 초점이 되며, 사회복지사 자신의 욕구가 아니라 클라이언트의 욕구를 중심으로 진행되어야 한다.

② 사회복지사는 클라이언트가 자조할 수 있도록 그의 잠재능력을 실현시키며 성장을 도모하도록 전문적 책임을 수행한다.

③ 반응은 사고와 감정의 두 가지 수준을 포함한다.

사고 수준에서의 수용은 클라이언트와의 면담 목적에 대한 명백한 의식이 요구되며, 이를 위해 인간행동 및 성격에 관한 이론과 지식이 도움이 된다. 감정 수준에서 클라이언트를 수용하려면 클라이언트와의 관계에서 사회복지사 자신의 활용(use of self)이 요구된다. 이를 위해 사회복지사는 자기 자신을 잘 알아야 하며, 자신에 관한 지식은 관찰과 실천을 통해 얻을 수 있다.

반면, 수용을 막는 요인으로는 ① 인간행동에 관한 불충분한 지식, ② 사회복지사 자신에 관한 불충분한 이해, ③ 사회복지사 자신의 감정을 클라이언트에 주입, ④ 편견과 선입관, ⑤ 보증되지 않는 것에 대한 재보증, ⑥ 수용과 허용 및 승인 간의 혼돈, ⑦ 클라이언트에 대한 존경심의 상실, ⑧ 과잉 동일시 등을 들 수 있다.

5) 제5원리: 비심판적 태도(non judgmental attitude)

비심판적 태도란 사회복지사는 클라이언트가 가진 문제나 욕구의 발생 원인에 대해 클라이언트가 유죄인가 무죄인가 또는 클라이언트에게 어느 정도 책임이 있는가 심판하지 않는다는 것을 의미한다. 이와 반대로 사회복지실천에서 심판은 클라이언트의 문제의 원인이 외부 환경에 의한 것이든 클라이언트의 인성과 같은 개인 내적인 요소에 의한 것이든 관계없이 클라이언트에게 책임이 있다고 비판하는 것을 말한다.

사회복지 초기에 클라이언트가 도움을 받을 가치가 있는 사람인지 아닌지 진단한 후, 클라이언트의 잘못이 발견되어 도움 받을 가치가 없다고 판단된 경우, 도움을 주지 않으려 했던 것이 사실이다. 그러나 사회복지의 초점이 가치가 아닌 욕구를 가진 사람으로 변화하면서 비심판적 태도가 관계의 중요한 원리로 자리 잡게 되었다. 이후 사회복지사는 경찰관이나 재판관처럼 클라이언트의 잘못된 행동이나 결과에 대한 시비를 가리는 데 목적을 두지 않는다. 대신 과거 행동이나 결과에 대한 시비, 판단이나 평가로 깊은 상처를 받은 클라이언트의 마음의 상처를 어루만져 아물게 함과 동시에 현재와 미래에 대한 꿈과 희망과 동기부여에 목적을 두게 된 것이다.

그러나 비심판을 클라이언트의 태도, 기준이나 행동에 대해 사회복지사가 평가적 판단을 해서는 안 된다는 의미는 아니다. 오히려 클라이언트의 태도, 기준 또는 행동에 대한 사회복지사의 평가적 판단은 필요하다. 이때 기준과 가치에 위배된 클라이언트의 행동을 사회복지사가 용인하지 않지만, 심판도 하지 않는다는 것은 사회복지사의 관심이 클라이언트의 잘못을 비난하는 데 있는 것이 아니라, 클라이언트의 현재와 미래에 대한 건강한 적응을 지원하는 데 있기 때문이라는 것을 분명히 인식할 것이 요구된다.

따라서 사회복지사는,

① 클라이언트의 잘못에 대해 무비판, 비심판적 태도로 임한다는 것이 클라이언트에게 잘 전달되도록 노력한다.

② 클라이언트의 감정에 민감하게 대처하고 있음을 느낄 수 있도록 노력한다.

③ 클라이언트의 행위와 진술에 대해 편견과 선입관을 가지지 않도록 한다.

④ 성급하게 결론을 내리지 않는다.

⑤ 다른 사람과 비교하거나 일정한 유형으로 분류하지 않는 행동이 요
구된다.

6) 제6원리: 클라이언트의 자기결정(self-determination)

이는 사회복지실천 과정에서 사회복지사는 클라이언트가 자신의 문제
해결 방향이나 방법의 선택·결정에 대한 자유와 욕구를 가지고 있다는 것
을 인정하며, 이를 실제로 행동화한다는 원리이다. 자기결정권을 최대화하
기 위해서는 클라이언트의 실수나 한계보다 장점과 능력이 강조되어야 한
다. 또한 클라이언트의 자기결정 원리는 사회복지사가 클라이언트를 위해
무엇을 해 주는 것이 아니라, 클라이언트와 함께 해결해 나가는 것을 의미
하므로 전문적 관계에서의 파트너십을 강조하게 된다.

사회복지사는 클라이언트가 자기결정을 잘 할 수 있도록 지원하기 위해

① 문제 해결을 위한 다양한 대안에 대해 알고 있어야 한다. 사회복지사
는 클라이언트와 함께 가능한 많은 대안을 탐색하고 정보를 제공한
후, 클라이언트 스스로가 다른 사람에게 의존하지 않고 자율적으로
선택·결정할 수 있도록 도와야 한다.

② 주요 문제 해결자는 사회복지사가 아니라 클라이언트이다. 그러므
로 사회복지사는 문제해결에 대한 일차적 책임 역시 클라이언트에게
있음을 인식해야 한다.

③ 사회복지사는 클라이언트의 문제 해결에 도움이 될 다양한 의견을 제
시하고 정보를 제공할 수 있어야 한다.

④ 자기결정의 원리는 보호관찰과 같이 법적으로 강제성이 부여되는 사

회복지사의 업무 및 기능에서도 존중되어야 한다.

클라이언트의 자기결정을 지원하기 위한 사회복지사의 역할은 다음과
같다.

(1) 사회복지사의 긍정적 역할

① 클라이언트가 자신의 문제와 욕구를 전체적인 관점에서 관찰하고 이
해할 수 있도록 돕는다.
② 클라이언트에게 지역사회 내 적절하고 활용 가능한 인적·물적 자원
들이 있음을 알려준다.
③ 클라이언트 자신의 내면에 숨겨있는 잠재적 자원을 활용할 수 있도
록 자극을 준다.
④ 클라이언트가 사회복지실천 전 과정에 적극적으로 참여할 수 있도록
돕는다.
⑤ 클라이언트와의 긍정적 관계형성을 통해 클라이언트가 성장할 수 있
고 자신이나 자신의 문제에 대해 보다 깊이 이해할 수 있도록 수용적
태도로 경청하고 원조한다.

(2) 사회복지사의 부정적 역할

① 클라이언트의 문제를 해결하는 데 사회복지사가 주된 책임을 지고
결정한 후, 결정한 내용을 클라이언트가 따르도록 유도하는 일
② 클라이언트가 요청하는 서비스에 대해서는 무관심하면서 사회복지
사가 일방적으로 서비스를 계획·수립하거나, 서비스 지원 내용 및
방법 등을 결정하는 일
③ 직·간접적으로 클라이언트를 조정하는 일

④ 통제하는 방식으로 클라이언트를 설득하는 일 등은 피해야 한다.

(3) 자기결정의 한계

① 클라이언트의 능력에 의한 제한: 클라이언트가 미성년자로 자기 의사를 표현하기 어렵거나 정신질환 및 장애 등으로 자기결정에 어려움이 있는 경우이다.

② 법률에 의한 제한: 클라이언트의 자기결정은 법률이 허용하는 범위 내에서 가능하다.

③ 도덕에 의한 제한: 클라이언트의 결정으로 인해 다른 사람의 생명이나 재산 그리고 자유나 이익에 침해를 가할 소지가 있을 경우이다.

④ 기관의 기능에 의한 제한: 기관의 기본방침이나 자원이 허락하는 범위 내에서 클라이언트의 자기결정은 제한을 받을 수 있다.

7) 제7원리: 비밀보장(confidentiality)

비밀보장 원칙이란 사회복지사는 전문적 관계에서 클라이언트가 노출한 비밀 정보를 전문적 치료 목적 외에 사용해서는 안 되며, 이를 타인에게 알려서는 안 된다는 원리이다. 비밀보장은 클라이언트의 기본적 권리이며, 사회복지사의 윤리강령 항목 중 관계형성의 한 요소로 지켜야 할 원리에 포함되어 있지만, 비밀보장으로 인해 사회복지사들은 종종 윤리적 딜레마를 경험하기도 한다.

클라이언트와 관련된 비밀정보의 종류는 다음과 같다.

① 자연적 비밀: 알코올 중독, 전과, 이혼, 입양, 동성애 등과 같은 정보가 남에게 알려짐으로써 개인의 명예를 손상시키거나 슬픔을 초래하는 정보이다.

② 계약적 비밀: 폭로하지 않겠다는 보증이나 약속을 받았음에도 불구하고 알려지게 된 비밀을 말한다.

③ 위탁적 비밀: 다른 사람에게 노출되지 않을 것이라는 이해 속에 비밀스럽게 전달되는 정보로, 두 사람 간의 상호신뢰에 의해 전달되는 비밀을 의미한다. 사회복지실천에서 전문적으로 취급되는 비밀은 위탁적 비밀이다(예를 들어, 도둑질, 마약중독, 외도 사실 등).

비밀보장의 이점으로는 클라이언트가 자기방어기제를 사용하여 자신을 왜곡하는 현상을 감소시킬 수 있으며 사회복지사와 클라이언트 간 의사소통을 촉진할 수 있다.

비밀보장은 사회복지실천과정에서 매우 중요한 원리이기는 하지만, 다음 경우에는 한계를 지닌다.

첫째, 다양하고 복잡한 클라이언트의 문제에 대한 적절한 해결방안을 모색하고, 필요한 서비스를 제공하기 위해 기관 내외 다른 직종의 전문가와 정보를 공유할 필요가 있는 경우, 둘째, 지도 감독이나 자문을 받기 위해 슈퍼바이저에게 사례를 보고하게 될 경우, 셋째, 학회 및 연구회에서 사례연구 자료로 인용하게 될 경우, 넷째, 타인이나 클라이언트 자신의 생명에 위협을 초래할 가능성이 있다고 판단될 경우 비밀보장의 원리는 유보될 수밖에 없다.

또한 ① 클라이언트 자신의 내부적 갈등, ② 타인의 권리와 충돌하는 경우, ③ 사회복지사의 권리와 충돌하는 경우, ④ 사회복지기관의 권리와 충돌하는 경우, ⑤ 클라이언트의 비밀이 사회 전체의 권리와 충돌하는 경우에도 비밀보장에 한계를 갖게 된다.

| 5장 참고문헌 |

강철희(2005), '사회복지학에 대한 한국인의 인식에 관한 연구', 한국사회복지학, 57: 147~175.

김기태 · 김수환 · 김영호 · 박지영(2007), 『사회복지실천론』, 공동체.

김예경(2000), '사회복지전문직업성 인식과 직무만족도의 관계 연구-지역사회복지관의 사회복지사를 중심으로-', 이화여자대학교 대학원 석사학위논문.

김융일 · 조흥식 · 김연옥(2000), 『사회사업실천론』, 서울: 나남신서.

나동석 · 서혜석(2008), 『사회복지실천론』, 학현사.

박용오(2004), '사회복지사의 직무만족이 전문직업적 정체성에 미치는 영향', 연세대학교 행정대학원 석사학위논문.

박종우(1994), '사회사업가의 전문직업적 정체성 연구', 서울대학교 대학원 박사학위논문.

신성자 · 홍금자 · 라동석 · 김진이(2000), 『사회복지실천론』, 고헌출판부.

양옥경 외(2000), 『사회복지실천론』, 나남출판사.

양정남(2003), 『사회복지실천론』, 양서원.

엄명용 · 김성천 · 오혜경 · 윤혜미(2000), 『사회복지실천의 이해』, 학지사.

이경남 외(2008), 『사회복지실천론』, 학지사

이영분 · 홍금자 외(2000), 『사회복지실천론』, 동인출판사.

홍금자(2007), '사회복지와 사회복지사의 전문성에 대한 정체성', 힘있는 사회복지사, 한국사회복지사협회: 65~92쪽.

Biestek, F. P.(1957), *The Casework Relationship*, Chicago: Loyola University Press.

___________(1978), *Client Self Determination in Social Work: A Fifty Year History*, Chicago: University of Chicago Press.

Compton, B. R. & Galaway, B.(1994), *Social Work Processes*(5th ed.), Belmont, pp.165~66.

Hepworth, D. J., Rooney, R. H. & Larsen, J. A. (2002), *Direct Social Work Practice: Theory and skills*(6th ed.), Pacific Grove, CA: Brooks/Cole Publishing co.

Johnson, L. C.(1995), *Social Work Practice: A Genaralist Approach*, Boston: Allyn and Bacon.

Robert, L. B.(2003), Private Practice, *Social work dictionary*, pp.1905~1909.

Sheafor, B. W., Horejsi, C. R., & Horejsi, G. A. (1977), *Social Work Practice*(4th ed.), Allyn and Bacon, pp.142~180.

大塚達雄(1964), 『ソーシァルケースワーク』, ミネルヴァ書房.

大塚達雄・井垣章二・澤田健次郎・山辺朗子(1994), 『ソーシャルケースワーク論』, ミネルヴァ書房.

日本學校ソーシャルワーク學會(2008), スクールソーシャルワーカー養成テキスト, 中央法規, pp.79~93.

제6장

사회복지사의 전문성과 윤리

　사회복지사의 전문성은 ① 가치와 윤리, ② 전문지식, ③ 전문적 기술의 세 가지 구성요소로 성립된다. 그 중핵에 위치하는 것이 가치와 윤리이다. 사회복지사들이 사회복지실천활동을 전개함에 있어 최우선적으로 고려하고 중시해야 할 클라이언트의 인권이나 권리옹호 등의 가치는 사회복지사협회 윤리강령에 반영하여 실천하고 있다.

　그러나 사회복지와 관련하여 전문적이고 다양한 지식과 고도의 실천 기술을 익힌 사회복지사라 하더라도 편향된 가치관이나 왜곡된 선입견에 의해 실천활동을 전개한다면 진정한 의미에서의 클라이언트의 인권을 지키고 고양할 수 없다. 따라서 사회복지사로서의 인간관, 인권감각, 복지관 등은 개인의 사상이나 판단, 행동을 규정하는 기준이 되기 때문에 이에 대한 자기인식 또한 매우 중요하다.

1. 정체성

정체성이란 다른 사람이나 다른 것과 구별되는 특성으로 이와 관련된 감성과 성향이나 무의식이며 감정적 동일시를 포함한다. 이를 사회복지와 연관시켜 보면, 사회복지나 사회복지학이 다른 분야나 학문과 구별되는 특성으로, 사회복지와 전문직업인으로서의 사회복지사들의 성향과 무의식과 감정적 동일시라 할 수 있다.

한편 전문직 정체성이란 전문직에 종사하는 사람이 스스로 전문직업인으로서의 자신의 상황에 대해 내리는 주관적인 평가를 말한다. 이를 사회복지 전문직에 종사하고 있는 사회복지사에 비추어 보면, 사회복지사 스스로가 자신의 사회복지직에 대해 내리는 주관적 평가를 말하며, 주관적 평가는 사회복지사를 전문직이라고 판단하는 자기인식과 직접적으로 관련된다.

선행 연구들은 전문직으로서 자신의 직업에 대해 정체성이 확립되면 직무에 대한 만족도가 높고 자신이 하는 일에 대한 보람 또한 크게 느껴, 클라이언트에게 효과적이고 효율적이며 질 높은 서비스를 제공하게 된다(김예경, 2000)고 밝히고 있다.

이런 면에서 사회복지와 사회복지학의 정체성은 물론 사회복지사라는 전문직으로서의 정체성에 관한 논의는 사회복지 서비스의 질적 향상과 사회복지 대상자는 물론 제공자인 사회복지사들의 만족과 직결되는 핵심적인 문제인 것이다.

1) 사회복지학의 정체성

(1) 사회복지학의 성립

사회복지학은 제2차 세계대전 후 20세기 복지국가가 전개되는 과정 중

사회복지가 발전하면서 확립된 비교적 젊은 학문이다. 사회복지학은 사회복지에 관한 종합적이고도 실천적인 학문으로 복지 욕구를 가진 사람들의 생활상의 자립을 지원하는 데 동원되는 물심양면의 서비스를 포함하는 실천적 과학이며 아동, 장애인, 노인 등으로 구별되는 대상별 분야 각론과 함께 정책적, 행정적(경영적), 임상적 영역의 세 가지 구성요건으로 성립되는 종합적인 과학이다. 또한 사회환경에서의 개인, 집단, 가족을 이해함과 동시에 지역사회 및 행정에 따른 관계이론의 연구와 함께 현장실습을 통하여 우리나라 사회복지의 발전과 사회복지실천을 도모하는 학문이다.

이러한 의미에서 사회복지학은 사회철학을 비롯하여 사회학, 심리학, 의학 등의 기초과학을 기반으로 하면서 보건학, 교육학, 행정학, 경제학, 경영학 등 인접영역의 모든 학문적 성과를 받아 들여 체계화해 나아가야 할 학제적 과학(Interdisciplinary), 또는 복합적 과학(Multi-science)이라 할 수 있다.

엄밀하게 사회복지학이 하나의 독립된 학문영역으로 성립될 수 있는가 없는가에 대한 논쟁이 있긴 하지만, 적어도 유럽이나 일본 등의 선진국에서는 복지 서비스의 증대나 복지 서비스의 확충 등 사회복지실천이 진전되면서 사회복지 교육이나 연구의 축적이 이루어져 왔기 때문에 사회복지 연구가 분명히 독립된 학문영역으로 성립되어 가고 있다는 것은 의심할 여지가 없다(京極高宣, 1994). 이렇듯 사회복지학은 결코 완성되었거나 고정된 학문이 아니라 지금도 발전을 거듭해가고 있는 학문이다. 이는 휴먼서비스 영역 원조 전문직들의 근거 학문인 상담학이나 간호학도 예외가 아니며, 인간을 대상으로 한 학문의 공통적 특성이기도 하다.

사회복지학은 완성된 학문이 아니라 발전해 가는 학문이기 때문에 더욱, 사회복지학을 규명하고 발전시키는 데 사회복지사는 물론 예비 사회복지학도들과 학자 모두가 주체적으로 참가하여 함께 생각하고 솔직한 의견을 나누지 않으면 안 된다. 또한 사람들의 생활문제 하나하나를 현대적 사회문제로 삼고 그 원인 및 해결방안을 사회과학적 차원에서 모색해 나가야 한다.

(2) 사회복지학과 전문직과의 관계

사회복지와 사회복지학과 사회복지사라는 전문직은 서로 분리할 수 없는 관계에 있기 때문에 사회복지사의 전문성 강화를 위한 노력의 한 축은 장기적인 차원에서 사회복지학의 학문적 완성도와 크게 관련된다고 본다. 따라서 한국 사회복지학의 지속적인 자기성찰 및 학문적 역량강화 노력이 매우 중요할 것으로 본다(강철희, 2005: 147~175).

학문적 차원의 상호비판을 수용하고, 각자의 사상과 의지에 기초한 실천방향과 방법을 찾아가야 한다. 또한 다학문적, 학제 간(Germain, 1984: 212~213), 학제 초월적(최송식, 1998) 의견을 다양하게 수렴하여 사회복지학의 정립을 위해 발전적으로 반영해 갈 수 있어야 한다. 이러한 과정을 통해 조금씩 우리의 이론을 정립해 갈 때, 명실공히 사회복지학은 학문으로서의 완성도를 확고히 해 갈 수 있을 것이다(홍금자 외, 1997: 31).

(3) 사회복지의 정체성

사회복지가 다른 인간봉사 영역과 구별되는 점은 먼저 사회복지실천의 초점을 인간과 환경의 쌍방에 맞춘다는 점을 들 수 있다. '인간 · 환경, 상황 속의 인간'이라는 실천 대상이, 다른 대인원조법인 심리요법이나 상담 등과 명확하게 구별되는 사회복지실천 고유의 시점이 된다는 것이다. 따라서 사회복지실천은 클라이언트의 욕구와 문제를 해결하기 위한 해결방안으로, 개인 및 가족을 대상으로 한 대인원조는 물론, 사회자원의 발굴과 동원과 연계에 많은 시간과 노력을 투자하게 된다.

둘째, 다원적 사회복지실천기술을 활용한다는 점이다.

임상심리사나 심리상담가와 간호사는 직접적 대인원조기술에 의존하여 다양한 실천활동을 전개하지만, 사회복지사는 상기한 바와 같이 직접적 실천기술 외에 간접적 실천기술 및 관련 기술들을 통합적으로 활용한다는 점에서 구별된다. 더욱이 사회복지 욕구가 다양화·다원화됨에 따라 네트워크나 케어 매니지먼트 등 관련 기술의 활용도가 점점 더 높아지는 추세여서 그 차이는 더욱 더 커질 전망이다.

셋째, 사회적 변혁과 인간의 권한강화(empowerment) 및 해방(liberation)을 목표로 한다는 점이다.

다른 인간봉사 영역 또한 인권을 기본 이념으로 실천활동을 전개한다는 점에서는 공통적이다. 그러나 사회복지는 클라이언트의 권익을 위해 주요 실천기술은 물론, 사회행동(Social Action)이나 사회운동(Social Movement)을 활용하여, 클라이언트의 대변자적 역할을 구체적으로 수행해 나간다는 점에서 다른 휴먼서비스 영역과 명확히 구별된다.

넷째, 사회복지는 실천 목적에 있어 치료적·문제해결적 목적이나 예방적 목적 이외에 건설적 목적을 지닌다는 점에서 다른 휴먼서비스 영역과 구별된다.

건설적 목적은 모든 사람들이 자신이 지닌 가능성과 능력을 최대한 신장·발휘할 수 있게 하는 사회를 만들어 가는 데 중점을 둔다. 이는 지역 주민들의 다양한 요구를 파악하고 이에 부응할 수 있는 창조적인 서비스나 프로그램을 창안, 기획하고 이를 운영하기 위해 기금을 모으고, 계획한 것을 실행에 옮기는 일련의 과정인 지역복지사업 등을 통해 달성된다. 이러한 과정을 통해 발휘되는 사회복지사의 적극적인 도전의식과 리더십 또한 다른 휴먼서비스 영역과 구별되는 특성이라 할 수 있다.

(4) 사회복지사의 정체성

① 사회복지사

사회복지 인력에 대한 명칭은 초기에는 사회사업가 또는 사회사업종사자라는 명칭으로 호칭되었다. 이어 1985년 사회복지사업법 개정을 통해 사회복지사로 개칭되어 오늘에 이르고 있다. 동년 개정사회복지사업법에 의해 사회복지사 자격증 교부의 근거가 마련되었는데, 1급 사회복지사의 경우, 처음에는 무시험 검정에 의해 교부되다, 2003년부터 국가자격시험제로 전환하게 되었다.

사회복지사업법에서 사회복지사란 사회복지사업의 전문지식과 기술을 가진 자(제11조)로, 사회복지 프로그램의 개발 및 운영, 시설 거주자의 생활지도 업무, 사회복지를 필요로 하는 자에 대한 상담업무 수행 등 사회복지서비스 제공을 주된 업무로 수행하는 전문직이다.

동법에서 사회복지서비스는 국가 · 지방자치단체 및 민간 부문의 도움을 필요로 하는 모든 국민에게 상담 · 재활 · 직업소개 및 지도, 사회복지시설의 이용 등을 제공하여 정상적인 사회생활이 가능하도록 제도적으로 지원하는 것이라고 규정하고 있다.

또한 동법은 사회복지사업을 목적으로 설립된 사회복지법인과 시설 및 기관에서 사회복지사를 채용하도록 규정하고 있다. 사회복지사업이란 국민기초생활보장법과 아동복지법 등을 비롯한 16개 항목의 법률에 의한 보호 · 선도 또는 복지에 관한 사업과 사회복지상담 · 재가복지 · 사회복지관운영 등 각종 복지사업과 이와 관련된 자원봉사활동 및 복지시설의 운영 또는 지원을 목적으로 하는 사업이라 규정함으로써, 사회복지사의 업무를 구체적으로 제시하고 있다.

② 사회복지사의 활동영역

사회복지사의 활동영역으로는 사회복지전담공무원으로 대표되는 공적 사회복지영역, 아동복지, 노인복지 등 여러 분야에 걸친 민간사회복지기관영역, 의료사회복지사나 정신보건사회복지사와 관련되는 보건의료영역, 학교사회복지사, 자원봉사활동관리전문가, 교정사회복지사 , 군사회복지사, 산업사회복지사 등에 의해 수행되는 확장영역 등이 있으며 사회복지사는 이들 영역에서 전문성을 발휘하며 활동하게 된다.

2. 사회복지사의 전문직으로서의 정체성

1) 전문성의 개념

전문성이란 어느 한 방면만을 계속 연구하거나 그러한 일에 종사하는 성질이나 경향을 가지고 있는 상태를 말한다. 전문성은 다시 말해 어느 직업에 종사하기 위해 그와 관련된 학문을 연구하여 정통하는 성향이라고 할 수 있다.

전문성에 대한 연구로는 1915년 플렉스너가 전문직의 6가지 기준을 제시한 것을 필두로, 많은 학자들이 연구를 통해 논의를 계속하고 있는 테마로, 학자들에 따라 전문성을 규정하는 속성이나 기준이 다르다.

2) 사회복지사의 전문성

전문직(professions)이란 높은 지식체계를 바탕으로 전문적 기술을 보유함으로써 상당한 사회적 권한과 사회적 지위를 누리는 특성을 지닌 형태의 직업을 의미(박종우, 1994)한다. 전문직에 종사하는 사람들은 자신이

하는 일에 대한 만족도가 매우 높고 자신의 일에 대해서도 크게 보람을 느끼는 경향이 있는 것으로 조사되고 있다. 이를 통해 자신이 전문직에 종사하고 있다는 정체성이 일에 대한 만족도와 보람에 큰 영향을 미친다는 것을 알 수 있다.

즉, 사회복지사의 활동과 업무가 전문성이 있는가, 사회복지사들은 자신이 전문직에 종사하고 있다고 느끼는가는 사회복지사의 정체성에 중요한 영향을 미친다는 것이다. 한국 사회복지사의 전문성을 리버맨(Liberman)의 기준을 활용하여 간략히 살펴보기로 한다. 리버맨의 기준이 오늘날 복잡, 다양화, 다원화하는 사회복지 대상자와 욕구에 대해 포괄적 사회복지 서비스를 기획, 제공하고 이를 위해 통합적 사회복지실천기술을 활용하고 있는 사회복지사의 업무 내용과 속성을 분석하는 데 적합할 것으로 판단되기 때문이다.

리버맨은 한 직종이 전문직으로서 사회적인 인정을 받기 위해서는 업무의 공공성(범위가 명확하고 사회적으로 불가결한 일에 독점적으로 종사), 고도의 지적 기술과 장기간의 전문적 교육을 필요로 하며, 개인적으로나 집단적으로 광범한 자율성을 가지고 자율성의 범위 내에서 행한 판단이나 행위에 대해서는 직접적인 책임을 지며, 보수보다 서비스를 중시하고, 포괄적인 자치단체와 직업단체로서의 윤리강령을 가지고 있어야 한다고 제시하고 있다.

3) 사회복지 전문직(사회복지사)의 실천 윤리

(1) 인권과 인간 존중

1948년 제3회 국제연합총회에서 선택된 세계인권선언에서는 인권을 평등과 차별로부터의 자유 등을 자연권으로, 사회보장 · 노동 · 가정 · 교육

·문화 등 사회생활 욕구 충족과 관련된 서비스를 사회권으로 나누고, 모든 인간이 이들 자연권과 사회권을 보장받을 권리를 갖는다고 선언하였다.

이어 2000년 국제사회복지사연맹이 개정한 사회복지실천(Social Work)에 대한 정의에서는 사회복지실천의 가치가 인도주의와 민주주의를 근본으로 생성되어 왔고 전문직업으로서의 가치는 모든 인간은 평등하다는 점, 가치 있는 존재라는 점, 존엄한 존재라는 점을 인정하고 이를 존중하는 데 기반을 둔다고 밝히고, 이를 미국사회복지사협회(이하 NASW) 윤리강령에 그대로 반영하고 있다.

장애인 권리조약에도 "장애인이 다른 사람과 같이 모든 인권을 갖는 것을 목표로 한다"고 적고 있다(제1조). 또한 장애인 권리조약의 일관된 원칙으로 장애인 고유의 존엄, 개인의 자율(스스로 선택할 수 있는 자유를 포함) 및 개인의 자립의 존중, 비차별, 완전하고 효과적인 사회 참가 및 인크루전, 차이의 존중과 인간의 다양성 및 장애를 인간성의 일부로 수용, 기회의 균등, 접근성, 남녀 평등, 성장 발전하고 있는 장애아동의 능력 존중의 여덟 가지를 들고 있다(제3조).

인간은 먹는 것, 자는 것, 배설하는 것만으로 행복하다고 말하기는 어렵다. 설령 치매상태라 하더라도, 몸 기능이 현저하게 저하되었다 하더라도, 장애로 인해 일상활동의 반을 다른 누군가에게 의존하여 생활한다 하더라도 인간으로서의 존엄이 유지된 상태로 원조를 받을 권리를 지닌 존재로 받아들이고 이를 보장해 주어야 한다. 사회복지사는 대상자의 존재와 요구에 대한 가치를 인정하고 대상자의 변화를 기대하며 대상자의 문제해결 및 서비스 지원을 위해 정면으로 맞설 수 있어야 한다.

(2) 각국 사회복지 전문직의 핵심적 가치(윤리)

사회복지전문직의 주요 가치(윤리)는 사회복지사 선서문이나 윤리강령

(부록 참조)에 반영되고 있는데, 세계 각국들이 내걸고 있는 항목들을 살펴보면 공통된 면이 많다는 것을 발견할 수 있다.

| 표 6-1 | 각국의 사회복지실천 가치(윤리)

	한국	미국	영국	일본
1	인간존엄성(자유권, 생존권)	인간의 존엄, 자존심의 보장	인간에 대한 존엄과 가치	인간의 존엄
2	사회정의	사회정의	사회정의	사회정의
3	헌신	타인에 대한 서비스	타인에 대한 서비스	공헌
4	도덕성, 책임성	성실	성실	성실
5	전문적 지식, 기술 개발	전문적 능력과 역량	전문적 능력과 역량	전문적 역량
6	인간관계의 중요성			

(3) 사회복지 전문직의 핵심적 윤리

사회복지 전문직의 핵심적 윤리는 ① 개인존중과 개인적 서비스 윤리(individualism and the ethic of personal service), ② 전문가의 온정적 개입주의(paternalistic intervention), ③ 공적 책임성(the ethic of public responsibility), ④ 사회개혁주의와 정의(social reformism and the ethic of justice)로, 사회복지가 지향하는 핵심가치(core values)와 밀접한 관계가 있다(Clark, 2000; Lieby, 1985).

① 개인존중과 개인적 서비스 윤리

사회복지 전문직은 클라이언트의 개별적 인간성에 대한 존중과 인간성을 실현하기 위해 요구되는 전문적, 개별적인 서비스를 제공한다는 것을 의미한다. 즉, 전문직으로서의 사회복지는 자신의 전문적인 도움을 필요로 하는 개개인의 복지와 이익을 향상시켜야 한다는 것이다(김기덕, 2002: 196~198; 206~207).

② 전문가의 온정적 개입주의(paternalistic intervention)

이는 어려움에 처한 사람들을 도움으로써 그들이 행복한 생활을 영위할 수 있도록 하는 것이 인간이 가진 선행의 의무(duty of beneficience)라는 데 규범적 근거를 두고 있다.

온정적 개입주의는 클라이언트에 비하여 전문가가 가지고 있는 능력(competence)의 우위에 있다는 것을 내포하고 있다.

③ 공적 책임성(the ethic of public responsibility)

사회복지전문직이 다른 전문직보다 공적 책임성을 강조하는 이유는 사회복지가 기본적으로 공적으로 후원되는 자금을 지원받는 영역이라는 특성에 기인한다. 사회복지전문직의 공공성을 달리 표현하면 클라이언트의 욕구 및 이익의 충족이 타인 혹은 제3자 나아가 공공의 이익을 침해해서는 안 된다는 것이다.

④ 사회개혁주의와 정의(social reformism and the ethic of justice)

사회복지사는 원래 사회적으로 불리한 상황에 있는 사람들을 대상으로 하여, 이용자의 욕구를 충족시키고 사회적 부정의에 도전하며 그들의 권익을 옹호하기 위해 대변자적 활동을 전개하지 않으면 안 된다. 따라서 차별, 빈곤, 억압, 배제, 폭력, 환경파괴 등을 없애고 자유, 평등, 공생에 기초한 사회정의를 실현하고 사회를 개혁하기 위해 노력해야 한다.

3. 사회복지실천의 윤리적 딜레마

사회복지사의 윤리적 딜레마에 대한 테마는 1970년대 중반부터 활발히 논의되어 왔지만, 최근 들어 이들 갈등에 관해 보다 계획적이고, 체계적인 연구가 진행되고 있다.

중요한 관심은 클라이언트, 동료, 고용주, 전문직, 그리고 더 넓은 사회와 관련해서 전문가의 윤리적 의무는 무엇인가? 그리고 전문가의 윤리적 의무와 책임이 갈등을 일으킬 때 전문가는 어떤 기준과 지침을 참고할 수 있는가(Callahan & Bok, 1980)이다. 물론, 윤리강령이 지침으로 활용되고 있기는 하지만, 대부분은 윤리강령이 전체적이고 세심한 대답을 제공하기에는 한계가 있다는 것을 인정한다.

1) 사회복지사의 윤리적(가치) 갈등 요인

사회복지 전문직의 윤리적(가치) 갈등은 개인에게 다른 행동을 기대하는 다른 가치체계에 노출될 때 나타난다. 사회복지사를 둘러싼 윤리적(가치) 갈등, 긴장, 모순의 요인을 들어보면 다음과 같다.

첫째, 같은 상황에서 몇 가지 가치가 작용하게 될 경우, 갈등적 방식으로 상태를 종결시키는 요인이 될 수 있다. 예를 들어, 지속적으로 자기 집에서 살기를 희망하는 허약한 고령자에게 개입하는 사회복지사의 경우, 신체적 안전과 자기결정의 가치에 직면하게 된다. 고령자의 자기결정은 자신의 집에서 사는 것이지만, 이는 현실적으로 안전하지 않기 때문에 어떤 가치에 우선하여 개입할 것인가에 대한 사회복지사의 가치판단이 요구되는 것이다.

둘째, 가치에 대한 추상적 진술은 갈등의 주요인이다. 그러므로 가치의 추상적 개념을 조작화할 때는 하나의 가치뿐 아니라 여러 가지 가치를 고려하여, 가능한 가치를 구체적 행동용어로 진술해 놓는 작업이 필요하다.

셋째, 사회복지사들이 종교적, 영적 가치의 중요성을 때로 무시함으로써 갈등을 초래하기도 한다. 종교적 신념과 영적 틀은 개인의 신념을 개발하는 데 중요한 원천으로, 개인과 문화적 집단의 가치체계에 강한 영향을 준다. 그러므로 사회복지사는 클라이언트의 가치를 존중하기 위해 가치 발달에 종교와 영성의 역할을 인식해야 하며, 또한 어떤 신념이 인간을 기능하게 하는 데 중요한 구성요소인지에 대해 알아야 한다.

넷째, 개인의 권리와 사회적 책임감의 균형을 유지하기 어렵기 때문에 갈등이 발생하기도 한다. 이러한 균형을 유지하는 데 발생하는 갈등과 긴장의 잠재적 요소는 ① 현재의 사회 구조를 인간에 대한 지원기능을 가진 사회 구조로 개선할 필요성, ② 서비스 수혜자와 동시에 서비스 비용을 지불하는 사람에 대한 책임, ③ 집단과 공공의 선 제공, ④ 욕구의 평등성 등이다. 현대사회 문화에서 개인은 자립적인 생활을 통해 존엄성을 느끼기 때문에, 타인의 도움을 받는다는 것은 자기존중감을 낮추는 요인이 되는 것이다.

다섯째, 가치를 둘러싼 긴장과 갈등은 사회적 가치와 전문적 가치, 클라이언트와 사회복지사 간의 개인적 가치뿐 아니라 매우 다양한 출처 사이에 존재한다. 긴장과 갈등은 궁극적 가치에서 특정 목표와 수단을 선택할 때, 추상적인 것에서 구체적인 것으로 이동할 때 더욱 분명해진다. 이러한 긴장은 개인의 욕구에 대한 가치와 집단의 욕구에 대한 가치의 차이로 나타나기도 한다.

그러므로 가치갈등 시 사회복지사는 대변자와 중재자의 자세를 취해야 한다. 사회복지사는 클라이언트에게 양심을 강요하지 말고 설득하고, 클라이언트를 존중하며, 과정을 잘 파악하여 과업을 다루고, 이해할 뿐 아니

라 직접 경험하게 하는 대변자와 중재자의 자세를 취해야 한다(Warren
Roland, 1978).

2) 윤리적 딜레마의 내용

사회복지사는 다양한 윤리적 결정과 딜레마에 직면하게 된다. 윤리적 딜
레마는 사회복지사에게 두 개 또는 그 이상의 대립된 의무와 책무 중에서
전문가로서의 선택과 결정이 요구될 때 발생하게 된다. 또한 이들 딜레마
는 주로 클라이언트, 동료, 사회복지실천 전문직과 사회에 대한 다양하면
서도 대립된 의무 결과로 나타난다.

사회복지사에게 특별히 어려운 윤리적 갈등은 비밀보장, 사실 진술하기,
간섭주의와 자기결정, 법과 정책 그리고 기관의 규칙을 지켜야 하는 의무,
내부 고발, 제한된 자원의 할당, 개인적ㆍ전문적 가치 사이의 관계와 연관
되는 것이다.

(1) 비밀보장

사회복지사는 클라이언트로부터 습득한 정보에 대해 비밀을 보장해주
어야 한다. 그러나 클라이언트가 심하게 제 삼자를 협박하거나, 아동이나
노인을 학대하는 등 타인에게 위해를 가할 경우 비밀보장은 제한을 받을
수 있다(Wilson, 1978).

미국에서는 사회복지사가 법정에서도 클라이언트에 관한 정보 공개를
거부할 수 있도록 클라이언트의 권리로 규정하고 있다. 반면, 우리나라의
경우 비밀보장에 대한 클라이언트의 권리를 법률로 명시하지 않고 있기 때
문에 사회복지사는 때로 비밀보장에 대한 클라이언트의 권리를 우선시 할
것인지, 아니면 법정의 정보공개 요구를 들어줘야 할 것인지 선택에 대한

갈등을 경험하게 된다.

(2) 사실 진술

사회복지사들은 드물긴 하지만 클라이언트에게 제공해야 할 정보를 제공하지 않거나, 잘못된 정보를 제공하는 경우가 있을 수 있다. 클라이언트는 전문가로부터 자신의 보호, 치료, 복지와 관련하여 충실하게 정보를 제공받을 권리를 가지며, 필요한 정보를 제공받지 못했거나 잘못된 정보로 인한 해로부터 보호·옹호받아야 한다.

(3) 간섭과 자기결정권

사회복지사가 클라이언트를 불이익이나 위해로부터 보호하려는 경향은 간섭이나 온정주의와 관련된 일련의 복잡한 문제를 일으킨다. 간섭적 행동은 자신의 이익을 위한 클라이언트의 욕구나 자유에 반한 행위이다. 예를 들어, 사회복지사가 클라이언트를 보호하기 위해 그의 욕구에 반한 서비스를 받도록 요구하거나, 클라이언트에게 정보를 제공하지 않거나 잘못된 정보를 제공하는 것은 사회복지사의 간섭적 행동이다. 이러한 간섭적 행동은 클라이언트가 바른 판단을 할 수 없을 때 사회복지사는 그들을 보호할 책임을 져야 한다는 온정주의적 주장에 의해 정당화되고 있다. 이러한 논쟁은 자기결정권의 개념, 고지된 동의, 클라이언트가 자신의 복지에 관해 바른 결정을 할 수 있는 정도와 관련해서 정당화될 수 있을 것이다 (Reamer, 1983).

(4) 법률, 정책, 그리고 규제

사회복지사는 법률, 기관 정책, 그리고 규정을 지켜야 한다고 믿는다. 그러나 가끔 일어날 수 있는 결과적 피해 때문에 법률, 정책, 규정을 지키지 않기로 결정하기도 한다. 클라이언트의 수입이나 자산을 보고하면 결과적으로 클라이언트에게 필요한 서비스와 이익을 박탈당할 것이라는 것을 아는 사회복지사는 이를 보고하지 않기로 결정할지 모른다. 대부분의 사회복지사는 규정을 지키지만, 윤리적 원칙이나 법률 및 정책을 위반하더라도, 클라이언트를 보호하는 행위는 정당화될 수 있다고 믿으며 이를 변호하려는 경향을 보인다는 것이다(Wasserstorm, 1971).

(5) 고발

사회복지사는 동료 사회복지사가 사기, 기만, 학대나 착취 등의 행위를 범해 법률이나 기관 규정을 위반한 것을 알게 되면 이를 고발해야 한다. 그러나 우정, 직업적 신의, 그리고 개인적 직업 안정성의 위협과 평판 등에 대한 염려가 동료의 행위를 폭로하는 것을 막아 고발하기 어렵다.

사회복지사는 동료의 경솔한 행동이나 위법행위에 대한 증거 확보와 동시에 동료와 기관에 대한 갈등적 책임의식과 자신의 평판이나 경력에 대한 우려는 물론, 전문직과 클라이언트에 대한 그들의 책임도 숙고해 볼 수 있어야 한다(Reamer & Siegel, 1992; Westin, 1981).

(6) 제한된 자원 분배하기

사회복지실천에서 끊이지 않는 과제는 부족한 자원을 잘 분배해야 한다는 것이다. 자원에는 긴급한 식량과 시설, 프로그램 재원, 재활 프로그램 참여의 허가나 사회복지사의 시간 할애가 포함된다.

사회복지사는 제한된 자원을 분배하기 위해서 다양한 기준을 적용한다.

첫째, 평등의 원칙, 즉 동등한 비율로 자원을 나누거나(예, 재정이나 복지사의 시간), 선착순이나 추첨을 활용하여 클라이언트에게 자원을 신청할 평등한 기회나 경쟁할 기회를 제공한다. 둘째, 필요성을 사용하기도 한다.

신청한 사람들에게 동등한 기회나 동등한 몫을 주기보다 재원을 가장 필요로 하는 사람에게 우선적으로 서비스를 제공하는 것이다. 셋째, 불공정과 과거의 차별로 인해 고통받는 사람에게 우선권을 주는 경우, 넷째, 클라이언트의 지불 능력이나 미래에 지역사회에 기여할 수 있는 능력에 근거하여 제한된 자원을 할당하기도 한다. 이 외에 많은 경우 끈질기고 눈에 띄고 시끄럽게 요구하는 클라이언트가 사회서비스 자원의 수혜자가 되기도 한다(Reamer, 1990).

(7) 사회복지사 개인의 가치와 전문직 가치의 갈등

사회복지사의 개인적 가치는 클라이언트에 대한 관점, 개입구조와 전략, 성공과 실패에 대한 정의에 영향을 준다. 사회복지사의 개인적 가치는 또한 전문직의 가치기반을 지지하는 자발적인 태도와 전문직의 가치기반에 근거한 행동에도 영향을 준다. 예를 들면, 사회복지사의 낙태에 관한 윤리와 개인적 가치는 낙태를 생각하고 있는 십대 미혼모에 대한 사회복지사의 서비스 방향 및 상담 내용에 중대한 영향을 미칠 수 있다. 낙태 법규나 낙태에 관한 소속기관의 방침, 사회복지사협회의 입장 역시 사회복지사의 개인적 견해에 영향을 주게 된다.

따라서 사회복지사 개인과 전문가로서의 자신의 가치 갈등은 많은 윤리적 결정과 딜레마의 요인이 된다(Levy, 1976). 사회복지사의 가치가 클라이언트 개인의 종교적 가치와 갈등을 일으킬 수도 있다. 예로, 사회복지사는 종교적 이유로 수혈을 거부하는 환자의 자기결정권을 존중하는 데 어려움을 가질 수 있다.

사회복지사의 잘못된 윤리관으로 인해 전문직에 손상을 주거나 비행을 저지르는 경우가 있다. 전문직에 대한 손상은 전문가 기준에 따르고 전문직 기술을 개발하려는 의지와 능력을 무력하게 할 수 있으며, 개인적 스트레스는 물론, 정신적 역기능이나 전문가적 기능을 방해하는 여러 형태의 스트레스를 다루는 능력도 무력하게 한다(Lamb et al., 1987). 전문직에 대한 손상이나 윤리 관련 비행은 클라이언트와의 성적 접촉, 쓸모없는 서비스 전달, 클라이언트의 재정 착취, 사기 행각이나 클라이언트를 무시, 포기하는 형식으로 나타난다. 잘못된 윤리관을 지닌 사회복지사는 심각한 물질남용 문제를 갖기도 한다.

또한 사회복지실천 과정에서 조직이나 개인이 지향하고자 하는 가치관의 다양성과 차이로 인해 서로 충돌하는가 하면 윤리적 갈등을 경험하게 된다. 또한 사회복지사 자신의 가치관과 윤리원칙과의 사이에서도 갈등을 느끼는 경우가 발생하게 된다. 클라이언트는 물론 기관 동료나 다른 전문직과의 사이에서도 가치관의 차이를 느끼게 되고 본인이 소속한 조직의 방침이나 목표를 둘러싼 갈등도 발생하게 된다. 사회복지사는 이러한 갈등 과정에서 모순이나 갈등을 느끼면서 이들 가치관 중 무엇을 우선해야 할 것인가로 고민하고 망설이게 된다. 경제적 빈곤 때문에 힘들어 하는 사람들의 요구에 부응하기 위해 최선을 다하려 하는데, 기초생활 수급자 자격 규정에 해당되지 않아 수급 불가 처리를 받게 되어 서비스 제공에 어려움과 갈등을 겪게 되는 기초생활보장 담당 사회복지사와 같은 예를 들 수 있다.

4. 사회복지사의 윤리적 갈등 해결 방안

첫째, 개인과 전문가의 가치가 대립할 때 어느 것을 우선해야 하는지에 대해 언제나 명확하게 적용할 수 있는 기준이 있는 것은 아니다. 이 경우, 사회복지사는 클라이언트, 고용주, 동료나 제3자들 간의 상충적인 요구들과 자신의 양심에 의한 요구를 저울질해 보아야 한다. 게다가 사회복지사들은 자신이 갖고 있는 가치의 성질과 그 가치가 클라이언트의 문제, 사회문제, 사회복지실천 지식의 적용과 개입전략에 대한 그들의 이해에 영향을 미치는 방식을 지속적으로 점검해야 한다.

둘째, 윤리적 갈등 시 가치의 우선순위를 적용하여 해결할 수 있다.

가치 우선순위에 관한 지침은 현실적으로 사회복지사가 윤리적 딜레마에 직면하게 되었을 때 딜레마 해결에 도움을 준다. 가치 우선순위에 관한 지침은 학자에 따라 다르지만, 리머(Reamer)와 헵워스(Hepworth)의 지침을 소개하면 다음과 같다.

- 클라이언트의 생명, 건강, 복지, 생활을 위해 요구되는 권리는 비밀보장의 의무나 복리(well being), 교육, 여가 등보다 우위에 있다.
- 한 개인의 복리는 다른 개인의 프라이버시, 자유, 자기결정의 원리보다 우위에 있다.
- 사람들의 자기결정의 원리는 그 결정의 결과가 타인의 복리를 침해하지 않는 한, 일반적인 지식과 교양을 참작하여 자발적으로 결정할 수 있는 인간의 기본적 복리에 대한 권리보다 우위에 있다.
- 클라이언트의 복리에 대한 권리는 법률, 정책, 기관의 절차보다 우위에 있다.

셋째, 사회복지사는 동료나 자신이 생활하는 과정 속에서 전문직에 대한 손상이 나타날 때마다 손상의 신호를 알아차리고 그 문제를 기꺼이 다루는 것이 필수적이다(Reamer, 1992).

넷째, 갈등이 클라이언트, 가족, 사회복지사, 동료, 다른 전문직, 소속기관 등과 관련될 경우, 그 해결에 대한 정석은 없다.

- 그러나 윤리강령을 지침으로 삼아 주어진 상황과 제한점, 이용자의 의사결정의 존중, 다양한 요건을 깊이 고려하면서 최선의 전문가적 판단을 해야 한다. 또한 윤리적 갈등을 해결해가는 방안이나 갈등상황

을 명확히 하고, 이를 위해 필요한 정보를 수집하여 전문가적 시점에서 분석하여 활용하도록 한다.

- 문제와 관계있는 클라이언트, 가족, 사회복지사, 동료, 다른 전문직, 소속 기관 등의 갈등과 관련된 역할, 책임, 이해관계, 의사결정능력, 판단기준, 가치관 등을 파악하여 문제해결에 도움이 되는 방안을 모색하는 것도 좋다.
- 문제해결 모델을 적용하여 문제해결과 관련성 있는 윤리강령은 무엇인가, 어떤 가치관이 충돌을 일으키는가, 우선적으로 고려되어야 할 가치관은 무엇인가, 그 이유는 무엇인가, 법적 · 사회자원적 제한은 무엇인가 등에 관해 분석한다. 해결 가능한 여러 방안을 선정한 후, 각 방안 채택에 따른 이점과 단점과 위험성은 무엇이며, 결과는 어떨 것인지에 대해 예측해보도록 한다. 최선이라 생각되는 방안을 선택 · 결정하여 실천에 옮긴 후, 실천과정과 결과를 관리 · 감독, 평가하여 과정에 반영하도록 한다.

5. 윤리강령

단체에 소속된 전문 직업인들은 자신들이 업무를 실행하고 추진해 나감에 있어 자신과 사회에 대해 지켜야 할 내용을 자율적으로 규정하는 것이 보통이다. 그 기준은 평화옹호, 개인의 존엄, 민주주의이며 사회복지사의 행동이 기준에서 일탈하지 않도록 윤리상의 모든 문제에 대해 전문직 단체가 결정한 판단의 기초가 된다.

윤리강령이란 전문 직업인들 스스로가 자신들에게 부과하는 일정한 규범으로, 사회복지사가 사회로부터 위임 받은 사명을 일정한 가치에 입각하여 실현하려 할 때 필요한 행동규범이다.

우리나라의 경우 사회복지사협회 차원에서 윤리강령에 관해 정식으로 거론하기 시작한 것은 1973년 2월 총회가 최초로, 여기서 "윤리강령초안"을 제정하기로 결의했으나 여전히 윤리강령은 제정되지 못했다. 한국 사회복지사 윤리강령은 1982년 1월 15일 제정 이후 1988년 3월 1차 개정 및 공포, 1992년 10월 2차 개정과 2001년 12월 3차 개정을 통해 사회복지사의 윤리 확립에 큰 기여를 해 왔다.

특히, 3차 개정은 기존의 선언적 윤리강령에서 탈피하여 현실적 행동강령으로서의 역할에 대한 기대에 부응하고, 사회복지사의 전문성과 권익 강화는 물론 사회적 가치 확대 및 사회적 관련성과 책임에 대한 윤리의식과 행동방향 설정의 필요성에 의해 개정하게 되었다.

윤리강령에는 사회복지사가 전문적 실천에서 수행해야 할 행동적 가치와 클라이언트에 대한 처우를 하는 데 있어 우선시되는 수단들이 상세히 기술되어 있다. 윤리강령은 사회복지사가 사회복지를 실천하면서 접하게 되는 클라이언트를 비롯하여 다양한 관계자들에 대한 책임과 행동적 기대와 선호가 특정 상황에서 우선순위를 갖는다는 점에서 합의를 이끌어낸다.

|6장 참고문헌|

강철희(2005), '사회복지학에 대한 한국인의 인식에 관한 연구', 한국사회복지학, 57: pp.147~175.

김기덕(2007), '인권과 사회복지-사회복지사명의 재고찰', 창립 50주년기념, 한국사회복지학회 국제학술대회자료집, 한국사회복지학회.

______(2007), '사회복지사의 역할과 윤리', 한국사회복지사협회40년사, 한국사회복지사협회, pp.37~64.

김성이(2006), 『사회행동입문』, 한국사회복지사협회.

김예경(2000), '사회복지전문직업성 인식과 직무만족도의 관계 연구-지역사회복지관의 사회복지사를 중심으로-', 이화여자대학교 대학원 석사학위논문.

박용오(2004), '사회복지사의 직무만족이 전문직업적 정체성에 미치는 영향', 연세대학교 행정대학원 석사학위논문.

박종우(1994), '사회사업가의 전문직업적 정체성 연구', 서울대학교 대학원 박사학위논문.

정수영(2006), '사회복지현장실습이 사회복지전문직 정체성에 미치는 영향', 한림대학교 대학원 석사학위논문.

홍금자(2007), '사회복지와 사회복지사의 전문성에 대한 정체성', 힘있는 사회복지사, 한국사회복지사협회: pp.65~92.

김기덕(2002), 『사회복지윤리학』, 나눔의 집: pp.196~198, 206~207.

Etzioni, A. (1969), The Semi-Profession and their Organization: Teachers, Nurses, *Social Workers*, pp.60~85.

Beckett, C. & Maynard, A. (2005), *Values & Ethics in Social Work*, Sage Publications.

Clark, C. (2000), *Social Work Ethics: Politics, Principles and Practice*, Palgrave.

Brown, E. L. (1935), *Social Work as a Profession*, pp.15~22.

Greenwood, E. (1957), *Attributes of a Profession*, pp.182~185.

Leiby, L. (1985), "Moral Foundations of Social Welfare and Social Work: A Historical View", *Social Work*, 30, pp.323~330.

Pease, B. (2002), 'Rethinking Empowerment: A Postmodern Reappraisal for Emancipatory Practice', *British Journal of Social Work*, 32, pp.135~147.

Reamer, F. (1992), 'Social Work and Public Good: Calling or Career? In P. Reid & P. Popple(eds.), *The Moral Purpose of Social Work*, Nelson-Hall Inc.

__________(1999), *Social Work Values and Ethics*, Columbia University Press.

Rothman, J. et al.(1996), 'Client Self-Determination and Professional Intervention: Striking a Balance', *Social Work*, 41: 396-404.

Warren, R.(1978), *The Community in America*(3rd ed.), Chicago: Rand McNally.

제7장

사회복지실천의
관점과 이론

사회복지실천에서 클라이언트가 처한 상황을 인간과 환경 간의 상호작용으로부터 분석하여 실제로 지원해 나가기 위해서는 과학적인 관점(perspective)이 요구된다. 관점이란 "사물을 넓게 파악하는 것으로, 이 관점에 의해 사물과의 관계성을 이해하게 된다." 과학적 관점에서 사물을 넓게 파악하기 위해서는 이 관점의 기반이 되는 이론이 있어야 한다. 이론(theory)은 어떤 사실을 설명하기 위해 사용되는 논리적 가정이나 개념을 말한다. 예를 들어, 생태학적 관점(ecological perspective)이란 생태학 이론을 기반으로 클라이언트의 상황을 분석한다는 의미이다.

전통적으로 사회복지실천은 인접과학으로부터 여러 이론들을 도입·응용해 왔다. 현재 사회복지실천에서 독특한 이론체계가 몇 개나 있는가에 대해 의견일치를 보기는 어렵지만, 주요 체계에 대한 합의는 어느 정도 이루어지고 있다. 예를 들어, 행동과학론, 위기개입론, 클라이언트 중심이론, 인지행동론, 의사소통, 실존주의, 자아심리학, 여권신장론, 게슈탈트, 마르크스주의, 성찰, 신경언어학적 프로그래밍, 문제해결, 정신분석학, 심리사회학, 역할이론, 체계이론, 과제중심이론, 생태이론 그리고 교류분석이론 등이다. 이들 중 일부는 이론으로 간주되거나 독자적이라는 데 충분한 합의가 이루어지지 않은 것도 있다.[9] 그러나 사회복지에서는 일반적으로 이들 각각을 하나의 실천이론으로 인정한다.

전문가들이 다원주의 이론에 익숙해지면서 사회복지실천가들도 특정 방법이 특정 집단에만 효과가 있다는 생각에서 벗어나게 되었기 때문이다. 이들 사회복지실천 이론은 생활문제에 대한 거시적·미시적 차원의 개입에 활용된다.[10]

본 장에서는 이 중 생활문제 해결에 가장 보편적으로 활용되는 관점이면서 효과적이고 접근이 용이한 관점과 관련 이론으로 생태체계이론(체계이론, 생태학 이론), 강점이론, 임파워먼트 이론, 사회구성주의 이론(이야기이론)에 관해 소개하고자 한다.

1. 생태체계적 모델

생태체계적 모델(Eco-System Model)은 일반 체계이론의 주요 개념들을 그대로 받아들이면서, 일반체계이론이 지닌 한계점을 극복하기 위해 생태학적 모델을 도입한 통합적 모델로, 인간과 환경의 상호작용 방법에 대한 실천가의 관점을 중시한다.

---

[9] Turner, F. (1986), *Social Work Treatment: Interlocking Theoretical Approaches*, New York: Free Press.

[10] 마일리 등(Miley et al., 1995)은 사회복지실천에 이용된 이론과 모델의 수가 무려 48개나 된다고 하였다.

생태체계적 모델은 그 근간이 되는 체계이론과 생태이론에 대한 이해 없이는 생태체계적 모델을 이해하기 어렵다. 그러므로 여기서는 체계이론과 생태이론에 관해 먼저 살펴보고 두 이론을 대표하는 4체계 모델과 생활모델에 관해 구체적으로 설명하고자 한다.

| 표 7-1 | 사회복지실천에 유용한 사회복지 모델들

모델	목적	개입 방법	대표자
시스템 이론	클라이언트 시스템과 환경과의 최대의 적합성을 달성 · 유지	절충주의	Rodway
생태학적 모델 (라이프 모델)	인간의 요구와 환경 자원과의 사이에 적합한 수준을 고양	1. 초기단계: 공감한다. 스트레스 인자를 찾아낸다. 목표, 과제, 책임 등에 동의한다. 2. 진행단계: 문제와 심정외상 등에 대한 대응(5가지 기능으로 조장, 탐색, 운용(동원), 안내, 촉진) 3. 종결단계	Germain Gitterman
에코시스템 모델, 강점 모델과 임파워먼트 모델	상황을 변화시키기 위해 인간의 힘과 사회적 힘을 육성하고 개인, 가족, 지역사회에 능력과 권한을 부여하기 위해 노력	1. 대화단계: 파트너십의 형성, 도전의 명확화, 방향성의 명확화 2. 발견단계: 강점 찾아내기, 자원과 능력을 분석, 해결책 생각해 내기 3. 발전단계: 자원의 활성화, 동맹관계 형성, 기회의 확대, 성공에 대한 인식, 획득한 결과물들의 통합	Miley, O'Milia & Dubois, Gutierrez, Parsons & Cox

1) 체계이론

(1) 등장 배경

사회복지실천에서의 체계이론의 적용은 홀리스의 '상황 속의 인간'이라는 개념에서부터 찾아볼 수 있는데, 그는 일찍부터 사람과 환경 간의 상호작용을 강조하였다는 것을 알 수 있다. 체계이론이 정식으로 사회복지실천이론에 도입된 것은 헌(Hearn)이 통합이론을 구축하기 위해 일반체계이론을 도입한 것이 시초이다. 그 후 핀커스와 미나한(Pincus & Minahan), 골드스타인(Goldstein) 등이 저서[11]를 통해 통합 사회복지실천모델에 영향을 주었고, 오늘의 사회사업계획론이나 지지 네트워크 이론, 케어 매니지먼트 이론으로 구체화되는 등 상당한 영향을 미쳤다.

이 외에도 콤튼과 갤러웨이(Compton & Galaway)의 사회복지실천 과정 이론(1973)과 슈월츠(Schwartz)의 상호작용모델, 라드와 엡스타인(Reid & Epstein)의 과제중심 모델, 저메인(Germain)의 생활모델 등이 체계이론을 부분적으로 적용하여 개발된 새로운 모델에 해당된다.

(2) 체계이론 개관

체계이론과 생태학이론은 두 이론 모두 사람과 환경의 관계를 통합적으로 다루는 것을 목표로 하고 있으며, 또한 많은 공통점을 가진다. 그러나 체계이론이 이론적 · 추상적 · 분석적인 데 반해, 생태학은 대상자의 생활을 실증적이고도 구체적으로 다룬다는 점에서 차이를 갖는다. 즉, 체계이론은 전체를 요소로 분석하고 분석된 요소를 결합하여 다시 전체를 구성하는 분석적 방법을 제공하는 이론인 데 반해, 생태학은 생활이라는 계속된 흐름 속에서 인간과 환경 간 동적인 상호작용의 실체를 파악할 수 있는 틀을 제공해 주는 이론이다.

체계이론은 1920년대 생물학자 베르탈란피(Bertalanffy)에 의해 창시되었다. 이전까지는 복잡한 일은 부분으로 분해하면 전체를 알 수 있다는

---

11 골드스타인은 『*Social Work Practice-A Unitary Approach*』, 핀거스와 미나한은 『*Social Work Practice-Model and Method*』라는 저서를 통해 체계이론을 소개하였다.

환원주의(reductionism) 입장이 주를 이루었다. 그러나 체계이론은 하나하나의 부분 그 자체에 초점을 맞추기보다 각각의 부분 간의 상호작용에 초점을 맞추는 것이 특징이다. 체계이론의 영향으로 사회복지실천의 관점이 지금까지의 의료모델 중심 접근방법과 사회복지사 대 클라이언트의 개별 중심 접근에서 지역이나 제도 · 시책에 이르기까지 보다 큰 사회구조를 망라하는 관점으로 넓혀가게 되었다.

(3) 체계이론의 주요 개념

체계(system)란 서로 상호작용하는 요소의 복합체를 말한다. 예를 들어, 태양을 중심으로 지구나 화성 등으로 구성되는 태양계(solar system), 피부 · 골격 · 근육 · 내장 등 생물의 신체체계(biological system), 학교나 회사, 시 · 읍 · 면, 정부 등의 사회조직(social system)의 예를 들 수 있다. 개방체계(open system)는 환경과 활발한 상호교류를 하지만, 폐쇄체계(close system)는 자기폐쇄적으로 환경과의 정보 및 에너지 교환이 활발하지 않은 체계를 말한다. 개방체계에서 클라이언트가 환경으로부터 정보 및 에너지를 얻는 것을 투입(in put), 환경으로부터 얻은 정보에 클라이언트가 자신의 생각을 가미하여 더 나은 정보로 바꿔 적용하는 것을 변환(through put), 클라이언트가 적용해 본 성과를 근거로 환경 · 상담기관에 대해 더 많은 정보를 요구하고 활동하게 되는 과정을 산출(out put)이라 한다. 또한 클라이언트의 환경에 대한 산출에 대해 환경은 클라이언트에게 더 많은 정보를 제공하게 되는데 이 같은 순환과정을 피드백(feedback)이라 한다. 개방체계에서는 클라이언트와 클라이언트를 둘러싼 다른 체계의 문제해결을 위해 환경으로부터 정보와 에너지를 얻고, 정보를 적용하고, 더 많은 정보를 요구하는 등의 피드백 과정을 통해 보다 유익한 정보를 만들어감으로써 안정된 체계를 구축해 나가게 되는 것이다.

각 체계는 경계(boundary)에 의해 환경으로 나누어진다. 체계는 환경으로부터의 정보가 체계에 유익하다고 생각되면 그 정보를 자신의 경계 내로 받아들이고 유해하다고 생각되면 이를 차단한다. 이것이 경계의 기능이다. 클라이언트에게 유해한 정보, 예를 들어 성인 잡지나 음란 사이트를 부모가 차단함으로써 클라이언트에게 좋지 않은 영향을 차단하는 것 등을 예로 들 수 있다.

폐쇄체계에서는 에너지를 방출만 하기 때문에 체계가 무질서한 상태로 나아가게 되는데 이를 엔트로피라 한다. 엔트로피(Entropy)란 체계가 서서히 무질서하고 혼돈된 상태로 돌아가는 경향을 말하며, 아동학대나 가정 내 폭력은 궁극에는 가정붕괴라는 무질서 상태로, 즉 엔트로피 상태로 파국을 맞을 가능성이 크다.

반면, 개방체계든 폐쇄체계든 체계는 혼란에 대해 질서를 유지해가려는 기능을 가진다. 이 같은 체계의 질서 유지 기능을 폐쇄체계에서는 균형화라고 하는 데 반해, 개방체계에서는 항상성(homeostasis)이라 한다. 두 개념 다 일정한 상태로 체계를 되돌리려는 노력을 의미하지만, 폐쇄체계는 환경과의 상호작용을 갖지 않기 때문에 체계 내의 에너지만을 사용하여 안정화를 도모하려 하게 된다. 그러나 항상성이란 체계가 환경과 상호작용을 통해 체계 내 혼란이나 무질서 대신 질서와 조직화를 회복하고 이전 이상의 상태로 성장 · 발달해 가는 것을 말한다. 따라서 체계적 관점에서 사회복지사는 각 체계가 개방체계가 되고 항상성을 유지해갈 수 있도록 지원하는 역할을 담당하게 된다.

(4) 기계론적 체계론과 인공두뇌론적 체계론

체계론은 크게 기계론적 체계론과 인간두뇌학적 체계론의 둘로 나누어진다. 생물이나 인간은 다른 체계와는 달리, 환경의 변화에 따라 자기 조직·자기 유지·자기 성장하는 특성을 지니고 있다. 유기체인 생물과 인간을 모델로 하는 인공두뇌론적 체계론에서는 생명체가 환경에 대응할 때 인간의 신경계가 중요한 기능을 담당하고 의사소통과 정보의 전달·피드백 기제에 의해 다시 환경에 영향을 주는 기제를 지니고 있다고 본다.

사회복지실천의 대상은 인간과 사회사상이다. 사회체계론도 처음에는 기계론적 체계론이 주를 이루었지만, 타율적인 기계모델로는 문제를 극복할 수 없다는 한계로 인해 인공두뇌론적 체계론으로 이행하게 되었다.

(5) 사회체계이론

사회체계이론은 파슨즈의 『사회적 행위의 구조』(1937), 『사회체계론』(1951)이라는 저서와 연구를 기반으로 하나의 이론으로 정착되었다. 파슨즈는 행위자-상황 도식을 통해 행위를 하나의 체계로 간주하고, 사회체계를 복수 행위자의 상호작용의 체계로 정의했다. 그는 행위체계를 성격체계, 사회체계, 문화체계의 세 가지 하위체계로 구분하고, 사회체계를 분석의 주요 목적으로 삼았다.

파슨즈는 사회체계를 구성하는 요소를 구조와 기능으로 나누어 분석하였다. 구조는 변화하지 않고 안정적인 요소와 관련되며, 기능은 구조 유지와 관련된 요소이다. 그는 사회체계는 경계를 유지하려는 경향과 균형을 유지하려는 경향이 있다고 보고, 사회체계가 균형을 유지·존속하기 위해 필요한 기능 패러다임으로, 적응·목표달성·통합·잠재성의 네 가지를 제안하였다. 다시 파슨즈는 네 가지 기능 패러다임에, 하위체계 간 상호교환에 관한 상호교환 패러다임 이론을 첨가하여, 네트워크 및 개념 형성에 영향을 주었다.

(6) 체계론적 사회복지실천 모델

체계론적 사회복지실천 모델(the general systems practice model)에서는 개입의 초점을 클라이언트와 사회환경 간의 상호작용에 둔다. 클라이언트 체계는 마음과 신체로 구성된 체계이다. 사회체계는 부모-자식, 가족 학급친구와 같은 대인체계와 학교, 지역사회 등의 문화체계 등으로 구성되어 있다. 사회복지사는 클라이언트의 문제상황이 클라이언트 개인체계에 의한 것인지, 집단 괴롭힘을 불러일으키는 학교 내 대인체계에 의한 것인지, 아니면 상호의 관계성에 의한 것인지를 적확하게 파악할 것과, 이 문제를 해결하기 위해서는 어느 체계에, 어떠한 지원 및 대처가 필요한지 등을 분별하여 지원할 것이 요구된다.

① 체계론적 사회복지실천과 4체계 모델

체계이론의 활용방법이나 범위는 모델에 따라 매우 다양하다. 체계론적 사회복지실천은 일반 체계이론의 개념을 사회체계이론에 적용하여 인간과 그 환경 간의 상호작용을 다루고, 거기에서 미시적 접근 방법론을 통합하는 실천기술로 발전해 가고 있다.

체계이론의 치료목적은 체계의 균형을 유지 또는 재정립하는 데 두게 되며 목적에 도달하기 위한 길은 여러 가지이다. [12]

체계이론을 사회복지실천에 적용한 모델로는 4체계 모델과 단일화 모델이 있다. 여기서는 체계이론의 활용과 이해를 돕기 위해 사회복지 문헌에서 가장 많이 활용되고 있는 핀커스와 미나한(Pincus & Minahan, 1973)의 통합적 4체계 접근법을 소개하기로 한다.

핀커스와 미나한이 제시한 4체계에는 변화매개인 체계, 클라이언트 체

---

12 임상사회복지연구회(1993), 『임상사회복지기술론』, 홍익제, 331~350쪽.

계, 표적체계, 행동체계가 있다.

- 변화매개인 체계: 변화매개인(사회복지사)과 그가 소속된 시설·기관 및 고용조직의 직원들을 말한다.
- 클라이언트 체계: 변화매개인의 서비스를 재가하거나 요청한 사람들로서, 그들 서비스의 혜택을 받을 것이 예상되며 변화매개인과 작업협정이나 계약을 맺은 개인·가족·집단들을 말한다.
- 표적체계: 문제해결을 위해 변화를 필요로 하며, 변화매개인의 목표를 달성하기 위해 표적이 되는 사람들을 일컫는다.
- 행동체계: 변화매개인의 목표를 달성하고, 표적체계에 영향을 주기 위해 함께 일하는 변화매개인 및 그와 함께 일하는 사람들을 총칭한다.

② 4체계 모델의 실천과정

사회복지실천 모델은 공통적으로 클라이언트의 변화를 목적으로 하며, 변화욕구의 발달, 변화관계의 수립, 클라이언트 체계의 문제 규명이나 사정, 가능한 절차와 목표의 검토 및 행동 목표와 목적의 수립, 수립한 목적을 실제 변화노력으로 전환, 변화의 일반화와 안정화, 종결 성취와 같은 과정을 거쳐 지원하게 된다. 그러나 4체계 모델은 문제를 인정하고 다루기 시작하는 단계, 자료수집 단계, 문제사정 단계, 개입단계, 결과에 대한 평가 및 종결과 같은 단계 모형만을 고집하지는 않는다.

단계 모형은 사회복지사가 계획적 변화노력을 할 때 도움을 주기는 하지만, 사회복지사의 과업을 논리적 선계열에 놓음으로써 사회복지실천과정을 지나치게 단순화하기 때문이다. 대부분의 변화과정은 일련의 문제가 해결되면 다른 문제가 제기되는 일종의 순환적 운동이라 할 수 있다. 또한 하나의 단계가 다른 단계에 앞서 수반된다는 고정적 사고에 문제를 제기하고, 사회복지사의 활동의 순환성과 사회복지사가 관련을 맺고 있는 다른 네 가지 체계들을 고려해야 한다고 주장한다. 그러므로 사회복지사가 수행하는 과업은 어떤 한 시점에서 볼 때, 하나 이상의 단계에서, 여러 다른 형태의 체계와 일할 수 있다. 또는 어떤 한 단계를 여러 번 반복할 수도 있다는 것을 강조한다.

따라서 자료수집, 진단, 개입은 모든 변화노력 과정에서 있을 수 있는 활동이라 전제한다. 다만, 사회복지사가 네 가지 체계에 대해 어떤 방법목표를 추구해야 하는가를 평가하는 지침으로 접촉·계약·종결만을 연속적인 과정으로 제시하고 있다. 접촉은 사회복지사와 실재적·잠재적 클라이언트 체계, 행동체계, 표적체계 간에 용무를 시작하기 위한 최초의 만남 과정을 말한다. 계약은 클라이언트와 맺게 되는 업무협정 및 변화노력에 관련된 다른 체계들과의 작업협정을 맺는 과정이며, 종결은 모든 과정의 마지막 단계로, 계획했던 변화노력 목표의 달성과 관련하여 종결을 결정하게 된다.

③ 4체계 모델의 기법

핀커스와 미나한은 사회복지실천에 공통적으로 적용할 수 있는 중심 기술과 개념이 요구된다고 주장하면서, 사회복지사에게 요구되는 공통된 핵심기술로 사정기술을 들었다.[13] 그들은 체계적 모델에서의 사정기술은 문제의 복합성과 상호 관련성을 이해하기 위해 클라이언트가 표출하는 문제보다 더 넓은 차원에서 파악·이해되어야 한다고 강조하였다.

4체계 모델에서는 또한 실천현장에서 사회복지사가 익혀야 할 필수적인 기술로 문제사정 기술, 자료수집 기술, 최초접촉 기술, 계약교섭 기술,[14] 행동체계 구성 기술, 행동체계의 유지·조정 기술, 영향력 행사 기술, 변화

---

13 Zastrow, C. (1994), *The Practice of Social Work*, Brooks/Cole Publishing Company Pacific Grove, California, 1994, pp. 91~93.

노력의 종결 기술 등 8가지를 들어 강조하고 있다.

④ 4체계 모델의 영향

4체계 모델은 전통적 사회복지의 모델과 실천에 많은 영향을 주었는데, 그 대표적인 내용을 소개하면 아래와 같다.

첫째, 변화노력에 관련된 많은 사람들과 여러 종류의 다른 상황에 적용할 수 있는 기본적 구조틀을 제공해 주었다. 특히, 4체계 모델에서 변화매개인은 막연하고 추상적인 지역사회나 조직이나 체계가 아닌 '사람들'을 변화시키기 위해 일해야 한다는 것을 강조하였다.

둘째, 변화노력에서 사회복지사가 완수해야 할 과업을 찾아내는 데 도움을 주었다.

셋째, 전통적 사회복지는 일반적으로 문제를 제기하는 클라이언트 체계만을 개입의 주요 표적으로 삼았던 데 반해 클라이언트가 개입의 주요 표적이라고 전제할 수 없다는 사실을 깨닫게 해주었다.

넷째, 클라이언트 체계가 제시한 문제를 처리하는데 가장 효과적인 행동체계의 규모나 유형은 변화노력에 대한 목적과 목표 설정 이후에야 결정할 수 있다는 것을 명확히 했다.[15]

다섯째, 사회복지사는 그가 수행해야 할 과업이 있고, 그 과업을 위해 클라이언트뿐 아니라, 다른 사람들과도 관계를 맺어야 하며, 사회복지사가 한 체계와 일하면서 얻은 지식과 기술을 다른 체계와 일하는 데 적용할 수 있다는 것도 인식시켜 주었다.

---

14 핀커스와 미나한은 저항을 극복하기 위한 기법으로 상대체계의 관여, 저항자에 지식 제공, 균형의 전도, 희망주기, 단기 목표 설정 그리고 다른 사람의 도움 활용 등의 기법을 들고 있다.

15 전통적 사회복지에서는 세 가지 실천방법 중 자동적으로 한 방법을 선택했었지만, 통합적 접근에서는 목적 수립 이전에는 어느 것이 가장 적절한 행동체계인지 가정할 수 없다는 점을 명확히 제시해 준 것이다.

여섯째, 조직을 사회변화와 관련된 중요한 체계로 보는 모델이 필요하다는 것을 강조하였다.

일곱째, 기관을 변화의 잠재적 표적(변화매개인 체계)으로 보았다는 점이다.

여덟째는 표적체계에 영향을 주고 사회복지사와 함께 일하는 행동체계를 강조함으로써 변화매개인이 행동체계를 원만하게 운영해야 한다는 것을 지적하였다.

이것을 종합하여 보면, 변화되어야 할 표적은 클라이언트라는 과거의 관념을 깨고 문제해결을 위해서는 환경이나 환경의 일부인 사회복지사 · 기관 · 활용되는 방법이나 제도 등이 변화의 표적이 될 수 있다는 점, 지금까지 서비스 수혜자나 이용자로만 생각되어 온 클라이언트가 변화에 영향을 미치는 행동체계로서 기능할 수 있다는 점 등을 통해, 변화가능성을 하나의 방향이나 대상으로 고정하지 않은 체계이론의 특징을 엿볼 수 있다(문인숙 외, 1998: 83~120).

(7) 체계이론의 의의와 한계

체계이론은 분석 대상을 서로 관련성을 가지고 존재하는 단위의 복합적 전체로 보기 때문에 상대적 존재라는 것을 전제로 한다. 따라서 목적까지도 상대적이며, 하나의 체계가 다양한 목적을 가진 요소로 성립되는 경우도 있다. 사회복지실천에서의 개입은 인간체계와 환경체계의 접촉 부분, 즉 사회관계에 개입하게 된다. 사회복지사의 개입은 바람직한 목적을 달성하기 위한 활동으로, 목적이 바람직한가에 대한 결정에는 가치에 대한 주체적 선택이 요구된다.

따라서 버틀란피는 인간을 기계화하고 무가치화하는 기술 중심의 기계론적 체계이론과는 달리, 가치가 적극적으로 관련되어 가는 과정을 중시했다. 이로 인해 그는 인간과 과학을 연결하는 일반 체계이론을 전개했던 것이다.

그럼에도 불구하고 체계이론은 너무 추상적이고 분석적이어서, 요소 간 관계성을 분석적으로 파악하는 데 적합하지만, 이를 이용하여 상황에 대한 전체성을 파악하는 데 어려움이 있다. 체계이론이 갖는 이러한 한계성으로 인해, 사회복지실천은 인간의 생활실태에 좀 더 가까운 이론인 생태학에 관심을 기울이게 되었던 것이다.

2) 생태학이론과 생활모델

생태학이론(Ecological Perspective)은 저메인(Germain)에 의해 하나의 사회복지실천 이론 모델로 자리하기 시작했다.[16] 전통적 사회복지가 오랫동안 '환경 속의 인간(person-in-environment)'에 관심을 가져왔음에도 불구하고 대부분의 직접적인 실천은 개인·집단·가족을 중심으로 이루어져 왔고, 물질환경·사회환경·문화와 인간의 상호관계에 대해서는 소홀히 해 온 것이 사실이다. 이로 인해 생태학적 모델은 출현하자마자 사회복지실천가들의 많은 관심을 불러 일으켰다.

전통적 사회복지에서 환경에 대한 실천이 부진했던 것은 앞의 리치몬드에서 지적한 것처럼 인간과 환경·문화 사이의 발달과 기능이 어떠한 영향을 주고받는지를 규명해 줄 유용한 개념이 부족했기 때문이기도 하다.

---

16 Germain, C. B. (1993), Teaching Primary Prevention in Social Work: An Ecological Perspective. *Journal of Education for Social Work*, 18(1), pp. 20~28.

(1) 생태학이론

생태학은 원래 자연과학 영역에서 생물 집단과 환경과의 상호관계를 고찰하는 자연생태학에서 발달한 학문으로, 이를 인간의 생활과 환경과의 관계에 초점을 맞춰 접근한 이론이 생태학이다.

모든 살아있는 유기체와 마찬가지로 인간은 그들의 환경과 함께 생태계를 형성한다. 인간은 그들의 신체적·정신적 요구에 맞게 환경을 변화시키고, 또한 자신이 초래한 변화에 적응하게 된다.

인간은 그들의 물리적·사회적 환경을 변화시키며, 지속적인 상호적응의 과정을 통하여 환경에 의해 변화된다. 이 같은 상호적응은 잘 진행되면, 인간의 성장과 발전을 지지하며 생명을 유지하는 환경의 속성이 유지된다. 그러나 상호적응에 결함이 생기면 물리적·사회적 환경이 오염될 수 있다. 물리적 환경은 인간의 기술로 만든 비생물적 물질의 발산에 의해 오염되지만, 사회적 환경은 인간의 사회적·문화적 과정에서 형성된 빈곤·차별·낙인에 의하여 오염된다. 인간이 그들의 물리적·사회적 환경의 어떤 요인을 파괴적으로 사용할 때, 환경체계는 손상되며 환경 내에서 기능을 수행하는 모두에게 부정적인 영향을 미치게 된다.

생태학은 의료(질병)모델에서의 단선적 사고(linear thinking) 대신 생태학적 사고(ecological thinking)와 순환적 사고(circular thinking)에 기초한 이론으로 사회복지 적용에 훨씬 유용하다. 의료(질병)모델은 인간의 문제와 요구의 초점을 인간의 내부에 두어 인간이 속해 있는 사회환경적 과정을 모호하게 하는 데 반해, 생태학은 인간과 환경 간의 상호관계를 규명하고 이해하고자 노력하기 때문이다. 생태학적 사고(ecological thinking)는 문제의 원인에 초점을 맞추지 않고 쌍방의 교류 결과와 부적응적 교환을 수정하기 위한 지원방법에 주목한다. 클라이언트가 가정 등과 같은 환경과의 교류에 적응적이라면 클라이언트는 성장·발달하고 신체적

· 정서적 건강도 증진된다. 그러나 클라이언트가 환경과의 교류에 부적응적이면 클라이언트 개인의 정서적 · 신체적 · 인지적 · 사회적 발달과 기능은 물론 가정환경 또한 문제에 직면할 가능성이 크다. 이와 같이 생태학적 관점에서의 사회복지실천은 적응적 인간과 환경과의 교류를 증진시키는 대신 부적응적 교류를 예방하고 개선해 나가는 데 중점을 두게 된다.

(2) 생활모델(Life Model)과 사회복지실천

생활모델은 인간의 성장과 발달에 관심을 갖는데, 생활모델에서는 인간의 성장과 발달을 인간과 환경의 교류 결과 생겨난 산물로 인식한다. 생활모델은 관계성(relatedness)[17], 적응[18], 능력(competence)[19], 주체성(self-direction), 자존감(self-esteem)[20], 정체성(identity), 생식지와 적소(niche)[21] 등 교류적 성질을 가진 하위 개념들을 가지고 있다.

이러한 개념들은 개인과 집단의 기능수행 그리고 어떻게 사회기관들이 자원 동원에 경쟁적이 되어야 하는지 등 자원에 대한 새로운 사고방식을 제공한다. 생활모델은 우리가 기능하는 환경은 점차로 변화하며 개인과

---

17 애착 · 우정, 긍정적 친척 관계, 지지적 · 사회적 네트워크를 형성하고자 하는 감정과 관련된다. 관계성의 개념은 부분적으로 Bowlby(1973)의 애착이론에 근거하고 있다.

18 인간이 환경과 조화 수준을 유지 · 증대하기 위해 사용하는 지속적, 변화 지향적, 인지적, 감각 지각적, 행동적 과정을 말한다.

19 모든 유기체는 선천적으로 생존을 위해 환경에 영향을 미치도록 동기화된다는 전제에 근거한다.

20 자존감은 자아개념에 있어 가장 중요한 부분으로 자신이 능력 있고, 존경받고 있고, 가치 있다고 느끼는 정도를 의미한다. 높은 수준의 자존심은 본질적으로 만족과 즐거움을 주며, 인간의 사고와 행동에 영향을 준다.

21 생태학에서 생식지란 유기체가 둥지 만들기에 적합한 곳이나 영역이라 찾아낸 장소를, 적소(niche)는 환경에서의 개인에게 적합한 장소나 상태를 의미한다. 인간의 생식지인 가정, 근린, 직장, 학교, 지역 등이 클라이언트에게 적소가 되지 못할 경우, 즉 클라이언트의 발달 및 건강을 방해하게 된다면 클라이언트는 고립, 혼란에 빠져 등교 거부 등의 문제행동을 하게 된다.

지역사회, 전체사회는 이러한 변화에 적응해야 한다는 것을 제시한다. 또한 생태학적 사고는 사회복지사로 하여금 스트레스의 원인을 단지 심리적 과정이나 외부환경에만 돌리는 극단적인 사고에서 벗어날 수 있게 한다 (Germain, & Gitterman, 1987: 489).

① 생활모델(Life Model)

생활모델은 메이어(Meyer, 1988)에 의해 처음 개념화되었고[23] 저메인과 기터만에 의해 통합적 사회복지실천 모델로 체계화되었다. 생활모델은 임상사회복지의 실천적 접근에 유용하며 문제에 대한 인식의 모델을 전환하는 데 큰 영향을 끼쳤고, 실천이론에도 지대한 영향을 주고 있다. 생활모델의 중요한 특징은 사회복지실천의 통합적인 방법을 강조한다는 점에 있다.[24]

생활모델에서는 인간과 환경 간 교류(transaction)에 초점을 둔다. 생태학에서 강조하는 교류는 상호작용(interaction)과 확연히 구별되는 개념으로, 상호작용은 한쪽이 전혀 변화할 생각을 하지 않는데, 다른 한쪽이 동기를 부여하는 단선적 인과관계를 지칭하는 경우가 많다. 즉, 어느 시점에서 A는 B를 변화시키지만, A 자체는 변화하지 않고 남아 있는 경우이다. 이러한 모델에서 볼 때 전통적 의료모델에서의 단선적 인과관계는 단순한 상황을 설명하는 데는 유효할지 모르지만, 사회복지실천 대상들의 복잡한 상황을 설명하기에는 적합하지 못하다는 것을 알 수 있다.

이에 반해, 교류는 개인과 환경 사이에 이루어지는 계속적인 상호작용으

---

22 Meyer, C. H. (ed.)(1988), *Clinical Social Work in the Eco-Systems Perspective*, New York: Columbia University Press.

23 NASW(1987), *Encyclopedia of Social Work*, 18th edition, National Association of Social Workers, pp. 488~499.

로, 인간과 환경은 끊임없는 교류를 통해 서로가 영향을 주고받는다고 주장한다. 이러한 차이는 교류가 사람과 환경과의 접촉 장면에서 실제로 발생하는 순환적 피드백이라는 사실에 기인한다.

생활모델에서는 인간과 환경 간 교류의 하위 개념으로 상호교환과 적응, 생활 스트레스(life stress)[24]와 대처(coping)[25] 등의 용어를 사용한다. 흔히 적응이라 하면 상황에 대해 수동적으로 순응하는 것으로 혼동하기 쉽다. 그러나 생활모델에서 말하는 적응이란, 환경의 요청에 부응하기 위해 인간은 환경이 제공하는 기회를 활용하면서 변화하고, 환경은 사람들의 욕구·권리·목표에 보다 잘 부응하기 위해 환경을 변화시키는 적극적인 관계를 말한다.

생활상의 스트레스라는 개념도 인간과 환경 간 관계를 긍정적·부정적 측면 어느 쪽에나 적용시킨다. 인간이 환경의 요청이나 사건을 하나의 도전으로 받아들이고 경험하며, 결과적으로 적당한 자존심이나 성취욕구가 충족되었다면 긍정적인 의미를 갖는다. 이는 고든과 바틀렛(Gorden & Bartlett)이 피력한 사회적 목적 개념과 일치한다. 즉, 인간의 적응능력 발휘와 환경 개선, 양자에 동시적 초점을 두는 실천방법에 대한 필요에 부응하여 도출해 낸 통합적 실천방법이 생활모델인 것이다.[26]

---

24 스트레스 모델은 라자루스와 포크만(Lazarus & Folkman)의 심리적 스트레스 모델이 유명하다. 구체적으로는 ① 인생과정에서의 입장, 역할 등의 발달적 또는 사회적 변화나 예기치 못한 사건이나 사태, ② 빈곤·억압·폭력·악화된 거주환경 등의 환경으로부터의 압력, ③ 가족·집단·학교·지역에서의 대인적 기능부전 관계 등을 들 수 있는데, 이들 생활스트레서는 스트레스를 가져온다.

25 인간이 부정적 스트레서에 대해 무방비 상태로 있지 않고 어떻게든 해결책을 찾기 위해 시도하게 되는 행동

26 장인협·정영순 편역(1986), 『사회복지방법론』, 수문사(Compton, B. & Galaway, B. (1984), *Social Work Process*), pp.306~328.

반면, 환경의 요청이 인간의 처리 능력을 넘어설 때는 부정적 의미를 갖게
된다. 부정적 의미의 스트레스는 위기감이나 불안 · 죄악감 · 분노 · 절망
감을 불러일으키고, 자존심을 저하시킨다. 따라서 이러한 문제를 해결하
고 부정적인 감정을 처리하기 위해, 상호의존적으로 영향을 주는 인적 · 환
경적 자원을 필요로 하게 되며, 사회복지실천은 전문적 차원에서 이를 지원
하게 되는 것이다.

② 생활모델의 개입 목적

생활모델은 개인이 자신의 개인적 자원이나 환경적 자원을 활용하여 생
활 스트레스에 효과적, 적극적으로 대처할 수 있도록 대처능력 신장을 지
원하고, 사회가 개인의 요구에 부응할 수 있도록 사회 및 환경적 압력에 영
향을 미쳐 개선해 감으로써 개인의 스트레스를 완화하며, 클라이언트의 요
구에 따라 필요한 서비스를 제공하는 데 목적을 둔다.

그러므로 생활모델을 실천하는 사회복지사는 클라이언트의 생활 스트
레스로 가족구성원의 변화, 전학이나 이사 등과 같은 변환이나 심리적 외
상을 가져오는 사건, 환경으로부터의 압력, 가족이나 학교 내에서의 대인
관계 문제에 우선 주목하게 된다. 또한 가정환경 등 클라이언트를 둘러싼
환경이 클라이언트에게 최선의 적소가 되도록 지원하고, 적소를 찾거나 마
땅한 적소가 없을 경우 사회자원을 개발하거나 환경을 조성하여 적소를
제공하는 데 중점을 두고 개입하게 된다.

③ 생활모델의 실천과정

실천모델의 과정과 작용은 초기단계, 진행단계 및 종결단계의 세 단계로
구성된다.

- **초기단계**: 사회복지사는 클라이언트의 실제적 생활공간인 주관적 · 객

관적 현실에 들어가기 전의 준비, 클라이언트에게 기관에 대해 설명, 질문에 대한 응답, 경청과 공감을 통해 클라이언트의 생각이나 감정 이해, 클라이언트의 생활 스트레스를 분별해 내고 명확화, 클라이언트에게 필요한 서비스 탐색 등을 하게 된다.

- 진행단계

클라이언트의 생활 스트레스에 대한 대처기술을 높인다.

- 동기부여(enabling)
- 클라이언트의 문제의 초점화와 방향성의 명확화(exploring)
- 클라이언트의 힘의 가동(mobilizing): 클라이언트의 힘(능력, 자원 등)을 심리적 외상을 가져 온 생활사건이나 생활문제에 대처하고 해결하는 데 활용할 수 있도록 지원. 현실적 재보증이나 희망 제시
- 문제해결 방안에 대한 단계적 학습(guiding): 모델링, 역할극, 토의(discussion)나 의견 교환 등의 기회 제공
- 문제해결 촉진(facilitating): 클라이언트가 문제를 회피하지 않도록 지원, 동기 부여 등

사회복지사는 클라이언트가 생활 스트레스(환경 상의 문제, 환경적 압력)에 대처할 수 있도록 아래 기술들을 활용하여 개입·지원하게 된다.

- 조정(coordinating): 클라이언트와 자원의 연결
- 중재(mediating): 클라이언트와 단체 및 사회적 네트워크 간 관계의 개선
- 옹호(advocacy): 중재 실패 시 클라이언트의 상황에 대한 대변
- 개발(innovating): 클라이언트에게 필요한 자원이 없는 경우 사회 자원의 개발

- 영향력 행사(influencing): 클라이언트를 지원하기 위해 행정기관
  이나 국가에 영향력 행사

- **종결단계**: 클라이언트가 스트레스를 회피하지 않고 자신의 분노, 슬픈 감정, 싫은 감정을 표출할 수 있게 되면 종결하게 된다. 종결은 클라이언트와 사회복지사 모두에게 어려운 과정으로, 사회복지사는 종결단계에서 예상되는 상실감이나 부정, 강한 반발과 감정, 그리고 해방감 등에 대한 자신과 클라이언트의 반응을 예측하고 이에 대비해야 한다. 또한 성취된 목적과 해결하지 못한 내용 등에 관해 함께 논의하는 평가 기회를 갖도록 한다.

④ 생활모델의 기법

생활문제를 지닌 사람들을 지원할 때, 사회복지사는 광범위한 종류의 기법과 기술들을 필요로 한다. 그것은 자아존중, 문제해결 및 대처기술을 향상시키고, 일차적인 집단의 기능을 용이하게 하며, 조직의 구조, 사회적 조직망과 물리적인 장을 관여시키고 영향을 미치는 기술들을 포함한다.

생태학이론에서는 마르시오(Maluccio)나 하트만(Hartman) 등에 의한 인간과 환경 간의 연계의 전체상을 파악하는 데 유익한 생태도의 개발, 헤스(Hess) 등의 아동의 심리·사회적 문제에 대한 사정이론의 개발 등을 비롯하여 스웬슨(Swenson)에 의한 상호 지원 및 사회적 상호 지지네트워크, 사회적 지지론 및 다이어그램이나 네트워크 시스템표 작성 등의 실천을 찾아볼 수 있다.

따라서 생활모델을 활용하는 사회복지사는 실천기술, 기법, 양식들을 자신의 개인적인 스타일, 창의성, 기술과 통합하여 적용하게 된다.

다른 모델과 비교해 볼 때 생활모델에서는 클라이언트의 행동·자율성

· 능력을 강조하고 있어, 이러한 특성을 지원할 수 있는 기법과 기술이라면 어떤 것이든 활용 대상이 된다. 또한 생활모델에서 사용될 기법들은 인간의 적응능력과 환경적인 특성 및 그들의 상호작용을 지향해야 한다는 점이 강조된다.

3) 생태체계 모델

전통적 방법론에서는 특정 방법(모델)에 의거하여 클라이언트를 접수하고 문제를 사정·평가했기 때문에 특정 방법의 틀에 의해 클라이언트의 문제현상을 규명하는 오류를 낳았다. 즉, 전통적 방법론에는 실천모델을 적용하기 이전에 문제현상을 사정·평가해 줄 일반화된 모델이 없었던 것이다.[27]

그러나 생태체계 모델은 실천모델을 적용하기 이전에 문제현상을 사정·평가할 수 있는 구조와 준거틀을 제공함으로써, 일반적이고 통합적인 모델을 실천가들에게 제공한다. 따라서 실천가들이 실천모델을 적용하기 이전에 문제현상을 정확히 파악하여, 어떤 모델이 개입에 적합할 것인가를 판단·선택하게 함으로써 실천모델을 보다 효과적으로 적용하도록 돕는 이론인 것이다.

이 모델은 클라이언트 체계가 대처하고, 생존하며, 필요한 자원을 위한 경쟁을 위해 변화하는 환경에 적응하는 다양한 방법을 이해할 수 있도록 돕는다. 상황적, 환경적 맥락에서 클라이언트 체계를 보기 때문에 사정과 계획단계에 가장 유용한 모델이다. 예를 들면, 클라이언트가 특정한 이웃, 지역사회, 문화적 환경에 적응하고 그 안에서 기능해야 한다는 것을 사회

---

27 장인협(1991), 전게서, p.93.

복지사에게 상기시켜 주며 가족을 지원하는 사회기관과 프로그램은 특정한 경제적 · 정치적 배경에서 운영하고 자원을 획득해야 한다는 것을 일깨워 준다.

(1) 생태체계 모델과 사회복지실천

최경원(1987)에 의하면 생태체계 모델은 생태이론으로부터 ① 일반체계이론이 간과했던 체계 간 공유영역과 적응 및 상호교류라는 개념을 도입하고, ② 체계의 변화 속성과 똑같이 유지 기능도 중요하다는 점을 강조하며, ③ 인간적 관심과 실천적인 경향을 도입한 통합모델이다.

일반체계이론과 생태학 이론을 사용하는 생태체계적 모델은 특정 개입방법이나 기술을 제시해 주는 실천모델이 아니라, 문제현상에 대한 전체적 성격과 다양한 변수들을 객관적으로 사정 · 평가하기 위한 모델이며, 이론적 준거틀이다. 따라서 클라이언트와 관련된 정보 및 자료를 정리할 수 있는 구조를 제공할 뿐 아니라 상황변수의 도입을 허용한다. 또한 대상집단에 관계없이 모든 크기의 사회체계에 적용된다. 개입 시 실천모델을 사용함에 있어서도 한 모델에 국한하지 않고 다양한 모델들을 절충적으로 활용할 수 있는 모델이다. 사정도구로서 직접적인 유용성을 갖는 모델이기 때문에 개입 계획을 수립함에 있어서도 확실한 예상을 가능하게 한다. 그리고 전체 관련 체계에 개입하여 체계적인 변화를 일으키기 때문에 그 효과가 지속적으로 유지된다.[28]

(2) 생태체계 모델의 기법

생태학에 체계이론 및 다른 이론들도 도입하여 작성하는 PIE(Person-

---

28 장인협(1991), 전게서, pp.82~95.

In-Environment)는 사회복지사가 공유하는 공통언어의 개발과 기록체계 개발 및 사정도구 개발로 볼 수 있다. 메이어(Meyer) 등의 생태체계적 모델은 일반체계이론과 생태학적 모델을 병용하여 현상에 대한 인식을 높이려는 시도이다. 이 구상으로부터 알렌 메어스(Allen-Meares) 등의 사정틀 및 마타이니(Mattaini)에 의한 실천의 도식화와 컴퓨터 처리가 시도되었다. 또한, 드 호요스(De Hoyos)는 선택주의적인 입장에서 일반체계이론과 생태학적 모델, 기타 다양한 이론을 받아들여 인간과 환경 간의 3차원 실천이론을 제시하고 있다.

(3) 생태체계 모델의 한계

생태체계 모델은 실천모델이 아니므로 그 효과를 평가할 수가 없다. 이 모델을 사용하는 임상가에게는 어떤 지적 수행을 할 것을 기대하지만, 뭔가를 행한다는 것을 암시하지는 않는다. 이 모델을 가지고 뭔가를 할 것으로 기대하는 데에는 한계가 있다.

모델의 의도가 현실생활 속에서 사례의 복잡성을 파악하는 데 있기 때문에 이를 활용하는 사회복지사는 아래 두 가지 사항을 필요로 한다. 즉, 사례에 대한 순환적 사고와 여러 접근의 임상개입을 할 수 있는 '인지적 재구성', 그리고 단선적 모델로는 관심을 갖기 어려운 환경적 변수에 대한 분명한 인식을 필요로 한다. 그러므로 생태체계 모델은 사례의 복잡성을 보고 좌절하거나 지각된 요구를 제대로 파악하지 못하는 실천가는 사용하기가 매우 어려운 모델이다. 생태체계 모델은 보다 넓은 실천목록과 지식기반을 요구하며, 단선적이고 협소한 모델로 접근할 경우, 인식할 수 없는 문제들에도 도전할 수 있는 포괄적 모델인 것이다.

2. 강점이론(Strength Theory)

1) 이론의 개요

강점이론에서는 강점을 전문적 도움관계의 중심에 둔다. 이는 강점이 사회복지 전문직의 사명과 가치의 기초가 되기 때문에 실천의 중요한 구성요소가 된다는 것이다. 클라이언트의 강점을 구체화하여 문제해결의 자원으로 활용하는 것은 사회복지실천에 있어 가장 중요한 일면이다. 그러나 오랫동안 결점, 병리, 역기능에 초점을 두는 경향이 전문직에 깊이 뿌리를 내려온 까닭에 여전히 클라이언트의 문제를 사정하는 데 있어 이상이나 병리를 강조하는 진단이 계속되어 왔던 것이다.

강점이론은 1989년 웨이크(Weick) 등에 의해 최초로 발표되었다. 이들은 개인의 문제 및 병리학에 초점을 두고 원인을 찾으려는 질병이론을 비판하고, 인간 본래의 강점에 초점을 두는 모델의 중요성을 강조했다. 모든 인간은 광범위하게 재능, 능력, 허용력, 기능, 자원, 열망을 가지고 있다. 강점 모델에서 말하는 인간의 잠재능력에 대한 신념은 인간이 아직 이용하지 않고 있는 정신적, 정서적, 사회적 능력을 저장하고 있다는 생각과 연결된다.

이후 살리베이(Saleebey, 1992)는 강점 모델의 중요한 개념으로 임파워먼트(empowerment), 회원제(membership), 회복(적응), 치유와 전체성, 대화와 협력, 불신의 정지 등의 개념을 확립하였다. 또한 환경자원과 함께 개인적 역량과 능력 등의 강점이 스트레스적 경험에 대한 부정적 상황과 결과들을 줄이는 데 활용될 수 있다고 주장하였다.

살리베이는 대등한 도움관계를 기반으로 한 클라이언트의 강점을 발견하는 방법으로 면접장면에서의 대화를 중시했다. 사회복지사는 클라이언트가 말하는 이야기와 상황에 관한 설명 등을 들으면서 클라이언트의 강점이나 관심, 희망, 장래에 대한 견해를 발견해 가게 된다. 이를 실천하는 데 있어 중요한 열쇠가 되는 방안이 의식의 고양과 임파워먼트이다. 그러므로 강점 모델은 임파워먼트 이론을 사용하는 사회복지사에게는 매우 중요한 준거틀이 된다. 클라이언트의 강점은 임파워먼트를 위한 원료로 활용되며, 이미 그 성과를 포함한 새로운 사회복지실천 체계가 구축되고 있다.

2) 강점이론의 전제조건

1992년 강점 모델을 집대성한 살리베이는 강점 모델의 전제조건으로 다음의 6가지를 들었다(Rapp, 1998).

첫째, 학습을 통해 성장, 변화해 가는 클라이언트의 독자적인 능력을 존중한다. 클라이언트는 많은 강점을 가지고 있는 존재이다.

둘째, 클라이언트의 건설적인 속성과 능력, 역량과 자원, 바램과 포부를 심도있게 파악하고 존중할 수 있어야 한다. 따라서 개인의 결점이나 병리 대신 강점(능력)에 초점을 맞춘다.

셋째, 클라이언트의 자기결정이라는 기준에 의거하여 실천과정을 진행시켜 나간다. 클라이언트를 동기화하기 위해 클라이언트의 강점을 조장한다.

넷째, 클라이언트와 사회복지사와의 관계를 중시한다. 사회복지사는 클라이언트의 협력자로 기능하게 되며, 클라이언트를 비판, 비난하지 않는다. 사회복지사는 클라이언트의 강점을 이해하는 최선의 지원자, 협력자, 조언자가 된다.

다섯째, 서비스를 실시하는 데 있어 지역사회를 자원 제공의 근원이라 생각한다.

여섯째, 클라이언트와 일반 주민이 함께 지역에서 생활해 가기 위한 통합화는 아웃리치 서비스의 적극적인 제공으로 달성하도록 한다(Modrcin Rapp & Chamberlain, 1985).

이들 원칙은 각각 서로 서로를 보완하게 된다. 그러나 실제 실천하는 과정에서는 클라이언트의 희망이나 욕구의 변화에 따라 각각의 기능이 자연스럽게 활용되는 것이어서 명확하게 나누어 활용되는 것은 아니다.

3) 강점이론의 개입 기법

클라이언트는 비교적 힘이 없는 취약한 위치에서 사회복지 과정에 들어오게 되는데, 강점모델에 의한 사정은 질병을 강조하는 스티그마적 진단분류를 피하고, 클라이언트의 역량을 인식하여 잠재력을 증강할 수 있도록 지원하게 된다. 또한 강점에 대한 사정은 클라이언트에게 변화에 대한 희망과 확신을 갖게 하며, 변화를 가져올 역량의 동원과 같은 실현 가능한 대안에 대한 실제적 내용과 구조를 제공하게 된다.

(1) 강점이론에 의한 사정

클라이언트는 비교적 힘이 없는 취약한 위치에서 사회복지 과정에 들어오게 되는데, 강점모델에 의한 사정은 질병을 강조하는 스티그마적 진단분류를 피하고, 클라이언트의 역량을 인식하여 잠재력을 증강할 수 있도록 지원하게 된다. 또한 강점에 대한 사정은 클라이언트에게 변화에 대한 희망과 확신을 갖게 하며, 변화를 가져올 역량의 동원과 같은 실현 가능한 대안에 대한 실제적 내용과 구조를 제공하게 된다.

강점이론은 클라이언트의 강점을 고려하여 문제 상황을 규명하고 사정하려는 클라이언트와 사회복지사를 돕는 이론이다. 강점모델에 의한 사정 과정에 대한 지식은 버거와 루크만(Berger & Luckman, 1966)에 의해 구축되었다. 버거 등은 강점 모델의 사회복지사는 사정 시 클라이언트의 상호적, 복합 원인적, 변화지속적인 문제상황에 대한 다양한 구조를 인식해야 한다(Rodwell, 1987)고 주장한다.

사회복지사는 초기 접촉에서부터 클라이언트의 강점을 찾기 시작해야 한다. 이를 위해 사회복지사는 다음과 같은 역할을 한다.

① 인터뷰, 반영적 경청, 기록, 계획 등을 통해 사정활동을 하게 된다.

② 사실과 상황에 대한 클라이언트의 이해를 최우선적으로 하여 사정을 진행하게 된다.

③ 클라이언트에 대한 믿음을 바탕으로 클라이언트가 원하는 서비스가 무엇이며 무엇을 기대하는가와 클라이언트는 현재의 문제 상황과 관련하여 무엇이 일어나기를 원하는가의 두 가지 측면에서 사정하게 된다. 후자는 문제상황에 대한 성공적 해결에 대해 클라이언트가 어떻게 인식하고 있으며 클라이언트의 목표가 무엇인지를 포함한다(Taber, Herbert, Mark & Nealey, 1969: 354).

④ 클라이언트의 개인적 · 환경적 장애나 문제보다는 대인적 기술과 동기, 정서적 강점과 명확한 사고력 등과 같은 강점을 사정하도록 노력하고, 강점사정을 다영역화하기 위해 노력을 기울인다.

⑤ 클라이언트에게 자원 제공의 잠재력을 가진 제도적 서비스와 이를 대신해서 행동할 기회를 제공하고 지원하는 가족, 연계망, 의미 있는 중요한 타인, 자발적 봉사조직, 지역사회 집단, 공공기관 등과 같은 외적 강점도 사정하게 된다.

⑥ 강점사정을 위해 강점사정목록을 활용하기도 한다. 강점사정목록은 전문가적 판단이나 결정을 하고자 할 때 적절한 응용과 적용을 필요로 한다. 강점사정목록에는 클라이언트 개인의 심리적 요인을 비롯하여, 감정, 인지, 정서, 동기, 대처능력, 대인관계 등을 포함할 수 있

다. 또한 사정목록에는 환경적 강점과 더불어 사회적 응집력, 연계망, 지역사회 제도에 의한 투자나 솔선적 지역개선 노력 등과 관련된 지역사회 강점 내용도 포함할 수 있다.

(2) 강점사정의 지침

강점 모델에 의한 사정과정에 대한 지식은 버거와 루크만(Berger & Luckman, 1966)의 전통에서 사회적으로 구축되었다. 사회복지사는 문제 상황이 상호적, 복합 원인적, 변화지속적인 클라이언트의 상황에 대한 다양한 구조를 인식해야 한다(Rodwell, 1987).

① 사실과 상황에 대한 클라이언트의 견해나 느낌을 최우선으로 하라.

② 충분히 클라이언트를 믿어라.

③ 클라이언트의 욕구와 기대, 문제에 대한 인식 및 해결 목표 그리고 동기를 파악하라.

④ 개인적 · 환경적 장애나 문제보다는 강점에 대한 사정을 하라.

⑤ 사정의 중심은 다 영역에 걸친 클라이언트의 강점을 개발하는 데 두라.

⑥ 클라이언트의 독특한 경험과 상황을 이해하고 발견하기 위해 사정을 활용하라.

⑦ 클라이언트의 언어를 활용하라.

⑧ 클라이언트를 자신의 강점 발견, 세분화, 명확화 등 사정 과정과 산출에 참여시켜 개방적 · 공동적 활동을 하라.

⑨ 사정 내용을 클라이언트와 공유하라.

⑩ 클라이언트를 꾸짖거나 비판하지 말라.

⑪ 인과적 사고는 최소화하고 가능한 피하도록 하라.

⑫ 진단하려 하지 말고 사정하라(Taber, Herbert, Mark & Nealey, 1969: 354).

(3) 강점사정 목록

강점사정 목록에는 클라이언트 개인의 심리적 요인을 비롯하여, 감정, 인지, 정서, 동기, 대처능력, 대인관계 등을 포함할 수 있다. 환경적 강점은 포괄적 사정에서 중요한 역할을 하며, 신체적 요인 또한 고령자나 장애인과 같은 클라이언트에게는 매우 중요한 의미를 지닐 것이다. 그러므로 개별 클라이언트의 특별한 장애는 물론, 임파워먼트나 권력관계 그리고 개인적, 사회적 권한과 정치적 권한 사이의 관계도 고려되어야 한다.

사정목록은 전문가적 판단이나 결정을 하고자 할 때 적절한 응용과 적용을 필요로 한다.

사정목록에는 사회적 응집력, 연계망, 지역사회 제도에 의한 투자나 솔선적 지역 개선 노력 등과 관련된 지역사회 강점 내용도 포함된다.

강점사정 목록의 사용은 결점과 의료 모델에 대한 이점을 제공한다. 실제로 환경적 난점을 극복하는 데 있어 개인의 강점에 초점을 두는 모델은 클라이언트의 결점을 강화하는 실천모델만큼 무자비하다. 대신에 강점이론을 사정에 적용하는 사회복지사는 클라이언트로 하여금 도움과정에 자기 경험을 실천할 실제적 기회를 제공할 수 있다(Charles & Carol, 2003: 221~225).

| 표 7-2 | 강점모델과 병리적 모델의 비교

	강점모델	병리적 모델
사정 개념, 원리	· 클라이언트가 무엇을 원하며 요구하는가에 중점 · 클라이언트의 역량, 지식, 능력 등에 대한 전인적인 정보 수집	문제에 대한 명확한 진단, 문제와 관련하여 집중적으로 질문, 클라이언트의 결함, 증상, 병리의 원인을 분석
사정의 초점	· 클라이언트의 지금 여기에서의 상황에 초점을 두면서도 현재와 관련된 과거와 미래에 관해 대화 · 지금까지 살아 온 방식(대처 방식)에 대해 이야기	클라이언트의 과거를 확인하기 위해 진단 순서에 초점
사정의 본질	클라이언트의 강점을 사정하기 위해 클라이언트를 개별화하여 구체적이고도 명확하게 진행	클라이언트의 문제에 대한 진단과 문제의 분류 및 범주화
클라이언트에 대한 인식	나름대로 역량, 적응력, 강점을 지닌 존재	통찰력이 부족하고 결함을 지닌 존재
클라이언트상황에 대한 접근법	클라이언트 입장에서 정보수집, 민족적, 문화적 배경도 고려	전문가적 모델에서 분석적으로 접근
클라이언트의 행동에 대한 해석	클라이언트가 표현하고 싶어 하는 의사의 표출	클라이언트의 장애로 인해 나타나는 증상
면접 시 대화 형식	대화 중심으로 전개되며, 질문은 개방적인 질문과 폐쇄적 질문을 적절히 배합하여 질문	질문에 의존한 면접과 폐쇄적 질문을 주로 사용
개입실천과의 관련	사정과 개입은 사회복지실천을 위한 과정으로 서로 연계성을 지니기 때문에 격려, 칭찬, 조언 등이 이루어짐	사정은 주로 인테이크 면접에서 이루어지고 거의 종료됨
클라이언트와 사회복지사의 관계	클라이언트는 권위를 지니며 자기 문제의 주인	클라이언트는 전문가에 의해 통제됨
사회복지사의 역할	클라이언트로부터 무엇을 배울 수 있는지를 탐색	클라이언트는 계속 배우고 익혀야 할 존재

※ 자료: Saleebey(1996), *The Strength Perspective in Social Work Pactice: Extensions & Cautions*, pp. 296~306; 홍금자 외(2005), 『사회복지실천론』, 동인, p. 190에서 재인용

3. 임파워먼트 모델(Empowerment model)

1970년대 말 본격적으로 시작된 임파워먼트 모델에 대한 논의는 사회복지실천의 방향이 통합을 표방하면서 임상사회복지실천 분야는 물론, 사회복지기관 행정 분야 등 거시적 실천분야 모두의 관심을 끌기 시작했다.

임파워먼트 모델이 등장하게 된 배경은 1960년대로, 미국의 사회운동 분야를 중심으로 관심이 증대되면서부터이다. 이 시기 흑인이나 여성에 대한 차별에 저항하는 사회운동이 확산되었고, 미국 북부도시에서는 도시지역 사회운동가를 중심으로 인종차별 반대, 공장지역에 대한 후원, 청년운동과 같은 지역조직화 운동이 활성화되었다. 이 같은 사회운동을 통해 사회에서 불이익을 당하기 쉬운 집단의 자기결정권이 중요하다는 인식이 확대되기 시작하였다.[29]

임파워먼트 모델은 지금까지 침묵하고 고립하여 주변인 생활을 해 온 사람들의 직감, 이야기, 견해, 활동능력을 신뢰하고 자신은 물론 자신을 둘러싼 가족이나 이웃 및 환경이 지닌 힘을 발견할 수 있으며, 자신의 생활에 직접적으로 영향을 미치는 여러 결정들에 대해 바로 이해하고, 필요한 발언을 하며, 이를 통해 변화해 갈 수 있도록 지원하는 접근방법이다.

1) 임파워먼트 이론의 등장 배경

첫째, 솔로몬의 힘에 대한 착목이 많은 영향을 주었다.

사회복지실천에 임파워먼트라는 개념을 최초로 도입한 사람은 솔로몬(Solomon)이다. 솔로몬은 사회복지를 비롯한 대부분의 원조직 전문가들

---

[29] Simon(1994), *The Empowerment Tradition in American Social Work: A History*, New York: Columbia University Press.

이 공통적으로 힘의 개념을 무시해 왔지만, 힘이야말로 사회복지실천을 통합해 가는 데 있어 중요한 구성요소라고 강조하고 사회복지실천에 관련된 힘의 특질에 대한 통합적 고찰과 임파워먼트 실천의 필요성을 분명히 했다.

둘째, 사회복지실천 현장에서도 의학모델보다는 강점모델에 중점을 둔다.

셋째, 사회복지실천의 공통기반이 되는 이론인 생태학적 모델에서도 임파워먼트의 중요성을 인정하기 시작했다.

넷째, 여기에 덧붙여 집단 지향의 '임파워먼트 모델'에 의한 개입이 활발히 전개되기 시작했다는 점을 들 수 있다.

집단지향의 이론적 배경으로는 사회복지실천에 있어서의 비판적·급진적 실천운동, 자조집단 운동, 사회적 지지 운동, 비판적 의식 고양을 위한 교육운동의 4가지 동향을 들 수 있다.

2) 임파워먼트의 개념

임파워먼트는 단순히 힘을 부여한다는 것만을 의미하는 것이 아니라, 클라이언트로 하여금 사회에 적응하기 위한 기술을 습득하고 시스템을 변화시키는 데 있어 한계를 인식하고, 그 위에 힘을 획득하게 하는 것을 포함한다.

임파워먼트는 개인과 사회환경과의 관계의 질에 초점을 맞춰 사회자원이나 수단을 발견, 확대, 획득하는 등 주어진 환경을 개선하는 힘을 키울 수 있도록 개인, 집단, 가족, 지역사회를 지원함으로써 공평한 사회를 실현하는 것을 목표로 하는 과정이라 할 수 있다.

(1) 솔로몬의 정의

임파워먼트라는 개념을 최초로 도입한 솔로몬은 흑인사회에서 스티그마를 입은 집단에 대한 부정적 평가가 개개인으로 하여금 무력감을 갖게 한다고 보고 이러한 무력감을 줄이고 부정적 평가에 대항하기 위한 일련의 활동과 실천적 과정을 임파워먼트라고 정의하였다.

솔로몬은 힘을 대인관계적인 현상으로 파악하였다. 그는 '만일 힘이 대인관계적 현상이 아니라면 강함으로 정의되어야 한다'며, 대인관계에서 더욱 힘이라는 개념이 실천적 의미를 갖는다고 주장하였다. 그러므로 사회복지실천 과정에서 개인의 임파워먼트와 관련된 힘을 키우고 육성하는데 목표를 둘 것인지, 그렇지 않으면 개인이 권한을 찾을 수 있도록 촉진하는데 목표를 둘 것인지에 따라 개입방법이 달라지게 된다고 보았다. 전자는 힘을 육성하는 데 중점을 두게 되지만, 후자는 클라이언트의 힘과 효력감을 높이는 방법을 촉진하는 데 중점을 두게 된다. 솔로몬의 연구 이후부터는 흑인 클라이언트에게 한정하지 않고 차별 등과 같은 상황에 있는 클라이언트에 대한 임파워먼트 연구를 활발히 진행하게 되었다.

(2) 스테이플스(Staples)의 정의

스테이플스(Staples, 1990)는 임파워먼트를 힘을 얻는 것, 힘을 발전(쟁취 포함)시키는 것, 힘을 활용하거나 가능하게 하는 것, 힘을 주거나 허용하는 것이라 정의하고 역량강화는 힘을 얻고 발전시키고 쟁취하여 활용하고 받는 과정이라고 설명하였다. 또한 임파워먼트는 행동을 취하거나 방해할 수 있는 힘을 소유하거나 통제할 수 있는 상태라 말하기도 한다. 개인이나 집단은 이 임파워먼트 과정을 통해 상대적으로 힘이 없는 상황에서 힘을 얻게 되는 상황으로 변화게 된다는 것이다.[30]

이에 대한 실천적 활동으로 스테이플스는 4가지 활동을 들었는데,

① 라포를 수립한다.

---

30 Staples, L. (1990), 'Powerful Ideas about Empowerment', *Administration in Social Work*, 14(2), pp. 29~42.

② 실천가로서의 전문적 기술을 확립한다.

③ 클라이언트의 강점을 바르게 사정·평가한다.

④ 클라이언트를 현재의 문제해결을 달성할 주요한 주체자로 본다. 특
히 클라이언트의 무력감을 경감시킬 목적으로 한 여러 활동은 클라이
언트를 불행한 희생자라기보다 자신의 문제해결을 달성할 수 있는
주체자로서 인식해갈 수 있도록 촉진한다.

(3) 살리베이(Saleebey)의 정의

살리베이는 강점 모델의 중요한 개념으로 임파워먼트, 회원제, 회복(적
응), 치유와 전체성, 대화와 협력, 불신의 정지 등 6가지 개념을 확립했다.

살리베이가 강조하는 강점모델은 대등한 도움관계를 기반으로 하며, 클
라이언트의 강점을 발견하기 위한 방법으로 면접장면에서의 대화를 중시
하고, 클라이언트의 이야기와 사정에 관한 설명 등을 통해 클라이언트의
강점이나 관심, 희망, 장래에 대한 견해를 발견해가게 된다. 이 때 실천 상
중요한 열쇠가 되는 것이 의식의 고양과 임파워먼트라고 주장하고 있다.
이로 인해 강점모델은 임파워먼트 개념과 연계되어 많이 활용되고 있다.

(4) 구티에레즈(Gutierrez)의 정의

구티에레즈는 임파워먼트를 개인적, 대인적 또는 정치적 힘을 증대시키
는 과정이라고 보고 그 결과 개개인은 자신의 생활상황을 개선하기 위한
활동을 할 수가 있다고 정의하고 있다. 그는 힘을 '사람이 필요로 하는 것
을 얻는 능력, 다른 사람의 사고방식이나 느끼는 방식, 행동방식이나 신뢰
방식에 영향을 미치는 능력, 가족이나 조직 및 지역사회와 사회체계에서의
자원배분에 영향을 미치는 능력'이라고 정의한다. 공통적으로 말할 수 있
는 것은 '힘은 자신의 요구를 충족시키기 위해 환경에 영향을 미치는 능력'

이라 할 수 있다.

개입과정에서는 먼저 개인적 차원에서 문제해결 능력에 대한 의식과 인식, 대인관계 면에서는 해결을 촉진하는 타자경험, 정치, 지역사회 측면에서는 자조집단의 촉진과 사회제도의 개선 등의 노력을 제시하고 이를 위해 비판적 교육과 의식의 고양, 도움관계의 민주화, 문제보다 클라이언트와 지역사회의 강점에 초점을 둘 것이라는 3가지 개입목표를 제시하고 있다.

한편, 구티에레즈 등은 임파워먼트 모델이 개념에 대한 동의가 아직 확실히 이루어지지 않고 계속 수정·발전 상태에 있는 상황에서 이론을 활용하게 됨으로써 용어 사용상의 혼란이 있다는 점도 지적하였다.

3) 임파워먼트 모델에서의 클라이언트와 사회복지사의 역할

임파워먼트 모델에서는 클라이언트가 자신의 생활이나 경험에 있어 전문가이고 인간 서비스나 정치에 있어 시민이며 주창자라고 전제한다(Simon, 1994: 2). 클라이언트가 직면한 어려움과 문제를 사회로부터의 부정적 낙인의 결과로 보기 때문에 이를 문제로 다루지 않고, 적극적인 결과를 낳을 수 있는 도전과 기회로 보려는 사고 및 용어의 전환을 시도하려 노력한다(Miley, O'Melia & Dubois, 1995: 92).

클라이언트의 임파워먼트를 촉진하기 위해, 사회복지사는 자신은 물론 클라이언트의 이익을 대변하고 조장하는 역할과 사회적, 조직적 개혁자로서의 역할을 담당할 것이 요구된다. 임파워먼트 모델은 사회변화에 대한 책임을 클라이언트에게 두고 클라이언트가 자신에게 주어진 당연한 권한을 찾을 수 있도록 강력히 촉진하는 것을 목표로 한다. 그러나 클라이언트가 안고 있는 곤란한 사회적 상황이나 구조의 변화에는 직접적으로 관여하지 않는다.

4) 임파워먼트 모델의 목표

- 클라이언트로 하여금 자신의 문제해결을 위한 주체자임을 자각하도록 지원한다.
- 클라이언트가 활용할 수 있는 지식이나 기능을 실천가가 가지고 있다는 것을 클라이언트가 인식할 수 있도록 지원한다.
- 사회복지사가 클라이언트의 문제해결을 위해 노력하는 동료요, 협력자 또는 파트너라는 것을 클라이언트가 인식하도록 지원한다.
- 사회복지사가 학교, 보건복지부를 비롯한 행정기관, 재판소 등과 같은 압도적인 사회제도의 부정적 영향을 감소시키기 위해 활동할 수 있는 사람이라는 것을 인식하도록 지원한다.

5) 임파워먼트 모델의 원칙

- 사회복지사와 클라이언트는 생활을 파괴하는 모든 억압에 도전해야 한다.
- 사회복지사는 억압상황에 대해 전체론적으로 이해해야 한다.
- 클라이언트 스스로가 주체가 되어 자신의 힘을 증강해야 하고 사회복지사는 이를 측면에서 지원해야 한다.
- 사회복지사와 공통 기반을 공유하는 클라이언트는 상호 힘을 증강해 갈 것이 요구된다.
- 사회복지사와 클라이언트는 대등한 관계를 확립해야 한다.
- 사회복지사는 클라이언트가 자기 자신의 언어로 말할 수 있도록 격려해야 한다.
- 사회복지사는 일관되게 클라이언트를 억압에 의한 피해를 받고 있는

사람으로서가 아니라 억압에 대항해서 이기는 자로 인식한다.

- 사회복지사는 일관되게 사회적 변혁을 중심에 두어야 한다.

6) 임파워먼트 모델에서의 심리적 변화

임파워먼트 모델 연구자들은 무기력이나 절망감에 빠진 개인을 움직이기 위한 적극적이고 결정적으로 중요한 심리적 변화로 아래 4가지 사항을 들고 이를 위한 기법들을 다양하게 개발하기 위해 노력해야 한다고 강조하였다.

(1) 자기효능감의 증진

자신이 생활 속에서 구체적인 일을 창조해 내거나 통제하는 능력을 가지고 있다는 신념

(2) 집단의식의 강화와 발달

개인적 · 집단적 경험이 정치구조에 의해 얼마나 영향을 받고 있는가를 인식하게 하고 사회에 대한 비판적 시점을 키우고, 개인과 집단, 지역사회 구성원들이 서로 운명을 공유하고 있다는 느낌

(3) 자기비난의 감소

좋지 않은 결과에 대한 책임을 모두 자신에게 돌려 자신을 비난하는 대신, 외적인 것에서 실패 요인을 찾도록 지원

(4) 변화에 대한 자기책임 의식의 고양

클라이언트는 무력한 객체가 아니라 적극적으로 참가하는 주체라는 견해

7) 임파워먼트의 실천과정

강점모델과 임파워먼트 모델을 기반으로 한 통합적 접근 과정에 대해 마일리(Miley, 1995) 등은 기본적으로 상호 관련 중복되는 대화단계(dialogue phase), 탐색·발견단계(discover phase), 발달단계(development phase)의 3단계를 제안하였다.

(1) 대화단계

인간은 다른 사람과의 창조적인 관계를 통해 생존할 수 있고 이 같은 상호작용이 없으면 새로운 발견도 자신이 가지고 있는 힘이나 지식을 끌어내어 확고히 하는 것도 자신의 강점을 고양할 수도 없다. 이는 클라이언트와 사회복지사 사이의 관계에서도 같은 원리가 적용된다. 대화단계는 클라이언트와 사회복지사 사이에 협동적인 관계를 구축하는 단계로 ① 함께 활동하기 위한 준비, ② 파트너십의 형성, ③ 도전에 대한 표현, ④ 강점의 명확화, ⑤ 방침의 결정 등이 대화를 통해 이루어지게 된다.

(2) 탐색·발견단계

클라이언트와 사회복지사가 해결을 위한 자원의 소재를 찾아내고 알아내는 방법을 탐색하는 단계로 ① 자원체계의 탐구, ② 자원 동원, ③ 소유능력에 대한 분석, ④ 해결방안의 결정 등을 포함한다.

(3) 발달 단계

클라이언트와 사회복지사가 자원을 개발, 활성화하고 클라이언트가 목표를 달성하기 위해 새로운 선택권을 만드는 단계로 ① 자원을 활성화하고, ② 기회를 확대하며, ③ 성공을 인식할 것, ④ 성공적인 결과와 습득물을 함께 나누는 과정을 포함한다.

8) 임파워먼트 모델의 사회복지실천에의 적용

사회에서의 힘이나 권위적 관계는 그 사회의 문화에 뿌리 깊이 박혀 있다. 임파워먼트 모델에서는 권위적, 권력적 힘에 압제된 무력한 상태에 있는 사람들의 상황을 개선하기 위한 실천활동으로 구체적인 대변활동의 전개를 든다. 무력한 상태에서 힘 있는 상태로 나아가도록 촉진하는 과정을 임파워먼트라 보고, 대변활동에 의해 상황이 개선되면 클라이언트는 본래 보유하고 있는 권한을 증진해 갈 수 있다고 생각한다.

임파워먼트를 촉진하기에 앞서 사회복지사는 클라이언트 자신의 임파워먼트의 가능성을 확인할 것이 요구된다. 이는 클라이언트와의 대화를 통해 "해낼 수 있다", "자신있다", "해보겠다", "할 수 있을 것 같다", "그렇게 된다면 할 것 같다" 등의 의사 표현을 중시하여 임파워먼트를 촉진하게 된다.

이러한 대화를 통해 상황이 개선되면, 개입계획에 대해 클라이언트의 상황에 관련된 사람들의 동의를 얻고 협력을 받는 과정인 동맹을 필요로 한다. 사회복지사는 또한 충분히 자기표현을 하지 못하거나 자신에게 주어진 권리를 행사할 수 없는 클라이언트 및 가족에 대해 지역에서 권리옹호를 위한 중요한 입장에 서기도 한다.

학교 내 집단 따돌림이나 집단 괴롭힘, 학생폭력 등으로 거부 상태에 있는 학생에 대한 임파워먼트 개입의 예를 들어보면, 먼저, 거부를 피해학생의 균등하게 교육받을 권리와 기회의 침해로 보고, 사회적으로 불공정한 상황에 놓여 있는 학생들에 대해 힘을 불어 넣어 주는 개입활동을 전개하게 된다. 따라서 피해학생이나 부모의 요구를 교사, 교감, 교장, 교사, 교육청 학생 담당 장학사와 교육위원 등에게 대변, 옹호하는 활동이나 학생의 요구를 충족시켜 가는 데 필요한 서비스의 조정, 사회자원의 개발 등의 노력을 통해 학생의 힘을 회복시키는 것을 목표로 활동하게 된다(門田光司, 2000: 71~85).

이렇듯 사회복지실천에서는 임파워먼트와 관련해서 사회복지사의 대변자적 역할이 중요한 역할로 요구된다. 사회복지에 있어 대변은 사회적 공평성을 보증하고 유지할 목적으로 한 사람 이상의 개인, 집단, 지역사회를 위해 직접 대변, 옹호, 개입, 지원하거나 일련의 활동을 권장하는 행위를 포함한다.

4. 사회적 구성주의 모델(이야기 치료를 중심으로)

사회적 구성주의 모델은 언어가 세계를 구성한다는 기본 전제에 기초하고 있다. 세계나 사회가 먼저 존재하는 것이 아니라 사람들이 사용하는 말, 언어에 의해 세계는 수정되고 형성된다는 것이다. 세계가 언어에 의해 구성된다는 이해는 문화 · 사회 · 지식 · 가치 등 여러 수준에서 성립되지만, 여기서는 사회복지 영역을 예로 들어 설명해 보기로 한다.

1) 사회적 구성주의

전통적 사회복지실천에서 자아는 정신역동적 과정을 통해 수립되고, 환경과의 상호작용을 통해 형태를 갖추어 간다는 견해가 일반적이었다. 그러나 이 같은 견해는 지나치게 본질주의에 치우친 사고로, 결과적으로 성숙한 자아와 미숙한 자아, 안정적인 자아와 불안정적인 자아와 같은 우열에 대한 이분법적 평가를 초래하게 되었다.

이에 대해 사회적 구성주의에서 주장하는 자아는 언어 및 담론(discourse)을 통해 구성되는 것이라고 본다. 단적으로 말해 자아는 '나는……(이)다'이라는 담론의 반복된 집적의 극에 존재한다. 또한, '나는……(이)다'이라는 담론은 개인의 내부로부터 자연스럽게 표출된 것이라기보다는 수많은 타자에 의한 '너는……(이)다'라는 담론을 받아들이면서 구체적 언어 실천과정에서 변형되고, 끊임없이 수정·구성·형성된다. 그러므로 자아 또한 지식과 똑같이 특정상황과 부분적인 문맥에서만 의미를 가지게 되는 언어실천사(史) 그 자체라고 본다.

일상 세계의 성립에 있어 언어가 결정적인 역할을 하고 있고, 이것이 사회복지 연구에 매우 중요한 의의를 가진다는 점에 처음으로 주의를 기울인 사람은 하트만(Hartman)이다. 그는 언어가 단순히 세계를 반영하는 것일 뿐 아니라 사람들이 공유하고 있는 현실에 대한 인식 또한 사람들이 교환하는 언어에 의해 구성되는 것이라고 진술하고 있다. 하트만은 푸코(Foucault)의 말을 인용하면서 일반적으로 지식과 권력은 재귀결적인 관계에 있기 때문에 권력을 지닌 사람들의 담론은 특별하게 취급되고 인식되는 데 반해, 권력을 지니지 못한 사람들의 담론은 주변적인 것으로 간주되고 권력자들에 의해 정복되고 만다. 그들의 이야기는 이야기되지 않은 채로 끝나 버리거나 이야기했다 하더라도 주변적으로 처리되고 받아들여져 묵살되어 버리기 쉽다고 보았다. 이는 결국 표현의 자유에 대한 주장이 권력을 가진 사람들의 기득권을 옹호하는 결과를 가져올 위험을 가지고 있다는 사실을 경고하는 메시지인 것이다.

2) 사회적 구성주의에서의 담론(discourse)

사회적 구성주의에서는 클라이언트들이 겪고 있는 차별이나 억압을 재생산하고 고정화하는 것은 소위 제도나 권력기구가 아니라 인간이 일상적으로 사용하는 언어 내지는 일상적 언어 실천에 있다는 점을 지적한다. 그러므로 개인의 악순환을 깨기 위해서는 피억압자들이 자신의 언어와 이야기를 만들 필요가 있으며, 그 이야기는 자신들의 억압을 낳는 것과 같은 언어수준에서 권력자들에 대항할 수 있도록 재구성되지 않으면 안 된다고 주장한다. 사회복지실천상의 의의로는 실천 장면에서의 문제에 대한 이해와 개입방식의 변혁을 들 수 있다.

사회적 구성주의 모델에서는 문제의 원인을 사회적 자원의 유무가 아니라 언어적 자원의 유무에서 찾기 때문에 자신의 언어로 자신을 이야기하지 못하는 것, 자기 나름대로의 이야기를 갖지 못하는 것이야말로 억압의 원인이 된다고 본다. 따라서 사회적 구성주의 모델의 특징은 사회복지사의 실천영역에서 언어 또는 담론이 갖는 권력성에 대해 주의를 촉구한 점, 즉 사회복지사의 역할을 언어와의 관련성에서 재정의한 점에 있다고 할 수 있다. 실천의 구체적이고 결정적인 단서가 언어에 있다는 이 주장은 사회복지 연구에 새로운 모델을 제공하고 있다.

이 새로운 모델에 대해 명확한 명칭의 일치가 이루어진 것은 아니지만, 구성주의라고 총칭되는 경우가 많다. 이 접근의 중심적인 실천방법 중 하나가 이야기 치료(narrative therapy)이다. 이야기 치료에서는 사람들이 치료자를 찾아올 정도로 문제를 경험하게 되는 것은 그들이 자신의 경험에 대해 말하는 자신의 이야기와 타자에 의해 말해지는 이야기가 자신의 경험을 충분히 전달하지 못했을 때라고 본다. 이 같은 상황에서는 클라이언트의 경험과 우세하고 지배적인 이야기 사이의 차이로 인해 클라이언트의 경험이 실제적 경험임에도 불구하고 오히려 모순된 것처럼 받아들여지게 된다는 것이다. 그러므로 클라이언트가 소유하게 되는 문제란 지배적 이야기와 대안적 이야기(alternative story)의 차이로 이해된다. 이는 사회나

타인에 의해 강요된 이야기와 자신이 하고 싶은 이야기와의 차이라고 바꿔 말할 수 있다.

3) 이야기 치료(Narrative Therapy)

이야기 치료는 화이트(White)와 엡슨(Epston)에 의해 창시되었다. 지금까지의 심리학이나 가족치료는 인간의 니드, 자원의 부족(wants), 결핍(deficit), 충동(impulse), 동기(motivation), 추동(drive), 성격(personality), 강점과 약점(strength and weakness)에 주목해 왔다.

그러나 이야기 치료는 조직적 심리학보다는 전통적(traditional)·민중적(folk) 심리학을 기초로 한 접근법으로, 아직 확실하게 고정된 이론이 아니며 지금도 여전히 발전하고 있는 이론이다. 또한 이야기 치료는 문제를 표현케 하여 객관화하도록 지원하는 개입기법(외재화)과 사회의 지배적 담론에 의해 주변적 이야기에 머물던 클라이언트의 이야기를 풍요롭게 한다는 재저술이나 담론 분석기법 등을 통해 국제적으로 선풍적 영향을 미치고 있다.

이야기 치료는 인간 행동이 내적인 상황(inner state)의 표현보다, 외적(external) 세계와 관련되어 있으며, 외적 세계나 변화무쌍한 목적(purpose)과 의도(intention)를 가지고 표현되는 것이라고 본다. 그 때문에 인간행동이 희망(hope), 꿈(dream), 비전(vision), 소원(wish), 목적(purpose), 의도(intention) 등을 테마로 할 때 오히려 생생하게 전달된다고 본다.

(1) 이야기 치료의 기본 전제 및 가정

이야기 치료에서는 문제를 클라이언트의 생활과의 관계에서 빈약(thin)

하게 말해지는 결론 혹은 서술이라 정의한다. 따라서 이야기 치료의 목표
는 이 빈약한 스토리를 보다 풍부(thicker & richer)하게 바꿔 가는 데 둔
다. 즉, 클라이언트의 생활 관련 지식과 기술을 풍부히 할 수 있도록 지원
하는 것이다. 삶과 생활에 필요한 지식과 기술은 인간 본성과는 관계없는
것으로, 개인이 사회생활하면서 살아 온 역사나 지금까지 접촉해 온 중요
한 사람과의 관계성과 가족과의 관계 및 문화 속에서 형성되고 발달된다.
그러므로 인간의 문제는 역사적 · 사회적 · 문화적 · 발달적이며, 그 사람
의 생활에 관한 지식과 기술에 대해 가장 잘 아는 전문가는 바로 그 사람
이다. 그러므로 이야기 치료에서는 지금까지 그 사람이 살아 온 생활 속에
서 대안적 스토리를 찾아 그 사람의 생활 스토리, 즉 자신의 인생에 대해
가지고 있는 그 사람의 기술, 관계성 관련 기술이나 사회성 관련 기술 등을
보다 풍부하게 하는 데 목표를 두게 된다.

- 클라이언트의 문제는 클라이언트의 아이덴티티와 관계없이 존재한다
  고 본다. 즉, 문제=클라이언트가 아니라, 문제와 클라이언트와의 관
  계가 문제라는 것이다. 예를 들어, 질병은 클라이언트의 인생의 일부
  일 뿐인 것이다.
- 말과 말에 의해 구성되는 스토리에 의해 사람들의 체험은 구성된다.
  예를 들어, 의료 차트에 쓰여진 클라이언트와 그것을 읽는 의료 종사
  자와의 관계를 들 수 있다.
- 스토리는 중층적(multi faceted)이며, 많은 동기로 구성되어 있다.
  즉, 청중이 달라지면 스토리 선택이 변한다는 것이다. 예를 들어, 의
  사에게 이야기할 때의 자신의 스토리와 자신의 조모에 관한 추억을 말
  할 때의 스토리에는 차이가 있다.
- 속도를 늦추고 아주 작은 한 걸음에 주의를 기울이도록 한다.

4) 사회복지사의 역할

사회적 구성주의 모델에서는 클라이언트가 하고 싶은 이야기를 본인이 확실히 인식하고 있다면 문제는 거의 반 이상이 해결되었다고 본다. 그러므로 지금은 클라이언트 본인에게도 잘 잡히지 않지만 그가 하려고만 한다면 할 수 있는 또 하나의 자신의 이야기를 발견하고 창조하도록 지원하는 것, 이것이 사회복지사의 역할이 된다. 즉, 사회복지사의 역할은 억제된 권력을 가지지 않은 사람들이 자신의 언어로 자신들의 요구를 말할 수 있는 능력을 가질 수 있도록 지원하는 것이다. 사회복지사는 권력을 갖지 못한 사람들을 대상으로 그 사람들 입장에서 사회복지를 실천하는 사람의 역할을 하게 된다.

5) 사회복지실천에의 적용

학교 거부를 예로 들어 보면, 거부라는 현상이 생기면 많은 경우 부모도, 학교, 실천가들도 왜 학교에 가지 않게 되었는가, 어떻게 하면 학교에 갈 수 있을까 하는 방향으로 사태를 분석하고 이에 대한 개입방법이나 대책을 강구하게 된다. 이 경우 학교에 가는 것이 당연하다는 담론이 지배적으로 학교에 갈 수 없고, 가지 않는 것은 뭔가가 잘못되어 있다는 판단이 전제되고 있음을 알 수 있다. 그러므로 거부는 하나의 주변적인 이야기로 철수되어 아동의 부적응 문제 또는 이러한 자녀를 양육한 가족이 문제라는 지배적인 이야기를 적용하게 되는 것이다. 이는 거부에 대한 지배적인 담론이 부정적으로 사회에 통용되고 있기 때문에 성립되는 지배적인 이야기이다.

그러나 이와 전혀 다른 이야기도 쉽게 묘사할 수 있다. 현재의 학교교육 현상에서 볼 때 학교 등교를 거부하는 것은 당연한 것으로, 거부는 오히려

용기 있는 행동이고, 학교현상이 바뀌지 않는 한 등교하지 않도록 부모도, 임상가도 지원해야 한다는 또 다른 이야기가 존재할 수 있다. 또는 학교라는 곳은 가고 싶을 때 가는 곳이어야지 억지로 가는 곳이 아니며, 억지로 학교에 가는 것은 학생들에게 전혀 도움이 되지 않는 만큼, 지금은 학생이 하고 싶은 다른 것을 찾아 할 수 있도록 모두가 함께 힘을 모아 지원하자는 제3의 이야기도 가능하다는 것이다.

이와 같은 제2, 제3의 담론을 통해 등교 거부 학생을 괴롭히는 것은 실제로는 자신이 등교하지 않고 있는 사실 그 자체가 아니라, 등교하는 것이 당연하다고 여기는 사회적 통념에서 나온 이야기가 사회 전체에 통용되고 지배하고 있기 때문이라는 것을 알 수 있다. 즉, 학교에 가지 않는 것 또는 학교에 갈 수 없게 된 것이 이상하다고 생각되는 것, 그러한 언어의 그물에 포위되어 탈출할 수 없는 상황이거나 탈출하는 것조차 도저히 생각할 수 없게 하는 그 자체가 억압의 원인이 되는 것이다.

이와 같이 사회적 구성주의 모델에서는 실천의 표적 또한 과거의 사고와 크게 달라진다. 개입의 대상은 개인도, 가족도, 지역사회도 아닌, 소위 언어사회가 된다. 즉, 거부 현상에 있어 실천의 표적은 현실에 관한 어떤 종류의 전제가 신빙성을 가진 것으로 공유되는 범위 또는 학교에 갈 수 없는 것은 본인이나 가족에 문제가 있음에 틀림이 없다는 이야기가 지배적으로 통용되고 있는 지역사회인 것이다. 중요한 것은 이러한 지역사회에 적응하는 것만이 아니라 지역사회가 현재 그 같은 형태로 존재하고 있다는 것을 알고 ―이 또한 하나의 이야기에 불과하며― 그것과 전혀 다른 별도의 이야기도 구축 가능하다는 것을 인식하는 데 있다. 즉, 문제란 항상 특정한 문맥에서만 신빙성을 가지는 모양새만의 문제라는, 그러한 문제인식에 집착하지 않고 무엇이 문제인가를 자기 자신의 언어로 엮어 갈 수 있도록 지원하는 것이야말로 사회복지사가 실천하는 구체적인 내용이 되는 것이다.

| 7장 참고문헌 |

김영모 · 홍금자 · 김진이(2000), 『인간행동과 사회환경』, 고헌출판부.
문인숙 외(1998), 『사회사업방법론』, 보진제, 83~120쪽.
서울대사회복지실천연구회(2000), 『사회복지실천기법과 지침』, 나남출판.
성민선 · 조흥식 · 오창순 · 홍금자 외(2009), 『학교사회복지의 이론과 실제』, 학지사.
신성자 · 홍금자 · 라동석 · 김진이(2000), 『사회복지실천론』, 고헌출판부.
이인정 · 최혜경(1995), 『인간행동과 사회환경』, 나남출판.
최경원(1987), 「사회사업실천에 있어서 체계론적 관점에 관한 연구」, 서울대학교 대학
　　원 석사학위 논문.
홍금자(1998), 「학교폭력의 실정과 사회복지사의 개입」, 『학교사회사업』, 한국학교사
　　회사업학회, 창간호.

Allen-Meares, P. & Washington, R. & Welsh, B. (1996), *School Social Work
　　Services in Schools*(2nd ed.), Boston: Allyn & Bacon.
Catherine, P. P. (1997), Thinking About Thinking About Group Work: Thirty
　　Years Later, *Social Work with Groups*, Vol. 20(4), pp. 5-17
Costin, L. (1981), School social work as specialized practice, *Social Work*, 26,
　　pp. 36~43.
Cowger, C. D., & Snively, C. A. (2002), *Assessing Client Strengths*(pp. 221-
　　225), NASW, NASW. Inc.
Germain, C. B. (1993), Teaching Primary Prevention in Social Work: An Eco-
　　logical Perspective, *Journal of Education for Social Work*, 18(1),
　　pp. 20~28.
Goldstein, H. (1973), *Social Work Practice: A Unitary Approach*, Columbia:
　　Univ. of South Carolina Press, p. 159.
Hepworth, D. J. & Rooney, R. H. & Larsen, J. A. (2002), *Direct Social Work
　　Practice: Theory and skills*(6th ed.), Pacific Grove, CA: Brooks/Cole Pub-
　　lishing co.
Karla, K. K. & O'Melia, M. & Dubois, B. (1995), *Generalist Social Work Prac-
　　tice: An Empowering approach*, Boston: Allyn and Bacon, p. 92.
Gutierrez, L. M. (1990), Working With Woman of Color: An Empowerment
　　Perspective, *Social Work*, 35, No. 2(March): pp. 149~153.
Maluccio, A. N. (1979), *Learning from Clients: Interpersonal Helping as*

Viewed by Clients and Social Workers, New York: Free Press.

Meyer, C. H. (1988), Clinical Social Work in the Eco-Systems Perspective, New York: Columbia University Press.

Mickelson, J. S. (1995), Advocacy. In, R. L. Edwards(ed. in Chief), Encyclopedia of Social Work(19th ed.), Washington, D. C.: NASW Press.

Morgan, A. (2003), What is Narrative Therapy?, Adelaide: Dulwich Centre Publications.

Payne, M. (2005), Modern Social Work Theory, Basingstoke Macmillan Palgrave, pp. 147~152.

Pincus, A. & Minahan, A. (1973), Social Work Practice: Model and Method, Itasca: F. E. Peacock, pp. 9~10.

Friedman, R. C. (2000), Psychoanalysis and sexual fantasies, Archives of Sexual Behavior, Vol. 29, pp. 567~586.

Rodway, M. R., Systems Theory, In F. J. Turner(1986), Social Work Treatment(3rd ed.), New York: The Free Press.

Saleebey, D. (1992), The Strength Perspective in Social Work Practice, N.Y.: Longman, p. 175.

Solomon, B. B. (1982), Social Work Values and Skills to Empower Women, in Weick & Vandiver(eds.), Women, Power, and Change, NASW, pp. 206~214.

White, M(2000), 'Reflecting teamwork as definitional ceremony revisited', In White, M. Reflections on Narrative Practice: Essays and Interviews. Adelaide: Dulwich Centre Publications.

White, M. (2003): 'Narrative Practice and community assignments', International Journal of Narrative Therapy and Community Work, 3: pp. 17~56.

Borden, W. (2000), The relational paradigm in contemporary psychonalysis: Toward a psycho dynamically informed social work perspective, Social Service Review, pp. 352~379.

Schwartz, W. (1961), The social Worker in the Group, Social Welfare Forum, New York: Columbia University Press.

Zastrow, C. (1994), The Practice of Social Work, Brooks/Cole Publishing Company Pacific Grove, pp. 91~93.

小松源助(1995), 'ソーシャルワーク實踐におけるエンパワーメント・アプローチの動向と課題', そーシャルワーク研究, Vol. 21, No. 2, pp. 76~82.

齋藤順子(1997), エンパワーメント實踐と教育方法の課題, ソーシャルワーク研

究, Vol. 23, No. 2, pp. 128~134.

門田光司(2000), 學校ソーシャルワーク實踐におけるパワ-交互作用モデルについ
　　て, 社會福祉學(第41卷 第1), pp. 71~85.

洪金子(2004), グループワークが自我成長におよぼす影響′日本女子大學院人間
　　社會研究科紀要′第10号′pp. 47~60.

제8장

면접과 면접기술

1. 면접의 개념

사회복지실천에서의 면접은 전문적 관계에 바탕을 두고 정보수집, 과업수행, 클라이언트의 문제나 욕구해결 등과 같은 목적을 수행하는 시간제한적인 의사소통으로서 사회복지 개입의 주요 도구이다. 사회복지실천과정에서의 면접은 인간의 행동과 반응에 대한 전문적 지식과 인간관계의 기술을 갖춘 사회복지사가 클라이언트와 그의 문제를 이해하고 원조한다는 목적을 가지고 의도적으로 이끌어 나가는 전문적 대화이다(엄명용 외, 2008). 면접은 일방적인 활동이 아니라 상호적인 활동이며, 이러한 상호적 관점은 사회복지면접에서 중요한 의미를 지닌다. 사회복지실천에 있어 면접은 클라이언트의 문제 파악 및 실행, 평가의 전반적인 실천과정에 있어 기본적인 수단이다. 사회복지실천에서의 면접은 실천을 위한 정보수집의

도구이기도 하며 그 자체가 치료적 효과를 갖기도 한다(Schubert, 2000;
이상균 외 역, 2002).

2. 사회복지면접의 특성

콤튼과 갤러웨이(Compton & Galaway, 1994)는 사회복지실천에서 면
접의 특성을 다음과 같이 정리하였다.
① 사회복지실천 면접은 맥락이나 세팅을 가지고 있다. 즉, 클라이언트
에게 서비스를 제공하는 특정한 기간이 있고, 면접의 내용은 특정 상
황에 한정되어 있어 관련 되지 않은 요인들은 제거된다.
② 사회복지실천 면접은 목적과 방향이 있다. 즉, 면접은 우연히 만나 정
보를 교환하는 것이 아니라 구체적인 목표를 달성하기 위해 수행되
는 과정이다.
③ 사회복지실천 면접은 계약에 의한다. 즉, 면접은 클라이언트와 사회
복지사가 목적 달성을 위한 일련의 과정을 상호 합의한 상태에서 진
행함을 의미한다.
④ 사회복지실천 면접에서는 관련자들 간의 특정한 역할관계가 규정된
다. 즉, 사회복지사와 클라이언트 각각에게 정해진 역할이 있고, 그
역할에 따라 상호작용한다.

다음 사항들은 효과적인 면접에 영향을 미치는 것들이다(Brown,
1992).
① 사회복지사의 자기인식의 정도
② 주고받는 심리에 대한 고유한 역동성을 이해하는 것

③ 원조관계를 발전시킬 사회복지사의 능력

④ 클라이언트를 존중하며 클라이언트로 하여금 의사소통 과정에 적극
   적으로 관여하도록 하는 사회복지사의 능력

⑤ 클라이언트에게 기술적으로 말을 하고 질문하는 사회복지사의 능력

⑥ 면접의 목적

⑦ 면접이 행해지는 분위기와 장소

⑧ 비밀보장의 정도

⑨ 전이와 역전이 등과 같은 면접과정에서 유발되는 역동성에 대한 사회
   복지사의 인식

3. 사회복지면접의 목적

면접의 목적은 클라이언트의 문제해결을 위한 정보를 얻는 것뿐만 아니
라, 면접을 통해 클라이언트에게 도움을 주는 것이다. 즉, 클라이언트와
문제에 대해 충분히 이해하여 적절한 원조를 제공하는 데 있다. 클라이언
트 개인, 가족, 사회적 환경 등에 관한 여러 가지 정보를 수집하고, 서비스
결정을 위한 사정, 기능 향상 및 환경변화를 위한 치료 등이 면접의 목적이
다(장인협, 1989).

일반적으로 면접의 목적은 다음과 같이 설명된다(Brown, 1992).

① 자료수집

② 치료관계의 확립과 유지

③ 클라이언트에게 정보 제공

④ 원조과정에서 장애를 파악하고 제거하는 것

⑤ 목표 달성을 향한 활동을 파악하고 이행하는 것

⑥ 원조과정을 촉진하는 것

4. 목적에 따른 사회복지실천의 면접

카두신(Kadushin, 1990)은 사회복지실천 면접의 목적을 정보 수집 혹은 사회조사, 사정을 위한 면접, 치료를 위한 면접의 세 가지로 설명하였다.

1) 정보 수집을 위한 면접

정보 수집을 위한 면접의 목적은 클라이언트와 그의 상황을 이해하는 데 필요한 정보를 수집하거나 사회조사를 위한 것이다. 클라이언트 개인이나 클라이언트를 둘러싼 상황에 대해 정보를 수집하고 이해하면 클라이언트의 문제를 더 잘 이해할 수 있다. 따라서 이 면접에서는 클라이언트의 개인적, 사회적 문제와 관련된 사회적 배경이나 개인의 성장 발달사에 관한 정보를 얻는다. 정보 수집 면접은 클라이언트의 유형, 문제영역, 기관의 성격에 따라 초점이 달라질 수 있으며, 객관적인 사실과 주관적인 감정, 태도 등이 포함된다.

정보 수집을 위한 면접에 포함되는 내용은 다음과 같다.
- 일반적 사항: 나이, 성별, 학력, 결혼상태, 주소 등
- 현재 문제: 현재 문제상황, 현재 문제와 관련된 과거력 등
- 가족력: 클라이언트와 원 가족과의 관계, 부모형제관계, 부부관계, 자녀관계 등
- 개인력: 아동기 성장과정, 발달단계상의 문제, 학교생활, 교우관계, 직

장생활, 결혼생활
- 사회적, 직업적 기능: 클라이언트의 사회적, 직업적 기능 정도 등

2) 사정을 위한 면접

사정은 자료를 해석하고 의미를 부여하여 실천방향 및 개입방향을 결정하는 일이므로, 사정을 위한 면접은 서비스에 대한 의사결정을 하기 위한 면접으로서 정보를 수집하기 위한 면접보다 목적 지향적이다. 사정을 위한 면접을 통해 클라이언트가 처해 있는 현재 문제상황, 문제해결 목표, 목표를 달성하기 위해 어떤 개입방법을 선택해야 할지 결정하게 된다.

사정을 위한 면접 시에 다음과 같은 질문이 사용될 수 있다.
- 누가 이 문제 상황에 관여되어 있나?
- 클라이언트는 문제에 어떤 의미를 부여하나?
- 어디서, 언제, 얼마나, 어떻게 문제행동이 일어났는가?
- 문제에 대한 클라이언트의 반응은 무엇인가?
- 클라이언트의 욕구는 무엇이며 문제해결을 위해 필요한 자원은 무엇인가?
- 클라이언트의 강점은 무엇인가?

3) 치료를 위한 면접

치료를 위한 면접은 클라이언트를 도와서 클라이언트 자신이 변화하거나 클라이언트의 기능을 향상시키기 위해서 사회적 환경을 변화시키기 위해 실시한다. 면접을 통해 클라이언트에게 자신감과 자기효율성을 강화

하고 필요한 기술을 훈련하며 문제를 해결할 수 있는 능력을 키운다. 환경을 바꿀 목적으로 면접하는 경우에는 클라이언트와 관련이 있는 중요한 사람들 혹은 클라이언트의 이익과 권리를 옹호하고 대변할 수 있는 사회복지기관, 지역사회, 공공기관, 관련 공무원 등이 면접의 대상이 된다. 치료를 위해 사용되는 면접의 기술로는 인지적 재구조화, 기적질문, 예외질문, 명료화 등 다양한 실천기술이 활용된다.

5. 면접 과정

면접은 목적적이고 의도적인 활동이기 때문에 면접과정을 나누고 각 과정에 적합한 질문을 하여 정보를 얻는 것이 좋다. 면접과정은 시작단계, 중간·진행단계, 종결단계로 나누어지며, 단계별 수행 내용은 다음과 같다.

- 시작단계: 인사 나누기, 관계 설정하기, 문제에 관해 확실히 언급하기
- 중간·진행단계: 문제 정의를 위한 더욱 상세한 정보 얻기, 도움을 주기 위해 노력하기
- 종결단계: 서로 수용할 수 있는 관계 유지하기, 면접 내용의 개괄로써 이해의 폭 넓히기, 다음 면접으로 이어지도록 다리 역할하기

1) 시작단계

사회복지실천 면접의 시작단계에서는 긴장감이나 불안감을 느끼지 않도록 사교적 의사소통이 도움이 된다. 기후, 물가, 교통문제, 식사, 스포츠 등에 관해 이야기할 수 있다. 또한 클라이언트가 쉽게 반응할 수 있고 위협적이지 않은 질문을 하는 것이 좋다. 면접의 초기 단계에서는 면접에 참

여하게 되는 목적을 명확히 해야 한다. 예를 들어, "어떤 계기로 전화를 하게 되었는지 말씀해 주시겠어요?" 혹은 "오늘 제가 어떻게 도와드릴까요?"라는 말로 설명을 부탁할 수 있다.

사회복지사는 클라이언트의 기관에 대한 기대가 무엇인지를 분명히 해야 하고, 기관이 제공할 수 있는 것과 제공할 수 없는 것에 대해 명확히 설명해야 한다. 기관이 클라이언트가 필요로 하는 서비스를 제공하지 않는다면, 적절한 곳에 의뢰하도록 한다. 면접이 연속적으로 이루어지는 면접 가운데 하나라면 지난 회기 때 다루어졌던 내용의 재검토에 대한 이야기를 한다.

2) 중간·진행단계

면접의 중간·진행단계에서는 사회복지사와 클라이언트가 문제해결 과정에 적극적으로 참여한다. 즉, 면접의 대부분은 문제를 탐색하고 클라이언트가 현재 상황을 어떻게 느끼고 경험하고 있는지에 관하여 이야기를 나누고, 해결책을 위한 선택사항들을 정하는 데 할애되어야 한다. 한편, 중간 단계에서는 장애가 파악되고 이 장애를 처리하는 방법이 논의되기도 한다(Brown, 1992). 클라이언트가 스스로 자신의 행동 대안을 개발하도록 유도한다.

3) 종결 단계

면접의 종결은 갑작스럽게 일어나서는 안 되며, 이 종결의 준비는 면접의 초기에 이미 시작된다. 클라이언트가 면접을 종결하는 시간을 의식하지 못하고 있으면 사회복지사는 상냥하게 종결 시간을 상기시킬 수 있다. 혹은 면접이 종결될 때가 되었다는 것을 비언어적 자세를 취해서 알릴 수 있다. 면접이 아무런 경고 없이 갑자기 끝나면 클라이언트는 거절당했다고 느낄 수 있다. 면접을 종결할 때, 사회복지사는 면접에서 수행되었던 것들, 결정한 것, 앞으로 취해져야 할 단계 등을 간략히 반복하는 것이 좋다(Kadushin, 1990).

6. 효과적인 면접의 구성요소

효과적인 면접을 위해서는 면접장소, 시간제한의 계획, 상황에 따른 시간과 횟수, 면접자의 태도가 고려되어야 한다.

1) 면접 장소

일반적으로 사회복지사의 사무실과 같이 주위 조건을 제어할 수 있는 공식적인 장소가 좋으며, 개인 사생활을 보장할 수 있고 안락하고 조용하며 갑작스런 방해를 받지 않는 곳이어야 한다. 그러나 면접의 장소는 클라이언트의 선호와 사례의 특성에 따라 달라진다. 질병으로 거동이 불편한 클라이언트는 그의 집에서, 입원환자의 경우 병동에서 만난다. 또한 긴박한 상황에서는 면접 대기실이나 버스정류장, 공항에서도 면접을 하게 된다. 청소년의 경우, 공원이나 운동장 같은 장소가 활용되기도 한다.

햅워스와 동료들(2006)은 장소를 선정할 시에는 너무 어둡거나 밝지 않은 채광과 조명, 춥거나 덥지 않은 적당한 온도, 넓은 공간, 면담에 적절한 가구와 분위기, 등을 기댈 수 있는 의자, 참여자들 사이의 개방적 공간, 비밀보장이 되는 안전하고 독립적 공간, 외부인이 출입하여 방해하지 않는 분위기 등이 고려되어야 한다고 하였다.

2) 시간제한의 계획

시간적으로 제한을 두면 면접을 더 신속히 진행하는 데 도움이 된다. 시작하는 시간과 진행 시간을 미리 약속해야 목적에 부합하고 초점에 집중하는 면접이 이루어진다. 면접시간의 최선의 원칙은 45분에서 75분 사이라고 알려져 있으나 상황에 따라 조금씩 달라진다. 너무 일찍 끝내거나 너무 길어지는 것은 좋지 않다. 사회복지사는 클라이언트에게 특정 면접을 위해 시간이 얼마나 걸리는지, 사회복지사와 몇 번을 만날 수 있는지, 면접이 몇 분 동안 이루어지는지 미리 알려준다. 종결시간은 사회복지사와 클라이언트, 양자의 동의와 참여로 끝마치는 것이 좋다. 면접을 마칠 쯤, 클라이언트가 아주 중요한 문제를 얘기하는 경향이 있는데, 사회복지사는 그 중요성을 인정하면서 다음 면접 때 그 내용을 함께 나눌 것을 제안한다.

3) 상황에 따른 시간과 횟수

사안이 위급하지 않고 일정한 거주공간을 가지고 있는 클라이언트에게는 일주일에 한 시간씩 몇 달 동안 면접을 하기도 한다. 가출아동이나 시설탈출 정신질환자의 경우에는 몇 시간 동안 계속 면접을 해야 하기도 하고, 2~3일에 걸쳐 간헐적으로 만날 필요도 있다. 입원이나 퇴원과 관련한 상황에서는 상대적으로 짧은 시간 동안 환자와 가족을 간헐적으로 만난다. 응급상황이나 위기의 개입은 보통 짧은 시간 동안 집중적인 접촉을 요구한다. 그다지 긴급한 상황이 아니라면, 일주일에 한 번, 또는 한 달에 한 번 꼴로 몇 주 내지 몇 달을 면접할 수도 있다.

4) 면접자의 태도

(1) 옷차림과 행동

옷차림이나 행동과 관련해 사회복지사는 기관의 전통이나 클라이언트의 기대를 고려해야 한다. 복장의 관례는 시간에 따라 변하고, 다양한 세팅과 지역에 따라 차이가 있다. 면접자는 클라이언트에 대한 관심과 염려를 보여줄 수 있는 행동을 한다. 면접 중 등을 기대거나 눈을 감거나, 책상 위의 물건을 만지작거리거나, 전화통화를 계속 한다거나, 창문 너머만을 계속 주시한다거나 하는 행동은 금지된다. 또한 신체적 접촉도 고려되어야 한다. 성인이 눈물을 흘릴 때는 화장지를 건네주는 편이 낫고, 손을 붙잡거나 어깨에 손을 올리는 행위는 신중해야 한다(Schubert, 2000; 이상균 외 역, 2002).

(2) 호칭

사회복지사와 클라이언트는 사교적인 관계가 아니라 전문적인 관계이므로 형식성을 띤다. 예를 들면, "사회복지사 선생님~", "이혜영 선생님~"이라는 호칭이 사용되도록 한다. 그러나 클라이언트의 이름을 부르지 않고 성만 부르는 것이 익명성을 보장할 수 있는 경우도 있다. 예를 들면, 알코올 단주 모임에 참여하는 중독자들이 자신을 소개할 때, "저는 김입니다"라고 소개하는 경우이다.

(3) 사적인 질문과 언급

클라이언트가 사회복지사에게 사적인 질문을 하는 경우가 있는데, 이러한 사적인 질문을 하는 동기는 다양하다. 그것은 단순한 사회적 호기심, 즉 처음 만난 사회복지사를 탐색하는 의도일 수 있다. 또는 사회복지사로서의 자질을 갖추었는지, 도움이 될 만한 점이 있는지 알아보기 위한 시도일 수도 있다. 클라이언트는 사회복지사와의 관계를 주도하면서 사적인 우정을 만들기 위해서, 또는 전문적 관계에서 야기되는 문제를 피하기 위해 사적인 관계를 만들려는 시도로 사적인 질문을 하기도 한다. 또한 사적인 질문은 사회복지사에 대한 감정의 표현일 수도 있다.

대부분의 경우 사적인 질문에 대한 대답은 솔직하고 정직하게 해야 하며 단순한 것이 좋다. 그리고 보통 이 대답을 통해서 클라이언트 주의를 클라이언트 자신에게로 돌리는 것으로 삼아야 한다(Garrett, 1972).

슈베르트(Schubert, 2000)는 일반적인 기술을 다음과 같이 설명하고 있다.

- 일상적인 맥락의 질문이고 사회적으로 충분히 수용될 수 있는 질문이라면 간략하고 직접적으로 대답해 준다.
- 사회복지사의 전문적 자질에 관련된 질문에는 솔직히 말하되 자신감을 가지고 대답하고, 추가로 분위기를 전환시킬 수 있는 반문을 제기한다.
- 사회복지사의 인간적 자질을 우려하는 질문을 할 수 있는데, 사회복지사는 자신이 갖지 못한 지식이나 경험을 마치 가진 것처럼 하는 것은 바람직하지 않다. 따라서 자신은 클라이언트와 유사한 경험이 없으므로 그 경험을 완벽하게 이해하는 데에 한계가 있다는 점을 명백히 인식시킨다.
- 사회복지사의 나이에 대해 물어볼 때는, "○○ 씨께서 경험한 일을 이해하기에는 제가 너무 젊다고 생각하시는군요"라고 대답할 수도 있고, 이런 예측이 틀릴 수도 있으므로 다소 조심스럽게 반문하는 형식으로 대답한다.

- 사회복지사가 클라이언트와 전문적 관계를 맺고 있는 동안에는 사적인 우정은 피하는 것이 좋다. 일반적으로 기관에 따라서 클라이언트에게 전화번호나 주소를 가르쳐 주지 않는 것을 명시적 규칙으로 정해 놓기도 하기 때문에, 이를 알려주는 것이 좋다.

사회복지사의 관심, 따뜻함, 신뢰의 자세는 클라이언트에 대한 존중을 내포한다. 사회복지사는 클라이언트의 욕구에 관심을 보이고 그를 도와준다는 것을 나타냄으로써, 또 클라이언트의 얘기에 경청하고 끊임없이 반응해 줌으로써 긍정적인 존중의 관계를 맺을 수 있게 된다. 사회복지사는 클라이언트를 정형화된 존재로 인식하기보다 개인의 특성을 인정하면서 개별화해야 한다.

5) 기록 및 비밀보장

면접에서 진행된 내용을 기록으로 남기는 것은 정보 수집, 개입방법의 점검과 확인, 면접과정을 이용한 교육 등 다양한 목적을 위해 매우 중요하다. 그러나 기록은 면접의 부수적 요소이므로 면접의 흐름을 깨지 않도록 주의해야 한다. 즉, 사회복지사는 클라이언트의 말을 기억하고자 하는 의도에서 간간이 몇 단어를 적어 내려가되, 면접 중에 많은 시간을 기록하는 데 소모하지 않는 것이 좋다. 기록 시에는 클라이언트에게 기록이 왜 필요한지를 설명하고 사전에 동의를 구해야 한다. 경우에 따라서는 면접 자체에 더 열중하기 위해 녹음이나 녹화를 하는 경우가 있는데, 물론 이 경우에도 클라이언트의 동의를 얻는 것이 필요하다.

효과적인 면접을 위해서는 클라이언트의 비밀이 유지될 수 있어야 한다. 사회복지사는 사회복지사와 클라이언트 사이에서 이야기된 내용과 정보는 클라이언트의 동의 없이 제3자에게 누설되지 않을 것이라는 점을 분명히 해야 한다. 사회복지실천에서 비밀보장의 책임은 담당 사회복지사에게 한정되는 것이 아니라 기관에 속한 모든 사회복지사에게 해당되는 것이다.

7. 면접의 기술

1) 관찰

관찰은 면접에서 가장 기본적인 것으로 선입견을 버리고 실제상황을 있는 그대로 보는 것이다. 관찰은 초기면접 이전에 클라이언트가 대기실에서 기다리고 있는 상황에서부터 시작된다. 관찰은 사회복지실천의 모든 과정 동안 사용하는 기술로서 클라이언트가 말하고 행동하는 것에 주의를 기울이는 것이다. 비언어적 표현(클라이언트의 표정, 손놀림, 눈 맞춤, 얼굴 붉힘, 억양 등)은 사회복지사가 클라이언트의 감정과 표현의 차이를 분명히 이해하는 데 매우 중요하다.

조휘일 외(1999)는 사회복지사는 클라이언트의 비언어적 몸짓으로부터 민감하게 주제에 대한 신호를 알아낼 수 있으므로 다음의 사항을 관찰해야 한다고 했다.

(1) 클라이언트의 비언어적 표현

클라이언트의 표정, 손놀림, 눈 맞춤, 얼굴 붉힘, 억양 등이다.

(2) 시작하는 말과 종결하는 말

클라이언트가 자신의 자아나 환경에 대해 어떤 태도를 가지고 있는지 암시해준다.

(3) 대화 중 화제 바꾸기

클라이언트가 갑자기 화제를 바꾸는 경우가 있는데 이때 면접자는 클라이언트가 이전에 했던 이야기와 이후에 시작한 이야기의 주제를 파악해야 한다. 클라이언트의 무의식중에 그 두 이야기는 밀접하게 관련되어 있을 가능성이 크기 때문이다. 일반적으로 클라이언트가 화제를 바꾸는 경우는 말하기 곤란하거나 고통스러워서 말하기 싫다는 것을 의미한다.

(4) 반복되는 언급

클라이언트가 어떤 일정한 주제를 반복해서 이야기하거나 우회적으로 이야기하는 경우가 있다. 클라이언트가 계속해서 반복적인 주제를 제시하는 것은 매우 중요하거나 도움을 원하는 문제이므로 주의 깊게 들어야 한다.

(5) 비일관성: 진술의 불일치

클라이언트의 이야기는 한결같지 않은 경우가 많다. 이러한 것이 지속적으로 계속된다면 이는 주목할 필요가 있다. 클라이언트의 진술이 불일치하는 것은 면접의 내용이 위협적이거나 공개하고 싶지 않음을 의미한다.

예를 들어, 클라이언트가 "제 딸은 완벽해요. 그러나 그 아이는 나를 존경하지 않아요……"라고 말하는 경우, 클라이언트가 "그 질문은 나를 괴롭히지 않아요"라고 말하면서 얼굴빛이 벌겋게 달아올라 있고, 주먹을 꽉 쥐고 있는 경우 등이 있다.

(6) 감춰진 의미

면접자는 클라이언트가 말하는 것만큼 클라이언트가 의미하는 것을 듣는 데 주의해야 한다. 특히 클라이언트의 말실수나 태도 등을 잘 관찰하면 클라이언트의 입장에서 감추어진 의미파악이 가능하다. 클라이언트는 실제로 감추어진 것이 있음을 알리기도 한다.

2) 경청

(1) 경청

경청은 단순한 듣기가 아니라 클라이언트의 사고와 감정을 이해하기 위한 적극적인 청취활동이다(엄명용 외, 2008). 면접에서 클라이언트를 이해하기 위한 가장 중요한 기술로, 클라이언트가 무엇을 말하는지, 면접자의 질문에 어떻게 반응하는지를 듣는 것을 포함한다. 경청은 감정적, 정서적으로 억압된 클라이언트의 감정표현을 돕도록 하기 위해 잘 들어주는 것이다. 경청은 귀를 통해 듣는 것뿐만 아니라, 머리로 이해하는 것까지 포함한다. 이해한다는 것은 메시지를 해석하고, 종합하고, 분석하는 것을 말한다.

경청은 클라이언트의 어려움에 공감하고 필요한 반응을 하면서 듣는 것으로, 경청만으로 클라이언트는 감정의 정화와 마음의 안정을 경험할 수 있다. 사회복지사가 클라이언트의 이야기를 주의 깊게 듣고 반응하면, 클라이언트와 신뢰관계 형성이 쉬워지고, 클라이언트의 자기개방이 증진되어 문제해결에 도움이 된다.

사회복지사는 클라이언트에게 자신이 잘 듣고 있다는 표현을 하기 위해서, 또는 클라이언트가 자신의 메시지가 정확히 전달되었는지 알 수 있도록 들은 것에 대해 반응을 보여준다. 예를 들어, 고개를 끄덕이거나, '아, 그랬구나'라고 말하는 것이다. 사회복지사는 클라이언트의 언어적, 비언어적 메시지 모두에 주위를 기울인다. 클라이언트가 말한 단어의 뜻보다는 클라이언트의 잠재된 감정에 주목한다. 목소리는 분명하고, 조용하고 흥미를 가지고 있는 어조를 사용한다. 클라이언트의 이야기를 잘 듣고 있으며 그의 이야기에 관심을 가지고 있다는 몸짓을 보여주며, 클라이언트가 말한 것을 명확히 하는 질문을 사용한다. 사회복지사의 질문은 클라이언트를 통제하기 위해서가 아니라, 클라이언트에 대한 이해를 높이기 위해 질문하거나 이야기하는 것이다. 경청하기 위해서 사회복지사는 자기가 말하고 싶은 요구를 통제해야 하며, 클라이언트가 말하고 싶은 것이 무엇인지를 파악하기 위해 노력해야 한다. 클라이언트가 이야기할 때 너무 많이 끼어들거나 아예 개입하지 않는 것은 좋지 않다.

트레비식(Trevithick, 2000)은 보다 자세하게 경청기술과 관련된 기본 기술을 다음과 같이 제시하고 있다.

- 가급적이면 최대한 개방적이고, 직관적이며, 공감하고, 자기인식을 하고 있도록 한다.
- 눈맞춤을 유지한다.
- 개방적이고 주의를 기울이는 몸자세를 취한다.
- 비언어적 형태의 의사소통 방법에 주의를 기울이고 이러한 형태의 의사소통이 주는 의미를 파악한다.
- 의사소통의 한 방법으로 침묵을 허용하고 활용할 수 있도록 한다.
- 적절한 신체적 거리를 유지한다.
- 주요한 단서를 파악하고 이를 확인한다.
- 사회복지사 자신이 보일 수 있는 산만한 행동과 매너리즘에 빠져 있는 행동을 인식한다.
- 모호하고 혼돈스러운 언급을 회피한다.
- 사람들이 자신들의 시대에 맞는 적절한 언어를 활용하는 중요성을 인

식한다.

- 면접장소와 일반적인 물리적 환경의 중요성을 인식한다.
- 간섭되거나 산만해질 가능성을 최소화한다.
- 면접의 전반적인 분위기, 특히 의사소통이 되고 있지 않는 분위기에 민감해진다.
- 면접에서 정서적인 내용을 경청하면서 이에 적절한 질문을 한다.
- 가능할 때마다 그리고 적절할 때 피드백을 제공한다.
- 적시성의 중요성을 인식하는데, 특히 강렬한 감정이 표현될 때 더욱 그렇다.
- 민감한 문제나 고통스러운 주제와 관련하여 목소리 톤에 주의를 기울인다.
- 예상하거나, 편견 혹은 낙인을 찍는 일을 피하며 성급한 판단이나 평가를 내리는 것을 피하도록 한다.
- 도움이 될 만한 이론들을 상기하고, 적절한 시점에서 이해를 돕기 위해 이론을 이해 가능한 언어로 설명하도록 한다.
- 가급적 최대한 자연스럽고, 자발적이며, 편안한 자세를 취한다.

(2) 침묵의 활용

초보 사회복지사에게 면접 중 클라이언트의 침묵은 두려운 것 중의 하나이다. 그러나 침묵도 의미 있는 의사소통의 한 형태이다. 클라이언트가 면접 중에 대화를 멈춘다는 것은 여러 가지 이유 때문이다. 잠깐 자신의 생각을 정리하기도 하고, 말에 따른 감정을 추스르기도 하며 무슨 말을 하여야 할 것인지에 대해서 잠깐 망설이기도 한다. 혹은 저항이나 반대의 소극적 표현일 수도 있다. 어떤 경우이든 성급하게 침묵을 깨려 할 필요는 없다. 사회복지사는 침묵을 어느 정도 지켜보고 기다려 줄 필요가 있다. 그런 후에, 사회복지사는 침묵을 두 가지 방식으로 다룰 수 있다. 하나는 반영해 주는 것이고 두 번째는 계속 기다리는 것이다. 대부분의 사람은 침묵을 불편해 하기 때문에, 사회복지사가 계속 기다리면 침묵을 중단하고 어떤 말을 시작할 것이다. 그러나 침묵 때문에 클라이언트가 너무 불편하지는 않았는지 관심을 가지고 살펴보아야 한다.

침묵에 반영하는 예는 다음과 같다.
- "지금 무슨 생각을 하셨습니까?"
- "매우 슬퍼 보이십니다. ○○ 씨에게 민감한 문제였나요?"
- "잠시 생각하는 것도 좋을 거예요."
- "말할 준비가 되면, 그때 이야기를 듣도록 하지요."

3) 질문

질문기술은 클라이언트로부터 필요한 정보를 이끌어 내기 위해 가장 많이 사용하는 기술이다. 질문에는 개방형 질문과 폐쇄형 질문이 있다(Hepworth et al., 2006).

개방형 질문은 클라이언트가 자신의 방법으로 이야기할 수 있도록 하며 좀 더 광범위한 대답을 요구하는 질문이다. 개방형 질문의 장점은 클라이언트가 중요하다고 생각하는 것은 무엇이든지 말할 수 있게 하며 다양하게 대답할 수 있다는 것이다. 개방형 질문은 클라이언트가 지각하는 범위를 넓히고 클라이언트의 태도, 생각, 느낌 등에 관해 묻는다.

개방형 질문의 예는 다음과 같다.
- ○○ 씨의 대학생활이 궁금한데 말해줄 수 있나요?

- 결혼생활에서 어떤 어려움이 있나요?
- ○○ 씨의 어머니에 대해 이야기해 주시겠어요?
- ○○ 씨는 가족과의 관계가 어떠합니까?

폐쇄형 질문은 클라이언트의 초점을 제한하고 확실한 사실에 대해서만 묻는 방식으로서 일반적으로 '예', '아니오' 대답만 요구하거나, 간단한 단답형 질문만을 하는 것이다. 호구조사적인 내용을 얻기 위해서나, 상세한 내용을 부각시키기 위해, 또는 좀 더 확실히 이해하기 위해 사용한다. 너무 말이 많은 클라이언트를 중단시키고 주제에 초점을 맞추기 위해서도 사용한다. 폐쇄형 질문의 단점은 클라이언트가 대답할 수 있는 방법을 제한하기 때문에 클라이언트에 대한 이해의 폭을 좁힌다는 것이다.

폐쇄형 질문의 예는 다음과 같다.
- 자녀의 학교 선생님은 체벌을 많이 하나요?
- 가족과의 관계는 좋았나요?

면접에서 피해야 할 질문이 있는데, 피해야 할 질문은 ① 폐쇄형 질문의 사용, ② 유도질문의 사용, ③ '왜'라는 질문의 사용, ④ 이중 혹은 삼중질문의 사용, ⑤ 모호한 질문의 사용, ⑥ 단순한 호기심에서 나온 질문 등이다(Benjamin, 1969; Kaduchin, 1990).

(1) 폐쇄형 질문

폐쇄형 질문은 집중해서 질문하고 답해야 하기 때문에 쉽게 지치고, 문제를 다양하게 탐색해 볼 기회가 줄어든다.

(2) 유도형 질문

유도형 질문은 클라이언트가 바람직한 결과를 이끌어 나가기를 바라는 마음에서 사회복지사의 감정이나 견해를 해결책의 형태로 간접적으로 나타내는 것이다. 이는 사회복지사가 클라이언트와 논의해야 하는 진정한 관심사를 모호하게 만든다. 즉, 클라이언트에게 특정한 방향의 응답을 하도록 이끄는 질문이다. 솔직한 자신의 의견보다는 사회복지사가 원하는 혹은 기대하는 방향으로 거짓말을 할 수 있다.

유도형 질문의 예는 다음과 같다.

- "당신은 정말 아내와 잘 지내려 노력했다고 생각합니까?
- "당신은 너무 어려서 독립할 수 없었던 게 아닙니까?"
- "당신이 어머니와 싸우게 되면 어머니가 당신을 위축되게 할 것이라 생각하지는 않나요? 과거에 어머니가 그러했던 것처럼 말이에요."

(3) "왜?"라는 질문

"왜"라는 질문은 클라이언트를 방어적인 태도로 만드는 경향이 있기 때문에 질문을 받으면 사회적으로 허용하는 대답을 하게 된다. 예를 들면, "그때 왜 그렇게 하셨죠?", "왜 여러분은 그 직업을 선택했지요?", "왜 ○○씨는 아버지와 잘 지내지 못하나요?"이다. 클라이언트의 행동이나 상황에 대해서 "왜?" 대신에 "무엇", "언제", "어디서", "어떻게" 등에 초점을 두는 질문을 사용하는 것이 좋다. 예를 들면, "그런 결정을 내리게 된 배경이 있나요?", "그와의 관계를 어렵게 하는 것은 무엇인가요?"라고 질문한다.

(4) 이중 혹은 삼중 질문: 한꺼번에 너무 많은 질문

한꺼번에 많은 질문을 하면 클라이언트는 피상적인 답을 하게 되는 경우가 많다. 질문을 과도하게 많이 하면 정보를 많이 끌어내지 못하게 되고, 관련 정보를 수집하는 데 있어서 비생산적이고 비효과적이 된다. 클라이언트를 당황하게 만들 수 있으므로 한 번에 하나씩 질문을 하는 것이 좋다. 이중 혹은 삼중 질문의 예는 다음과 같다.

- 당신은 오늘 밤 다시 노숙자 쉼터에서 머물 겁니까? 아니면 친구 집으로 돌아갈 것입니까? 아니면 제가 거처할 장소를 마련해주길 원하십니까?
- "당신이 상황을 통제할 수 없다고 느낄 때, 당신 마음은 어떠했나요? 그것에 대한 생각은 어땠나요? 또 당신은 어떤 행동을 했습니까?"(세 가지 질문을 동시에 함)
- "당신이 어디에서 살아야 하는지 생각해보신 적이 있으십니까? 그것이 당신의 가장 큰 걱정거리인가요? 아니면 그보다 더 큰 문제가 있습니까?"

(5) 모호한 질문

모호한 질문은 대명사를 많이 사용하거나 상황에서 벗어난 질문을 할 때 발생한다. 모호한 질문은 특히 대인관계가 복잡한 상황에서 누가 누구와 어떤 관계 속에서 문제가 발생하였는지 파악할 때 많이 발생한다. 그러므로 이러한 문제를 피하기 위해서 질문은 구체적일수록 좋다.

예를 들면, "그 아이의 그러한 행동에 대해 말씀해 주세요"라고 하는 것보다는 "수미의 가출에 대해 말씀해 주세요"라고 표현하는 것이 좋다.

(6) 단순한 호기심

질문은 항상 목적이 있어야 하고 양자에게 합당한 이유가 있어야 한다.

질문은 항상 타당하고 면접을 진행하는 데 도움이 되어야 한다. 인터뷰하는 사람은 주제에서 벗어나거나 호기심으로 질문해서는 안 된다.

적절치 않은 예는 다음과 같다.
클라이언트: 전 지금 혼돈스러워요. 내 딸이 지난주에 차 사고로 죽었어요.
사회복지사: 오, 딸이 몇 살이죠?(이 상황에는 맞지 않는 단순히 호기심
　　　　　　　으로 한 질문임)

잘못된 질문은 클라이언트의 잘못을 추궁하거나 대화의 흐름을 막는 역효과를 초래할 수 있다. 대화 중 핵심 주제로 급히 전환할 경우, 클라이언트는 사회복지사가 자신을 전혀 이해하지 못한다고 생각할 수 있어 관계 형성에 방해 요소로 작용된다. 클라이언트에게 질문을 너무 많이 하면 클라이언트는 혼란을 느끼는 반면, 너무 적게 하면 클라이언트에게 면접의 부담을 너무 많이 지우게 된다. 따라서 질문은 너무 많이 하거나 적게 해서는 안 된다. 또한 '예/아니오'로 대답하는 질문은 피한다. 이를 통해 클라이언트는 자유롭게 말할 수 있고 질문을 하는 사람은 그의 욕구를 더 잘 파악할 수 있다. 질문은 클라이언트의 속도에 맞추는 것이 중요하다. 클라이언트가 자신이 분석되고 있다고 느끼게 하거나 클라이언트를 필요 이상으로 깊게 조사해서는 안 된다.

4) 표현 기술

(1) 명료화

명료화 기술은 클라이언트가 표현을 분명하게 할 수 있도록 격려함과 동시에 클라이언트가 말한 내용을 사회복지사가 잘 이해하고 있는가를 확

인하기 위한 질문을 말한다. 이 기술은 주로 모호하거나 혼돈스러운 내용을 정리하면서 사회복지사가 들은 바를 정확하게 이해했는지 확인하기 위해 사용하는 것이다(Trevithick, 2000). 클라이언트의 진술에 일관성이 없거나 모호한 경우 좀 더 분명히 대답을 요구하는 방법이다. 클라이언트에게 상황에 대한 자신의 견해를 재구성하도록 도와줌으로써 미처 생각하지 못했던 변화 가능성을 인식할 수 있도록 해준다.

명료화 기술의 예는 다음과 같다.
클라이언트: "○○는 자신의 생각에 대해 당당하게 드러내는데, 제 마음
속에는 그렇게 하는 게 좀 그런 것 같아요."
사회복지사: "'그런 것'이란 구체적으로 어떤 것을 말하는 거죠?"
사회복지사: "미안하지만 지금 말씀하신 마지막 부분이 이해가 잘 안 되
네요. 그 진단이 구체적으로 무엇인지요?"

(2) 직면하기

클라이언트의 말과 행위 사이의 불일치, 표현한 가치와 실행 사이의 모순을 클라이언트 자신이 주목하도록 하는 기술이다. 사회복지사가 직면기술을 사용함으로써 클라이언트가 자신이 말한 내용과 이와 관련된 비언어적 행위 사이의 불일치, 언급한 계획과 실제 행동 사이의 불일치, 표현한 가치와 실행 사이의 불일치에 대해 주목하도록 할 수 있다. 직면은 어떤 강도로든 도전이거나 위협이 되어서는 안 된다. 직면은 클라이언트의 감정, 행동, 사고의 모순적인 면을 지적하는 것이므로 이것을 받아들이기 어려운 클라이언트는 방어적인 반응을 일으킬 수 있기 때문에 직면에 앞서 깊은 이해를 바탕으로 하는 공감적인 대화가 전제되어야 한다. 사회복지사의 직면반응은 클라이언트를 배려하는 상호 신뢰의 맥락에서 행해져야 하며, 클

라이언트에 대한 상담자의 좌절과 분노를 표현하는 수단으로 사용되어서는 안 된다.

세퍼(Sheafor, 2003)는 직면기법을 사용할 때 고려되어야 할 사항들을 다음과 같이 정리하였다.

- 당신이 화가 났을 때에는 직면하지 않는다.
- 당신이 깊이 관여할 수 없거나 관여하지 않으려고 한다면, 클라이언트에게 직면하지 않는다.
- 클라이언트가 존중과 긍정적인 감정을 갖지 않은 사람으로부터 도전을 받으면 그것이 무엇이든 유익한 영향을 미치지 못한다.
- 클라이언트에 관한 긍정적인 관찰과 함께 도전적인 메시지를 제공한다.
- 당신의 메시지가 기술적이고 비판적인지를 확인한다.
- 당신의 메시지가 근거하고 있는 자료와 관찰을 제시한다.

직면을 사용할 때는 다음의 4가지 요소를 포함해야 한다(Hepworth et al., 2006).

- 관심의 표현
- 클라이언트가 의도하는 목표, 신념
- 목표나 신념에 맞지 않는 모순된 행동
- 모순된 행동으로 인한 부정적 결과

예를 들면, 훌륭한 어머니가 되기 위해 노력을 하지만 이것을 알아주지 못하는 자녀에 대한 원망으로 아동학대를 하는 클라이언트에게 "당신이 원하는 것이 무엇인지 충분히 알 것 같습니다(관심의 표현). 당신은 훌륭한 어머니가 되고 싶은 거죠?(목표). 그러면서도 손찌검으로 인해 아이들과의 약속을 몇 번씩이나 어겼네요(모순). 그 때문에 자녀들이 실망하고 당신을 이해하지 못하는 것 같습니다(부정적 결과)."라고 하는 것이다.

또 다른 직면의 예는 다음과 같다.
- 사회복지사: "○○ 씨가 어제는 '어머니하고는 터놓고 지냅니다'라고 말했는데, 방금 전에 말씀하신 내용으로는 사실상 어머니하고 터놓고 지내는 사이가 아닌 것 같은데요."
- 사회복지사: "제 생각에, ○○ 씨는 저의 도움을 요청했지만 저의 제안을 받아들이기 꺼려하는 것 같군요."

(3) 해석하기

클라이언트의 표현과 행동상황 저변의 단서를 발견하고 그 결정적 요인들을 이해하여 클라이언트가 깨닫도록 도와주는 기술이다(양옥경 외, 2005). 사회복지사가 해석을 제공하여 클라이언트로 하여금 진술이나 인식을 넘어서게 하며, 클라이언트가 자신의 행동이나 생각, 감정 등에 새로운 의미를 부여하고 원인을 다른 관점에서 해석할 수 있는 기회를 갖게 한다. 해석을 사용하는 전형적인 목적은 클라이언트의 통찰을 촉진시키는 것이다. 특정 상황에 대한 해석이 다양할 수 있고 적절하게 사용되지 않을 경우 역효과가 발생할 수 있으므로 해석하기 기술을 사용할 때는 유의해야 한다.

해석기술 사용의 예는 다음과 같다.

클라이언트: "제 남편은 가정적인 것과는 거리가 너무 멀어요. 요즘 남자가 어디 그래요? 친구들 이야기를 들어보면, 자상하고 애들한테도 잘 해주고, 살림도 많이 거들어 준대요."

사회복지사: "남편에 대한 불만이 그동안 많이 쌓여 있네요."

이 경우, 사회복지사의 해석은 여러 가지가 있을 수 있다. 남편에 대한 불만을 가정적이지 않다는 것으로 대신해서 표현할 수도 있고, 어린 시절 자신과 어머니를 버린 아버지에 대한 분노를 남편에게 전치한 것일 수도 있다. 혹은 자신의 열등감을 남편에 대한 불만으로 늘어놓는 것일 수도 있으므로, 이 중 한 가지를 단정적으로 적용하지 않아야 한다.

클라이언트: 아버지께 그러한 이야기를 하기가 무척 힘들어요.
사회복지사: 그런 말을 하면 아버지가 불쾌하게 나오실 것 같은 두려움이 있을지도 모르지요.
클라이언트: 그래요. 그러나 나는 아버지께 직접 말씀드릴 필요를 못 느낍니다.
사회복지사: 그건 긴장되고 용기가 필요한 일이지요. 그런데 당신은 그것을 말씀드려야겠다고 생각하고 있군요. 그렇게 하는 것이 당신의 마음을 정리하고 아버지로부터 올바른 이해를 받을 수 있다는 길이라는 말이죠. 아버지께 이야기하고 나면 한결 가벼워지겠군요.
클라이언트: 예, 일단 말씀드리고 나면 더 이상 심각하게 고민할 것 같지 않아요.
사회복지사: 그런 것이 마음의 부담을 청소하는 과정이라고 할 수 있죠.

면접에서 해석은 클라이언트의 생각보다 뒤늦어서도 안 되지만 너무 앞서도 바람직하지 못하다. 그래서 위의 사례처럼 클라이언트가 생각하거나 느낀다고 믿는 방향으로 한걸음 정도 앞서서 점차적으로 진행하여야 한다.

햅워스는 해석기술을 사용할 때 주의해야 할 점들을 다음과 같이 기술하고 있다(Hepworth et al., 2006).

- 클라이언트가 사회복지사의 동기를 오해하여 방어적인 반응을 할 수 있으므로 어느 정도의 신뢰관계가 형성되어 사회복지사의 좋은 의도를 믿을 수 있을 때까지 기다려서 사용한다. 일반적으로 해석은 사회복지사와 클라이언트 간의 신뢰관계가 돈독해진 경우에 해야 한다.
- 클라이언트가 자기탐색을 할 준비가 되어 있어야 하고 사회복지사도 정보를 충분히 확보한 다음에 해석기술을 사용한다. 충분한 정보가 없이 너무 빨리 해석을 하면 해석이 틀릴 수도 있기 때문에 이럴 경우에는 해석을 하지 않는 것보다 못한 효과를 가져올 수 있다.
- 연속적인 해석은 오히려 클라이언트를 혼란스럽게 할 수 있으므로 해석 후 충분히 생각할 시간을 주는 것이 필요하다.
- 해석은 어디까지나 사회복지사의 추론에 의한 것이므로 틀릴 수 있음을 항상 염두해 두어야 한다.
- 클라이언트가 해석에 불쾌해 하거나 부정적으로 반응하면, 실수가 있을 수 있음을 인정하고 클라이언트의 반응에 공감하며 주제를 보다 상세히 탐색하고자 하는 논의를 계속해야 한다.

(4) 요약하기

요약은 면접을 시작하기 전에 클라이언트가 이전 면접에서 언급한 것을 간략히 요약하거나, 면접을 마칠 때, 혹은 새로운 주제로 전환하려 할 때, 오늘 면접 내용을 정리하기 위해 사용하는 기술이다. 요약은 클라이언트의 생각, 행동과 감정들을 사회복지사의 언어로 정리해 줌으로써 사회복지사가 클라이언트의 말을 주의 깊게 경청하고 있음을 보여 주면서 사회복지사 자신이 정확히 이해했는지도 확인할 수 있다.

트레비식(Trevithick, 2000)은 요약기술을 활용하면 다음과 같은 유용한 점이 있다고 지적하고 있다.

① 사회복지사는 지난 면접시간의 내용을 간략하게 요약함으로써 새로운 면접시간을 시작할 수 있다.

② 이 기술은 이제까지 논의된 핵심적인 내용을 간략하고 정확하게 부분적으로 혹은 상세하게 정리해 준다.

③ 클라이언트의 면접에서 방향을 잃었을 때 혹은 주제에서 벗어났을 때 한 주제를 정리하고 새로운 주제로 옮겨 갈 수 있도록 해 준다.

④ 이 기술은 면접시간을 만족스럽게 마감할 수 있도록 돕는다.

요약하기의 예는 다음과 같다.

사회복지사: "지난 시간에 서진이는 엄마가 서진이에게 좀 더 많은 관심을 보여주고 사랑해 주기를 원하지만, 엄마가 꾸짖거나 혼자 남겨둘 때는 몹시 화가 나고, 엄마가 서진이를 사랑하지 않는다는 생각이 든다고 이야기했어."

(5) 감정반영하기

감정의 반영은 말하고 있는 개인의 감정을 분명하게 파악하고 그것을 다시 그 사람에게 전달하는 것을 말한다. 반영은 말 속에 내포되어 있는 클라이언트의 감정과 태도를 표면으로 이끌어 냄으로써 클라이언트가 마치 거울을 보듯 자신의 내면을 보게 하는 것이다.

에번스(Evans, 1998)는 클라이언트의 감정을 파악할 때 클라이언트 이야기의 정서적 부분에 주의를 기울일 것과, 클라이언트의 행동(예: 자세, 어조, 말 속도, 태도 등)에 주의를 기울일 것, 감정을 적절히 표현하기 위해 감정과 관련된 광범위한 단어를 사용할 것, 그리고 클라이언트 감정 전부를 파악할 것을 권하고 있다.

감정반영하기를 예를 들면, 사회복지사가 "그 생각을 하니 지금 너무 슬프신거죠", "아, 그렇군요", "많이 힘드셨겠어요", "선생님께서 저에게 장애인에 대한 특권을 거부당한 것에 대해서 말씀하실 때, 선생님은 매우 화가 나 보이고, 이 사회에 배신감을 느낀 것처럼 보였습니다. 제가 제대로 본 건가요?"라고 말하거나 혹은 울고 있는 클라이언트의 손을 잡아주는 것이다.

(6) 정보제공과 조언하기

정보제공은 사회복지사가 클라이언트에게 의사결정이나 문제해결에 필요한 정보를 제공하는 것을 말한다(Sheafor et al., 2003). 클라이언트가 이해하고 수용할 수 있는 수준에서 말이나 문서로 정보를 제공한다.

셰퍼와 동료들(2003)은 정보제공에 있어 다음과 같은 지침을 제공하고 있다.

① 클라이언트의 현재 심리상태를 주의 깊게 고려해야 한다.

② 정보나 지시를 논리적, 체계적, 단계적으로 제공한다.

③ 복잡하고 다단계적인 지시사항은 서면으로 한다.

④ 대명사의 사용에 조심하고 분명하고 명확하게 이해할 수 있도록 한다.

이에 비해 카두신과 카두신(Kadushin & Kadushin, 1997)은 정보제공에 있어 다음과 같은 보다 구체적인 지침을 제공하고 있다.

① 사회복지사가 말하고자 하는 정보를 클라이언트가 분명하게 이해했는지 확인한다.

② 제공하려는 정보가 클라이언트의 문제와 관련이 있음을 분명히 한다.

③ 클라이언트가 소화할 수 있는 분량의 정보를 제공하여 클라이언트가 혼돈하지 않도록 한다.

④ 클라이언트의 교육수준 및 어휘능력에 맞게 정보를 제공한다.

⑤ 가능하면 제공하려는 정보를 문서화하도록 한다.

⑥ 클라이언트의 이해와 수용을 극대화하는 방법으로 정보를 제공한다.

⑦ 정보를 제공하는 데 있어 강조해야 할 부분에서는 잠깐 멈춘다든지 적절한 표현 방법을 활용하도록 한다.

⑧ 클라이언트의 문화적 배경을 고려하여 정보를 제공한다.

⑨ 클라이언트가 제공하려는 정보를 수용할 정서적인 준비가 되어 있는지 확인하고 이에 따라 세심하게 정보를 제공한다.

⑩ 제공하려는 정보를 클라이언트가 수용할 의지가 있는지 확인하고 이에 따라 세심하게 정보를 제공한다.

조언은 클라이언트가 해야 할 것을 추천하거나 제안하는 것이다. 많은 사람들은 클라이언트를 돕는 것이 클라이언트에게 조언을 해 주는 것이라 생각한다. 그러나 정보를 주어야 할 상황에서 조언을 하는 것은 원조관계에서 매우 위험하다. 사회복지사는 정확한 정보와 그에 따른 결과를 설명하고 클라이언트가 스스로 결정을 내리는 데 도움을 주어야 한다. 사회복지사는 클라이언트가 자유롭게 조언을 받아들이거나 거절할 수 있다는 것을 전달하는 것이 중요하다. 클라이언트가 사회복지사에게 자기를 대신해서 문제를 해결해 달라거나 결정을 내려달라고 할 때가 있는데, 이 요청은 혼란이나 당황함의 표현이지 사회복지사에게 모든 권한을 양도하겠다는 뜻은 아니다. 그것은 단지 무기력의 표현이고, 문제를 회피하고자 하는 시도이며, 도움을 구하는 절규이자 고통의 표현이다(이윤로, 2007).

셰퍼와 동료들(2003)은 조언하기에 있어 다음과 같은 지침을 제공하고 있다.

① 클라이언트의 입장에서 조언 받을 때의 느낌을 먼저 생각해 본다.

② 조언은 치료에서보다는 의뢰, 중개 또는 옹호할 때 주로 사용한다.

③ 클라이언트가 조언을 원치 않으면 제공하지 않는다.

④ '내가 당신이라면… 이렇게 할 수도 있을 것이다.' 혹은 '일반적으로
사람들은 … 할 것이다'라고 표현하여 클라이언트에게 선택의 여지가
있도록 한다.

⑤ 조언을 활용할 때 따르는 법적 책임에 대해서도 고려해야 한다.

⑥ 사회복지사에게 책임을 지우는 조정적인(manipulative) 클라이언트
에 대해서는 조언을 하는 것에 매우 주의해야 한다.

(7) 관심 보여주기: 클라이언트에게 집중하기

의사소통을 격려하는 가장 단순한 기술은 클라이언트에게 계속 관심을
유지하는 것으로서 클라이언트의 언어적, 비언어적 메시지를 주의 깊게 듣
고 알아차리는 능력이 필요하다. 관심 보여주기의 예는, 클라이언트를 향
해 앉기, 개방적이고 공손한 자세 취하기, 클라이언트를 향해 몸을 약간 기
울이기, 클라이언트 눈을 직시하기 등이다.

(8) 감정이입(empathy)

감정이입은 사회복지사가 원조과정 중 자신의 관점을 유지하면서 클라
이언트의 주관적 경험과 감정을 정확하게 인지하는 능력이다(엄명용 외,
2008). 상대방을 위한다는 동정과 달리, 상대방과 '더불어' 느낀다는 점을
내포한다. 그러나 어떤 존재에 대한 완전한 이해는 영원히 얻을 수 없는 것
이며 다만 근접할 수 있을 뿐이다. 감정이입할 때 사회복지사는 클라이언
트의 느낌을 나누고, 결과적으로 클라이언트의 느낌과 마음의 상태를 더
잘 이해할 수 있는 위치에 있게 되는데, 감정이입은 적극적인 경청을 통해서

클라이언트에게 계속적으로 주의를 기울임으로써 가능하다. 사회복지사는 자신의 관점과 객관성을 잃지 않으면서 클라이언트의 감정을 깊이 느낄 수 있어야 하며, 감정이입된 이해는 클라이언트가 자신의 표현과 설명이 이해되지 않을 것이라는 걱정을 없앨 수 있다.

일반적으로 어떤 상황에서 타인에 대해 감정이입을 할 수 있는 능력은 다음 사항에 비례한다고 볼 수 있다(Gorden, 1976).
① 타인의 상황에 대한 자신의 지식의 안정성과 정확성의 정도
② 자신이 동일한 상황을 경험한 정도나 몇몇의 유사한 상황요인과 이러한 상황을 상상적으로 구성할 수 있는 능력의 정도
③ 자신이 상대방의 경험을 정확하게 관찰하고 기억할 수 있는 능력의 정도

(9) 초점화(focusing)

초점화는 클라이언트의 표현이 산만하고 혼란스럽거나 모호할 때, 또는 클라이언트가 어떤 주제를 회피하고자 할 때, 사회복지사가 간단히 질문을 하거나 언급함으로써 면접에서 관련 있는 주제로 다시 초점을 맞추는 것이다. 클라이언트가 자기 문제를 언어로 표현할 때 산만한 것을 점검해 주고 말속에 숨겨진 선입견, 가정, 혼란을 드러내어 자신의 사고과정을 명확히 볼 수 있도록 해준다(엄명용 외, 2008). 초점화는 제한된 시간 내에 최대의 효과를 추구해야 하는 전문적 관계에서 불필요한 방황과 시간낭비를 막아준다.

(10) 지지하기(sustainment)

지지하기는 클라이언트에 대한 사회복지사의 신뢰나 존중, 돕고자 하는

태도 등을 직접적인 표현으로 전달하며, 클라이언트가 문제해결 능력이 있다는 확신을 표현하는 것이다. 사회복지사는 긴장이나 스트레스 또는 위기상황에서 클라이언트에게 적절한 후원자가 되어줄 수 있고, 클라이언트가 계속 대처하고 나아갈 수 있게 해주는 사람이다. 사회복지사는 지지하기를 통해 클라이언트가 원조를 요청할 때 느끼게 되는 긴장이나 불안감을 덜어주고 자기의 상황에 대해 솔직하게 이야기할 수 있게 해주며 자기존중감을 증진시킨다. 지지하기 기법에는 재보증과 격려하기 등이 있다.

재보증(안심, reassurance)은 자신의 능력이나 자질에 대해 회의를 하고 있는 클라이언트에게 사회복지사가 신뢰를 표현함으로써 클라이언트의 자신감을 향상시키는 것이다(엄명용 외, 2008). 재보증은 합리적이고 현실적인 생각 또는 결정에 대해 클라이언트가 의구심을 갖고 있을 때 사용된다. 그러나 근거 없는 확신을 주어 클라이언트를 너무 안심시키면 문제의 본질을 탐색할 기회를 상실할 수 있으므로 주의해야 한다. 예를 들면, "잇따른 사고 속에서도 좌절하지 않고 지금까지 잘해내신 것을 보니 ○○씨가 성실하고 또 열심히 살았다는 것을 알겠네요. 자신에 대해 그렇게 너무 자책하지 않으셔도 됩니다"라고 말하거나, "넌 충분히 잘 할 수 있어. 이번에는 정말 열심히 노력했으니 마음을 가다듬고 침착하게 하면 잘 할 수 있어. 나는 네가 잘하리라고 믿어"라고 말하는 것이다.

격려(encouragement)는 클라이언트의 문제해결 능력을 향상시키려는 기법의 하나로 클라이언트의 행동이나 태도를 인정하고 칭찬해 주는 것이다. "모든 일이 잘 될 것입니다"와 같은 일반적인 격려보다는 "지난번에 보니, 딸에게 화가 무척 나셨을 텐데, 우리가 의논해서 정한 대로 정말 잘 참으시더군요"와 같이 구체적인 행동결과나 태도를 격려해 주는 것이 클라이언트의 문제해결에 대한 능력과 동기 및 자신감을 북돋을 수 있다(엄명용 외, 2008).

(11) 일반화(universalization)

일반화는 클라이언트가 자기만이 이런 어려움이 있다고 괴로워하는 것에 대해 비슷한 상황에 있는 사람들이 일반적으로 그런 경험을 겪는다든지, 또는 특별하게 자신만이 가지고 있다고 생각하는 사고, 감정, 행동에 대해 대개 사람들이 공통적으로 겪는 것임을 지적해 줌으로써 클라이언트가 자기 자신을 다른 사람들로부터 소외시키거나 일탈감을 갖는 것을 막아주는 기법이다(엄명용 외, 2008).

(12) 환기법(ventilation)

환기법은 클라이언트의 억압되어 있는 감정, 특히 부정적인 감정인 분노, 증오, 슬픔, 죄의식, 불안 등이 문제해결을 방해하거나 감정 자체가 문제가 되는 경우, 이를 표출하도록 함으로써 감정의 강도를 약화시키거나 해소시키려고 하는 기법이다(엄명용 외, 2008).

양옥경 · 김정진 · 서미경 · 김미옥 · 김소희(2005), 『사회복지실천론』, 나남출판.

엄명용 · 김성천 · 오혜경 · 윤혜미(2008), 『사회복지실천의 이해』, 학지사.

엄명용 · 노충래 · 김용석(2008), 『사회복지실천기술의 이해』, 학지사.

이윤로(2007), 『사회복지실천기술론』, 학지사.

장인협(1989), 『사회사업실천방법론』, 서울대학교출판부.

조휘일 · 이윤로(1999), 『사회복지실천론』, 학지사.

허남순 · 한인영 · 김기환 · 김용석 공역(2004), 『사회복지실천 이론과 기술』, 나눔의 집.

Benjamin, A. (1969), *The Helping Interview*(2nd ed.), Boston: Houghton.

Brown, J. A. (1992), *Handbook of Social Work Practice*, Springfield Ill: Charles C. Thomas.

Compton, B. R. & Galaway, B. (1994), *Social Work Processes*(5th ed.), Belmont: Wadsworth.

Evans, D. R. (1998). *Essential Interviewing: A Programmed Approach to Effective Communication*(5th ed.), Pacific Grove, CA: Brooks/Cole; 성숙진 역(2000), 상담의 필수기술: 효과적인 의사소통을 위한 사례중심 접근법, 나남출판.

Garrett, A. (1972), *Interviewing: Its Principles and Methods*, New York: Family Service Association of America.

Gorden, R. L. (1976), *Interviewing: Strategy, Technique and Tactics*, Homewood, Ill.: The Dorsey Press.

Hepworth, D. H., Rooney, R. H., Rooney, G. D., Stron-Gottfried, L. J. (2006), *Direct Social Work Practice: Theory and Skills*(7th ed.). Thomson Brooks/Cole Publishing Company.

Kadushin, A. (1990), *Social Work Interview*(3rd ed.), New York: Columbia University Press.

Kadushin, A. & Kadushin, G. (1997), *The Social Work Interview*(4th ed.), New York: Columbia University Press.

Kaduchin, A. (1990), *The Social Work Interview*(3rd ed.), New York, NY: Columbia University Press.

Schubert, M. (2000), *Interviewing in Social Work Practice*; 이상균, 박현선 공역(2002), 사회복지 면접의 길잡이, 도서출판 나눔의집.

Sheafor, B. W., Horejsi, C. R., & Horejsi, G. A. (2003), *Techniques and Guidelines for Social Work Practice*, New York: Allyn & Bacon; 서울대사회복지 실천연구회 역(2007), 사회복지실천기법과 지침, 나남출판.

Trevithick, P. (2000), *Social Work Skills: A Practice Handbook*. Philadelphia, PA: Open University Press.

Zastrow, C. (1995), *The Practice of Social Work*, Brooks/Cole.

제9장

사회복지실천 과정

사회복지실천 과정(process)은 사회복지사와 클라이언트가 서로 동의하여 설정한 구체적인 목표를 향해 일정한 순서와 과정을 거쳐 실행해 가는 목표 달성을 위한 공동 작업이다. 사회복지실천은 인간과 사회상황이라고 하는 불확정적이고 복합적인 것을 대상으로 하기 때문에 공장에서 물건을 만드는 과정과는 전혀 다르다는 것을 알아야 한다.

사회복지실천은 일정한 과정을 거치면서 각 단계별 평가를 통해 목표를 순조로이 달성했을 때 다음 단계로 이행하게 되며, 그렇지 못했을 때는 이전 단계로 되돌아가 다시 시작하게 된다.

공통적으로 사회복지실천 과정은 도움을 필요로 하는 사람을 처음 만나는 것을 시작으로, 그 사람이 가지고 있는 문제 혹은 서비스를 필요로 하는 내용을 파악·분류·사정하고, 문제의 해결 또는 구체적인 개입 원조과정을 거쳐 서비스를 마무리하는 일련의 과정을 거치게 된다. 경우에 따라서는 사후관리 과정을 거치기도 한다. 이러한 실천과정이 잘 전개되려면, 무엇보다 사회복지사와 클라이언트와 클라이언트를 둘러싼 환경, 즉 가족 · 회사 · 동료 · 사회체계들 사이에 신뢰관계를 확립하는 것이 중요하다.

이 장에서는 직접사회복지실천의 공통적 전개과정을 빌어 사회복지실천 과정에 관해 설명해 보고자 한다.

1. 사회복지실천 과정에 대한 여러 학자들의 분류와 발달

사회복지실천 과정에 대해서는 〈표 9-1〉의 분류 이외에 골드스타인 (Goldstein, 1973), 핀커스와 미나한(Pincus & Minahan, 1973), 휘태커 (Whittaker, 1974), 시포린(Siporin, 1975), 브람머(Brammer, 1979), 제스트로(Zastrow) 등 여러 학자들에 의해 다양한 분류와 명칭이 사용되고 있다.

| 표 9-1 | 사회복지실천 과정에 대한 여러 학자들의 분류

Compton & Galaway	Hepworth & Larsen	Johnson	장인협	김융일 외
접촉단계 -문제설정 및 정의 -목적설정 -예비계약	**1단계** -사실탐구 -사정 및 계획	-사정 -계획 -클라이언트와의 활동 -클라이언트를 위한 타자들과의 활동 -평가 및 종결	-사정 -계획 -개입 -평가 -종결	-접수 및 참여유도 -자료수집, 사정, 계획 -개입 -평가 및 종결
계약단계 -사정과 평가 -활동계획 수립	**2단계** -수행과 목적성취			
활동단계 -계획 실시 -종결 -평가	**3단계** -종결 -유지전략계획 -평가			

사회복지실천의 초창기에는 의료적 개념인 진단이라는 용어를 사용하였는데, 지금의 사정과 유사한 과정으로 리치몬드에 의해 처음 개념화되었다. 이어 1929년 개최된 밀포드 회의에서 개입이라는 개념이 도입 · 발달되어 치료라는 의료적 용어 대신 사용되게 되었다.

그러나 1960년대 이후 통합 사회복지실천론이 대두되면서 진단과 치료 대신 사정과 개입이라는 용어로 대체되었고, 사회복지실천에서의 과정은 개별, 집단, 지역사회방법론 모두에 필수 요소로 확인되게 되었다.

1) 통합모델(4체계 모델)의 실천 과정

4체계 모델을 주창한 핀커스와 미나한(Pincus & Minahan, 1973)은 사회사업실천에 공통적으로 적용할 수 있는 중심 기술과 개념이 요구된다고 주장하면서 사회사업실천에 공통적이고 필수적인 사회복지실천 기술로 문제사정 기술, 자료수집 기술, 최초접촉 기술, 계약교섭 기술, 행동체계 구성 기술, 행동체계 유지 · 조정 기술, 영향력 행사 기술, 변화노력 종결 기술의 8가지를 들었다.

또한 위 8가지 필수적 기술별 기법들을 구체적으로 제시함으로써, 사회복지실천현장에 큰 도움을 주었으며, 사회사업가에게 요구되는 공통된 핵심기술로 사정기술의 중요성을 강조하였다. 체계적 관점에서의 사정기술은 문제의 복합성과 상호관련성을 이해하기 위해 클라이언트가 표출하는 문제보다 더 넓은 차원에서 파악 · 이해되어야 한다는 것이다.

| 표 9-2 | 4체계 모델 과정에서 활용되는 필수적 기술과 기법

	기술	구체적 기법
1	문제사정기술	문제의 규정과 서술, 사회적 상황의 역학 분석, 목표와 표적의 설정, 과업과 전략의 결정, 변화노력의 안정화 기법
2	자료수집기술	직접적 구두질문, 직접적 필기질문, 투사적 구두질문, 필기투사기법 등에 관한 질문기법, 관찰, 기존 기록재료의 활용
3	최초접촉기술	행동체계의 잠재적 성원, 추가된 잠재적 성원, 표적체계 성원들과의 접촉 · 계약 기술과 변화노력에 참여할 수 있도록 동기를 부여하는 기술, 초기 저항을 다룰 수 있는 기술
4	계약교섭기술	상호 수용 가능한 업무동의를 획득하기 위해 도움이 되는 기법의 활용: 계약목적의 확인, 계약조건의 명시, 비밀보장의 한계 설정, 사례 제공, 상대체계와의 의견차이 확인 등과 계약조건을 변화시키거나 재교섭할 필요가 있을 때, 계약조건에 대한 상대체계의 저항을 극복하기 위한 기법
5	행동체계 구성기술	목적달성을 고려한 행동체계 규모의 구성, 시간이나 장소 등과 관련된 운영절차, 상호작용을 좌우하는 규범이나 절차의 적절한 운영 기법
6	행동체계 유지 · 조정기술	행동체계에서 일어나는 여러 유형의 문제들을 해결하기 위한 기법: 다른 역할 맡기기, 운영절차 바꾸기, 프로그램과 활동 규제, 행동체계 성원의 구성 바꾸기, 성원에 의한 자발적 진단 조장하기 등
7	영향력 행사기술	표적체계의 행동 · 태도 · 신념을 변화시키기 위해 유도 · 설득 · 관계의 사용 · 환경 사용 등을 배합해서 사용
8	변화노력 종결기술	계획적 변화노력을 성공적으로 종결짓기 위해 평가, 관계로부터의 이탈, 변화노력의 안정화에 초점

2) 사회복지실천 과정의 실제

개인, 가족, 집단을 대상으로 사회복지 서비스를 제공하고 실천하는 직접사회복지실천에 사용되는 방법이나 기술은 대상이 되는 클라이언트에 따라 달라지지만, 실천과정은 〈그림 9-1〉과 같이 거의 동일하게 전개된다.

사회복지실천은 그 과정에서 먼저 클라이언트의 문제나 욕구가 무엇이며 어떠한 것인지를 파악하기 위한 접수과정(intake) 또는 문제에 대한 탐구 단계로부터 실천활동이 시작된다. 이 단계에서 치료자와 클라이언트와의 관계 형성은 추후 과정과 문제 해결의 성패에 중요한 영향을 미치게 된다.

| 그림 9-1 | 사회복지실천의 과정도

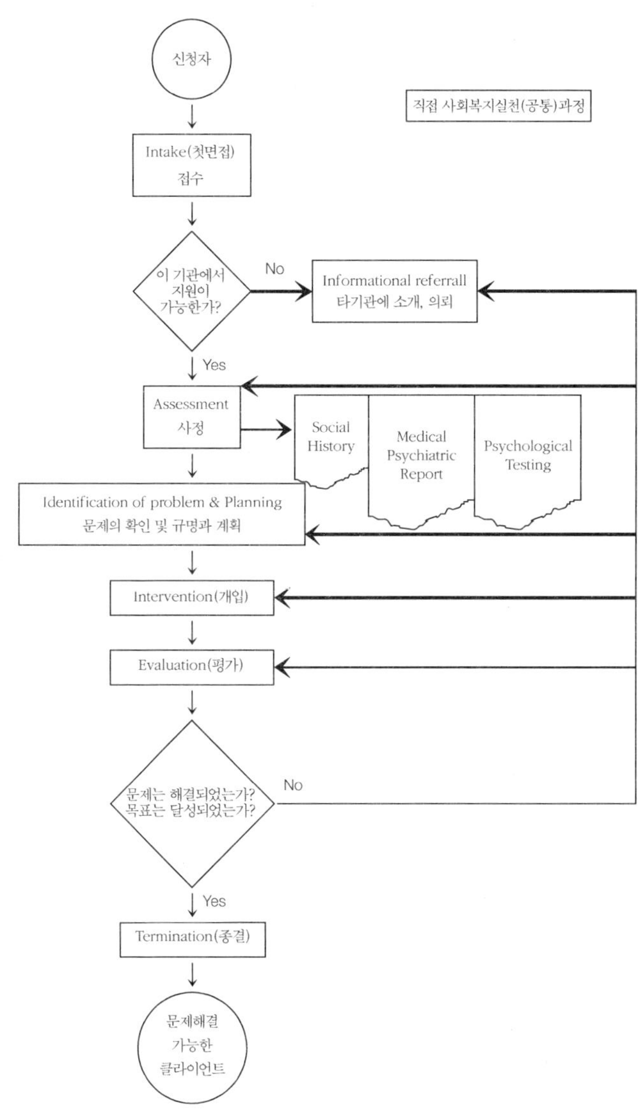

다음은 그 문제나 욕구가 왜 일어났는지, 어느 정도 사람들이 같은 문제나 욕구를 가지고 있는지 등 다양한 데이터나 정보를 수집하고, 분석하는 사정(assessment) 단계를 거치게 된다. 이어 이들 분석을 바탕으로 실천목표를 설정하고, 계획한(planning) 다음 그에 따른 실천 방법을 선택한 후, 구체적 실천활동인 개입(intervention)을 하게 된다. 끝으로 그 활동이 실천 목표를 달성하는데 어느 정도 효과가 있었고 효율적이었는지 평가(evaluation)한 후 종결(termination)하게 된다.

이러한 실천과정에서 사회복지사나 클라이언트 쌍방은 많은 시행착오를 겪게 되는데, 이는 직접 실천, 간접 실천활동 모두 공통된 현상이다. 그러므로 각 단계별 실천 과정에서 수시로 평가를 통해 그 결과에 근거하여 재계획과 재분석 그리고 재시행하는 과정을 반복해 가지 않으면 안 된다.

3) 잠재적 클라이언트와 비자발적 클라이언트

문제가 있음에도 불구하고 해결을 위한 도움을 찾지 않거나 도움을 필요로 하지 않는 클라이언트를 잠재적 클라이언트, 문제해결에 대한 동기와 의욕이 없거나 약한 클라이언트를 비자발적 클라이언트라 한다.

사회문제가 점점 다양화·복잡화·심각화되면서 도움을 찾아오는 클라이언트만을 대상으로 하던 종래의 실천방식으로는 클라이언트의 사회적 욕구에 대처할 수 없게 되었다. 예를 들어, 자녀를 습관적으로 학대하는 부모나 자신의 비행에 대한 의식이 약한 클라이언트의 경우, 사회복지지원을 찾아 자발적으로 복지시설이나 기관에 오는 경우는 극히 드물다. 자신의 문제에 대한 심각성을 인식하지 못하거나, 해결을 위한 방법이나 정보를 모르거나, 비판이나 처벌이 두려워서 등 다양한 이유로 문제를 떠안은 채 생활하고 있는 클라이언트가 많다. 또한 강력한 가족성원의 강압에 의해 전문적 원조를 받기 위해 마지못해 참여하는 클라이언트도 있다. 이러한 클라이언트들은 전형적으로 자신에게 문제가 있다는 것을 부인하거나 사회복지사와 얘기하는 것을 불쾌하게 여긴다.

그러므로 사회복지사는 실천을 요구해 오는 클라이언트뿐 아니라, 잠재적, 비자발적 클라이언트들도 아웃리치 등을 통해 찾아내어 적극적으로 실천활동을 전개할 수 있는 방안을 강구해야 한다.

2. 사회복지실천의 과정

1) 인테이크(intake, 초기면접)

사회복지실천은 인테이크에 의해 시작된다. 인테이크란 말은 영어의 'taking in'(받아들인다, 삼킨다)으로 접수를 의미한다. 그러나 전문적 실천은 이용자와의 만남을 시점으로 시작되는 것이기 때문에 단순한 사무적인 접수와 혼동하지 않기 위해 인테이크라는 말을 그대로 사용하기도 한다.

인테이크는 도움을 얻기 위해 찾아온 클라이언트에게 그 기관(agency)에 속한 사회복지사가 처음으로 접촉하여 그의 욕구가 무엇이며 그것을 그 기관에서 충족할 수 있을 것인가를 결정하는 과정을 말한다. 인테이크의 목표는 클라이언트의 문제에 대한 해결이나 지원을 사회복지시설이나 기관에서 제공할 수 있을까에 대한 적격 여부를 결정하는(eligibility) 일이다. 이때 대개 클라이언트의 욕구가 기관의 미션이나 인적·물적 자원에 부합할 때 기관에서의 지원이 '가능'한 것으로 결정되게 되고, 다음 단계인 사정단계로 이동하게 된다.

(1) 신뢰관계 구축을 위한 노력

사회복지실천에서 사회복지사의 클라이언트와의 신뢰관계 형성은 매우 중요한 과제이다. 신뢰관계란 클라이언트가 자신의 저항, 위협 등을 경감, 배제하고, 사회복지사와의 원조관계에 자기 자신을 맡기는 것이다. 이를 위해 클라이언트는 사회복지사가 자신의 고민을 이해해 주고, 진정으로 자신을 생각해주며, 자신의 문제를 함께 해결해 줄 사람이라는 것을 느낄 수 있어야 한다.

사회복지사가 클라이언트와 신뢰관계를 형성하기 위해서는 다음과 같은 태도가 요구된다.

① 클라이언트의 말, 행동, 사건 등에 대해 선악의 판단을 하지 않는다.

② 클라이언트를 있는 그대로 수용한다.

③ 클라이언트가 자기결정권을 가지고 있다는 것을 인정한다.

④ 클라이언트의 인간으로서의 존엄, 가치, 자주성 등을 인정하고, 문제 해결에 대한 잠재력을 가지고 있다는 것을 인식하고 이를 태도로 나타낸다.

(2) 클라이언트의 문제와 염려에 대한 탐구

신뢰관계 형성과 클라이언트의 문제에 대한 탐구는 동시에 일어나는 과정이다. 치밀하고 주의 깊게 행해지는 클라이언트의 문제에 대한 탐구는 단순히 많은 정보를 얻는 것뿐 아니라 클라이언트의 사회복지사에 대한 신뢰감을 강화시키는 기능도 한다. 문제에 대한 총괄적 이해를 위해서는 여러 각도에서 문제를 보고 정보를 모을 수 있어야 한다. 문제에 대한 탐구는 클라이언트가 현재 염려하여 호소하는 문제나 고뇌를 사회복지사에게 말하는 것(主訴, main appeal)에서부터 시작하게 되며, 서서히 문제에 관련된 개인, 대인관계, 환경으로 넓혀갈 수 있다.

클라이언트의 문제를 탐구할 때 클라이언트의 약점보다는 장점을 이해하는 것이 중요하다. 클라이언트의 장점은 문제 해결에 중요한 잠재적 자원으로 활용될 수 있기 때문이다.

(3) 인테이크의 내용

통상 인테이크는 문제가 접수된 시점에서 면접 형태로 행해진다. 인테이크 단계의 면접은 1회 혹은 수회로 완료하는 것이 통례이다.

인테이크 단계에서는 클라이언트와 인간관계 형성까지는 가지 않지만, 클라이언트가 기분 좋게 이야기할 수 있는 환경을 만들어 다시 오고 싶다는 생각을 갖게 하는 것이 매우 중요하다.

인테이크 면접과정에서는 먼저 클라이언트가 면접하러 오게 된 경위와 그 이유를 파악하여 명확히 할 필요가 있다.

면접을 통해, 클라이언트가 왜 내 앞에 있는지, 어떻게 또는 누구에게 정보를 듣거나 알게 되었는지, 어떻게 왔는지, 클라이언트의 주소는 무엇인가, 클라이언트가 기대하는 것은 무엇인가에 관한 정보를 알아내야 한다.

다음은, 클라이언트의 속성에 대해 조사하게 된다. 클라이언트의 이름, 주소, 생년월일, 보험, 또한 필요하다면 가족구성이나 직업, 직장 그리고 기타 기관이 필요로 하는 사실 항목에 대해 조사하게 된다.

2) 자료수집

유용한 사정은 수집된 자료에 기초하여 이루어지기 때문에, 사회복지사는 정확하고 활용 가능한 자료수집 방법에 관해 잘 알고 있어야 한다. 자료는 실제로 의사결정과 실천활동 간에 차이가 있을 때 유용하다.

자료를 수집하기 위한 방법에는 ① 클라이언트를 대상으로 한 직접적인 구두 질문(예: 1대1 면접), ② 체크리스트, 질문지, 문항지 및 투사적 검사 질문지 등을 사용한 질문, ③ 간접적 또는 투사적 질문(예: 문장이나 이야기 완성하기, 삽화에 관한 논의 등), ④ 훈련된 관찰자에 의한 클라이언트에 대한 관찰(예: 가정방문, 학교에서의 아동 관찰, 가족과 식사를 통한 관찰), ⑤ 전문가가 실제생활과 유사한 모의적인 실험상황에서 클라이언트를 관찰(예: 직업면접에서의 역할놀이), ⑥ 문서화된 기록도구나 저널을 이용한 클라이언트의 자기점검과 자기관찰, ⑦ 보관된 기록의 활용(예: 기관 기록, 신문, 학교 기록, 의료 기록, 위원회 보고서 등)과 같이 다양한 방법이 활용된다. 그러나 각 자료수집 방법에는 장점과 단점이 있기 때문에, 사회복지사는 가능한 한 언제든지 한 가지 이상의 방법을 활용하여 자료를 수집할 준비가 되어 있어야 한다.

3) 계획(planning)

계획은 해결 과제가 되는 문제를 인식하고 문제 해결을 위한 활동의 목적과 목표를 설정하는 것부터 시작된다. 다음은 문제를 해결하기 위한 실천 계획이나 설계를 하게 된다.

4) 목적 수립

많은 사람들이 목적(goal)과 목표(objective)를 혼동하여 사용하는 경향이 있는데, 이 두 개념은 다르다. 목적(goal)은 사회복지실천 활동이 지향해야 할 바람직한 결과를 말한다. 특정 클라이언트에 대한 개입 목적은 클라이언트와 사회복지사가 함께 활동하여 얻고자 하는 결과로, 목적 설정은 논리적으로는 자료수집과 사정단계에서 이루어진다. 예를 들어, 만약 가족의 재정적인 부족이 자녀에게 폭력을 행사하게 하는 스트레스원이라면 논리적인 목적은 스트레스를 줄이기 위하여 가족에 대한 재정적 지원을 늘리는 데 두게 되는 것이다.

개입 목적은 매우 다양한데, 예를 들면 클라이언트가 원하는 사항들 중

- 기술 훈련이나 습득에 필요한 지식의 습득(취업을 위한 면접방법, 시간관리, 결정하기, 대인갈등 해결하기, 스트레스 관리하기, 자녀양육법 배우기 등)
- 중요한 결정하기(대학전공, 이혼 여부, 자녀양육권 포기 여부 정서적인 문제에 대한 도움 여부 결정하기 등)
- 계획 수립과 결정 시 필요한 정보 모으기
- 문제나 관심사에 대한 사정하기(그것이 관심을 가져야 하는 심각한 문제인지 또는 문제의 특성은 무엇인지를 결정하기 위해 관심사를 주의 깊게 사정하는 것)
- 계획 수립하기(관심사와 문제에 역점을 두기 위하여 최선의 방식에서의 계획 수립)
- 행동 변용하기(바람직한 행동 늘리기, 문제 있는 행동을 줄이거나 없애기)
- 자신이나 다른 사람들에 대한 감정과 태도 바꾸기
- 특정 서비스와 프로그램의 이용가능성에 대한 정보 모으기
- 일부 기관 또는 전문직이 제공하는 프로그램이나 서비스에 등록하거나 관계 형성하기
- 손상된 관계 회복하기(관계가 나쁜 부자관계를 다시 맺기, 부부관계 개선하기 등)
- 생활환경이나 사건에 대한 인식 및 설명 방식 수정하기(사건과 환경에 대해 새로운 의미를 부여하고 다른 각도에서 사물을 바라보도록 하

며 새로운 관점을 개발하는 것을 배우기) 등의 목적을 설정할 수 있다.

클라이언트의 욕구나 문제가 분명하면 사회복지사와 클라이언트는 쉽게 목적에 동의한다. 그러나 둘이 서로 다른 관점을 가질 경우, 문제의 특성을 정의하거나 해야 할 것에 대한 합의를 도출하는 데 갈등을 겪기도 한다. 표적문제 결정이나 과업의 우선순위를 둘러싸고 의견을 달리할 수 있으며 이로 인해 상당한 시간이 걸리기도 한다.

이때 중요한 것은 클라이언트의 자기결정으로 클라이언트로 하여금 자신의 관심사나 표적문제와 목적을 선택하도록 해야 한다는 것이다. 이는 클라이언트의 변화에 대한 동기 부여와 관련된다. 비자발적 클라이언트라 할지라도 가능한 한 많은 선택사항을 주는 것은 효과적이다.

(1) 우선순위의 결정

많은 복합적 문제를 지닌 클라이언트를 대상으로 한 효과적 개입을 위해서는 원조과정에서 우선순위를 정해 한 번에 하나, 둘 혹은 세 개 정도의 과제에만 가능한 시간과 에너지를 집중하는 것이 바람직하다. 다음은 클라이언트와 사회복지사가 우선순위를 정할 때 도움을 준다.

- 클라이언트가 문제나 관심사로 보는 것(클라이언트가 변화하기를 원하는 것)의 목록을 작성한다.
- 문제와 관심사를 재검토하고, 상호관련성을 분명히 하기 위하여 논리적으로 분류, 조합한다.
- 클라이언트와 사회복지사는 우선순위가 높은 것으로 간주하는 2~3가지 항목을 선택한다.
- 다음 사항에 관해 함께 검토한다.
  - 클라이언트의 상황에서 가장 큰 문제, 근심과 걱정의 원인이 되는 중

요한 문제는 무엇인가?

- 만약 역점을 두거나 고치지 않으면, 클라이언트에게 가장 부정적 결과를 낳을 수 있는 문제는 무엇인가?
- 만약 역점을 두어 고치면 클라이언트에게 가장 긍정적 결과를 낳을 수 있는 문제, 즉 클라이언트를 안심시킨 후, 다른 문제를 손쉽게 해결할 수 있도록 하는 것은 무엇인가?
- 클라이언트가 가장 큰 관심을 가지는 문제, 즉 클라이언트가 가장 큰 동기부여를 받고 있는 것은 무엇인가?
- 어느 정도의 시간·에너지·자원을 투입했을 때 고칠 수 있는 것은 무엇인가?
- 변화될 수 없거나 과도하게 많은 시간·에너지·자원을 필요로 하는 것은 무엇인가?

- 이러한 사항들을 검토하고 난 뒤, 우선순위가 높은 세 가지 문제를 선택한다. 앞서 언급한 것처럼 경험과 조사에 따르면 한 번에 세 가지 문제 이상에 역점을 두는 것은 비생산적이다. [31]
- 클라이언트의 문제와 관심사에 항상 영향을 미치거나 관련되는 배우자, 자녀, 가까운 친구, 고용인 등과 같이 중요한 타자들을 고려한 개입계획을 세우도록 한다.

(2) 목표 설정

목표는 장기목표와 단기목표로 나누어 설정하도록 한다. 단기목표는 가까운 시일 내에 달성하려고 하는 목표로 보다 일상적이고 세세한 목표를 말한다. 장기목표는 몇 개의 단기 목표를 달성함으로써 도달할 수 있

---

31 이를 과제 중심 실천가들은 3의 규칙이라 부르고 있다.

는 목표이자, 최종적으로 달성하고자 하는 목표치라 할 수 있다. 목표는 목적을 달성하기 위해 취하게 되는 많은 측정 가능한 단계들 중 하나이기 때문에 목적보다 구체적이고 세분화되어야 한다.

① 적절한 목표설정 방법

첫째, 계획 때 세운 목표는 실천활동 후 처음 내건 목표를 달성할 수 있었는지에 대한 평가와 연결시켜 추상적이지 않게 구체적으로 설정하고, 측정 가능한 방법으로 설정하는 것이 좋다. 예를 들면, ① 가능한 행동을 나타내는 동사 "○○하기"로 서술한다. ② 달성해야 할 주요한 결과 한 가지를 명확히 한다. ③ 달성할 수 있는 표적 일자를 설정한다. ④ 측정 가능하고 검증할 수 있게 가능한 구체적이고 양적인 방식으로 서술한다. ⑤ 클라이언트를 비롯한 관련자들이 쉽게 이해할 수 있어야 한다. ⑥ 현실적이고 달성 가능하면서도 의미 있는 도전이 되도록 한다. ⑦ 압력이나 위협을 받지 않은 상태에서 클라이언트와 사회복지사 모두가 동의한 목표여야 한다. ⑧ 기관의 정책과 절차, 그리고 사회복지사의 윤리강령과 일치해야 한다.

둘째, 적절한 목표는 누가, 무엇을, 어느 정도, 어떤 상황에서, 언제까지 달성할 수 있는지에 대해 답할 수 있어야 한다. 예를 들어, 부모-자녀관계를 개발하고 향상시키기보다 부모방문을 격려하고 촉진하여 사회복지사가 담당하고 있는 부모들의 70% 이상이 위탁보호자녀를 적어도 한 달에 한 번 방문할 수 있도록 지원한다로 설정하는 것이 더 적절한 목표라 할 수 있다.

셋째, 목표는 의도된 결과물인 산출(output)을 고려한 투입(input) 방식으로 개발되어야 한다. 예를 들어, "클라이언트의 아버지에 대한 상담 지원"이라는 목표는 의도된 결과에 대한 언급이 없이 투입(상담)에 대해서만 설명한 것으로, 상담이 결과물이기도 하지만 사실은 결과를 위한 수단일

뿐이라는 점에서 상담에서 의도하는 결과물은 무엇인지? 상담에서 달성하고자 하는 것은 무엇인지? 등에 대한 산출이 빠져 있는 목표가 된다. 따라서 이보다 더 좋은 목표에 대한 서술은 "아버지가 그의 아들에게 가하는 신체적 학대에 초점을 두고 시간활용 방식과 가혹하게 때리고 소리치는 훈육방식에 대한 대안으로 긍정적인 강화방식을 배울 수 있는 상담을 지원한다"고 기술하는 것이다.

넷째, 목표를 설정할 때는 가능한 긍정적인 용어를 사용하고 클라이언트가 할 수 있는 것과 클라이언트가 해서는 안 되는 것을 설명하는 용어를 사용한다. 예를 들면, "먹을 때 난장판을 치지 않도록 지도한다" 대신 "식탁 예절을 따르고 배울 수 있도록 지도한다"와 같다.

다섯째, 직접 서비스 활동에서의 목표는 행동적인 용어로 기록하는 것이 특히 중요하다. 즉, 빈도·지속기간·강도 등 관찰 가능한 행동을 설명하는 용어를 사용한다. 예를 들어, "클라이언트의 자아존중감을 향상시킬 수 있도록 지원한다"라는 모호한 서술 대신, "6월 1일부터 10일 사이에 매일 적어도 두 사람과 눈을 마주치고 웃으면서 '안녕'이라고 인사하도록 한다"와 같이 행동적 언어를 사용하여 기술하도록 한다.

여섯째, 목표에서 시간 틀은 매우 중요한 부분이다. 대인관계 원조 시 목표를 달성하는 데 여러 주가 걸려서는 안 된다. 따라서 두 달 정도 걸려서 달성해야 하는 목표는 몇 개의 작은 목표나 더 많은 과제로 세분하도록 한다. 클라이언트가 비록 작은 단계라고 할지라도 목표를 달성하는 것과 같은 구체적인 성취물을 얻게 되면 클라이언트는 희망적으로 이를 계속하려는 동기를 갖게 되는 것이다. 단일 목적을 성취하기 위한 활동과정에서 클라이언트는 몇 개의 목표들을 달성하게 되며, 목표를 달성하기 위해 클라이언트는 수많은 과제를 완수하게 된다.

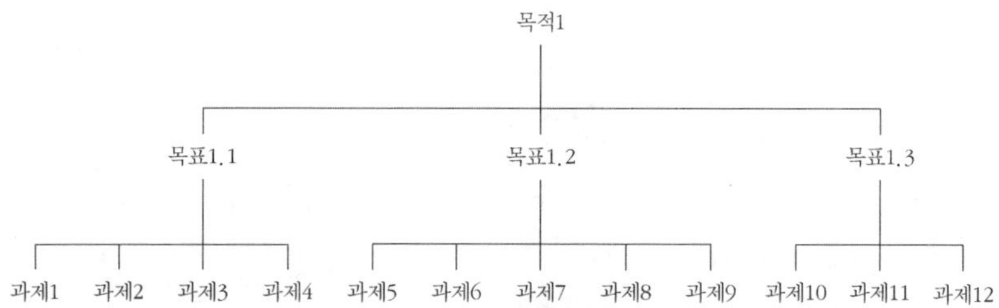

② 클라이언트와의 계약(contract)

목표가 설정되고 나면, 클라이언트와 계약을 하게 되는데, 사회복지실천에서 계약이란 클라이언트와 사회복지사 간의 동의를 의미한다. 계약은 목적을 분명히 함으로써, 클라이언트와 사회복지사의 갈등을 줄일 수 있으며, 우선순위를 정하고, 역할과 책임을 설명하고, 측정과정에 합의된 방법을 제공할 수 있다.

계약에는 행동적 계약과 서비스 계약의 두 종류가 있는데, 서비스 계약과 행동적 계약을 혼동해서는 안 된다. 이들은 유사성을 가지는 동시에 중요한 차이점도 가지고 있다. 행동적 계약은 보다 더 세분화되며 며칠이나 1주 또는 2주와 같이 비교적 짧은 기간 동안 이루어지는 계약을 말하는 데 비해, 서비스 계약은 대체적으로 3개월이나 6개월마다 재조정되고 다시 작성되기 때문에 최소한 몇 달 동안 계속해서 이루어지는 계약이다.

서비스 계약에 포함되어야 할 구체적 내용으로는 ① 기관과 사회복지사가 클라이언트에게 제공하는 서비스의 바람직한 결과, ② 클라이언트가 해야 할 일과 시기, ③ 가족, 친구, 이웃 등과 같이 클라이언트의 중요한 타자들이 해야 할 일과 시기, ④ 사회복지사와 다른 기관 스태프들이 해야 할 일과 시기, ⑤ 다른 기관에서 확보해야 할 서비스와 시기, ⑥ 클라이언

트의 상황을 재사정하고 서비스 계약을 재조정하게 한 일, ⑦ 계획에서의
의도하지 않은 결과 등을 들 수 있다.

③ 서면 서비스 계약의 지침

- 서면 서비스 계약의 활용과 관련된 기관의 정책과 법적 요구사항을 명확히 한다.
- 사회복지사와 클라이언트는 다루어야 할 문제에 관해 연구하고 동의하는 철저한 사정 후 계약을 맺도록 한다.
- 계약은 클라이언트의 능력, 사회복지사의 기술, 기관의 임무와 일관적이어야 한다.
- 계약은 규정에 따라 클라이언트, 사회복지사, 기관이 해야 하는 것을 구체화한다. 계약은 절대 한쪽에 치우쳐서는 안 되며 사회복지사나 기관이 클라이언트에게 기대하는 것을 나열해야 한다.
- 계약은 말한 것을 클라이언트가 정확하게 알 수 있도록 단순하고 분명한 언어로 표현한다. 클라이언트를 혼란스럽게 하거나 위협적인 단어를 사용하지 않는다. 법률 용어나 사회복지 전문용어는 피한다.
- 계약은 상대방을 희생시키지 않고 가능한 한 성공할 수 있도록 한다.
- 계약에 명시된 목표는 현실적이고 클라이언트의 관점에서 달성할 만한 가치가 있어야 한다.
- 목표를 선택하고 구성할 때는 단계별로 계획을 세우는 것이 실행에 도움을 준다.
- 클라이언트의 자율성이 함양될 수 있도록 한다. 클라이언트에게 불필요한 일을 하는 것은 사회복지사의 도와주려는 열망이 지나치거나 클라이언트의 힘을 과소평가했을 때 생긴다.
- 계약에 대한 규정은 변화하는 현실적 상황에 따라 필요한 경우에 수정

한다. 이러한 유연성은 클라이언트의 신뢰를 유지하는 데 중요하다.

5) 사정의 개념과 특성

사회복지실천에서 사정은 클라이언트와의 첫 접촉 때부터 계속적으로 행해지는 과정이다.

사정(assessment)이란 수집된 자료를 해석하고 의미를 부여함으로써 최종적으로 문제를 규정하여 실천의 방향을 결정하는 과정으로, 개입과정 전체에서 가장 핵심적인 부분이라 할 수 있다. 자료수집이 클라이언트와 그의 문제를 이해하는 데에 도움이 될 만한 많은 자료를 모으는 것이라면 사정은 수집 정리된 자료를 분석하고 심사숙고하여 문제를 규정해내는 작업이다. 문제들이 규정되면 문제의 중요성과 변화의 시급성을 기준으로 표적문제(target problems)를 찾아내어 개입의 목표를 정하게 된다. 자료수집과 사정은 전후의 관계가 아니라 순환적으로 일어난다. 사정을 하기 위해 자료수집을 하지만, 사정을 하다가도 필요하면 자료수집 단계로 다시 돌아갈 수 있다. 즉, 사정과 자료수집은 해당 단계에서 그치는 것이 아니라 개입의 전 과정 동안 지속된다.

햅워스와 동료들(Hepworth et al., 2006)은 사정을 사회복지사와 클라이언트가 함께 참여하는 하나의 과정으로 보았다. 이 과정은 클라이언트의 공통된 욕구와 관련된 자료를 수집하고, 분석하며, 종합하는 데 있어 협동이 강조되는 것이 특징이다. 월터(Walter), 파디(Pardee) 그리고 멜보(Melbo, 1976)는 사정이란 질병과 건강 양 측면에서 클라이언트의 현재 기능이나 클라이언트에 대한 자료를 수집하고 분석하는 것이며, 진단은 사정의 다음에 있는 결과의 진술이라고 했다. 쉐퍼와 호레이시(Sheafor & Horejsi, 2003)는 자료수집과 사정은 밀접한 관련성이 있으며 내용은 중복성이 있다고 했다. 한편, 많은 학자들이 사정과 진단을 광범위하게 동일한 뜻으로 사용하지만 갬브릴(Gambrill)은 사정과 진단의 차이를 다음과 같이 설명하고 있다. 진단이란 용어는 의학에서 빌려 온 용어이며 의사는 환자의 상태를 진단하고 나서 이 진단에 근거하여 치료를 한다. 이처럼 진단에서는 관찰된 행동을 관찰된 행동 이외의 다른 어떤 저변의 과정, 특히 병리적 본질에서 나타나는 하나의 징후로 본다. 이에 반해 사정에서는 관찰되는 행동을 더욱 중요한 어떤 것의 징후로 보는 것이 아니라 관련 행동의 표본으로서 그 자체를 중요시한다(Gambrill, 1983). 행동은 확인할 수 있는 환경적 혹은 개인적 사건에 대한 반응으로 간주된다.

종합적으로 볼 때, 원조과정에 있어 매우 중요한 의미를 지니는 사정은 다음과 같은 주요 특징들을 가지는 것으로 요약될 수 있다(Johnson & Yanca, 2001).

① 사정은 지속적 과정이다. 이는 사정이 원조과정 전반에 걸쳐 이루어짐을 의미한다. 물론 초기 단계에서 사정은 핵심적 사안이라고 할 수 있지만, 단계가 진행되면서 새로운 정보를 접하게 되며 이로 인해 새로운 이해 또한 가능하게 된다.

② 사정은 클라이언트를 사회, 환경적인 맥락에서 이해하고 개입계획과 행동의 토대를 준비하는 이중적 초점을 지닌다. 이를 위해 클라이언트는 물론이고 관련 체계들의 욕구, 욕구충족을 방해하는 것, 문제, 한계, 변화에 대한 동기 및 저항 등에 대한 정보들이 수집되어야 한다. 이러한 정보들은 다양한 방식으로 수집될 수 있다. 그런데 궁극적으로 가장 중요한 것은 그러한 문제들과 상황에 대한 클라이언트의 인식 및 느낌들이므로 클라이언트로부터의 직·간접적 보고가 일차적인 정보 출처가 된다.

③ 사정은 클라이언트와 사회복지사 양자가 참여하는 상호과정이다. 클라이언트의 직접적 구두보고뿐만 아니라 과정 자체에 대한 클라이언트 자신의 반응 등도 사회복지사에게는 중요한 사정자료가 된다. 클라이언트가 수동적 수혜자가 아닌 적극적 동반자로서 참여함으로써 클라이언트는 자기존중감을 경험하고 이는 자기 자신 및 환경의 강점과 능력을 깨닫게 하는 기초가 된다. 이 점에서 사정은 클라이언트에게 권한부여(empowerment)의 효과를 가질 수 있다. 마일리와 그 동료들(1995)에 따르면, 클라이언트가 자신과 자신의 상황에 대해 새로운 방식으로 바라보게 되면 세상을 보는 시각이 바뀌게 되고, 사고가 달라지며, 행동 또한 변화하게 된다. 그러므로 사정에서의 탐색 그 자체만으로도 클라이언트의 변화를 가져올 수 있다.

④ 사정의 과정 내에 일련의 단계들이 있다. 클라이언트가 자신의 관점을 통해 얻은 상황에 대한 관찰 내용들을 사회복지사에게 설명하면 사회복지사는 여기에 부가적 관찰들을 추가하게 된다. 그리고 나서 사회복지사와 클라이언트는 상황에 영향을 미치는 여러 중요한 부분들을 함께 확인하면서 상황 전체를 이해하기 위해 더 필요한 정보를 파악한다. 상황의 여러 단면들에 대한 단절된 이해는 결코 상황 자체에 대한 전체적 이해를 가져올 수 없다.

⑤ 횡적 및 종적 탐구 모두 중요하다. 사정의 초기 단계들에서는 대체로 횡적으로 상황에 접근하는 것이 도움이 된다. 이렇게 해서 문제의 해결에 중요하다고 확인된 부분들에 대해서는 종적으로 깊이 있는 검토가 이루어진다. 그런데 사정에서의 정보수집과정은 클라이언트와 사회복지사가 욕구, 문제, 그리고 상황을 탐색하면서 종적 및 횡적 접근 사이를 몇 번이고 왔다 갔다 하면서 이루어질 수 있다.

⑥ 사정에서의 이해를 도모하기 위해서는 지식기반이 활용된다. 개인에

대한 이해를 위해 인간발달 및 다양성에 대한 요인들이 고려되어야 하며, 가족구조와 과정에 대한 지식은 가족을 이해하는 데 도움을 준다. 지역사회의 기능에 대한 이해는 경제학 및 정치학에 대한 지식을 요구하기도 한다. 그리고 때에 따라 사회복지사는 필요한 정보를 수집하기 위해 조사기법들을 동원하기도 한다.

⑦ 사정은 클라이언트 생활상황에서의 욕구들을 파악하고, 이들의 의미와 유형들을 설명해 준다. 즉, 사정은 욕구가 무엇이며 욕구충족에 방해가 되는 것이 무엇인가를 구체화시킴으로써 문제해결과정을 원활하게 만든다.

⑧ 개입하는 동안 클라이언트의 강점들이 구축되도록 하기 위해 사정은 클라이언트 및 생태체계의 강점들을 확인한다. 개인의 성장은 그의 한계점이 아닌 강점으로부터 출발한다. 그러므로 목표 및 과업을 클라이언트와 함께 설정함에 있어 신체적, 정신적, 정서적 및 행동적 감정들에 대한 면밀한 사정이 우선되어야 할 것이다.

⑨ 사정은 개별적으로 다루어진다. 사람들의 상황이란 똑같은 것이 있을 수 없으므로 사정 또한 각기 상이하며 각 클라이언트의 차별화된 상황을 다루게 된다.

⑩ 판단은 사정에서 중요한 측면을 이룬다. 어떤 부분들을 고려해야 하는가, 클라이언트의 욕구와 선호도는 무엇인가, 어떠한 지식들 혹은 지식의 어느 부분들을 응용할 것인가, 클라이언트를 어떻게 관여시킬 것인가, 그리고 문제를 어떻게 규정지을 것인가 등에 대한 수많은 결정들이 매번의 사정에서 이루어져야 한다. 이러한 판단에는 가치의 개입이 필연적이다. 상이한 가치체계들은 같은 상황을 매우 다른 방식으로 보게 한다. 이러한 가치체계의 상이성은 클라이언트와 사회복지사의 원조관계에서도 존재할 수 있다. 그러므로 이들이 함께 효과적

으로 일을 해나가기에 앞서 사정단계에서 미리 가치의 상이함에 대한 해결을 도모하는 것이 바람직하다.

⑪ 이해상황에는 한계가 있다. 어떠한 사정도 완벽할 수는 없다. 욕구를 가진 클라이언트가 도움을 구하는 상황에서 종종 원조는 즉각적으로 주어져야 한다. 이러한 때 사회복지사는 그러한 원조를 주는 데 필요로 하는 이해의 정도 및 종류를 결정해야 하고 그러한 도움을 계속 심화시키는 새로운 이해와 정보들에 대해서도 민감해야 한다.

(1) 사정의 구성요소

브라운(Brown, 1992)은 사정과정에서 사회복지사가 고려하여야 할 질문 내용들을 열 가지로 유형화하고 있다. 이는 사정의 구성요소로서 다음과 같이 요약할 수 있다.

① 클라이언트 상황의 본질은 무엇이며 그 자체는 어떻게 나타나는가?

클라이언트가 직면하고 있는 상황과 상황의 본질은 무엇이며 그러한 상황이 현실적으로 어떠한 형태로 나타나고 있는가를 알아야 한다.

② 문제에 대한 클라이언트의 태도는 어떠한가?

클라이언트는 자신의 문제를 어떻게 보고 있는가에 대한 충분한 이해가 있어야 한다.

③ 클라이언트는 동기가 있으며 문제해결 능력이 있는가?

클라이언트는 자신이 직면한 문제를 해결하고자 하는 동기를 어느 정도 가지고 있으며 그 문제를 해결할 수 있는 능력을 가지고 있는가를 파악하는 것이다.

④ 현재 문제가 실제적인 문제인가?

클라이언트는 자신이 의식하지 못하거나 또는 이 시점에서 직면하기를 싫어하는 어떤 문제가 있을 수 있다. 그리고 클라이언트는 실제적인 문제의 한 증상으로서 어떤 다른 문제를 표출할 수 있다. 따라서 현재 제시되는 문제가 실제적인 문제가 아닐 수도 있다.

⑤ 클라이언트는 왜 이 시점에서 도움을 구하는가?

클라이언트는 사회복지사에게 도움을 요청하기 전에 다양한 형태로 해결 노력을 하게 되는데, 그러한 구도에서 볼 때 왜 지금의 시점에서 사회복지사에게 도움을 요청하게 되었는가를 파악하여야 한다.

⑥ 문제의 지속기간은 어느 정도인가?

대개의 경우 클라이언트는 사회복지사와 원조관계를 수립하기 전에 상당한 기간 문제가 지속되어 오게 된다. 따라서 문제의 발생과 진행과정을 알아야 한다.

⑦ 클라이언트의 강점과 약점은 무엇인가?

클라이언트에 대한 문제점이나 약점은 물론이고 강점이나 장점도 파악하여야 한다.

⑧ 클라이언트가 과거에 효과적으로 적용한 문제해결 기제는 무엇인가?

클라이언트가 행한 문제해결 노력에서 어느 정도의 효과가 있었던 기제는 무엇인가에 대한 탐구이다.

⑨ 클라이언트의 목표와 기관에 대한 기대는 현실적인가?

모든 클라이언트는 사회복지기관과 사회복지사를 찾아올 때 기대감과 바람을 가지고 온다. 이때 클라이언트가 가지고 오는 구체적인 목표는 무엇이며 기관과 사회복지사에 대하여 어떠한 기대를 가지고 있는가? 그리고 그러한 기대는 얼마만큼 현실적인가를 알아야 한다.

⑩ 개입에 누구의 관여가 필요한가?

사회복지사가 클라이언트 문제에 개입함에 있어서 도움을 받아야 하거나 함께 활동해야 할 사람이 있는가를 알아내는 것이다.

(2) 사정의 내용

사회복지실천은 그 목적과 주안점이 매우 다양하므로 사정의 내용은 가변적이다. 그러나 일반적으로 사정의 내용은 문제사정, 개인사정, 가족사정, 사회적 환경사정, 강점사정으로 구분된다.

① 문제 사정

클라이언트 개인이나 가족은 그들의 독특한 일련의 욕구와 관련하여 문제를 갖게 된다. 이들을 몇 가지 형태로 범주화할 수 있는데, 경제적·사회적 자원의 결핍, 지식과 경험의 부족, 스트레스적 사건에 대한 정서적 반응, 질병과 장애, 관계의 상실, 사회적 관계의 불만족, 대인관계 갈등, 문화적 갈등, 공식적인 조직과의 갈등, 부적응적 집단기능으로 나누어진다(Northen, 1982).

또한, 최종적으로 도움을 요청하게 만든 사건과 문제의 응급성을 촉진시킨 사건을 파악하는 것이 중요하다. 가능한 한 이 촉진적 사건에 대한 조사는 첫 번째 면접에서 이루어져야 한다. 클라이언트는 종종 이 사건에 대하여 자발적으로 말을 하기도 하나, 어떤 일이 있었는지 구체적인 질문을 통하여 정확한 정보를 수집할 필요가 있다.

② 개인사정

- 신체적 및 정서적 질병: 사회복지사는 클라이언트가 말하는 것뿐만 아니라 병의 가능성을 나타내는 징후에 대해서도 주의를 기울여야 한다. 외모를 관찰하는 것이 도움이 되며, 건강의 다른 지표로는 식욕부진, 피로, 수면장애, 소화불량, 현기증 등과 같은 가벼운 증상 등이 있다. 개인의 적응문제가 있을 때는 심리적 영향을 주는 약물의 사용에 관한 질문을 하며, 의사의 처방을 받아서 건강상의 필요에 의하여 복용하는 약물인지 알아본다. 마약이나 과다 음주에 대하여도 질문하며, 정신적 혹은 정서적 질병이나 증상에 대하여도 알아본다.
- 클라이언트의 기능: 클라이언트의 기능은 그 사회의 평균적인 기대와 관련하여 검토할 필요가 있다. 한 문화권 내에는 개인이나 집단에서 적절한 기능이라고 판단되는 기대나 규범이 있다. 기능의 척도는 절대적인 것이 아니고 유기체와 그의 환경에 따라 다르다. '평균적 기대'라는 용어는 개인과 환경 간에 맞는 기대의 범위 내에 있다는 것을 의미한다(Konopka, 1963). 클라이언트의 기능 사정은 클라이언트의 신체적 기능, 인지적 및 지각적 기능, 정서적 기능, 행동적 기능을 사정하는 것을 의미한다.
- 동기: 클라이언트는 그의 문제를 인지해야 할 뿐만 아니라 문제해결 활동에 기꺼이 참여해야 한다. 이러한 동기가 없이는 원조 노력이 실패하기 쉽다. 그러므로 클라이언트의 동기를 평가하고 강화시키는 것이 사정과정에서 취급할 중요한 사항이다.
- 클라이언트의 해결 노력: 클라이언트가 어떠한 해결을 추구해 왔는가에 대한 개방적 토의를 하는 것이 중요하다. 클라이언트가 도움을 받

기를 원하는 것과 기관이 제공할 수 있는 것 사이에는 차이가 있을 수 있으므로 개방적으로 의견을 교환할 필요가 있다.

③ 가족사정

가족은 개인의 심리 정서적 안녕에 큰 영향을 미치기 때문에 가족의 여러 측면을 평가해야 한다. 예를 들면, 가족의 의사소통, 가족구성원 간의 경계, 하위체계를 포함한 체계로서의 가족의 기능, 구성원의 행동을 규제하는 가족규범, 구성원들의 역할, 가족 내 권력의 균형, 가족내력이 현재의 가족에 미치는 영향, 출산·죽음·결혼 등 가족주기에 따른 전환에 어떻게 적응했는지, 가족갈등의 주요 문제 등이 평가되어야 한다.

④ 사회적 환경사정

개인의 사회적 환경은 상호작용과 관계의 의미를 가진 환경을 의미한다. 예를 들어, 고용 및 경제적 상황, 주택 및 교통, 가정의 안정성, 사회관계망 등이 포함된다.

⑤ 강점사정

강점관점은 인간의 행동을 기존의 접근법 외의 다른 방법으로 바라볼 수 있는 일련의 원칙들을 제공한다. 인간은 그들 자신 속에 내재해 있는 자원은 물론이고 환경적 자원과 강점을 구체화하고 인식하도록 그리고 활용하도록 원조 받아야만 좀 더 나은 삶을 살 수 있게 된다. 강점관점에서 본다면 사회복지사는 다음과 같은 방향에서 업무를 기획하고 실행할 수 있다(Saleebey, 1992).

- 인간은 성장과 변화를 가능하게 하는 개별적인 잠재능력을 지니고 있다.
- 클라이언트 체계는 필요한 변화를 이끌어 낼 수 있는 자원과 역량을

자신 안에 이미 가지고 있다.

- 새로운 자원을 구축하기 위해서는 현재의 강점을 기반으로 상호작용하고 협력해야 한다.
- 긍정적인 변화는 미래에 대한 희망과 가능성을 기반으로 한다.
- 클라이언트 체계는 자신이 처한 상황을 가장 잘 알고 있으며 자신이 처한 상황을 헤쳐 나가는 데 자신이 가장 적절하다는 것을 굳게 믿는다.
- 무기력보다는 능동적이며 자신의 역량을 실현 가능하게 하는 노력과 과정을 지지한다.
- 클라이언트 체계의 결함보다는 체계 간의 상호교류에서 관심이 되는 이슈와 도전을 보다 중시한다.

(3) 사정도구

사회복지사들이 많이 사용하는 사정도구는 사회적 관계망 표(social network grid)와 가계도(genogram), 생태도(eco-map), 사회도(sociogram) 등이다. 다음에서 이들 기술과 기타 사정에 동원되는 자료의 접근법에 대해 좀 더 자세히 기술한다.

① 사회적 관계망표(social network grid)

사회적 관계망표는 개인의 사회적 지지체계의 사정과 가족의 사회적 지지체계의 사정에 사용된다. 사회적 관계망을 그림이나 표로 보여줌으로써 클라이언트의 관계망을 전체적으로 볼 수 있게 해준다. 사회적 관계망표는 클라이언트의 지지에 관해 객관적으로 묘사한 것이라기보다는 클라이언트의 인식과 믿음을 반영한 것이라는 점을 기억해야 한다.

사회적 관계망표의 내용은 다음과 같다.

- 사회적 관계망의 중요한 인물, 지지를 받는 생활영역, 지지의 특정 유형

- 지지 정도

- 지지의 성격: 상호적, 일방적

- 개인적 친밀감 정도, 접촉빈도

- 관계기간

| 표 9-3 | 사회적 관계망표

	생활영역	물질적 지지	정서적 지지	정보/ 충고	비판	원조의 방향	친밀감	만나는 빈도	알고 지낸 기간
사회적 관계망 에서 중요한 인물 (지지 제공자)	① 가족원 ② 다른 가족 ③ 직장/ 학교 ④ 조직들 ⑤ 친구 ⑥ 이웃 ⑦ 전문가 ⑧ 기타	① 거의 없음 ② 가끔 있음 ③ 자주 있음	① 거의 없음 ② 가끔 있음 ③ 자주 있음	① 거의 없음 ② 가끔 있음 ③ 자주 있음	① 거의 없음 ② 가끔 있음 ③ 자주 있음	① 양방향 ② 당신이 그들에 게 향함 ③ 그들이 당신에 게 향함	① 친밀성 이 없음 ② 친밀한 편임 ③ 매우 친밀함	① 보지 않음 ② 몇회/ 년 ③ 달마다 ④ 주마다	① 1년 미만 ② 1년 ~5년 ③ 5년 이상

※ 자료: Sheafor B. W., Horejsi, C., & Horejsi, G. A., 2003.

② 가계도(family genograms)

특정 기간 동안의 클라이언트 가족의 역사와 그 과정에서의 주된 사건을 한눈에 볼 수 있게 해 주는 사정도구이다. 가족계보를 중심으로 그 가족의 2~3세대 이상에 관한 정보를 보여주는 것으로서 결혼이나 별거, 이혼, 질병, 사망 등 중요한 생활사건이나 인종, 민족, 종교, 직업 등 인구사회학적 특성이 표시되어 있다. 사회복지사와 가족성원들이 세대 간 맥락에서 정서, 행동상의 문제행동 패턴을 검토하는 데 유용하며, 가족 내에서 반복되

는 정서적, 행동적 패턴을 확인하고 이해할 수 있다. 또한 각 세대의 가족에 대한 중요한 정보를 얻을 수 있다. 가계도는 과거의 결혼관계, 한부모의 가족부양 기간, 부모의 이혼 및 재혼 등에 대한 상세한 정보를 제공한다. 가계도를 통해 가족의 문제와 문제에 기여하는 중요 요인 및 가족의 패턴을 알 수 있으며, 가족 내 역동이나 여러 세대에 걸쳐 발전된 가족역할, 유형, 관계 등을 알아볼 수 있다. 클라이언트와 사회복지사가 가계도를 같이 그려봄으로써 가족을 하나의 단위로 보는 기회를 제공한다(Hepworth et al., 2006).

보통 여성은 원으로, 남성은 네모로 표시하고, 네모나 동그라미의 이중 테두리는 개인 클라이언트를 표시한다. 동일 세대의 가족구성원은 수평선으로 그린다. 즉, 수평선은 결혼이나 관습법적 관계를 표시한다. 결혼하여 생긴 자녀는 부모의 수평선 바로 밑에 수직선으로 연결한다. 자녀는 연장자부터 연소자로 나이 순서에 따라 왼쪽에서 오른쪽으로 나열한다. 각 개인은 현재 그 가정에서 살고 있는지, 생존자인지와 무관하게 가계도상에서 명확히 필요한 지점에 표시되어야 한다. 가족구성원의 이름과 연령은 네모나 원 안에 표기하고 바깥쪽에 중요한 정보들을 문자로 기록한다. 예를 들면, "입원", "학교 중퇴" 등을 표시한다. 가족구성원이 사망하였다면 사망 연도, 사망 연령, 사망 원인을 기록한다. 사망, 이혼 및 재혼 등과 같은 중대한 사건을 표시하고 재발된 행동양식을 나타내기 위한 다른 기호 또는 문자해설을 포함한다. 가족성원이 가계도 그리는 것에 거부감을 보일 경우 이를 존중해 주어야 한다(이화여자대학교 사회복지연구회 역, 2001). 〈그림 9-3〉은 가계도의 예이다.

〈그림 9-3〉에 나타난 가족의 아내는 가정폭력으로 전 남편과 이혼했으며, 현재는 재혼 후, 남편, 전남편과의 사이에서 태어난 5살짜리 아들, 재혼 후 낳은 1살짜리 아들과 함께 살고 있다. 이 가족의 아버지는 첫째 아

들로 태어났으며, 자동차 사고로 어머니가 사망한 후, 아버지는 재혼을 하였다. 아버지는 3명의 여동생이 있다. 이 가족의 아내의 부모님은 1965년에 이혼하였으며, 아내는 아버지가 양육했다. 아내의 어머니는 첫 번째 이

| 그림 9-3 | 가계도의 예

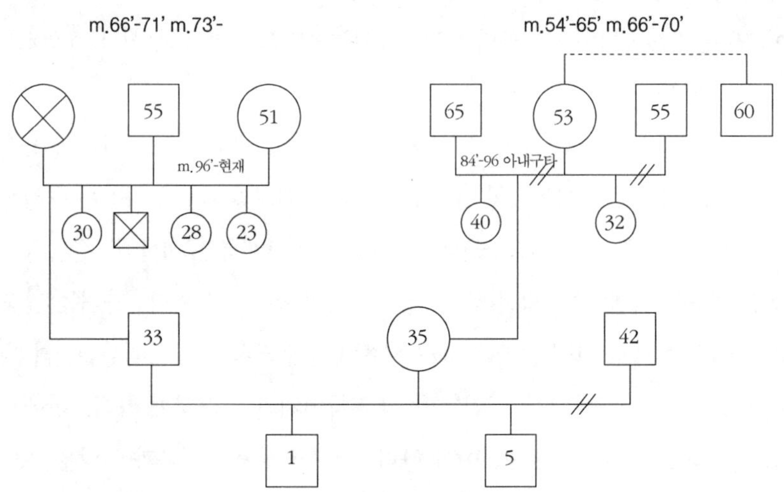

※ 출처: 이윤로, 2007.

| 그림 9-4 | 가계도

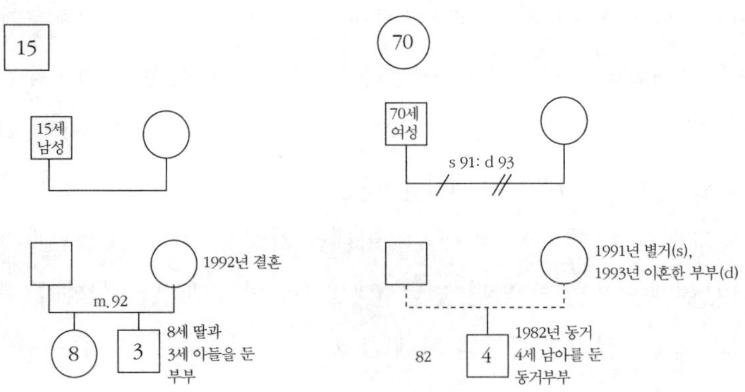

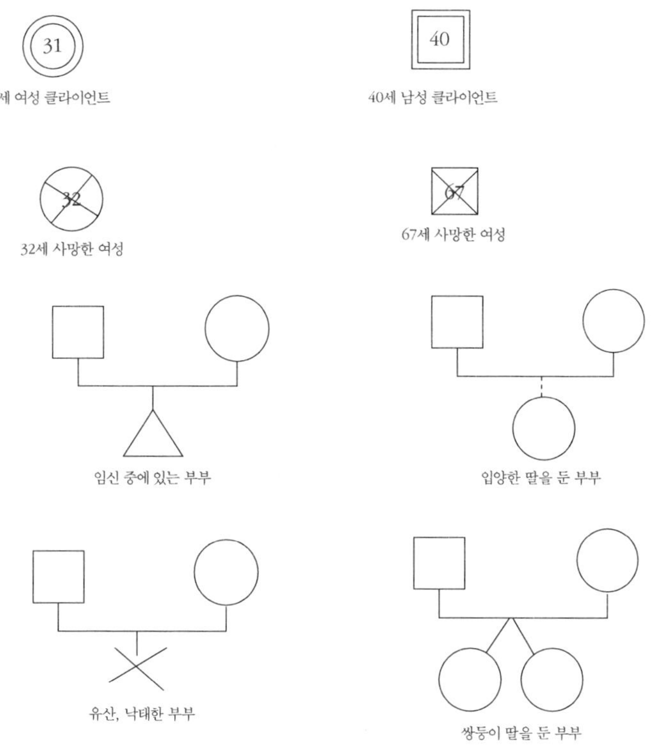

혼 후, 재혼을 하였으나, 다시 이혼하였고 현재는 또 다른 남성과 동거중
이다.

③ 생태지도/생태도(ecomap)

1975년 하트만(Hartman)에 의해 고안된 것으로서, 클라이언트 및 클
라이언트와 관련된 사람, 직접적으로 관련된 사회복지기관과 환경의 영향
및 그 상호작용의 변화를 묘사하는 것이다. 가족의 주요환경이라고 간주
되는 체계를 그려서 가족체계의 요구와 자원 간의 균형을 보여준다. 클라
이언트를 둘러싼 각 체계와 가족성원 간 관계의 성격뿐만 아니라 환경에서

가족에게로 자원이 어떻게 흐르는지 표시된다. 클라이언트 가족에게 유용한 자원이나 환경이 무엇인지 알 수 있으며, 가족체계에 스트레스가 되는 체계는 무엇인지, 이들 체계와 가족은 어떤 관계를 맺고 있는지에 대한 정보를 얻을 수 있다. 환경 속의 인간에 초점을 두기 때문에 클라이언트를 생태학적 관점에서 이해하는 데 도움이 된다. 개입초기에 가족을 사정하는 도구로 활용할 뿐 아니라, 변화를 확인하는 도구로 반복해서 사용할 수 있는데 이를 연속생태도라고 한다(National Association of Social Workers, 1998; 이팔환 외 역, 2001).

생태도 작성법은 다음과 같다(Zastrow et al., 2007).
- 가족을 표현하는 원을 중앙에 그려 클라이언트와 그 가족을 표시한다.
- 가족이 일상적으로 상호 작용하는 관련된 주변 환경체계(직장, 병원, 학교, 친구, 사회복지, 오락, 확대가족원, 보호관찰소 등)는 중심원 주변에 각각의 원으로 표시한다.
- 가족과 환경체계의 관계를 다양한 선으로 표현한다.
- 가족 및 관련 체계 사이의 자원 및 의사소통 교환인 에너지의 직접적인 흐름의 방향은 화살표로 나타낸다.
- 직선 (——)은 긍정적 관계를 나타내는데 선의 굵기가 굵을수록 강한 관계를, 선이 가늘수록 약한 관계를 나타낸다. 점선(-----)은 미약한 관계를, 사선(∧∧∧∧)은 긴장관계나 갈등관계를 나타낸다.

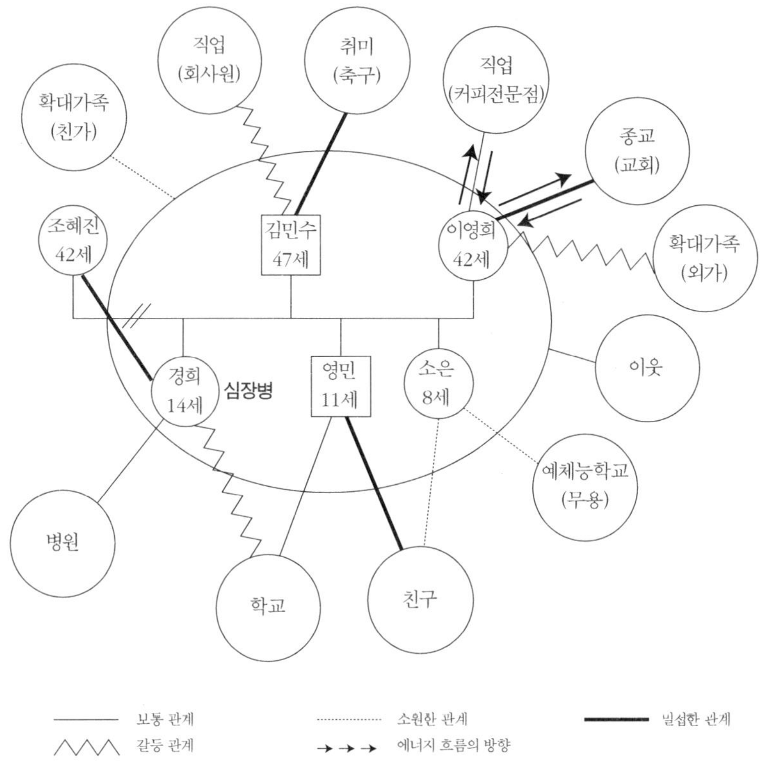

　〈그림 9-5〉에 소개된 가족은 재혼가족이다. 아버지 김민수는 첫 부인 조혜진과의 사이에서 경희라는 딸을 두고 이혼한 후 현재의 부인 이영희와 결혼하여 아들과 딸을 두고 있다. 가족구성원을 보면 경희는 심장병이라는 신체적 장애를 가지고 있으며 학교에 잘 적응하지 못하고 있고, 같이 살고 있는 새엄마 이영희보다 친모 조혜진에게 집착하고 있다. 영민이의 친구 관계나 학교생활이 모두 비교적 문제가 없는 데 반해, 소은이는 무용 특기 교육을 받고 있지만 친구가 별로 없다. 이 가족의 외부체계와의 관계를 보

면 부모는 모두 직업 활동을 하고 있고, 아버지는 축구, 어머니는 교회라고 하는 심리적 의존처가 있으나 확대가족은 모두 별로 도움이 되지 못하고 있다. 이영희 씨는 교회로부터 상당한 지지를 받고 있으며 친구와 동업하는 커피전문점 경영에 힘을 쏟고 있는 동시에 도움도 받고 있다.

(4) 가족조각

가족조각은 가족원들이 공간적으로 스스로 위치하여 가족관계를 몸으로 표현하면서 하나의 상황을 표현하는 것으로 가족동맹을 표현한다. 가족조각은 역기능적 가족연합을 보여주고 관계를 재조정해야 함을 인식시켜 주는 매우 효과적인 기법이다. 사회복지사의 도움으로 가족들은 자신의 가족구조에 대해 논의하게 되는데, 이러한 논의로써 가족은 기존의 가족연합을 바꾸고자 한다(Hepworth et al., 2006).

가족원 중에 한 사람이 조각자가 되어 각 가족원에게 자신이 지각하고 있는 것을 나타내는 위치와 신체적 표현을 하도록 요구하며, 나머지 구성원들은 조각자가 표현하고 싶은 것이 모두 표현될 때까지 자세를 유지한다. 모든 가족원이 조각을 해보도록 한 후, 가족원 모두는 조각 이후에 경험한 것을 이야기하도록 한다. 가족원들은 가족에 대한 개인의 위치, 입장, 감정, 생각 등을 표현하고 다른 가족원들의 조각을 보는 과정에서 통찰력, 이해, 공감, 후회, 사과 등의 감정을 경험하게 된다(Hepworth et al., 2006).

(5) 생활력(도)표

생활력도표는 클라이언트의 생애사건이나 문제의 발전과정을 사정하는 데 쓰이는 사정도구이다. 가족구성원 삶의 중요한 사건을 시계열적으로 나열한다. 생태도나 가계도처럼 원이나 선을 이용하는 것이 아니라 표를

연도	연령	지역	가족	학교	건강	활동	문제
1987	1987. 3. 23. 출생	시카고, 일리노이	아버지 21 어머니 18	--	정상출생	--	--
1988	1						
1989	2		카렌 출생				
1990	3	빌링스, 메사추세츠			천식, 3일 입원		
1991	4						
1992	5	덴버, 콜로라도	도날드 출생	K-Lewis & Clark 학교	천식, 3회 입원		
1993	6		부의 음주량 증가	1-학교를 매우 두려워함			학교를 싫어함, 자주 아픔
1994	7	부트, 매사추세츠		2-새학교			학교에서 자주 싸움
1995	8		아버지의 해고	3		스카우트 활동	
1996	9		어머니의 취직	4-성적 부진	천식 재발		어머니의 돈을 훔침
1997	10			5	맹장수술		가출
1998	11	덴버, 콜로라도	부모별거, 어머니의 이사	6-성적 부진	천식 재발, 입원		싸움으로 친구의 코를 부러뜨림
1999	12			7- 무단결석		신문 돌리기	음주와 싸움
2000	13	어머니와 아이가 헬레나(매사추세츠)로 이사	부모 이혼	7-새 학교			교사폭행, 자살제스처
2001	14		아버지의 교통사고 사망	Big Sky 고등학교 신입생		축구를 원하였으나 팀 구성 안 됨	흡연, 백화점 절도로 체포, 성적 부진

※ 자료: Sheafor B. W, Horejsi, C., & Horejsi, G. A., 2003.

이용하며, 가족의 다양한 시기의 자료를 조직화하여 표현한다. 생활력도표는 특정발달단계의 생활 경험을 이해하는 데 도움이 되며, 아동과 청소년 대상의 활동에서 유용하게 사용된다. 출생부터 개입시점까지 클라이언트 삶의 다양한 시기에 관련된 여러 특징들을 조사하여 다른 자료들과 종합함으로써 클라이언트의 현재를 이해하는 데 도움이 된다.

(6) 소시오그램(사회도, sociogram)

소시오그램은 모레노와 제닝스(Moreno & Jennings, 1950)가 개발한 것으로 상징을 사용해서 집단 내 성원 간 상호작용을 표현한 그림이다(남세진·조흥식, 1997). 소시오그램은 집단성원 간의 개인적 수용과 거부, 집단 내의 대인관계를 평가하기 위한 사정도구로서, 집단 내 대인관계에서 끌리는 정도, 집단성원들 간의 사회적 유대관계를 측정한다. 집단성원 간 선호도와 무관심, 배척하는 정도와 유형을 파악할 수 있으며 하위집단 형성 여부를 알 수 있다. 집단 내에서 성원들 간의 질적인 관계를 파악하기 위한 도구로 집단성원들의 수용-거부 과정을 평가하는 방법으로 사용된다. 다양한 시점에서 작성된 집단의 소시오그램을 비교해보면 집단성원들 간의 안전성과 변화를 살펴볼 수 있다.

소시오그램을 통해서 알 수 있는 정보는 집단성원의 성별, 성원 간의 친화력과 반감의 유형과 방향(일방적인지 쌍방향인지), 하위집단 형성 여부, 소외된 성원 여부, 삼각관계 형성 여부, 결속의 강도(친밀한 성원끼리는 가깝게, 소원한 성원은 멀게 그림) 등이다.

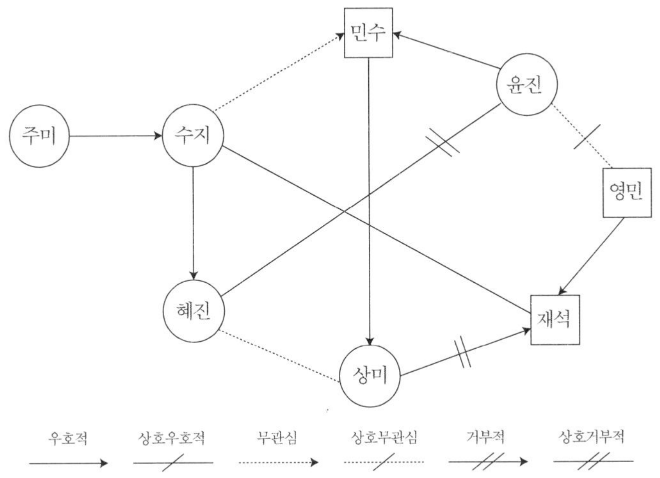

※ 자료: 양옥경 외 공저, 2005.

(7) 심리검사 등의 활용

클라이언트의 심리상태는 지능, 동기화, 대처행동의 유형, 자기개념, 불안이나 우울의 정도, 일반적인 인성의 통합 등을 표준화된 심리검사를 통해 파악할 수 있다. 예를 들어, MMPI(The Minnesota Multiphasic Personality Inventory)는 가장 많이 사용되는 객관적 성격검사라 할 수 있는데, '예, 아니오, 모르겠다'로 응답하는 567개의 자기 기술적인 문장으로 구성되어 있다. 이 외에도 아동과 성인의 지능검사, 인지적 지체 검사 등이 사용된다(엄명용 외, 2008).

사회복지사가 정신장애가 있는 클라이언트를 만나게 되면 그를 정신과적 치료에 신속히 의뢰하는 것이 가장 중요한데, 그러기 위해서는 정신질환의 증상을 인식할 수 있어야 한다. 다이히(Daiches, 1983; Sheafor et al., 1997에서 재인용)는 정신적 상태를 사정하는 데 고려해야 할 범주로 일반적 외모와 태도, 행동, 시간과 공간의 지향, 기억, 감각, 지적 기능 수행, 기분과 정서, 지각의 왜곡, 사고 내용, 통찰, 판단의 11가지를 지적하고 있다. 또는 정신의학적 진단을 내릴 때 가장 광범위하게 이용되는 매뉴얼로서 정신장애에 관한 세밀한 정보와 기준을 제시하는 DSM-IV(Diagnostic and Statistical Manual)와 같은 정신질환 진단도구가 사용될 수 있다. 그러나 DSM이 지니는 여러 유용성에도 불구하고 사회복지사는 이것을 클라이언트 사정에서 참조할 때 이 매뉴얼이 지니는 한계점과 주의사항을 명심할 필요가 있다. 사회복지사는 DSM은 정신장애를 분류하고 진단에 필요한 참조기준을 제시하는 것이며, 사람을 분류하기 위한 목적으로 만들어진 것은 아님을 주지해야 한다.

이 외에도 역할이론이나 자아방어기제도 사정에 쓰이고 있다. 역할수행상의 문제는 문제가 역할갈등으로 인한 것인지, 역할모호성으로 인한 것인지, 또는 역할단절의 문제인지, 과중한 역할로 인한 문제인지를 보는 것이다.

역할갈등(role conflict)이란 역할을 수행하면서 겪는 어려움을 의미하는 것으로 역할 내 갈등(intra role conflict)과 역할 간 갈등(inter role conflict)의 두 가지 형태가 있다. 역할 내 갈등이란 하나의 지위에 기대되는 역할에 대한 합의가 결여될 때 개인이 겪는 어려움이다. 예를 들면, 아내라는 역할에 대해 시어머니, 남편, 본인 자신이 각각 다른 기대를 가지고 있을 때 관련자들의 기대 불일치로 인해 아내는 역할 수행에 많은 갈등을 겪게 되는 것이다. 역할 간 갈등이란 한 개인에 의해 수행되는 여러 가지 역할들이 상호불일치할 때 발생하는 것이다. 예를 들면, 한 여성이 엄마, 아내, 직장인의 여러 역할을 동시에 수행하면서 겪는 어려움을 말할 수 있다. 역할모호성(role ambiguity)은 어떤 지위에 대한 역할이 분명히 규정되지 않았을 때 발생하는 문제를 말하며, 역할과중(role overload)은 한 개인이 자신에게 기대되는 역할들을 부담되고 힘들게 느껴서 문제가 발생하는 경우를 말한다. 역할단절(role discontinuity)이란 삶의 주기에 따라 기대되는 역할이 변화되는데, 이때 변화되는 역할 간에 유사성이 부족할 때 파생되는 문제가 역할 단절이다. 예를 들면, 현대사회에서 조기 퇴직은 직업인으로서 역할 상실을 가져오기 때문에 노인문제를 발생시키는 계기가 되는데 이것이 대표적인 역할단절이다(김융일 외, 2005).

6) 개입

(1) 개입단계의 개념

개입단계는 사회복지사와 클라이언트가 합의하여 결정한 표적문제를 해결하기 위한 계획(목표와 계약)을 실천하는 단계이다. 이 단계는 사회복지사가 클라이언트에게 영향력을 행사하며 의도적인 변화를 일으키는 과정이고 결과적으로 클라이언트는 자신이 직면한 문제를 해결하거나 자신의 능력과 잠재력을 개발하는 것이 핵심이다. 개입을 성공적으로 이행하기 위해서는 적절한 개입의 선택이 중요하다. 개입은 변화가 필요한 것으로 지목된 표적체계들(target systems)과의 조화뿐만 아니라, 클라이언트의 발달상의 단계들과도 조화를 이루는 것이 중요하다(Hepworth et al., 2006). 그러므로 사회복지사는 개입의 계획에 있어 인간 발달단계 및 가족의 발달단계를 신중하게 고려해야 한다. 이들 정상적 범주에서의 발달단계 이외에도 클라이언트에게 과도한 스트레스를 유발시키는 생활사건도 개입의 선택에서 고려되어야 할 사항이다. 개입단계는 구체적인 행동을 통해 의도적인 변화가 일어날 수 있도록 지원하는 단계로서 사회복지실천 과정에서 가장 핵심적인 부분이다.

① 자기효능감(Self efficacy)의 발달

자기효능감이란 특정 목표와 관련된 작업, 행동 등을 잘 수행할 수 있다는 클라이언트 자신의 기대나 자신감을 말한다. 따라서 클라이언트의 자기효능감을 높이려면 목표 달성에 필요한 행동이나 작업을 실제로 수행할 수 있도록 사회복지사가 지원할 것이 요구된다. 예를 들어, 무엇을 해도 자신감이 없는 아동의 경우, 이 아동의 자기효능감을 발달시키기 위해 사회복지사는 먼저 사람들 앞에서 그 아이가 자신 있는 일을 하도록 기회를 주는 것이 도움이 된다. 실패하지 않도록 미리 무엇을 어떻게 하는 것이 좋을지 연습하는 것도 도움이 된다. 자기효능감을 높이는 또 다른 기술은 클라이언트가 눈치채지 못한 자신의 장점을 인지하도록 지원하는 것이다. 이때 클라이언트의 가족이나 그가 속한 집단이 중요한 원조 자원으로 작용하는 경우가 많다.

② 사회복지실천 과정에서의 장애 없애기

클라이언트가 목표 달성을 위해 나아가는 과정은 결코 평탄치 않다. 사회복지사는 인간이 자신의 행동, 사고, 정서, 감각, 인간관계, 생활태도, 생활환경 등을 바꾸기가 매우 어렵다는 것을 처음부터 알고 있어야 한다. 그리고 클라이언트가 실천과정에서 어떠한 장애에 무감각해진 것인지, 미리 예측해 둘 필요가 있다.

사회복지실천 과정에서 만나게 되는 장애는 다양하고 많은데 그 주된 장애로는, 클라이언트 자신이 만들어 내는 장애, 클라이언트의 가족 등 가까운 사람들이 만들어 내는 장애, 사회복지 조직이 만들어 내는 장애 등을 들 수 있다.

③ 진보에 대한 모니터링

진보에 대한 모니터링이란 실천과정이 목표를 향해 잘 정진하고 있는지를 사회복지사가 규칙적으로 평가, 점검하는 것을 말한다. 진보에 대한 모니터링 방법에는 여러 가지가 있다. 예로써, 이전부터 사용되고 있는 방법으로 사회복지사가 클라이언트의 행동, 태도, 대인관계 형태, 이야기, 복장 등을 관찰하거나 친밀한 사람들의 증언을 듣고 진보를 체크하기도 한다. 또한 클라이언트에게 직접 자신이 진보하고 있는지에 관한 자기 평가를 묻기도 한다. 그러나 이러한 방법들은 매우 주관적인 것으로 평가자의 편견이 가미될 수 있어 평가 신뢰도가 낮아질 수 있기 때문에 행동이나 태도에 대한 평가척도 등을 사용하여 보다 객관적으로 평가할 수 있는 방법을 취하는 것이 좋다.

④ 클라이언트의 자기 인식 촉진

클라이언트는 사회복지사나 다른 집단성원 및 가족성원들과 새로운 관계를 형성하려 할 때, 환희, 불안, 혼란, 공포 등 여러 가지 감정을 경험하게 된다. 이러한 감정을 의식하게 함으로써 클라이언트의 자기인식의 촉진 발달에 도움을 준다. 지금까지 마음속 깊이 파묻혀 있던 감정, 부정하고 있던 감정 등을 깨달음으로써 자기 자신을 알아가는 데 도움이 된다.

⑤ 관계 반응

사회복지사와 클라이언트가 목표 달성을 위해 공동 작업을 할 때 서로의 상대에 대한 감정적 반응이 공동 작업의 장애가 되는 경우가 있다. 이전에는 정신분석학의 말을 빌려 전이와 역전이로 표현했지만, 현재는 관계 반응이라는 보다 폭 넓은 말로 표현하고 있다. 클라이언트가 사회복지사에 대해 과대한 기대를 하거나 사회복지사의 의도를 틀리게 감지한 결과, 실망, 거절, 화, 가슴의 아픔 등을 느끼는 경우가 있다. 이러한 관계 반응이 목적 달성에 장애가 되는 경우가 자주 있다. 이 같은 경우가 부부 사이, 가족 관계, 그룹 내, 회사 내 인간관계에도 자주 일어나 서로의 부적응의 원인이 된다.

사회복지사 또한 인간이기 때문에 클라이언트에 대해 여러 가지 감정을 가지게 되고 관계 반응을 나타내게 된다. 어떤 클라이언트에게는 강한 호감을 느끼지만, 반대로 어떤 사람에게는 그다지 호감을 갖지 못하는 경우도 있다. 사회복지사는 전문가로서 자신의 상대에 대한 감정을 충분히 깨달아 인지하고 있을 필요가 있다. 특히 상대에게 혐오감을 가질 경우 그 원인에 대한 이해가 필요하고, 자기감정에 대한 관리 방법을 익히지 않으면 안 된다.

⑥ 사회복지사의 자기 활용

사회복지실천 과정에서 클라이언트의 목표 달성을 위해 사회복지사는 자기 자신을 충분히 활용할 것이 요구된다. 사회복지사는 클라이언트와 자발적으로 관련되며, 자신의 감정, 의견, 경험 등도 적절히 개방할 줄 알고, 열린 마음과 성실로 임하며 풍부한 휴머니티를 지녀야 한다. 대인 원조 과정에서 사회복지사는 따뜻하고 자기 자신에게 충실하며 속임없는 인간미 넘치는 행동과 태도를 견지할 수 있어야 한다.

(2) 개입목표

개입 단계의 목표는 다음과 같다(엄명용 외, 2008).

① 문제해결을 위한 구체적인 변화전략의 수립

문제를 해결하려는 클라이언트의 변화노력을 지원하기 위해 문제해결을 위한 구체적인 변화전략을 수립한다. 직접적 개입, 지역사회와의 자원 연계 및 새로운 자원의 개발, 사회적 지지집단의 활용, 교육, 정보 제공 등 다양한 전략을 수립한다.

② 개입, 원조, 교육, 동기유발, 자원연결, 행동변화 등을 통한 변화의 창출

직접적 개입이나 간접적 개입 등 다양한 개입방법과 기술을 적용하여 클라이언트와 클라이언트를 둘러싼 환경체계에서 변화가 일어날 수 있도록 원조한다.

③ 지속적인 점검(monitoring)을 통한 변화 정도의 유지와 평가

개입과정에서 일어나고 있는 변화가 지속될 수 있도록 점검한다. 사회복지사는 개입과 동시에 클라이언트가 개입과정에 계속 참여할 수 있도록 점검한다. 즉, 변화노력을 방해하는 장애물이 있는지 점검한다. 또한 문제해결과정이 잘 진행되고 있는지에 대해 클라이언트에게 정기적으로 환류와 지지를 제공하고 개입활동에 대한 효과 여부를 설정된 목표에 비추어 계속적으로 평가한다. 설정했던 목표나 개입방법이 적절하지 못한 경우에는 목표를 수정할 수도 있다. 개입방법이 적절치 못하거나 효과성이 없다고 판단되는 경우에는 개입방법을 바꾼다. 사회복지사가 개입을 수행하는 특정한 상황에서 어떤 활동을 해야 할지를 결정할 때에 반드시 염두에 두어야할 원칙들은 다음과 같다(Johnson, 1982).

- 경제성의 원칙: 선택된 활동은 사회복지사와 클라이언트의 시간과 비용을 최소화할 수 있는 것이어야 한다. 클라이언트가 스스로 할 수 있는 일은 사회복지사가 관여하지 말아야 하며 도움이 필요한 일에는 요구되는 도움만을 제공하고, 클라이언트가 혼자서 할 수 없는 일만 사회복지사가 한다.
- 클라이언트의 자기결정: 개입의 전 과정을 통해 가능하면 클라이언트가 스스로 의사결정을 하도록 해야 한다.

- 개별화: 도움을 필요로 하는 특정 클라이언트 체계의 특성과 욕구에 맞도록 개입활동을 조정해야 하는데 클라이언트의 능력과 상황에 맞는 접근이 필요하다.
- 발달: 개입의 전체 방향은 클라이언트 체계의 발달적 단계에 적합한 것이어야 한다.
- 상호의존성: 사회복지사 활동의 일부는 클라이언트의 활동에 달려 있다. 클라이언트의 활동과 클라이언트의 변화능력을 고려한 후 개입이 시작되어야 한다. 사회복지사와 클라이언트의 활동은 서로에게 의존하고 있으므로 양측의 활동은 상호보완적이어야 한다.
- 서비스 목표에 초점두기: 사회복지사와 클라이언트의 모든 활동은 어떤 식으로든 두 사람이 합의한 계획의 목표에 부합되어야 한다.

(3) 사회복지사 역할

개입과정에서 사회복지사의 역할은 매우 다양하다. 콤튼과 갤러웨이 (Compton & Galaway, 1984)는 사회복지사가 개입을 할 때의 역할을 중개자(broker), 옹호자(advocate), 중재자(mediator), 조력자(helper), 교사(teacher)의 다섯 가지로 분류하였다.

① 중개자(broker)

중개자로서의 사회복지사는 클라이언트가 지역사회의 자원을 찾아내어 활용할 수 있도록 원조하는 것을 말한다(Pincus & Minahan, 1973). 중개자로서의 사회복지사의 활동은 클라이언트에게 부족한 자원을 보충하거나 지지체계를 개발하는 것, 클라이언트를 다른 환경으로 이동시키는 일, 기관이나 시설의 환경을 개선하는 일, 새로운 자원을 개발하는 일 등이다.

중개자의 역할을 효과적으로 수행하기 위하여 다음과 같은 실천지침들이 필요하다(김기태 외, 2007). 첫째, 중요한 공식적 및 자연적인 자원체계의 목록을 작성, 개발하고 계속적으로 수정하여 최신의 것으로 작성할 것, 둘째, 이 자원들이 어디에 있으며 누가 누구에게 그 자원을 제공하고 어떤 종류의 도움이 제공되며, 제공될 필요가 있음에도 불구하고 제공되지 않는 것이 무엇인지를 파악할 것, 셋째, 공식적 및 비공식적 정책 절차 활용조건 및 이 자원체계들의 메커니즘을 알 것 등이다.

② 옹호자(advocate)

옹호자로서의 사회복지사는 클라이언트의 이익을 대변하는 역할을 하여 클라이언트를 대신하여 체계의 변화를 이끌어 내며, 클라이언트가 자원과 서비스를 받을 권리를 유지하도록 돕는 활동을 한다. 이주노동자의 임금체불문제를 제기하고 해결하는 역할도 옹호자로서의 사회복지사의 역할에 해당된다.

③ 중재자(mediator)

중재자로서의 사회복지사는 체계 사이의 갈등이나 의견을 조정하는 역할을 한다. 학교폭력 피해아동의 부모와 학교 또는 가해아동의 부모처럼 이해관계가 다르거나 갈등을 빚는 체계가 타협할 수 있도록 중간에서 중재한다.

중재자로서의 효과적인 개입을 위하여 필요한 활동과 기술을 가능케 하는 데는 다음과 같은 실천지침이 따른다(Maluccio, 1979).

- 갈등상태에 있는 각 체계의 욕구와 개인의 이익을 사정할 것
- 양 체계의 공통된 입장을 파악할 것(어느 점에서 각자의 이익과 욕구가 모아지는가?)

- 각 체계가 협상을 시작하도록 도우며 각 체계의 개별적인 접촉을 확립하고 양 체계가 하나의 단위로서 접촉을 할 것
- 효과적인 의사소통을 방해하는 어떤 장벽을 개방적으로 그리고 정직하게 파악하고 직면하며 해결하도록 체계를 도울 것
- 함께 협상한 성과로 유발되는 결과를 인식하도록 체계를 도울 것
- 중립적인 입장을 취하고 체계가 함께 협상을 함으로써 생기는 상호 이익에 대한 희망과 확신을 보여줄 것

④ 조력자(helper)

조력자로서의 사회복지사는 클라이언트가 자기 스스로 문제를 해결할 수 있는 능력을 기르고 필요한 자원을 찾아낼 수 있도록 돕는 것을 의미한다. 예를 들면, 부부갈등을 겪고 있는 클라이언트가 자신과 배우자의 문제의 근원을 분석하고 관계를 개선할 수 있도록 통찰력을 길러주거나 대안을 모색해 볼 수 있게 하는 것이다.

⑤ 교사(teacher)

교사의 역할은 클라이언트에게 새로운 정보나 지식, 그리고 기술을 배울 수 있도록 도와주고 직접 가르치기도 하는 역할이다. 장애를 가진 자녀를 기르는 부모에게 발달단계에 따른 적합한 보호방법을 전수한다든지 다양한 특수교육이나 훈련의 기회와 내용을 알려주는 일들이 될 것이다.

(4) 개입기술

여기서는 사회복지사의 개입활동을 클라이언트 자신에 대한 직접적 개입과 클라이언트를 제외한 체계들에 대한 개입인 간접적 개입으로 나누어 설명한다. 직접적 개입이란 기본적으로 개인, 가족이나 소집단 체계 자체의

변화나, 주변 환경과 연결된 개인, 가족, 소집단의 기능과 관련된 것이다. 간접적 개입이란 클라이언트를 돕기 위해 클라이언트 이외의 개인, 소집단, 조직 또는 지역사회에 주의를 기울이는 활동들이다.

① 직접적 개입

가. 정서, 인지에 개입하는 기술

- 격려(encouragement): 클라이언트의 문제해결능력을 향상시키려는 기법으로서 클라이언트의 행동이나 태도를 인정하고 칭찬해주는 것이다. 클라이언트가 자신감이 거의 없거나 자존감이 낮을 경우 또는 경험이 별로 없어서 두려워할 때 유용하다. 클라이언트에게 특정 행동이나 경험 혹은 생각으로부터 벗어나도록 하거나 그런 쪽으로 행동을 취할 수 있도록 도움을 주는 것이다. 이 격려의 기술을 활용할 때에 사회복지사는 정직한 평가와 거짓 칭찬이나 아첨 등을 구별해야 한다. 만약 사회복지사의 격려 내용이 단지 용기를 북돋우려는 기술에 지나지 않는다고 클라이언트가 의심을 하게 되면 사회복지사에 대한 신뢰가 상실된다.

- 재보증(reassurance): 클라이언트는 도움을 받을 수 있고, 그 상태가 절망적이 아니며, 위험상황을 성공적으로 조종하고 해결할 수 있을 뿐만 아니라 자신이 인식하고 있는 것보다 더 많은 능력이나 힘을 가지고 있다는 것을 사회복지사가 클라이언트에게 전달하는 방법이다(Dixon, 1979). 합리적이고 현실적인 생각 또는 결정에 대해 클라이언트가 의구심을 갖고 있을 때 사용된다.

- 일반화(universalization): 클라이언트의 생각, 느낌, 행동 등이 그와 비슷한 상황에 있는 다른 사람과 같다고 말해줌으로써 이질감이나 소외감, 일탈감을 해소하고 자신에 대한 신뢰감과 자신감을 회복시키

는 기법이다.

- 환기법(ventilation): 클라이언트의 억압되어 있는 감정, 특히 부정적인 감정(분노, 증오, 슬픔, 죄의식, 불안 등)이 문제해결을 방해하거나 감정 자체가 문제가 되는 경우 이를 표출하도록 함으로써 감정의 강도를 약화시키거나 해소시키려는 하는 기법이다.
- 인지재구조화: 클라이언트의 왜곡되거나 부정적인 사고구조를 변화시켜 자신과 상황을 좀 더 현실적으로 이해하도록 돕는 것으로서 재명명이라고도 한다.
- 초점화: 클라이언트가 자기 문제를 언어로 표현할 때 산만한 것을 점검해 주고 말 속에 숨겨진 선입견, 가정, 혼란을 드러내어 자신의 사고과정을 명확히 볼 수 있도록 해주는 것이다. 초점화는 제한된 시간 내에 최대의 효과를 추구해야 하는 전문적 관계에서 불필요한 방황과 시간낭비를 막아주는 효과가 있다.
- 직면: 클라이언트가 자신의 문제를 부정하거나 회피하고 합리화하여 변화를 거부하고 개입을 피하려고 할 때 사용되는 기법이다. 즉, 클라이언트의 말과 행위 사이의 불일치, 표현한 가치와 실행 사이의 모순을 클라이언트 자신이 주목하도록 하는 기술이다.
- 정보제공과 조언: 정보제공은 클라이언트의 문제해결 능력을 향상시키기 위해 필요한 정보와 지침을 제공하는 것이다. 조언은 사회복지사가 클라이언트에게 해야 할 것을 추천하거나 제안하는 것이다. 사회복지사는 전통적으로 조언하기를 주저한다. 클라이언트의 자기결정원칙에 위배되는 것처럼 보이기 때문이다. 그러나 실제 실천에서는 조언이 적절할 때가 있다(Dorfman, 1996).

나. 행동을 변화시키기 위한 기술

- 모델링: 복잡하거나 새로운 행동을 가르치는 데 사용하는 기술로서 사회복지사가 특정한 태도, 행동을 보여주고 클라이언트가 그것을 모방함으로써 학습하는 것이다. 이 기법을 활용할 때 의도하는 행동을 학습시키기 위해 비디오테이프를 사용하기도 한다.

- 타임아웃(time-out): 문제청소년, 문제아동에게 행동변화를 요구할 때 자주 사용하는 기법으로, 일정 시간 아이의 행동을 중지시키는 방법이다. 예를 들면, 아이를 높은 의자에 앉혀 놓고 내려오지 못하게 한다거나 자기 방에서 나오지 못하게 격리해서 아이의 흥분이나 화를 가라앉게 한다. 이 방법을 적용할 때는 아동에게 미리 경고하여야 하며, 시간은 짧을수록 좋다. 아이를 너무 오랫동안 격리시키면 아이들은 그 의미를 잊기 때문이다.

- 토큰강화: 토큰경제라고도 하며, 여러 가지 바람직한 행동과 습관을 구체적으로 미리 정해놓고 그 행동을 했을 때 그에 상응하는 토큰(징표)을 줌으로써 체계적으로 강화하는 것이다. 유치원이나 초등학교 저학년 아이들을 대상으로 자주 이용되고 있다.

- 행동형성(Shaping): 강화의 원리를 가장 원칙적으로 따르는 것으로서 행동수정의 가장 대표적인 방법이다. 특정 행동 수준까지 끌어올리기 위해 작은 단위의 행동으로 나누어 과제를 주는 것이다. 처음에는 아주 간단한 반응을 요구하지만 점점 강화물을 주는 기준을 까다롭게 하여 좀 더 복잡하고 정교한 반응을 습득하게 한다.

- 역할교환(반전): 클라이언트가 다른 사람의 입장에서 바라보고 의견을 말하게 하는 기법이다. 가족에게 적용할 경우, 가족 내 두 성원들이 서로의 역할을 바꾸는 경우를 말한다. 예를 들면, 아버지는 딸의 역할을, 딸은 아버지의 역할로 바꾸어서 연기함으로써 서로에 대해 공감하고 이해할 수 있는 경험을 갖게 된다. 역할반전은 개인에 대한 개입

기술로도 사용되고, 가족에 대한 개입기술로도 사용된다.

- 행동시연(Behavior rehearsal): 행동주의 치료에서 도출된 기법으로 본
  질적으로 모델링과 지도(coaching)를 사용하는 역할연습의 한 형태
  이다. 즉, 주어진 문제 상황을 어떻게 다룰지 반복적으로 미리 연습하
  는 것을 말한다.

| 표 9-5 | 정서, 인지, 행동에 개입하는 구체적 기법

정서, 인지에 개입하는 기술	정서적 안정을 돕는 방법	격려, 재보증, 일반화, 환기법
	인지구조를 변화시키는 방법	재구조화, 초점화, 직면 등
	상황인식능력을 향상시키는 방법	정보제공, 조언 등
행동에 개입하는 기술	새로운 행동을 배우거나 잘못된 행동을 수정하는 방법	모델링, 타임아웃, 토큰 경제, 행동조성, 행동시연, 역할교환 등

다. 문제해결기술(problem-solving skills)

문제해결기술은 일상생활의 문제에 대처하는 능력이 적절하지 못하여
어려움을 경험하는 클라이언트가 미래에 직면하게 될 많은 어려움에 효과
적으로 대처할 수 있게 도와주고, 하나의 원칙을 여러 상황에 적용할 수 있
도록 한다. 클라이언트가 실제 생활로 전환할 수 있는 기술을 점차 습득해
감에 따라 사회복지사에 대한 의존도는 점차 줄고 자기신뢰가 증가한다.

문제해결과정에서 성공적인 결과를 얻기 위해서 사회복지사가 지켜야
할 몇 가지 원칙이 있다(Hepworth et al., 2006).

- 문제를 구체적으로 언급한다: 애매모호하거나 일반적인 용어로 표현
  하면서 생기는 혼동과 오해를 피할 수 있도록 클라이언트가 문제를
  포괄적으로 설명하면, 좀 더 자세히 설명해 달라고 요구하고 구체적

인 문제 지적의 중요성을 밝혀준다.

- 과거의 어려움보다 현재 문제에 초점을 맞춘다: 클라이언트가 다른 사람에 대하여 과거 사건을 들추어 장황하게 인용할 때 현재에 다시 초점을 되돌리도록 개입해야 한다. 이를 위해 미리 클라이언트와 계약을 해 놓는 것이 좋다.
- 한 번에 한 가지 문제에만 초점을 맞춘다: 클라이언트는 종종 한 문제에서 바로 다른 문제로 초점을 일탈하는 경우가 있는데, 이는 문제를 회피하고자 하는 클라이언트의 전략일 수도 있고 한 가지 주제를 가지고 이야기하는 것 자체에 어려움을 가진 경우일 수도 있다. 클라이언트가 초점을 일탈하였을 때 다시 원래 주제로 초점을 맞추는 과제를 사회복지사와 클라이언트가 함께 만들어야 한다.
- 개인의 문제를 나눌 때에는 경청한다: 자기 문제를 털어놓는 사람에게 걱정이나 감정의 타당성에 대한 판단을 중단하고, 반대의견을 표현하거나 문제해결을 위해 충고하는 등의 행위를 일단 보류하도록 한다. 이야기가 끝난 후 피드백을 주는 것이 중요하며, 자기가 들은 내용을 요약함으로써 의도한 메시지를 정확히 이해했는지 확인할 수 있다.
- 긍정적이고 건설적인 방식으로 문제를 함께 나눈다: 남을 비난하거나 책임을 전가함이 없이 자신의 관심을 표명하는 것이 중요하며, 자신의 긍정적 의도와 자신이 어떻게 느끼는가에 역점을 두면서 이야기를 시작하는 것이 좋다. 만약 클라이언트가 부정적인 태도로 문제나 관심을 표현할 경우, 사회복지사는 파괴적인 상호작용을 막기 위해 즉각 개입한다.

이러한 원칙에 의한 문제해결과정은 6단계로 나누어 생각해 볼 수 있다.

- 1단계: 문제 규명하기
- 2단계: 문제를 분석하고 참여자의 욕구를 파악하기
- 3단계: 가능한 해결책을 만들기 위해 브레인스토밍을 이용하기
- 4단계: 참여자들의 욕구에 대한 대안평가(결정과정의 핵심 단계로서 각 해결책에 대한 찬반양론을 신중하게 평가하여 모든 참여자의 욕구에 맞는 최고의 대안 중 하나를 선택하는 것이 목적이다)
- 5단계: 선택한 대안 실행하기
- 6단계: 문제해결노력에 대한 결과 평가하기

라. 사회기술훈련(Social Skills Training; SST)

사회기술훈련은 클라이언트가 현재의 환경 속에서 기대되는 역할수행이나 관계문제, 그리고 생활주기상의 문제에 효과적으로 기능하는 데 필요한 기술을 학습하도록 돕는 과정이며 예방과 치료의 두 가지 효과를 위해 자주 활용된다. 예방프로그램은 미래의 부적응, 불행, 잠재능력 개발 실패, 생산성 상실 등에 관한 가능성을 줄이는 대처기술을 배워 사회적 역기능을 예방하려는 노력이다. 사회기술은 활용되는 실천영역이나 표적문제에 따라 다양하게 활용된다. 부모역할기술, 자기주장훈련, 적극적 경청법, 효과적 대화기술, 친구관계 맺기, 분노조절, 문제해결기술 등에서 활용되고 있다(Hepworth et al., 2006). 이외에도 사회기술이 심각하게 결핍된 클라이언트의 경우에는 대중교통 이용, 식사주문, 전화걸기, 개인위생관리 등이 포함되기도 한다.

마. 자기주장훈련(Assertiveness Training; AT)

자기주장은 개인이 자신의 의견, 감정, 바람 등을 표현할 때 비난, 거절, 징벌 등의 결과를 낳을 위험이 있더라도 상대방의 권리와 감정을 존중하면

서 본인의 의견과 주장, 선호도 등을 구체적으로 표현하는 행동을 말한다 (Hepworth et al., 2006). 자기주장훈련에서는 자기주장을 공격성이나 비주장적인 반응형태와 구분한다. 자기주장적으로 변한 사람은 자기 자신이 중요하고 자신의 생각, 인식, 의견이 중요하다고 생각하는 반면, 비주장적인 사람은 솔직한 감정, 사고, 믿음을 표현하지 못하여 결과적으로 다른 사람이 자신을 파괴하도록 하거나 다른 사람이 자신의 감정과 사고를 쉽게 무시하도록 하며, 소심하고 자신의 권리를 파괴한다. 또한 공격적인 사람은 다른 사람을 지배하려 하고 다른 사람의 욕구, 바람, 감정을 무시한다. 자기주장훈련은 매우 다양한 세팅에서 실시될 수 있는데, 특히 가정폭력피해자 및 가해자를 위한 프로그램에서 효과성을 발휘할 수 있다.

바. 스트레스 관리

스트레스 관리는 일상생활의 여러 문제들과 관련된 긴장이나 스트레스를 더욱 효과적으로 대처하도록 돕는 목적이 있는 모든 접근방법을 포함하는 용어이다(Hepworth et al., 2006). 즉, 사람들이 스트레스가 많은 사건이나 상황에 과도하게 반응하지 않는 대처기술을 사용하도록 돕는 것이라 할 수 있다. 스트레스 상황에 대한 클라이언트의 반응은 생체학적, 인지적, 행동적 측면 등 다차원적으로 구성되므로 스트레스 관리 또한 다차원적 접근이 될 수밖에 없다. 여러 스트레스 관리 접근들 중 긴장완화훈련(relaxation training) 목표는 심호흡과 근육이완운동에 있으며, 다양한 스트레스로 인한 신체적 증상이 있는 클라이언트를 돕는 데 성공적이다. 예를 들면, 장기적 긴장으로 불안한 사람, 위기상황으로 급성불안을 느끼는 사람, 다양한 사건이나 상황을 예상하여 두렵고 불안한 사람, 긴장성 두통, 편두통, 가슴팽창, 호흡곤란, 기타 생리심리학적 반응을 나타내는 사람, 불면증이 있는 사람, 분노 통제에 어려움이 있는 사람, 보통 정동의 우울증이 있는 사람에게 효과적이다.

클라이언트의 문제해결을 위해 가족이나 그가 속한 집단의 변화가 필요할 때, 특히 그 변화가 가족의 반응이나 집단구성원의 상호작용일 때는 가족치료나 집단개입방법을 사용하여 변화를 가져오도록 할 수 있다. 그러나 가족치료나 집단개입은 사회복지실천기술의 영역이므로 여기서는 자세히 다루지 않는다.

② 간접적 개입

클라이언트의 변화를 위해 사회복지사가 행하는 환경에 대한 개입활동은 다음과 같은 다섯 가지로 나눌 수 있다.

첫째, 사회적 지지체계 개발

둘째, 서비스 조정에 관련된 활동

셋째, 프로그램 계획과 개발을 위한 활동

넷째, 클라이언트 옹호 활동

다섯째, 환경조작(environment manipulation)

가. 사회적 지지체계 개발

사회적 지지체계 개발은 자연적 지지체계의 활성화, 공식적 지지체계의 활용, 자조집단 활용, 자원봉사자의 활용으로 나뉜다.

자연적 지지체계의 활성화는 사회복지사가 기존의 체계들이 클라이언트의 욕구에 맞게 적절히 기능하도록 원조하는 것이다. 자연적 지지체계에는 가족, 친척, 친구, 이웃사람, 종교단체 등이 포함된다.

공식적 지지체계 활용은 클라이언트의 욕구에 환경이 반응할 수 있도록 기존의 공식적 지지체계를 활용하는 것이다. 사회복지기관, YMCA, YWCA를 활용하거나 적십자, 아동학대예방센터, 가정폭력상담소, 성폭력상담소, 청소년 쉼터, 가정폭력피해여성 쉼터 등이 이에 속한다. 이를 위하여 사회복지사는 클라이언트의 특수한 욕구를 만족시킬 수 있는 지역사회 내 다양한 기관과 프로그램에 대한 충분한 정보를 가지고 있어야 한다.

자조집단은 상호부조의 기능을 수행하는 데 있다. 사회복지사들은 클라이언트들이 서로 유사한 인생경험이나 조건들을 가진 사람들을 찾도록 하고 상호부조를 할 수 있도록 돕는다. 자조집단은 사회복지사 개입 없이 자발적으로 만들어지는 경우도 있으며 주로 소집단의 형태를 띤다. 이들 집단이 제공하는 원조는 대가 없이 가능하며 전문지식을 가진 전문가보다 구성원의 경험에 기초한다.

자원봉사자는 서비스전달체계에 있어 매우 중요한 역할을 해 온 자원이다. 자원봉사자란 자신의 친족이 아닌 사람들을 위하여 자발적으로 무보수로 서비스하는 사람으로서 비공식적으로 이웃을 돕는 것보다 어떤 공식조직을 통해서 서비스하는 사람이라고 정의할 수 있다. 실제로 사회복지사가 전문영역으로 자리 잡기 이전에는 주로 자원봉사자들에 의해 서비스가 전달되었다. 전문직이 계속 발달해 나가는 상황 속에서도 '자원봉사자'라고 하는 자원의 확보와 활용은 사회복지사가 지속적으로 관심을 두어야 할 부분이 되어 왔다. 자원봉사 프로그램은 자원봉사자를 모집, 선발하고 이들을 적절한 업무에 배치하고 훈련시키며 지도 감독하는 일도 포함한다.

나. 서비스 조정에 관련된 활동

조정(coordination)이란 두 가지 이상의 서비스 제공자들과 함께 일하는 것을 말한다. 조정이 효과적이 되기 위해서는 서로 다른 기관에 의해 제공되는 각각의 서비스들이지만 바람직한 결과를 위해 함께 일해 나간다는 마음가짐이 필수적이다.

조정은 다양한 문제를 가진 클라이언트에게 복합적인 서비스가 주어질 때 서비스의 중복과 누락을 방지하면서 서비스의 공동 목적을 달성하기 위하여 적절한 시기와 방법으로 서비스들이 클라이언트를 원조할 수 있도록 하는 것으로 서비스 연결, 의뢰, 사례관리 등의 형태가 있다.

서비스 연결은 복합적인 서비스를 제공하는 한 기관의 여러 전문가들이 특정한 클라이언트에게 관심을 가지고 서로 연결되는 것이다.

의뢰는 서로 다른 기관의 전문가들이 연결되어 서비스를 제공하는 형태의 조정으로 의뢰한 서비스가 제대로 전달되고 있는지, 그 결과가 어떤지 평가하는 과정까지 포함된다.

사례관리는 클라이언트의 문제와 욕구를 평가하여 클라이언트가 필요로 하는 서비스나 자원을 찾고 이를 연결해 주고 조정, 점검 및 평가하는 것이다.

다. 프로그램 계획과 개발

클라이언트의 문제를 해결할 수 있는 서비스나 프로그램이 지역사회 내에 존재하지 않을 때 사회복지사는 클라이언트의 욕구와 문제를 해결할 수 있는 프로그램이나 서비스를 개발한다. 이창호와 최일섭(1993)은 프로그램을 개발하는 단계를 학생비행의 문제를 예를 들어 다음과 같이 설명하였다.

- 문제의 확인: 문제의 규모와 심각도를 조사한다. 즉, 학생비행의 문제가 규모와 내용면에서 생각 이상으로 심각하며 그 원인이 상당수 그들을 돌보아 줄 학교 내 또는 사회적 메커니즘이 없기 때문이고 특히 저소득층 청소년의 경우에는 경제적 문제 때문임을 파악하는 것이다.
- 욕구의 파악: 부모, 교사 등 여러 관계집단을 대상으로 문제해결의 욕구를 파악한 결과 문제학생들의 치료를 통한 재범률의 방지가 시급

하고 이어 예방에 대한 욕구가 가장 많음을 파악한다.

- 목적 및 하위목적의 설정과 우선순위 결정: 학생비행방지 프로그램의 목
  적을 그들의 사회적 재활, 또는 사회통합으로 하고 그 하위목적으로
  문제학생의 치료, 우범학생의 예방, 저소득층 학생의 경제적 지원을 설
  정한 후 하위목적 간의 우선순위를 정한다.
- 성취목표의 구체화: 각 하위목적 달성을 위한 대안의 선택에 앞서 그
  하위목적의 달성 여부를 측정할 수 있는 목표들을 구체화한다. 즉, 비
  행학생의 재범률 10% 감소, 우범단체 탈퇴율 20% 증가, 100명에게
  학비지급 등을 목표로 정했다.
- 제공 서비스: 각 목표별로 이를 달성할 수 있는 여러 대안들을 가지고
  비용-효과분석을 시작한다. 각 서비스의 비용과 효과를 예측한다.
- 대안의 선택: 각 대안별로 총비용(예산)을 계산하여 각 대안이 가져올
  사회적 편익, 혹은 효과를 계산한 뒤 하위목적별로 비용-효과 분석,
  비용-편익 분석을 실시, 최소의 비용으로 최대의 효과를 낼 수 있는 대
  안을 선택한다.
- 세부 프로그램 설계: 각 선택된 대안들의 구체적인 설계작업으로, 예를
  들어 학교사회복지사를 채용할 경우 채용시기, 배치, 그들의 전문역할,
  지위, 조직을 정하고, 각 프로그램 역시 실시 일정, 내용 등을 정한다.
- 예산: 앞에 구성된 사업계획을 모두 취합하여 프로그램의 우선순위에
  따라 예산이 배분된다.
- 집행: 세부계획과 예산이 확보된 프로그램을 적당한 조직체계 속에서
  일정기간 집행한다.
- 평가: 각 하위 프로그램들이 각각의 하위 목적을 달성하였는지, 각각
  의 하위 목적들이 모여 전체 목적을 달성하였는지를 평가한다.
- 피드백: 문제의 정의, 욕구, 목표 선정, 대안 선택 등의 전 과정에서 다

시 피드백 되어 사업의 확대, 조정을 결정한다.

라. 클라이언트 옹호

옹호는 의사결정자에 비해 힘이 약한 클라이언트를 위해 옹호 서비스가 아니면 실현될 가능성이 거의 없는 결정이 내려질 수 있도록 의사결정자에게 설득이나 강제력을 동원해 개인이나 집단의 영향력을 행사하는 것이다. 즉, 의사결정의 유형을 변화시킴으로써 클라이언트의 권익을 보호하는 특정한 결정이 내려질 수 있도록 하려는 것이다(McCormick, 1970). 즉, 옹호란 클라이언트에게 제공되지 않은 자원과 서비스를 얻을 수 있도록 하고 클라이언트에게 불리한 영향을 미치는 실천이나 절차, 정책들을 수정하며, 필요한 서비스나 자원을 제공받을 수 있는 정책이나 절차를 만들기 위해 클라이언트와 함께 또는 클라이언트를 대표해서 일하는 것이다.

옹호에는 두 가지 유형이 있다. 개인에 대한 옹호와 집단에 대한 옹호이다. 개인에 대한 옹호는 특정 개인에게 서비스와 사회복지 혜택이 돌아가도록 노력하거나 이미 제공되고 있는 서비스가 클라이언트의 존엄성을 인정하도록 그들을 대표해서 일하는 것이다. 집단에 대한 옹호는 특정 집단이 불이익을 받을 때 이들을 위해 제도적이거나 법률적인 체계를 변화시키도록 노력하는 활동이다(Hepworth et al., 2006). 주로 옹호활동을 하게 되는 상황은 〈표 9-6〉과 같다.

Johnson(1998)은 옹호를 하는 접근방식으로 정치적 과정에 영향력을 행사하는 것과 사회행동(social action)이 있다고 했다.

• 정치적 과정에 영향력 행사

정치적 과정에 영향력을 미치는 것은 복합적인 노력이 필요한 활동이다. 정치적 과정에 영향력을 행사하기 위해서 사회복지사가 할 수 있는

| 표 9-6 | 옹호활동을 하게 되는 상황

· 사회복지기관이나 직원이 수급자격이 있는 클라이언트에게 서비스나 혜택을 제공하지 않을 때

· 비인간적 방법으로 서비스가 전달될 때

· 인종, 종교, 신념 때문에 클라이언트가 차별을 받을 때

· 서비스와 급여 사이의 틈(gap)으로 인한 어려움이 생기거나 역기능이 발생할 때

· 정부나 기관의 정책이 자원과 급여를 필요로 하는 사람에게 부정적 영향을 미칠 때

· 클라이언트가 스스로에게 유리하도록 행동하지 못할 때

· 유용한 자원이 없어 많은 사람의 공통된 욕구가 해결되지 못할 때

· 위기상황으로 인해 클라이언트가 서비스와 급여에 대한 절박한 욕구를 가지고 있을 때

· 클라이언트가 시민의 혹은 법적인 권리를 거부당했을 때

· 조직의 절차와 시설이나 제도가 클라이언트에게 부정적 영향을 미칠 때

※ 자료: Hepworth et al., 2006.

역할은 다음과 같다.

- 문제를 조사하고 의사결정자들에게 이와 관련된 사실에 대한 정보를 제공한다.
- 기회가 있는 대로 사실에 대하여 증언을 한다.
- 입법절차가 진행되고 있는 현장에 가서 법안통과를 위해 압력을 행사한다.
- 일선에서 일하는 서비스 제공자들과 함께 동맹관계를 형성하여 입법자들에게 압력을 행사한다.
- 문제와 관련된 집단들과 함께 클라이언트에게 정책이 미치는 영향에 관하여 구체적 정보를 엮은 일화를 소개한다.
- 문제에 공감을 표하는 후보자들의 선출을 위해 함께 활동한다.
- 사실과 확고한 태도를 전달하기 위해 의사결정권을 가진 사람들에게 편지쓰기나 인터넷메일을 활용한다.

- 사회행동

사회행동의 원리는 사람들의 집단을 조직화하여 권력구조와 기관, 정치조직에 압박을 행사하는 것이다. 사회행동을 지지하는 사람들은 현재의 권력구조가 압박받는 사람들의 힘을 인식하여야만 사회에서의 공의가 실현된다고 믿는다.

사회행동을 위한 기술로는 ① 문제정의, ② 변화시킬 사람과 구조, 그리고 체계를 체계적으로 진단, ③ 변화를 증진시킬 수 있는 힘과 변화에 장애가 될지도 모르는 저항적 힘에 대하여 사정, ④ 구체적 목표 확정, ⑤ 바라는 목표와 사회행동 전략을 결합, ⑥ 사회행동계획을 수행하기 위한 가능한 일정표 수립, ⑦ 사회행동이 야기할 변화의 평가를 위해 피드백 과정을 계획 속에 포함시키는 것 등이 포함된다(Grinnell & Kyte, 1974).

마. 환경조작(환경조정, environmental manipulation)

클라이언트의 사회적 기능을 강화하기 위해서 클라이언트의 환경에 변화를 가져오는 것이다(엄명용 외, 2008). 환경조작의 예를 들면, 아동학대에 시달리는 아동을 치료하여 쉼터 등 보호시설이나 위탁가정에서 보호하도록 하는 것, 좋지 않은 가정환경에 있거나 비행을 저지르는 클라이언트를 일시교정시설에 수용 보호하고, 가족관계와 생활조건의 개선을 계획하는 것, 노인들을 요양원에서 생활하게 하는 것 등이다. 물론 환경조작을 할 때에는 사전에 클라이언트의 사회적 기능에 영향을 미칠 수 있는 관계, 공간, 시간적 변수에 특별한 관심을 기울여서 상황을 사정하고 연구하여야 한다.

7) 평가(evaluation)

사회복지실천 과정에서 결과적 평가는 사회복지사가 해야 하는 최종적 작업이다. 평가는, 일정한 기준·목표에 맞춰 문제해결적 측면에서 실천을 다시 객관적으로 파악하는 것이라 할 수 있다. 평가를 통해 문제 해결을 보다 합리적으로 진행시킬 수 있다.

평가에는 직접 사회복지실천 과정의 어느 단계에서든 실시하는 평가와 마지막 단계에서 전체적, 종합적으로 실시하는 평가가 있다. 전자는 어느 과정에서나 일시적으로 멈춰 부각된 문제점을 돌아보고 보다 합리적으로 진행시켜 나갈 수 있다.

사회복지사는 과연 자신이 하고 있는 개입 및 실천활동이 진정으로 클라이언트에게 이익이 되었는지 평가해야 한다. 효과 측정에는 과학적인 방법을 이용하는 것이 바람직하다. 객관적이고 과학적인 데이터 및 방법으로 사회복지실천의 효과성과 효율성을 증명하는 작업은 사회복지사의 실천활동이 개인, 가족, 집단의 문제 해결에 도움이 된다는 사회적 인정을 확보하는 데 도움을 준다.

최종 평가는 최초 세운 목표를 달성할 수 있었는지의 효과성(impact, effectiveness)과 투입한 비용에 알맞은 편익이나 효과를 낳았는지에 대한 효율성(efficiency) 관점에서 종합적으로 평가하는 것으로, 이들을 달성하면 종결하게 된다. 즉, 계획한 복지 서비스 사업이 의도한 성과를 낳았는지를 검토하게 된다.

효과평가는 계획한 사회복지원조활동을 실천함으로써 처음에 내건 목표를 달성할 수 있었는지에 관해 사회조사법 등을 활용하여 실증적으로 검토하는 것을 말한다. 효율평가에서는 투입한 사람이나 자재·자금·시간 등 인적, 물적, 시간적 자원에 비해 적합한 효과를 얻을 수 있었는지 실증적으로 산출하게 된다.

사회복지실천활동은 휴먼 서비스이기 때문에 효율성을 너무 우선시하면 인권이나 권익보장 측면이 소홀히 될 가능성이 높아진다. 그러므로 인권이나 권익을 보장하면서도 효율성 높은 실천활동을 전개하기 위해서는 보다 면밀한 계획과 집중적인 모니터링, 그리고 피드백 과정 등을 도입하여 강화해 나가지 않으면 안 된다.

최종적으로는 효과와 효율을 종합한 관점에서 사업의 효용을 평가하여 서비스를 계속할 것인지, 중지, 변경할 것인지에 대한 판단 재료를 확보하게 된다. 이때 계획 과정에서 수립한 과제를 해결하기 위한 판단 재료를 확보하기 위해서는 필요한 정보가 사회조사 등의 방법을 이용해서 확보된 객관적이고 과학적인 것이 아니면 설득력을 잃게 된다.

그러므로 평가방법은 가능한 한 객관적, 과학적으로 제시할 수 있어야 한다. 예를 들면 개입 과정에 대한 평가방법으로 싱글·시스템 디자인이 많이 사용되는데 싱글·시스템 디자인은 현황과 현 시점에 초점을 맞추어, 사회복지사가 취급하고 있는 케이스가 바라는 방향으로 나아가고 있는지 어떤지에 대한 피드백을 끊임없이 하는 것이 특징인 평가방법이다. 게다가 유연성이 풍부한 평가방법이기 때문에 도중에 개입 목표를 바꾸거나 평가방법을 바꿀 수도 있어 매우 유용한 평가방법으로 사용되고 있다.

8) 종결(termination)

(1) 종결의 의미

종결은 사회복지사와 클라이언트와의 관계가 종료되는 사회복지실천과정의 마지막 단계이다. 종결은 많은 경우 개입목적을 달성한 후 이루어지지만, 그렇지 않은 경우도 있다. 종결단계는 클라이언트가 개입단계에서 성취한 것을 지속적으로 유지하고 성장하는 데 영향을 미친다. 클라이언트의 종결에 대한 반응은 슬픔, 상실감에서 만족에 이르기까지 다양하게 경험하고 나타낼 수 있다. 사회복지사는 종결 시 이러한 정서적 반응에 관해 인지·논의하고 해결할 수 있는 시간을 설정해야 한다.

(2) 종결기의 실천 과제

클라이언트는 원조 과정의 종결을 두 가지 모순된 감정을 가지고 맞이하게 된다. 모순된 감정이란, 끝나서 좋다는 안도와 뭔가를 달성하고 완료했다는 기쁨과 더불어 더 오래 사회복지사와의 관계를 지속하고 싶다는 양면적 가치의 감정을 갖게 되는 것을 말한다. 이러한 느낌은 인간 누구나 오래 관계한 사람이나 물건을 없앴을 때 경험하는 감정과 같다. 클라이언트와 사회복지사의 관계가 깊으면 깊을수록, 원조관계의 종결에 대한 클라이언트의 반응은 더욱 모순적일지도 모른다. 사회복지사 또한 클라이언트와 같은 정도는 아니지만 비슷한 감정을 느끼게 된다. 그러나 사회복지사는 전문가이기 때문에, 클라이언트에 대한 감정에 빠져들어서는 안 된다.

이 종결기를 클라이언트에게 도움이 되도록 끝내기 위해 사회복지사는,

① 종결이 가까워 오면 미리 종결에 대해 클라이언트에게 고지한다.

② 지금까지 무엇을 얻을 수 있었고, 무엇을 얻을 수 없었는지, 클라이언트와 함께 원조과정에 관해 평가한다.

③ 원조과정의 종결에 대한 감정을 클라이언트와 함께 이야기하게 한다.

④ 지금까지 얻은 것을 장래 어떻게 유지해야 좋을지에 관해 서로 이야기하도록 한다.

김규수 외 역(2002), 『인간행동과 사회환경』, 나눔의 집.

김기태 · 김수환 · 김영호 · 박지영(2007), 『사회복지실천론』, 공동체.

김영모 · 홍금자 · 김진이(2000), 『인간행동과 사회환경』, 고헌출판부.

김융일 · 조흥식 · 김연옥(2005), 『사회복지실천론』, 나남출판사.

남세진 · 조흥식(1997), 『집단 지도방법론』, 서울대학교 출판부.

문인숙 외(1998), 『사회사업방법론-통합적 접근』, 보진제, 83~120쪽.

서울대사회복지실천연구회(2000), 『사회복지실천기법과 지침』, 나남출판.

성민선 · 조흥식 · 오창순 · 홍금자 외(2009), 『학교사회복지의 이론과 실제 개정판』, 학지사.

신성자 · 홍금자 · 라동석 · 김진이(2000), 『사회복지실천론』, 고헌출판부.

양옥경 · 김정진 · 서미경 · 김미옥 · 김소희 (2005), 『사회복지실천론』, 나남출판.

엄명용 · 김성천 · 오혜경 · 윤혜미(2008), 『사회복지실천의 이해』, 학지사.

이영분 · 홍금자 외(2000), 『사회복지실천론』, 동인출판사.

이윤로(2007), 『사회복지실천기술론』, 학지사.

이창호 · 최일섭(1993), 『사회계획록』, 나남출판사.

이팔환 외 역(2001), 『사회복지실천이론의 토대』, 도서출판 나눔의 집.

이화여자대학교 사회복지연구회 역(2001), 『가족복지실천론』, 나눔의 집.

허남순 · 한인영 · 김기환 · 김용석 공역(2004), 『사회복지실천이론과 기술』, 나눔의 집.

Brown, J. A. (1992), *Handbook of Social Work Practice*, Springfield, IL: Charles C. thomas Publisher.

Compton, B. R. & Galaway, B. (1999), *Social Work Processes*(6th ed.), Pacific Grove: Brooks/Cole Publishing Company.

Dixon, S. L. (1979), *Working with People in Crisis: Theory and Practice*, St. Louis: C. V. Mosby Company.

Dorfman, R. A. (1996), Old, sad, and alone: The myth of the aging homosexual, *Journal of Gerontological Social Work*, 24(1/2), pp. 29~44.

Gambrill, E. (1983), *Casework: A Competency-Based Approach*, Englewood Cliff, New Jersey: Prentice Hall.

Grinnell, R. & Kyte, N. (1974), Modifying the environment, *Social Work*, 19.

Hepworth, D. H. & Rooney, R. H. & Rooney, G. D. & Stron-Gottfried & Larsen, J. (2006), *Direct Social Work Practice: Theory and Skills*(7th ed.),

Thomson Brooks/Cole Publishing Company.

Johnson, L. (1982), *Social work practices*, Boston: Allyn & Bacon Inc.

Johnson, L. C. & Yanca, S. J. (2001), *Social Work Practice: A Generalist Approach*(7th ed.), Boston: Allyn and Bacon.

Konopka, G. (1963), *Social Group Work: A Helping Process*, Englewood Cliffs, NJ: Prentice-Hall.

Maluccio, A. N. (1979), *Learning from Clients: Interpersonal Helping as Viewed by Clients and Social Workers*, New York: Free Press.

McCormick, M. (1970), Social work advocacy: A new dimension in social work, *Social Casework*, 51(1), pp. 3~11.

National Association of Social Workers(1998), *The Foundation of Social Work Practice*(2nd ed.), NASW Press.

Northen, H. (1982), *Clinical Social Work*, New York: Columbia University Press.

Saleebey, D. (1992), *The strengths perspective in social work practice*, New York: Longman.

Sheafor, B. W. & Horejsi, C. R. & Horejsi, G. A. (2003), *Techniques and Guidelines for Social Work Practice*, New York: Allyn & Bacon; 서울대사회복지실천연구회 역(2007), 『사회복지실천기법과 지침』, 나남출판.

Walter, J. & Pardee, G. & Melbo, D. (1976), *Dynamics of Problem-Oriented Approaches to Patient Care and Documentation*, Philadelphia: J. P. Lippincott.

Zastrow, C. & Kirst-Ashman, K. (2007), *Understanding human behavior and the social environment*(7th ed.), Thomson.

제10장

개입효과 측정 및 기술

최근 사회복지실천 현장에서 개입효과 측정에 대한 관심이 고조되고 있다. 사회복지실천은 궁극적으로 클라이언트의 문제를 해결하기 위한 개입이고, 이 개입은 계획한 목표를 달성할 때 그 효과를 인정받게 된다. 또한 사회복지실천 현장에 있는 사회복지사와 클라이언트 그리고 관련되는 일반인들 모두가 사회복지실천의 구체적이고 계량적인 사실을 알고 싶어 한다(양옥경, 2000). 더욱이 최근 개입효과 측정은 실천 프로그램에 대한 각종 지원의 전제 조건이 될 만큼 그 중요성이 더해가고 있다.

최근 사회복지 서비스와 실천의 영역에서 프로그램 개입효과 측정이 중요시되는 이유는 다음과 같다.

첫째, 사회복지서비스의 양적 팽창은 사회복지사업에 할당된 자원이 효과적으로 사용되고 있는가에 대한 신뢰성의 검정을 요구하고 있다(Martin & Kettner, 1997). 사회복지서비스는 그 성격상 서비스의 실천에 필요한 대부분의 자원을 외부 관련 기관들에게 의존하기 때문에 외부로부터 끊임없이 조직운영과 서비스의 효과성에 대한 증명을 요구 받는다(정무성, 2001).

둘째, 개입효과 측정을 위한 법적 근거가 마련되었다. 1997년에 개정된 사회복지사업법에는 3년마다 1회 이상 사회복지시설 종사자의 전문성, 시설환경, 서비스의 만족도 등에 대해 평가하도록 규정하고 있다. 이러한 법적 장치는 사회복지계에 평가를 도입할 수 있는 근거를 마련하였으며, 평가 이후 다양한 부가 급부로 이어지고 있다.

셋째, 사회복지 내부에서 성숙되어 온 개입효과 측정의 필요성과 이해의 증대를 들 수 있다(최재성, 2000). 전문사회복지사라면 클라이언트, 자기 자신 그리고 다른 전문가들에게 자신이 실천한 방법과 기술이 효과가 있으며 믿을 수 있는 방법이라는 점을 증명할 수 있어야 한다.

사회복지실천이 그 전문성을 객관적으로 인정받을 수 있는 방법은 개입효과 측정을 통하여 그 효과성과 효율성을 인정받는 것이다. 체계적인 평가는 사회복지실천방법과 기술에 대해 신뢰할 만한 정보를 제공해 주며 사회복지사의 실천능력을 증진시켜 줄 것이다.

1. 개입효과 측정의 개념

평가(evaluation)란 사회복지실천에서 사용되는 중재 또는 개입(intervention)의 결과를 사정하기 위한 기술이다(Zastrow, 1999). 넓은 의미에서 평가과정은 개입이 효과적, 효율적이었는가를 사정하기 위한 기술이다. 또한 개입은 효과적이면서 효율적이어야 한다.

로시와 프리맨(Rossi & Freeman, 1993)은 사회복지실천에서 개입효과 측정이란 사회복지 프로그램 혹은 기관의 계획, 수행, 활용 등 포괄적인 활동들을 체계적으로 판단하는 것을 의미한다고 하였다. 그러나 사회복지실천에서 평가란 개인, 가족, 집단에 대한 사회복지사 개입활동의 평가에 초점이 맞추어져 있다. 평가에서 흔히 결과(outcome)의 평가만을 중시하는 경향이 있는데 이것은 잘못된 것이다. 왜냐하면 결과의 달성 과정을 알지 못한다면, 결과는 가치가 없을 수도 있다.

평가는 문제해결과정의 마지막 단계이다. 평가를 통해서 사회복지사와 클라이언트는 사회복지사가 의도한 대로 서비스 계획을 수행하고 있는지, 그 목적들이 달성되고 있는지를 결정할 수 있다.

평가를 통해 얻은 자료를 토대로 프로그램을 중단, 축소 또는 수정할 것이냐, 계속 또는 보완, 확대할 것이냐를 결정하는 중요한 행정적 결정을 내릴 수 있다. 프로그램이 당초 의도했던 효과를 발생하지 못한다든가 나타나는 효과에 비하여 비용이 더 큰 경우에는 이를 즉시 수정, 축소하거나 중단하여야 할 것이다(성규탁, 1994). 이와 같은 개입 효과 측정은 다음과 같은 중요한 의미를 갖는다(전재일 · 이성희, 2004).

- 사회복지사가 개입 계획의 효율성과 효과성을 클라이언트들과 함께 사정하는 것
- 사회복지사와 클라이언트들이 의도한 대로 서비스 계획을 수행하고 있는지를 결정하는 것
- 기관이 제공하는 프로그램과 서비스를 동료 사회복지사들과 함께 사정하는 것
- 효과적인 접근방법을 선택하는 데 있어서 사회복지사와 클라이언트들에게 도움이 될 이전의 프로그램 평가에 의해 산출된 지식을 이용하는 것
- 의도하지 않은 결과에 대해 주의하고 개입의 역효과를 방지하기 위해 합리적인 조치를 취하는 것
- 서비스 계획을 평가하는 데 사용할 기록자료들을 보관하는 것

2. 책임성

사회복지실천은 사회복지사가 사회에 대한 책임을 지는 것을 포함하는 것으로 효과적이고 효율적으로 수행하는 것을 말한다. 효과적이라는 것은 사회복지실천 프로그램이 목표를 달성하는 것을 의미하며, 효율적이라 함은 목표를 달성하되 경제적으로 달성하는 것을 말한다(성규탁, 1994). 즉, 효과성(effectiveness)은 목적이 달성되었는가를 말하는 것이고, 효율성(efficiency)은 투입된 자원과 결과 간의 비율을 말한다.

책임성(accountability)은 최근 수년 동안 사회복지실천 장면에서 많이 강조되고 있다. 효과성과 효율성의 문제는 정부나 민간단체가 사회복지에 자원을 많이 투입하면서 더욱 중요시되고 있다. 사회복지사는 클라이언트에게 그의 어떤 동의나 계약을 유지하고, 동의한 서비스를 제공할 책임이 있다. 사회복지사는 사회복지실천 가치를 유지하고 서비스 전달에 있어서 윤리강령을 지킬 전문직에 대한 책임도 있다. 사회복지사는 기관의 지침, 프로그램 그리고 기관이 개발한 정책 안에서 서비스를 전달할 사회복지사를 고용한 기관에 대한 책임이 있다(Johnson & Yanca, 2001).

책임성은 사회복지기관의 다수의 후원자와 상황속의 인간의 체계적 특성 때문에 복잡하지만 효율성과 효과성의 두 가지 구성요소를 가진다(전재일·이성희, 2004).

효율성은 서비스의 비용을 가리킨다. 인간서비스의 특성 때문에 책임성은 클라이언트의 수, 클라이언트들과 보낸 시간, 또는 서비스 비용을 결정하는 것 이상을 의미한다. 효과성은 서비스가 처음 의도한 목표에 도달했는가에 관련된다. 그러나 인간 상황이 복잡하고 기관 프로그램이 상이한 목표를 가지고 개인에게 관여하기 때문에 효율성을 측정한다는 것은 어렵다. 그렇지만 측정할 수 있는 목표들이 행동계획에 포함되었다면, 이들 목표가 특별한 서비스 상황에 도달하였는지를 판단할 수 있다.

대부분 사회복지사들은 적은 자원으로 많은 결과를 창출할 것을 요청받고 있다. 이런 면에서 효율성과 효과성의 균형을 유지하는 것은 무엇보다 중요하고, 질적인 서비스가 효율적인 방식으로 클라이언트에게 제공되어야만 한다. 현대 사회복지실천에 있어서 전문적 책임성을 충족시키기 위해서 모든 사회복지사들은 책임성의 이슈에 관해 관심을 가져야 한다.

3. 평가의 유형

사회복지실천에서 평가는 자료의 속성, 평가시기, 개입대상에 따라서 다양하게 분류된다(윤현숙 외, 2002).

1) 양적 평가와 질적 평가(quantitative evaluation & qualitative evaluation)

평가되는 자료의 속성에 따라 분류된다. 양적 평가는 획득되는 자료의 속성이 계량화가 가능한 측정을 말하며, 많은 사례를 대상으로 실시할 수 있으며, 질적 평가는 획득되는 자료의 속성이 계량화가 곤란한 경우를 말하며, 나타나는 현상의 정도와 수준도 평가하는 것으로 소수의 사례를 대상으로 한다.

2) 과정평가와 총괄평가(process evaluation & summative evaluation)

평가의 시점에 따라 분류된다(Compton & Galaway, 1986). 과정평가는 형성평가(formative evaluation)라고도 하며, 사회복지사의 개입과정을 사정하는 것이고, 총괄평가는 개입방법의 성과나 효과를 연구하는 것이다. 사회복지실천에서 총괄평가란 사회복지사의 다양한 개입방법의 효과성과 효율성을 사정하는 것이다. 효과성은 개입목표의 달성 정도로 알 수 있고, 효율성은 목표 달성에 투여된 자원에 따른 성과비율이 높고 낮음을 통하여 측정될 수 있다. 따라서 사회복지실천에서 개입의 효과가 높게 나타나도 효율성은 낮게 나타날 수 있다(Sheafor, 1997).

3) 결과평가와 평가적 연구(outcome evaluation & evaluation research)

총괄평가의 방법에 따라 분류되는 평가방법이다(Thomas, 1978). 결과평가는 의도된 결과의 성취 정도를 밝히는 것이다. 결과평가는 대상에 대한 개입결과를 평가하는 것이므로 비교적 평가를 수행하기 쉽다. 그러나 결과평가에서는 사회복지사의 개입이 결과에 영향을 주었는지를 판별할 수 있는 인과적 자료를 얻을 수는 없다. 반면, 평가적 연구는 사회복지사의 개입으로 결과가 성취된 것인가를 밝히기 위해 개입과 결과의 인과적 관계를 파악하고자 한다. 성취된 결과를 안다는 것은 비교적 쉬운 일이지만 그 결과가 개입의 결과로 이루어진 것인지를 안다는 것은 어려운 일이다. 그래서 결과평가는 일상적으로 사회복지실천에서 꼭 수행되어야 하는 중요한 영역으로 자리 잡아가고 있다(Zastrow, 1995).

4) 실천평가와 프로그램 평가(practice evaluation & program evaluation)

개입대상에 따라 개인, 가족, 집단을 대상으로 하는 실천평가와 지역사회를 단위로 하는 프로그램 평가로 분류된다(Sheator, 1997). 실천평가는 구체적인 클라이언트의 문제와 목적과 관련하여 사회복지사와 클라이언트가 개입계획의 효과성과 효율성을 측정하는 것이다(Compton & Galaway, 1999). 프로그램 평가는 가족상담, 사례관리, 입양가족 보호와 같은 많은 클라이언트나 전체 지역사회에 제공하는 프로그램의 효과성과 효율성을 평가하는 것이다(Compton & Galaway, 1999).

허드슨과 그린넬(Hudson & Grinnell, 1989)은 프로그램 평가의 다섯 가지 범주를 확인하였다.

(1) 욕구사정

프로그램 수립에 대한 가능성을 결정하는 것이다.

(2) 평가가능성 사정

프로그램이 평가될 수 있는가를 결정하는 것이다.

(3) 과정분석(형성평가)

프로그램에 대한 개입을 모니터하고 측정하는 것이다.

(4) 결과분석(총괄평가)

프로그램의 효과성을 결정하기 위해 프로그램 결과를 측정하는 것, 프로그램의 비용의 측정과 병행할 때, 결과분석은 비용-효과와 비용-편익

(cost-benefit)을 설명해 준다. 비용-편익연구는 비용-효과성 연구 이상의
많은 이익을 고려한다.

(5) 프로그램 모니터

자원과 활동, 결과에 대한 프로그램 자료의 계획적이며 끊임없는 수집과
분석, 그리고 프로그램 정보에 관한 보고를 말한다.

4. 개입효과 측정방법

사회복지실천에서 평가를 위한 설계는 크게 집단설계(group design)와
단일사례설계(single case design)로 나누어 볼 수 있다.

1) 집단설계

(1) 실험집단설계(experimental group design)

일반적으로 사회복지실천을 과학적으로 평가한다는 것은 실험통제집단
연구설계가 이루어져야 함을 의미한다(Bloom, 1983). 이러한 설계의 전
형적인 방법은 실험연구(true experiment)로 이는 연구대상이 되는 두 집
단을 무작위로 표집한 후에 실험집단에 의도적인 개입을 하고 통제집단에
는 개입을 하지 않고 두 집단 간의 결과 차이를 비교함으로써 개입한 방법
의 성과를 파악하는 것이다. 다른 조건이 동일하다면 개입 후의 차이는 개
입방법이 유효하다는 것을 보여주는 것이다.

(2) 유사실험집단설계(quasi-experimental group design)

무작위실험집단설계가 신뢰할 수 있는 평가방법이지만 사회복지실천의 현장에서 대규모의 모집단을 구하기 어렵기 때문에 자주 사용할 수 없는 방법이다. 이러한 문제점을 극복하기 위한 방안이 유사실험집단설계이다. 유사실험연구가 실험연구와 다른 점은 평가의 대상이 무작위 표집이 아닌 의도적 표집을 통해 구해진다는 점이다.

2) 단일사례설계(single case design)

단일사례설계란 독립변수(개입)와 종속변수(결과) 사이의 인과관계를 설정하기 위해, 통제된 환경 아래에서 하나의 유기체(또는 복수의 유기체들)에 대해서 개입(치료)하기 전과 후의 변화를 반복해서 측정하는 평가연구방법이다(김통원, 1998). 1970년대 심리학자들이 고안한 이 설계는 사회복지실천에서 수행하는 데 생기는 한계를 극복하기 위해 도입된 방법으로(Bloom, 1983), 일상실천에서 주로 사용되고 있다. 단일사례연구는 무작위로 표집된 두 집단을 비교하는 대신에, 단일 클라이언트(또는 클라이언트 체계)를 대상으로 개입 전, 개입 동안, 개입 후를 반복적으로 관찰함으로써 그 변화를 평가하는 방법이다.

단일사례설계는 한 개인이나 집단, 또는 프로그램이라는 단일사례를 대상으로 개입의 효과성을 측정하는 데 사용하는 방법이다. 이것은 단일사례설계(single case design), 단일사례실험(single case experiment), 단일체계설계(single system design) 등으로 불리기도 한다(김영종, 1999).

1970년대 중반에 이르러 이것은 단일사례연구의 새로운 방법들이 개발되고 인간서비스기관이 그 효과를 설명하는 데 압력이 강화되면서 새로운 관심을 받게 되었다(Sheafor, Horejsi & Horejsi, 1997).

단일사례설계라는 말은 단일 실천상황(대개는 단일 개인이지만 가족이나 소집단, 조직이나 지역사회도 가능하다)에 초점을 둔다는 것을 뜻한다. 또한 단일사례설계라는 말은 전통적인 복수사례에 대한 설계나 실험집단설계와 이 접근을 구별하게 해준다.

블룸과 피셔와 오름(Bloom, Fischer & Orme, 1995)은 실천평가에서 단일사례설계를 사용하는 네 가지 목적을 제시하였다.

- 시간의 변화에 따른 사건과 사람의 변화를 점검하고 사례 상황을 사정하는 것
- 표적사건에 긍정적 혹은 부정적 변화가 일어났는지를 평가하는 것
- 실천가의 개입이 이들 변화와 근본적으로 연결되는가를 평가하는 것
- 실천가가 개입들 간의 효과를 비교하는 것

(1) AB설계

가장 기본적인 유형으로 기초선 설정 후에 개입이 뒤따르는 것을 말하며, 기초선에서와 다른 변화가 측정된 것은 개입의 영향으로 본다.

- 표적행동: 개입으로 변화시키고자 하는 행동
- 기초선: 일정 기간 표적행동의 빈도, 강도, 지속시간을 관찰하여 설정
- 복수기초선: 하나 이상의 기초선
- A: 기초선 자료가 수집되는 시기
- B: 개입기간

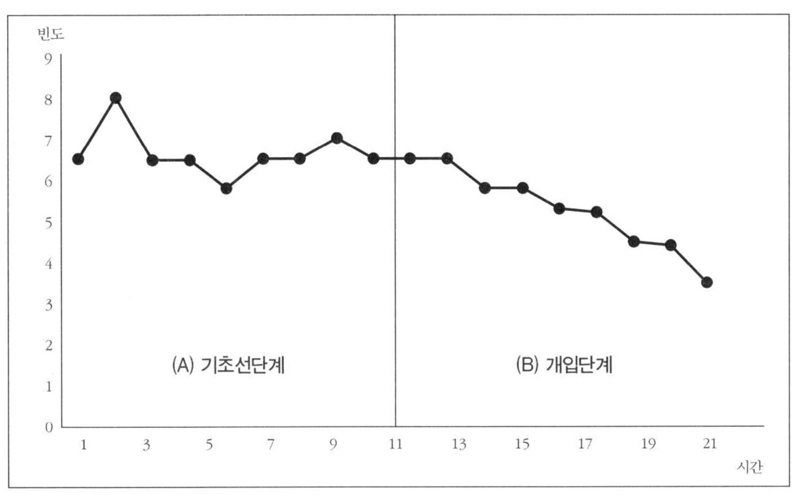

(2) ABAB설계

AB설계를 확장한 유형으로 기초선 단계와 개입단계가 각각 2개로 구성되어 있다. ABAB 설계의 장점은 개입의 효과를 보다 명확히 제시할 수 있다는 점이다. AB설계의 경우 결과가 개입의 효과임을 명확히 알 수 없다는 단점이 있으나 ABAB 설계는 클라이언트의 변화가 개입의 효과인지를 보다 분명하게 나타낼 수 있다(최선화, 2006).

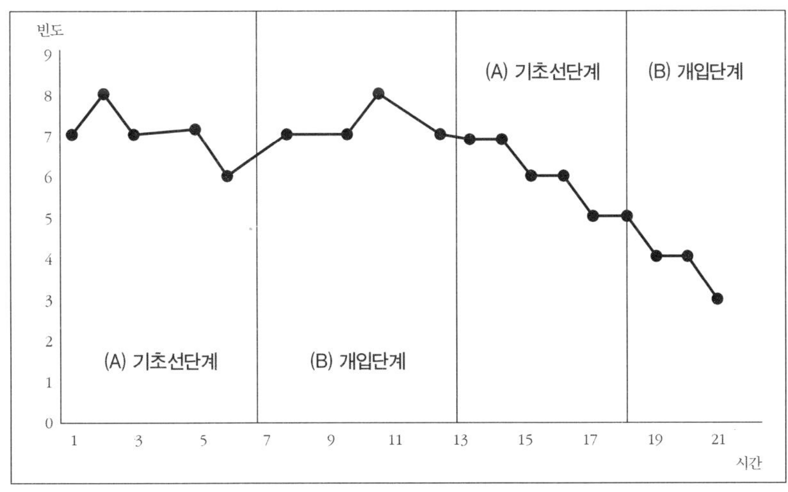

5. 평가의 절차

단일사례설계에서 평가의 중요한 절차로 목표의 구체화, 적절한 측정도구의 선택, 기초선 자료에 대한 기록, 개입과 점검, 변화의 사정, 효과성의 추론이 중시된다(Zastrow, 1995).

1) 목표의 구체화

단일사례설계에서 첫 단계는 달성하고자 하는 목표를 구체화하는 것이다. 그 목표는 개입의 결과로 무엇이 달라져야 하는가를 구체적인 용어로 기술해야 한다. 목표에는 행동, 사고, 감정, 사회관계나 환경의 변화가 포함된다. 목표는 클라이언트의 기대를 반영해야 하고 현실적으로 달성 가능하며 구체화되고 측정할 수 있어야 바람직한 목표라고 할 수 있다.

2) 적절한 측정도구의 선택

결과는 신뢰할 수 있는 방법으로 측정되어야 한다. 사회복지실천의 성격상 결과를 측정하기 어려운 경우가 많다. 그러나 최근 측정도구의 분야에 많은 발전이 있어 왔기 때문에(Fischer & Corcoran, 1994). 이를 해결할 수 있는 유용한 측정도구(양옥경, 2000)와 절차를 활용할 필요가 있다. 측정방법에는 직접관찰(direct observation), 자기보고식 평정척도(self-anchored rating scales), 표준화된 측정(standardized measures)이 있다(Zastrow, 1995).

(1) 직접관찰

클라이언트에 대한 개입결과를 평가함에 있어서 주요 대상은 행동 변화에 대한 평가이다. 행동변화를 직접 관찰하기 위해서는 관찰 대상이 되는 행동이 명백하고 객관적으로 규정되어야 한다.

(2) 자기보고식 평정척도

모든 원하는 결과들이 행동적 용어로 진술될 수는 없다. 내적 상태를 측정하는 최상의 방법 중 하나는 자기보고식 평정 척도다. 자기보고식 척도는 클라이언트의 결과를 측정하기 위해 개발한 사회복지사와 클라이언트의 평정척도이다.

(3) 표준화된 측정

클라이언트의 변화를 측정하는 대부분의 사례에서 선호하는 방법은 행동의 직접 관찰이나 내적 상태의 자기보고이다. 그 이유는 결과를 직접적이고 민감하게 측정할 수 있기 때문이다. 그러나 때로는 결과 측정에 적합한 방법으로 표준화된 측정도구가 사용된다. 집단 간 비교를 할 때 표준화된 측정방법에는 검사, 설문지, 평점척도, 도구(inventories), 체크리스트 등이 활용된다. 이러한 측정방법은 세 가지 요건을 필요로 한다.

첫째, 누구나 같은 방법으로 일정한 점수와 기입의 절차를 갖는다. 둘째, 표준화된 측정은 방법론적인 적합성(신뢰도나 타당도 같은)을 충족시켜야 한다. 셋째, 표준화된 측정에는 규칙(norms)이 있어야 한다. 규칙이란 측정을 마친 집단의 검사 점수를 해석하는 데 활용하는 지침을 말한다.

측정의 쟁점 중 중요한 부분의 신뢰도와 타당도이다. 타당도(validity)는 측정하고자 하는 것을 실제로 측정했는가의 여부이다. 신뢰도(reliability)는 비슷한 여건에서 측정을 반복하였을 때 유사한 결과가 도출되느

냐의 여부이다. 대부분의 클라이언트는 그들의 행동이 기록되고, 측정되고 있음을 인식함으로써 측정행동에 영향을 받게 될 가능성이 있다.

3) 기초선 자료 기록

측정도구를 선택한 다음 단계는 개입 이전의 기초선 자료를 수집하는 것이다. 기초선 측정(baselining)은 개입으로 인한 변화가 발생하기 이전 상태를 측정한 후 개입으로 인한 변화를 알 수 있는 기초율(base rate)을 설정하는 것이다. 기초선 설정의 주된 목적은 개입 이후나 중간에 수집된 자료와 기초선 자료를 비교하기 위한 것이다.

4) 개입과 점검

기초선이 확보되면, 개입을 하게 된다. 평가작업이라는 관점에서 볼 때, 이 시점에서 중요하게 고려해야 할 사항은 개입의 구성 요인이 무엇인지 명확히 기술하고 구체화하는 것이다.

개입기간 중에는 기초선을 설정하였을 때 시행하였던 측정방법을 동일하게 실시해야 한다. 즉, 처음에 설정되었던 규정, 측정시간, 측정절차 등이 변화 없이 시행되어야 한다. 왜냐하면 이러한 변화는 자료에 영향을 줄 수 있기 때문이다.

5) 변화의 사정

기초선 설정과 개입 과정 이후에는 변화를 사정한다. 여기서 쟁점이 되는 것은 통계적으로나 임상적으로 유의미한 변화가 생기는가 하는 점이다. 통계적 변화와 실험변화는 단계 내에서의 실제 변화를 의미한다. 변화는 통계적이며 논리적 입장에서 사정된다. 임상적인 변화는 임상이나 실천적인 관점에서 볼 때 충분하고, 바람직하며, 의미 있는 변화를 의미한다.

6) 효과성 추론

단일사례설계는 개입이 효과적이었다는 것을 추정하기 위해서 클라이언트의 변화된 결과가 사회복지사의 개입으로 인한 것임을 논리적이고 경험적으로 증명하여야 한다. 따라서 단일사례설계는 측정하고자 하는 모든 행동을 사전에 미리 결정하여 조작적 정의를 해야 하며, 실험 결과가 대상자나 목표행동 또는 실험조건 등에서 반복하여 제시될 수 있도록 사전에 체계적인 설계를 계획하여야 한다. 또는 내적 타당도와 외적 타당도를 높이기 위하여 최대한 변수통제가 이루어져야 한다.

| 10장 참고문헌 |

김영종(1999), 『사회복지조사방법론』, 학지사, 407~428쪽.
김통원·김용득 외(1998), 『사회복지실천 사례관리』, 도서출판 지샘.
성규탁(1994), 『사회복지 프로그램평가』, 계간 사회복지, 통권 제122호, 3~26쪽.
양옥경(2000), 「한국 임상사회복지실천의 효과성연구 경향에 관한 연구」, 한국사회
    복지학회, 42호.
윤현숙 외(2002), 『사회복지실천기술론』, 동인.
전재일·이성희(2004), 『사회복지실천론』, 형설출판사.
정무성(2001), 『사회복지프로그램 평가 매뉴얼-프로그램의 성과측정 및 평가』, 사회
    복지공동모금회.
최선화(2006), 『여성복지론』, 학현사.

Bloom, M. (1982), Social work and the English language, *Social Casework*,
    60(6), pp. 332~338.
Bloom, M., Fischer, J. G. & Orme(1995), *Evaluating Practice: Guidelines for
    the Accountable Professional*(2nd ed.), Boston :Allyn and Bacon.
Compton, B. R. & Galaway, B. (1999), *Social Work Process*(6th ed.), Pacific
    Grove, CA: Brooks/Cole Publishing Company.
Hudson, J., Grinnell. R. (1989), Program evaluation. In B. R. Compton, & B.
    Galaway(Eds), *Social work processes*, CA: Wadsworth.
Fischer, J. & Corcoran, k. (1994), *Measures for clinical practice: A source book*,
    Vol. 1 & 2, New York, The Free Press.
Johnson & Yanca(1986, 1998, 2001), *Social Work Practice*, Needham Heights,
    MA: Allyn & Bacon.
Martin, L. L. & Kettne, P. M. (1996), *Measuring the Performance of Human
    Service Program*, Thousands Oaks, CA: Sage.
Rossi, P. H. & Freeman, H. E. (1982), *Evaluation: A Systematic Approach*(2nd
    ed.), Beverly Holls, CA: Sage.
Sheafor, B. W. & Horejsi, C. & Horejsi(1997), *Techniques and guidelines for
    social work practice*(4th ed.), Boston: Allyn and Bacon.
Zastrow, C. (1995), *The practice of social work*(5th ed.), Pacific Grove, CA:
    Brooks/Cole Publishing.

제11장

기록의 의의와 방법

1. 기록의 의미

사회복지실천 기록이란 사회복지사가 개입한 사례를 계획에서부터 종결과 사후지도까지의 전 과정을 합당한 형식을 갖춘 틀에 따라 객관적으로 서술하는 것을 말한다(최옥채, 2002: 139). 기록을 통하여 사회복지실천에 관한 정보를 문서화함으로써 개입의 전체 과정에 대한 정보를 보존할 수 있고 서비스의 전달을 촉진시킬 수 있다.

좋은 기록은 좋은 사회복지실천의 일부로서 이 둘을 따로 떼어 생각할 수 없으며, 책임성과도 떨어질 수 없다. 즉, 효과적인 면담과 기록을 통하여 보다 나은 서비스가 제공될 수 있으며, 기록은 사회복지사에게나 클라이언트에게 성장의 도구가 될 수 있는 것이다. 만약 기록을 보다 잘 이해하고 기록에 대한 구체적 기법과 지침을 알게 되면, 사회복지사들이 기록을 싫어하는 부정적인 느낌은 변화될 수 있다(윤현숙 외, 2002: 309).

2. 기록의 목적

사회복지실천에 있어서의 기록은 사회복지사가 수집한 정보와 개입 과정의 진행상황을 문서화하는 것이다. 문서화된 기록의 목적을 케이글(Kagle)은 다음과 같이 제시하였다(홍순혜·한인영 역, 1997: 18~22).

1) 클라이언트의 욕구 확인

기록은 사회복지실천에 있어서 관심의 초점이 되는 것이 무엇인지를 분명히 알게 해 준다. 또한 기록은 다양한 서비스와 클라이언트가 연결될 때 클라이언트의 세부적인 사항과 욕구를 확인할 수 있도록 도와준다. 즉 사회복지실천 기관에서 구체적 서비스 제공이 구체적인 목적이 되는 경우, 기록에서 클라이언트의 욕구를 확인하게 된다.

2) 서비스 내용 보고

기록은 서비스가 진행된 상황과정에 있어서의 주요한 사건들을 알게 해 주고 서비스가 클라이언트의 욕구에 적절한 것이었는지를 검토할 수 있는 자료로 활용된다.

3) 전문가 간 의사소통의 활성화

기록은 전문가들 사이에서 의사소통의 도구로 활용될 수 있다. 특히 최근의 다학문적 접근에 있어서 전문가들의 사례회의나 토론을 대신하여 기록이 집단적 의사결정을 도울 수 있다.

4) 클라이언트와 정보 공유

클라이언트에게 어떤 개입방법을 실천하고 있는가를 기록하여 클라이언
트와 그들 둘러싼 중요한 사람에게 기록을 보여 주기도 하고 때로는 그것
에 대해 토론할 수도 있다.

5) 슈퍼비전의 활성화

기록을 통하여 사회복지사들은 자신의 개입과정과 진행에 대해 지도 감
독을 받기도 하고 다른 전문가들로부터 자문을 받기도 한다. 또한 동료
들과 사례를 검토할 때에도 기록을 활용한다.

6) 사례의 지속성 유지

사례를 담당하는 사회복지사가 불가피하게 다른 사회복지사에게 위임
하게 되거나 또는 클라이언트를 다른 기관에 의뢰하게 될 때에 기록은 사
례의 지속성 유지에 매우 중요한 역할을 한다. 사례를 위임받은 사회복지
사나 의뢰받은 기관에서는 기록을 통해서 클라이언트의 욕구, 개입의 목
적, 진행 과정을 검토함으로써 사례를 연결 및 유지할 수 있다.

7) 서비스 과정과 효과의 점검

기록을 통하여 서비스 과정이 유용한 것이었는지 그리고 원하던 목표를
달성하였는지를 평가할 수 있다.

8) 학생 및 다른 전문가들의 교육

기록은 사회복지사, 학생들의 교육, 사례연구회, 기타 전문교육에 있어
서 그리고 사회복지실천 과정에 있어서 가장 중요한 자료로 사용된다.

9) 행정적 자료 제공

기록은 클라이언트의 욕구, 서비스의 유형, 직무관리, 직원의 직무수행,
자원의 분배에 관한 행정적 결정을 하거나 클라이언트를 계속적으로 추적
하기 위한 자료로 활용된다.

10) 조사를 위한 자료 제공

기록은 기관의 정책과 사회복지실천 방법에 관한 연구를 위한 자료로 활
용된다.

3. 기록의 원칙

사회복지실천 기록은 사회복지사와 클라이언트 그리고 기관이 상호 밀
접한 관계를 가질 뿐만 아니라 이들에게 매우 유용한 문서이므로 다음과
같은 몇 가지 원칙을 가져야 하다(최선화, 2006: 199~200).

1) 비밀보장

기록은 클라이언트의 사적인 내용을 담고 있으므로 비밀이 보장되어야
한다. 사회복지실천가는 개입한 사례에 대해서 반드시 자신이 기록해야 하
며, 특정인의 사사로운 목적으로 공개할 수 없다. 교육상 공개해야 할 경
우에도 사전에 참여자들로부터 허락을 받고 클라이언트는 물론, 모든 참
여자의 이름은 가명으로 기록하고 이를 밝혀야 한다.

2) 객관성 유지

기록은 기록자의 임의로 기록해서는 안 된다. 즉, 사회복지실천가의 개
입내용이 과장되거나 축소되어 기록될 수 없다. 특히 사회복지실천가는 자
신이 개입한 결과에 대한 평가를 두려워하지 말고 겸손하게 받아들이는 자
세로 임함으로써 기록의 객관성을 유지해야 한다.

3) 논리성 유지

기록은 논리적이어야 한다. 즉, 다음 활동계획은 이전 활동의 평가 내용
과 맞아야 하고, 평가는 사회복지실천가의 개입 내용에 근거해야 한다. 활
동 내용은 목표달성을 위한 프로그램의 적용을 다루어야 하며, 프로그램
은 활동목표에 맞아야 한다. 이는 결국 사회복지사의 개입이 이루어져야
함을 의미한다.

4. 기록의 내용

1) 기록에 포함되어야 할 내용

사회복지기관마다의 목적이나 서비스 전달방식 그리고 기록양식들이 다르기 때문에 기록의 유형이나 내용은 다양하지만 일반적으로 포함되어야 할 공통적인 지침은 필요하다.

기록에 있어서 일반적으로 포함해야 할 정보의 유형을 제시하면 다음과 같다(이종복 외, 2006: 327~331).

(1) 클라이언트와 만난 날짜

클라이언트와 만난 연도, 월, 일을 정확히 기록한다. 특히 연도를 생략하는 경우가 있는데 오랜 시간이 경과한 후 혼란을 방지하기 위해서는 연도를 반드시 기록해야 한다.

(2) 클라이언트에 관한 기본적인 정보

클라이언트에 관한 기본적인 정보들, 예를 들어 성별, 연령, 가족 관계, 경제적 수준, 교육 수준 그리고 과거의 기관 이용 경력 등에 관한 정보들을 기록한다. 기관의 목적 및 필요에 따라 구체적인 정보의 내용들은 달라질 수 있다.

(3) 클라이언트와의 접촉 사유

클라이언트의 문제와 상황은 무엇인가? 클라이언트는 왜 찾아왔으며 기관에서 도울 수 있는가? 클라이언트가 확인하고 사회복지사가 분명히 중요한 문제를 간간히 설명할 수 있는가?(Halley et al., 1998: 484)

(4) 클라이언트의 문제와 상황에 관한 보다 자세한 정보

인테이크는 클라이언트와의 최초 접촉 절차로서 인테이크 과정에서 사회복지기관은 클라이언트와 많은 정보를 주고받는다. 클라이언트에게는 기관의 프로그램, 서비스 요건, 비용 등에 관한 정보를 제공해 준다. 그리고 클라이언트에 관한 다양한 정보를 얻고 클라이언트가 서비스를 받고자 하는 동기를 사정하며, 서비스를 제공할 담당 사회복지사를 정하기도 한다.

정보에 따라서 기록은 구체적일 수도 있고 상대적으로 간단하고 간략할 수도 있다. 더 많은 정보가 수집되는 경우도 있는데 이를 우리는 사회력(social history)이라고 한다.

(5) 수행과정의 측면

수행과정의 측면으로 상황 속의 클라이언트의 사정에 관한 사회복지사의 인상, 중재를 위한 구체적인 계획, 클라이언트와 이 사례에 연루된 다른 사람들과의 접촉, 진전된 정도, 사례가 어떻게 종결되었는가에 관한 정보를 포함한다.

(6) 사후지도 정보

사후에 지도할 계획이 있다면 구체적으로 누가, 언제, 무엇을 할 것인가를 기록한다.

(7) 슈퍼바이저와 다른 사회복지사와 토의할 문제

슈퍼바이저나 다른 사회복지사와 추후에 토의할 문제가 있으면 이에 대해 기록한다.

2) 사회력

사회복지실천 기록에서 사회력은 클라이언트의 문제나 욕구를 역사적이며 생태학적인 맥락에서 이해하기 위해 클라이언트와 상황에 관한 현재 및 과거에 대한 정보를 포함한다.

사회력이 중요한 이유는 다음과 같다. 첫째, 문제의 원인과 문제해결을 위한 자원을 찾기 위하여, 둘째, 욕구와 결핍뿐만이 아니라 강점과 대처능력을 발견하기 위하여, 셋째, 클라이언트에게 가장 적합한 서비스나 프로그램에 관한 결정을 내리는 데에 도움이 되기 위하여, 넷째, 클라이언트, 가족 등 중요한 타인들에게 '자신들의 이야기를 말할' 기회를 통해 자신들의 경험을 재검토하고 공유할 수 있도록 하기 위하여, 다섯째, 다른 서비스 제공자들에게 사회복지실천 관점에 의한 정보를 주기 위하여, 여섯째, 서비스 전달에 관련된 사회복지실천의 결정과 행동의 근거를 문서화하기 위함이다(Kagle, 1991: 25~26).

사회력은 일반적으로 다음과 같은 항목을 포함한다(Kagle, 1991: 28~30; 윤현숙 외, 2002: 326~328).

(1) 개인적 정보

- 인지 및 신체적 발달: 특별한 이정표가 될 만한 운동발달, 언어발달, 배변 훈련, 중요한 경험들(엄마의 임신, 출산, 질병 등), 특별한 가족사건(죽음, 별거, 이혼 등), 형제 및 다른 가족원들의 발달, 심리사회적 성숙상의 중요한 사건과 경험들, 클라이언트와 가족의 태도와 기대, IQ 검사결과 등
- 건강: 현재와 과거의 질병, 사고, 장애, 증상, 입원경력이나 치료경력, 약 복용, 운동, 성생활을 비롯한 건강관련 행동, 건강에 관련된 태도

와 기대 등

- 정신건강: 현재와 과거의 인지적, 정서적, 사회적, 행동적 기능, 현재 갖고 있는 문제의 발생시기와 진행기간, 현재 상태와 관련된 중요한 사건들, 현재 또는 과거의 정신건강 진단명 및 치료경력, 클라이언트 및 가족의 태도와 기대 등
- 중요행동 및 반응유형: 현재 상황에 관련된 클라이언트 및 가족의 중요행동 유형들, 이에 대한 선행사건과 결과, 흡연이나 거식과 같은 스트레스성 행동과 습관, 반사회적 행동 등
- 지식, 정보, 인지유형: 현재 상황 및 이에 관련된 주요 사건들에 관한 클라이언트와 타인들의 해석, 인간행동이나 사회적 서비스 등에 관한 지식과 신념, 문제해결을 위한 현재의 노력, 자아개념, 통찰력 등
- 감정, 정서적 반응: 현재 상황 및 이에 관련된 주요 사건들에 대한 클라이언트와 타인들의 정서적 반응, 불안과 불편의 현재 수준, 변화와 행동의 동기, 서비스에 대한 관심도, 미래에 대한 태도, 현 상황의 향상 가능성, 자존감 등
- 교육: 과거에 다녔던 학교 또는 기타 교육 프로그램, 성취수준, 자기의 능력 및 교육에 대한 가치나 기대, 향후 교육에 대한 희망, 교실에서의 습관, 공부습관 등
- 직업: 유급 · 자원봉사 · 재택근무 경험, 현재 직업, 직위, 직장경력에서의 중요사건, 기술, 적성, 직업습관 등
- 재정: 현재 및 최근 수입원, 수입액, 자산, 월 지출액, 재정능력, 부채, 수입에 관한 태도, 자원의 활용 등
- 법적 문제: 사법체계의 조치를 받은 과거와 현재의 사건, 과거 사법체계와 관련된 경험(구속, 집행유예, 원고나 피고나 증인으로서의 경험) 등

(2) 대인관계에 관한 정보

- 결혼과 가족: 과거의 현재의 가족구성원 및 그들의 역할과 책임, 부재 중인 가족원 및 확대가족원과의 관계, 부부관계 및 가족발달에서의 중요한 사건, 결혼과 가족에 대한 태도 및 가치, 이웃이나 지역사회와의 관계, 가족구조와 기능에 관한 쟁점(예를 들면 성 문제, 자녀양육, 세대 간의 연합 등) 등
- 동료집단과 비공식적 사회망: 비공식적 동료관계, 조직 및 집단에의 참여, 대인관계 행동 및 기술 등
- 직장관계: 직장환경 내에서 상사·동료·부하직원과의 관계, 직장 관계 속에서의 중요사건 등

(3) 사회적 정보

- 문화: 행동에 대한 가치 및 기대, 편견과 차별의 문제, 자원의 존재 및 이용가능성, 서비스와 서비스제공자에 대한 태도, 지역사회와의 언어 및 관습의 차이 등
- 지역사회: 공식적·비공식적 자원, 인구·경제·물리적 특성, 클라이언트와 지역사회에 대한 중요사건 등
- 제도와의 관계: 학교 및 기타 교육조직, 직장, 자원봉사단체, 종교단체, 법 체계, 보건 및 정신보건 조직, 사회복지기관과의 관계

(4) 물리적 환경

물리적 환경에 대한 기술은 주거, 이웃, 직업환경, 교통수단 등에 대한 안정성, 적절성, 접근성 등에 관심을 둔다.

사회력에 대한 위의 항목들은 일반적으로 관심을 가질 필요가 있는 사

항들을 개괄한 것이다. 그러나 모든 기관에서 모든 클라이언트에 대해서 위의 모든 항목이 다 포함되어야 하는 것은 아니다. 물론 가족관계 및 재정 상황과 같이 어느 경우에나 포함되는 항목도 있다. 그러나 기관의 초점에 따라서, 제공될 서비스에 따라서, 클라이언트의 욕구에 따라서, 중점적으로 탐색해야 할 부분이 달라지게 된다. 따라서 사회력의 개요는 모든 사회력에 포함되어야만 하는 고정된 틀이 아니라 적용을 위한 지침을 의미한다(Johnson, 1995: 135). 그러므로 사회복지사는 클라이언트 및 그 상황에서 매우 중요하다고 판단되는 특정 요인들에 대하여 관심을 기울여야 한다. 이를 파악하게 되면 서비스 계획의 나아갈 방향도 알 수 있다(윤현숙 외, 2002: 328~329).

5. 기록의 종류

1) 과정기록(process recording)

과정기록은 사회복지실천에서 가장 오랜 역사를 가진 기록방법이다. 사회조사(social investigation)가 중요한 목적이었던 사회복지실천의 초창기에 과정기록을 통하여 클라이언트와 그의 사회적 상황에 대하여 말하고, 행동하고, 관찰하고, 추측한 것을 사회복지사가 기억할 수 있는 한 모두 기록하였다.

사회복지실천이 전문적으로 변화하면서 기록방식도 변화하여 오늘날에는 기록의 초점이 클라이언트 및 그 상황으로부터 서비스 교류로 확대되었고 효율성을 위하여 정보도 간결화하는 경향이 있어 일상의 사회복지실천에서는 거의 사용되지 않고 있다.

그러나 사회복지교육에서 학생들이나 초보 사회복지사들의 기본적인 기술 학습 및 진단적 사고를 돕기 위한 교육용 도구로서 과정기록이 광범위하게 사용되고 있다.

과정기록에서는 클라이언트와의 면담에서 일어난 것, 사회복지사가 관찰한 것들이 마치 연극 대본과 같이 인용부호(" ")를 써서 직접 인용으로 기록하든지 혹은 간접적으로 말을 풀어서 쓸 수도 있다. 그러나 일반적으로는 직접 인용이 더 바람직하다고 인식되고 있다. 사회복지사와 클라이언트가 상호작용한 내용을 상세하게 기록하는 것은 원조과정이나, 그들의 상호작용과정을 상세하게 연구하기 위해서이다.

기록방법은 상호작용과정을 세밀하게 표현하기 위해 네 칸으로 나누어 제일 왼쪽 칸은 슈퍼바이저의 코멘트를 위해 여백으로 남겨 놓고, 왼쪽에서 두 번째 칸에는 사회복지사와 클라이언트의 대화 내용을 기록하고, 세 번째 칸에는 사회복지사와 클라이언트의 대화에 대한 사회복지사의 느낌, 네 번째 칸에는 이에 대한 사회복지사의 분석을 기록한다.

그러나 보다 간편하게 사회복지사의 느낌과 분석을 합하여 한 칸에 쓰는 것이 일반적이다.

| 표 11-1 | 기록방법의 예

슈퍼바이저의 코멘트	면담 내용	사회복지사의 느낌	분석
면접내용과 사회복지사의 느낌, 분석에 대하여 슈퍼바이저가 추후에 코멘트한다.	클라이언트의 언어적·비언어적 의사소통을 포함하여 면접 중에 일어난 일을 있는 그대로 기록한다.	대화가 진행되는 동안 사회복지사의 느낌을 솔직하고 개방적으로 적는다.	사회복지사의 느낌의 근원, 면접기법에 대한 분석, 다른 대안적 접근 등을 기록한다.

과정기록의 장점은 다음과 같다.

첫째, 과정기록은 사회복지실습이나 교육방법으로 유용하게 쓰인다. 슈퍼바이저가 학생의 전반적인 기능 수행력을 파악하고, 학생이 효과적 기법을 사용하고 있는 영역과 지도가 필요한 영역을 알 수 있게 해준다. 그러므로 학생들의 면담기법, 개입방법 등에 관한 교육훈련을 위한 중요한 자료가 된다.

둘째, 과정기록은 학생의 자아인식 및 서비스 과정에서의 자아의 활용을 향상시켜 준다. 과정기록에서는 클라이언트의 말과 행동뿐만 아니라 자신의 말과 행동, 감정도 기록한다. 이때 문서화하는 과정에서 자신의 개인적인 느낌을 알아내고 이것이 서비스에 어떠한 영향력을 미치는지 분석하게 된다.

셋째, 기관 측에서도 과정기록을 통하여 사례진행에 대해 점검하고 면담 중에 일어난 일을 파악할 수 있기 때문에 잘못된 사례 진행을 사전에 예방할 수 있다.

또한 과정기록의 단점은 다음과 같다.

첫째, 기록하는 데에 시간이 너무 많이 걸린다. 교육에서는 그렇게 중요한 제한이 되지 않겠지만 기관 실무에서 사용하기에는 비효율적이다.

둘째, 과정기록은 면접에서 실제로 일어난 일을 완벽하게 재현하기는 어렵다. 면접 중에 일어난 언어적·비언어적 의사소통의 모든 것을 다 기억할 수 없고 다 기록할 수 없기 때문이다.

따라서 이러한 단점을 최소화하기 위해서는 첫째, 정직하게 기록해야 한다. 자신의 기록을 솔직하지 않게 좋은 쪽으로 기록하게 되면 자신이 부족한 중요한 기술을 배울 수 없기 때문에 정직하게 기록해야 한다.

둘째, 기록하는 데만 너무 집중해서 면접 자체에 주의를 기울이지 못하는 경우가 있다. 언제나 기록보다는 면접이 더 중요하기 때문에 면접 중에는 정신을 집중하는 것이 필요하다.

셋째, 과정기록이 의미 있기 위해서는 면접이 끝난 후 가능한 한 빨리 써야 한다. 시간이 오래 지나면 주요한 세부사항이나 느낌을 잊어버릴 수 있기 때문이다.

넷째, 과정기록은 교육적 목적을 위해 쓰이는 것이기 때문에 기관의 공식적 기록의 일부가 되어서는 안 된다. 왜냐하면 아직 전문인이 되지 못한 학생의 기록에는 사실에 대한 왜곡이나 편견이 포함되어 있을 수 있기 때문이다.

과정기록의 내용을 공식적으로 활용할 경우에는 클라이언트의 이름, 개별적인 사항은 비밀로 하고 슈퍼바이저가 검토하고 승인한 별도의 기관보관용 기록을 준비해야 한다. 학생이 슈퍼비전을 받아서 수정한 과정기록은 폐기되어야 하며, 학생 기록으로 보관하려면 클라이언트의 비밀보장을 위하여 클라이언트의 이름이 삭제되어야 한다(임은희, 2004: 212~222).

2) 이야기체 요약기록(narrative summary recording)

이야기체 요약기록은 과정기록과는 달리 기록 내용이 이야기체 요약의 형식을 취하고 있어서 일반적으로는 이야기체 기록(narrative recording)이라고 한다.

이야기체 요약기록은 사회복지사가 클라이언트 및 그 상황이나 서비스에 대하여 이야기를 풀어가듯이 서술체로 기록하는 방법이다. 과정기록과는 달리 사회복지기관에서 많이 사용하는 기록으로 면담의 내용이 요약되어 서술된다. 이야기체 보고서는 간결하며 초점이 분명하여 특히 사회력이나 사정과 같은 특정 내용요소들을 문서화하는 데 효과적이다.

어떤 사회복지기관에서는 이야기체 요약기록의 내용을 조직화하기 위한 구조(항목을 구성하여 기록)를 가지고 있다. 그러나 다른 많은 사회복지기관에서 기록 내용과 구조는 사회복지사의 재량에 맡겨지기도 한다.

이야기체 요약기록 방법은 과정기록과는 달리 사회복지사의 말이나 느낌보다는 클라이언트 및 그 상황 그리고 서비스 교류에 초점이 맞추어진다. 클라이언트 및 서비스에 대한 많은 정보를 서술체로 기록하기 위하여 조직화가 필수적이다. 이야기체 보고서는 주제별 혹은 시간의 흐름별로 조직화되어 있고, 관련되지 않는 세부적 사항은 제외되며, 관련되는 사항이라도 다 기록하지는 않고 주요한 정보를 기록한다. 따라서 이를 활용하기 위해서는 사회복지사들은 조직적이고 내용이 적합하며, 문장력 있는 이야기체 요약기록을 쓸 능력을 갖추어야 한다.

장시간에 걸쳐 진행되는 사례에서는 이야기체 요약기록이 유용하다. 이야기체 요약기록은 사례가 진행되는 동안의 진행과정을 요약하는 보고서이다. 이를 위하여 사회복지실천가는 일상의 업무에서 자필로 쓴 사례노트를 만들면 편리하다. 사례노트는 그 사례와 관련된 매일의 행동과 활동을 즉시 간략하게 메모하는 것이다. 사례노트는 시간 순으로 기록되며, 이를 기초로 자신의 서비스 활동을 요약하는 이야기체 요약보고서를 만든다. 이야기체 요약보고서는 정기적으로 만들 수도 있고, 사례의 진행단계에 따라서 만들 수도 있다. 사례의 진행단계에 따라서 만드는 경우, 일반적으로 첫 번째 요약은 문제가 규정되고 목표 및 개입 계획이 설정되었을 때 그 다음에 개입과정에서 한 번 내지 여러 번 요약이 필요하며, 종결시 마무리 요약을 한다. 예를 들면, 서비스 중간단계에서 서비스를 재검토하거나(중간요약), 종결할 때 종결요약을 이야기체 요약형태로 기록할 수 있다.

이야기체 요약기록의 장점은 다음과 같다.

첫째, 클라이언트 및 그 상황과 서비스 교류의 특수한 본질을 개별적으로 반영할 수 있어서 임상실무를 문서화하는 데 적합하다.

둘째, 융통성이 있어서 중요하다고 생각되는 것은 포괄적으로 기록할 수 있다.

한편 이야기체 요약기록의 단점은 다음과 같다.

첫째, 사회복지사의 재량에 많이 의존한다는 것이다. 따라서 기록의 질이 제공된 서비스의 질보다는 사회복지사의 문장력이나 기록에 걸린 시간에 의해 더 좌우될 수 있다.

둘째, 이야기체 요약기록은 개별적 구성과 부담스러운 양 때문에 원하는 정보를 쉽게 찾을 수 없다는 어려움이 있다. 특히 장기간에 걸친 사례에서 특정 정보를 찾는 경우에 원하는 내용을 찾으려면 많은 페이지를 읽어야 할 것이다.

셋째, 사회복지사가 이야기체 요약기록을 꼼꼼하게 하려면 시간이 걸리고, 따라서 종종 기록하기를 미루게 되는 일이 발생할 수 있다. 이것은 기록을 부정확하고 시기적절하지 않게 할 우려가 있다.

따라서 이야기체 요약기록의 단점을 최소화하려면 첫째, 단기적 서비스나 일상적이고 정형화된 서비스는 구조화된 양식이나 체크리스트를 사용하고 복합적이고 개별화된 서비스에 대해서만 이야기체 요약기록을 사용하도록 한다. 둘째, 이야기체 요약기록에 포함되는 것들에 대한 지침을 세운다. 핵심이 되는 내용에 대한 틀을 사용하는 것도 필요한 내용을 보다 편리하게 기록할 수 있는 방법이다(박영숙 외, 2008: 266~268).

3) 문제중심 기록(problem-oriented recording)

문제중심 기록은 병원 또는 의료적 프로그램에서 자주 사용되는 기록형식의 한 방법이며 사회복지기관에서도 널리 사용하고 있다. 문제중심 기록은 문제들을 나열하는 구체적인 양식과 문제해결을 위해 이루어지는 진행을 노트에 기록하는 다른 양식을 사용하는 것을 의미한다.

문제중심 기록은 다음과 같은 장점들을 가지고 있다.

첫째, 사회복지사, 기관감독자, 외부의 자문가, 또는 조사자들이 사회복지사나 기관의 특정한 문제에 대해 접근해 온 방식을 살펴볼 수 있다.

둘째, 클라이언트가 경험한 문제의 복합성과 상호관련성을 나타내고, 각 특정한 문제에 초점화된 관심을 갖도록 한다.

셋째, 전문가 상호 간의 의사전달과 지시의 명료성을 촉진시키기 때문에 사례조정이나 팀워크를 증진시킨다.

넷째, 기관에서의 직원교체가 있을 때에도 특정한 문제에 대한 전문적인 관심이 지속될 수 있다.

다섯째, 문제해결의 진전에 대한 점검과 사후 추적조사를 위한 기제를 제공한다. 문제지향의 기록을 살펴봄으로써 행동하지 않는 것 혹은 클라이언트의 문제와 관련되지 않은 행동을 알아낼 수 있다.

여섯째, 간결한 기록을 장려한다. 특정한 문제에 초점을 두고 있기 때문에 적절하지 않은 정보는 기록에서 제외된다.

문제중심 기록은 네 가지 요소, 즉 ① 데이터베이스의 설정, ② 문제의 목록, ③ 초기계획, ④ 계획의 수행에 따른 진행노트로 구성되며, 이 요소들은 문제해결 과정의 기본적인 단계와 관련이 있다(이종복 외, 2006:

347~353).

(1) 데이터베이스

데이터베이스는 주로 인테이크 단계 동안 수집한 정보로 구성되며 클라이언트가 기관에 찾아와 서술한 문제를 포함한다. 자료의 많은 부분이 기록의 표지에 나타난다. 이러한 자료는 체계적으로 수집되고 정리되며 기록되어야 할 것이다. 왜냐하면 이 자료들이 클라이언트의 문제를 확인하고 개념화시키기 위한 근거를 제공하고 예비적인 문제목록을 만들어 내기 때문이다.

데이터베이스에는 클라이언트의 주요 불만, 클라이언트의 프로파일(일상생활에 대한 기술), 사회적 정보, 현재의 질병, 과거력과 체계들에 대한 검토, 신체검사 결과, 임상검사실 결과자료 등의 내용을 포함한다.

(2) 문제목록

문제목록은 사정과정 동안에 클라이언트와 사회복지사가 분명히 밝힌 것 외에 클라이언트가 관심을 두고 있는 어떤 문제라도 포함할 수 있다. 클라이언트와 사회복지사 모두는 문제의 우선순위와 수행에 초점을 두어야 할 문제에 관해 동의를 할 필요가 있다. 즉, 그들이 어떤 순서로 문제를 다루어야 할 것인가? 이러한 목록을 작성하는 것은 문제를 명확하게 정의하고 분석하는 과정이 사회복지사와 클라이언트에게 문제에 대한 이해를 새롭게 하고, 장기 및 단기목표를 설정하는 데 많은 도움을 준다는 점에서 중요하다.

각 문제는 번호가 매겨지며, 행동적인 언어로 기술한다. 가능하면 진단적 유형화는 피한다. 문제목록은 사례계획과 개입의 초점을 제공한다. 사회복지사는 목록에 있는 특정한 문제와 관련된 일을 논리적으로 수행하여야 한다. 그 문제가 해결되면 목록에서 지운다. 하지만 해결된 문제의 번호는 재할당되지 않는다. 즉, 각 번호는 단지 한 번만 사용한다. 그러므로 특정한 문제에 대한 개입과 진행은 사례기록을 통하여 추적될 수 있다. 문제목록은 사례기록에서 별도의 페이지에 있어야 한다는 점이 중요하다. 이 것은 사용자가 목록을 쉽게 찾을 수 있게 하고, 진전과 계획의 검토를 위해 근거를 제공한다.

문제중심 기록은 클라이언트 문제목록의 각 항목에 대한 반응과 행동의 특정 유형을 요구한다. 기본적으로 세 가지의 행동이 있을 수 있다. 즉, 세 가지 행동유형으로 ① 개입, ② 문제를 보다 잘 이해하기 위하여 부가적인 정보를 확보, ③ 상황 점검과 더 이상의 향상을 기다리는 것 이외에는 아무 것도 하지 않는다는 것이다. 사회복지사는 사례기록의 본문에 자신의 행동을 기록하고, 특정 문제에 대한 행동에 참고하기 위해 문제 번호를 활용하는 데 주의해야 한다.

중재 또는 개입이 필요할 때 이 행동을 서술하는 데는 SOAP 형식을 사용하는 것이 유용하다. SOAP란 다음과 같다.

① S(Subjective information): 주관적 정보

클라이언트가 상황을 어떻게 인식하고 느끼는가를 나타낸다. 클라이언트의 자기보고에서 나온다. 따라서 주관적 정보는 독립적이거나 외적 타당도는 없다.

② O(Objective information): 객관적 정보

전문가의 직접적 관찰, 임상적 실험, 체계적인 자료수집 등에 의해 얻어진다. 주관적 정보와 비교하여 볼 때 이러한 자료는 독립적으로 검증될 수 있다.

③ A(Assessment): 사정

주관적, 객관적 정보의 검토를 통해 추론된 전문가의 개념화와 결론을 말한다.

④ P(Plan): 계획

전문가가 특정한 문제를 제기하거나 해결하는 방법을 나타낸 것이다.

일단 계획이 세워지면 개입이 뒤따라 이루어진다. 사회복지사는 계획이 아무리 논리적이고 잘 세워졌다고 해도 클라이언트를 계획으로 원조하는 것이 아니라 행동으로 도울 수 있음을 알아야 한다.

(3) 초기계획

서비스 제공자들은 목록으로 작성된 문제의 각각에 대한 계획을 세운다. 계획에는 번호가 붙여지고 관련 문제를 대표할 수 있게 이름이 주어진다. 각 계획은 필요할 때마다 진행노트에서 최초의 정보로 바뀐다.

(4) 진행노트

진행노트나 중간노트는 정기적인 간격으로 클라이언트 상황과 서비스 거래를 설명하고 사정하여 기록한다. 진행노트는 사회복지사가 서비스 제공에 영향을 미치는 새로운 정보를 기술하고, 활동계획이나 활동방향에 있어서 변화를 시키고, 종결계획을 수립하고, 활동의 효과를 평가하고 책임성을 유지하고, 활동절차를 작성하며, 슈퍼비전이나 자문에 필요한 자료를 제공하고, 목적을 결정하기 위해 행정에 요구되는 정보를 제공하는 등과 같은 많은 목적들을 위해 사용된다.

진행노트는 집회날짜, 관여한 사람들의 이름, 클라이언트가 제공하는 중요한 사실, 기관정책에 관하여 제시하는 정보, 클라이언트의 생활상황의 변화 또는 활동에서 이루어진 진전을 포함하는 광범위한 정보를 기록할 수 있다.

진행노트는 그 목적에 따라 길이가 다양할 수 있다. 클라이언트가 수많은 구체적인 사실이나 중요한 내용들을 요구할 때 아주 길어질 수 있다. 또한 보다 긴 노트는 법적인 상황을 설명하는 데 요구될 수 있다.

진행노트는 목적에 따라 간략할 수도 있다. 진행노트는 단순히 클라이언트를 만난 날짜와 면접의 중요한 목적을 단순히 기재할 수 있고, 중요하거나 새로운 것이 나타나지 않을 수도 있다.

① 진단적 요약기록

진단적 요약기록은 클라이언트와의 중재과정에 관한 분석과 권고를 포함하여 주요한 점들을 망라하는 보고서이다. 이것은 여러 가지 특성을 지니고 있다.

첫째, 진단적 요약기록은 중재기간 동안 계속적인 진행의 요약을 의미한다. 즉, 이것은 일회의 요약보고서가 아니라 정기적으로 작성된 요약서이다.

둘째, 진단적 요약기록은 실제의 양식면에서 아주 다양하다. 길이, 주제의 조직, 순서 그리고 주제가 기관에 따라 아주 다양하다. 그렇지만 대부분은 여러 가지 주제를 포함하여 구조화한다. 예를 들면, 주제들은 '문제의 예시', '진행요약', 그리고 '권고'를 포함할 수 있다. 실제기록이나 사례파일에서 정기적인 요약이 보통 연도, 날짜순으로 기록된다.

셋째, 진단적 요약기록은 주로 이야기체의 양식을 이룬다. 즉, 각 주제의 제목 아래 사례의 진행을 설명하는 이야기체 문구들이 작성된다.

넷째, 진단적 요약기록은 사회복지사가 사용한 기법이 아니라 문제의 결과만을 포함한다.

다섯째, 정보는 보통 연대, 날짜 순서로 기록하는 것 대신에 다양한 주제의 제목 아래 조직화하기도 한다.

② 사례협의회 요약

특수한 형태의 요약기록은 사례협의회에 관한 기록을 의미한다. 사례협의회(case conference)는 사회복지사, 다른 분야의 전문가, 클라이언트 그리고 클라이언트와 관련된 다른 사람들의 모임이다. 사회복지사는 협의회지도자 역할을 맡을 수도 있고, 한 명 이상의 클라이언트에게 제공하는 모든 서비스를 실제로 조정하는 사례관리자가 될 수도 있다. 사례협의회는 네 가지 목적을 가진다.

첫째, 사례협의회는 클라이언트의 문제를 분명히 설명하고 사정한다.

둘째, 사례협의회는 참여한 전문가들이 클라이언트의 행동과 상황을 파악하는 것을 증진시킨다.

셋째, 사례협의회는 중재 계획을 수립하고 목표를 계획적으로 재평가한다.

넷째, 사례협의회는 자원과 서비스를 조절하기 위한 수단을 제공한다.

사례협의회에서 포함해야 할 내용은 ① 클라이언트의 문제에 관한 진술, ② 클라이언트에 관한 관찰 내용, ③ 클라이언트를 지금까지 다루어 온 날짜별 구체적 서비스 계획, ④ 사용한 중재나 전달한 서비스의 결과 요약, ⑤ 이 특별한 정보를 다른 사회복지사들과 공유하는 이유 그리고 다른 사회복지사들이 대답을 할 수 있는 문제영역을 분명히 하는 구체적인 질문 등이다.

이러한 요약들은 말이나 문서로 할 수 있다. 흔히 기관들은 클라이언트의 계속적인 기록에 문서보고서를 첨부할 것을 요구한다. 사회복지사는 또한 모든 사례협의회의 최종결과나 결론을 요약할 책임을 맡는 것이 좋다. 사례협의회 요약의 특수한 양식은 기관에 따라 다를 수 있지만 중요한 것은 구체적인 계획과 목표를 명백히 해야 한다(이종복 외, 2006: 347~353).

진행노트의 형식은 SOAP형식에서 SOAIGP 형식으로 수정하기도 하는데 SOAIGP란 다음과 같다(이종복 외, 2006: 347~353).

- S: 환자와 가족이 제공하는 부수적인 데이터베이스 정보(Supplementary data base information)
- O: 사회복지사와 다른 서비스 제공자들의 관찰(Observations)
- A: 클라이언트와 함께 하거나 클라이언트를 위한 활동(Activities)
- I: 인상(Impressions), 사정(Assessments)
- G: 목표(Goals)
- P: 계획(Plans)

6. 좋은 기록의 특징

케이글(Kagle, 1997)이 제시한 좋은 기록의 특징은 다음과 같다.

① 서비스의 결정과 행동에 초점을 둔다.

② 사정, 개입, 평가의 기초가 되는 클라이언트와 상황에 관한 정보가 들어 있다.

③ 각 단계에서 목적, 목표, 계획, 과정과 진행을 포함하여 서비스 전달에 관한 정보가 들어 있다.

④ 상황묘사와 사회복지사의 견해가 명확하게 분리되어 별도의 제목 아래 쓰여 읽는 사람들이 사회복지사의 관찰사항과 해석을 구분하여 이해할 수 있다.

⑤ 구조화되어 있어서 정보를 효과적으로 문서화할 수 있고, 쉽게 색출해 낼 수 있다.

⑥ 서비스 전달이 잘 묘사되고 모든 문서가 정확하여 유용하다.

⑦ 기록이 간결하고 구체적이며, 타당하고 명확하며, 논리적이고 시기적

절하고 의미있으며, 사실에 근거한다.

⑧ 전문가적 윤리를 바탕으로 한다.

⑨ 수용된 이론에 기초해 있다.

⑩ 전문가의 견해를 담으면서도 클라이언트의 관점을 무시하지 않는다.

반대로 좋지 않은 기록은 다음과 같다.

① 부정확한 사정, 잘못된 판단, 비윤리적 행동, 부적절한 개입을 담고

있다.

② 정보가 너무 많이 또는 너무 적게 쓰이고 조직화되어 있지 않아 필요

한 사람에게 정보를 제대로 제공하지 못한다.

③ 뒷받침이 되는 관찰과 평가 없이 결론을 내려 기록상 과잉단순화가

나타난다.

④ 초점이 없고 모호하며, 편견에 치우쳐 있고 추리에 의존하며, 정확하

지 않다.

⑤ 맞춤법 상의 오류가 있다.

⑥ 반복된 표현, 장황한 표현, 진부한 용어를 사용한다.

⑦ 의미가 없고, 비판적이며, 과장되게 표현한다.

⑧ 클라이언트와 상황에 대한 독단적인 견해의 표현, 특히 클라이언트에

대한 비난 또는 부정적인 낙인을 붙인다.

⑨ 행위자가 식별되지 않는 수동태 문장으로 표현한다.

사회복지사가 좋은 기록을 하기 위해서는 기록의 기법 및 지침 등을 충
분히 숙지하고 문장력을 향상시켜야 한다. 클라이언트를 만나기 전, 만나

는 동안 그리고 만난 이후에도 항상 기록할 준비를 갖추고 있어야 한다. 특히 사회복지사는 서비스 관계 초기에 기록에 필요한 정보를 문의할 준비를 해야 한다. 클라이언트를 만나는 동안이나 만난 이후에는 서비스를 제공하는 동안 얻어진 것과 밝혀진 것에 대하여 짧게 메모를 해 두는 것이 좋다. 중요한 단어와 문장은 사회복지사가 필요한 정보를 기억하는 데 큰 도움이 된다(김혜란, 2002: 309~310).

7. 기록에서의 유의사항

1) 면접 시 메모

면접 중에 메모할 경우의 유의사항은 다음과 같다.

첫째, 면접 중 메모는 최소한만 하도록 한다. 메모를 하다 보면 면접의 상호작용에서 주의가 산만해지며 클라이언트의 비언어적 표현 및 시선접촉을 놓치게 된다. 또한 사회복지사의 관심이 클라이언트가 말하고 있는 것보다는 이미 말한 것에 주어진다. 중요한 것은 메모가 면접의 흐름을 방해해서는 안 된다는 것이다. 메모를 통해 훌륭한 기록을 작성하는 것과 클라이언트와의 좋은 관계 중 어느 것이 더 중요한가 하면 언제나 후자가 더 우선이다.

둘째, 면접 내용 중 메모하는 것이 더 바람직한 것도 있다. 예를 들어, 사실적인 정보(클라이언트의 이름, 주소, 전화번호, 날짜 등) 및 사회복지사가 하기로 한 약속(지역사회 자원을 알아보기로 한 약속 등)은 메모하는 것이 클라이언트에게 보다 신뢰를 준다. 반면, 클라이언트가 느낌을 이야기하거나, 예민하고 말하기 어려운 주제를 말할 때는 절대로 메모하지 말아야 한다.

셋째, 면접 중 메모에 대해서는 사전허락을 받는 것이 필요하다. 메모하기 전에 메모를 해도 되는지를 물어보고 클라이언트의 허락을 받는다. 특별히 의심이 많은 클라이언트의 경우에는, 원한다면 나중에 메모의 내용을 봐도 좋다는 말을 덧붙인다. 대부분의 클라이언트는 메모하는 것을 허락한다. 그러나 비록 클라이언트가 메모에 동의했다고 하더라도 만약 면접 중에 불편한 기색을 보이면 즉각 메모를 중단하고, 불편한 느낌에 대해 토의하는 것이 좋다.

넷째, 사회복지사가 경험을 쌓을수록 메모의 양은 줄어든다. 그러나 면접이 끝난 직후, 잊어버리기 쉬운 사실적 정보를 몇 글자 적어두는 것은 필요하다. 이때 오래 지나도 잊어버리지 않는 자기의 견해보다는 잊어버리기 쉬운 사실적 정보를 메모한다. 추후 이 메모를 바탕으로 기록을 작성한다.

2) 녹음 또는 녹화

근래에는 녹음이나 녹화가 기록을 위해 많이 사용되는데, 녹음이나 녹화의 활용법, 그리고 주의할 점을 살펴보면 다음과 같다.

녹음이나 녹화는 기관에서 사례 보관을 위해 사용되는 일은 거의 없으며, 주로 학생이나 실무자의 실무기술을 향상시키기 위한 교육용으로 사용된다. 오디오나 비디오 기록은 세션에서 일어난 일이 완전히 다 기록되기 때문에 필기된 과정기록보다 더 우수한 교육용 도구가 된다. 그러나 필기로 된 기록은 뛰어 넘어가면서 볼 수 있지만, 녹음이나 녹화 테이프는 그렇지 못하므로 지루하거나 시간이 많이 걸린다는 단점도 있다.

또한 녹음이나 녹화테이프는 자기가 한 말을 있는 그대로 비추어주는 거울로 작용하기 때문에 사회복지사의 교육적 목적뿐만이 아니라 클라이언트의 치료적 목적에도 효과적으로 사용될 수 있다. 예를 들어, 면접에 대한 테이프를 다시 들으면서 특정 부분에 대한 클라이언트의 느낌이나 생각 등을 다시 한 번 되돌릴 수 있고, 이는 자기인식 향상에 도움이 된다. 또한 근래에는 가족세션이나 집단세션을 녹화하는 경우가 많은데, 이는 성원들이 서로의 상호작용을 다시 한 번 되돌아보면서 자기의 관계상의 문제점을 깨달을 수 있는 기회가 된다. 그리고 개입을 시작한 지 몇 달 후에 첫 세션의 테이프를 보거나 들으면서, 자기의 성장과 변화를 확인하기 위하여 활용될 수도 있다.

녹음이나 녹화 시 중요한 것은 클라이언트에게 그 목적 및 어떻게 사용될 것인지를 정확하게 설명하고 이에 대한 사전허락을 받아야 한다는 것이다. 경험이 적은 학생들은 클라이언트가 녹음이나 녹화를 싫어할까봐 불안해한다. 그러나 경험 많은 사회복지사들에 의하면, 대부분의 클라이언트는 녹음이나 녹화 목적이 설명되고 이것이 보다 나은 서비스를 위한 것이라는 점을 알게 되면 반대하지 않는다. 시작한 지 몇 분이 지나면 사회복지사와 클라이언트 둘 다 녹음(녹화)되고 있다는 사실을 잊는 경우가 많다. 그러나 매우 의심 많고 불안하거나 편집증적 클라이언트라면, 처음부터 아예 사용허락에 대한 언급조차 하지 않는 것이 좋다. 비록 클라이언트가 사전허락을 했다고 하더라도 만약 중간에 녹음이나 녹화에 대해 불편한 기색을 보이면 즉시 이를 중단하고, 불편한 느낌에 대해 토의한다.

또한 녹음이나 녹화에서는 클라이언트의 사생활 보장이 매우 중요하다. 그러므로 테이프 보관에 유의하고, 테이프가 목적을 다하면 폐기해야 한다(윤현숙 외, 2002: 346~348).

| 11장 참고문헌 |

김혜란 외(2002), 『사회복지실천기술론』, 나남출판.
박영숙 외(2008), 『사회복지실천기술론』, 대왕사.
이종복 외(2006), 『사회복지실천론』, 학현사.
임은희(2004), 『사회복지실천론』, 학지사.
윤현숙 외(2002), 『사회복지실천기술론』, 동인.
최선화(2006), 『풀어 쓴 사회복지실천기술론』, 공동체.
최옥채(2002), 『사회복지실천론』, 양서원.
홍순혜 · 한인영 역(1997), 『사회사업 기록: 이론과 실제』, 학문사.

Johnson, L. (1995), *Social Work Practice - a Generalist Approach*(5th ed.),
    Boston: Allyn and Bacon.
Kagle, J. (1991), *Social Work Records*(2nd ed.), Prespect Heights: Waveland
    Press.

제12장

사례관리

사례관리(Case Management)는 1970년대 후반 미국의 지역사회 내 지원 프로그램이 개시된 이래 이들 지원 프로그램들을 원활하게 진행해 가는 통합적 방법으로 주목을 끌게 되었다. 이후 지방자치단체 복지관계자, 사회복지사, 복지연구자 및 교육자, 서비스 이용자등 관련 제 단체가 정책, 실천, 연수 등을 통해 사례관리 서비스 발전에 많은 노력을 기울여 왔다.

우리나라에는 1990년대 후반에 사례관리 이론이 소개된 이후 지역 내 정신장애인을 대상으로 한 정신보건 영역에서 실천되기 시작하여 지역사회복지관 등으로 확대되어 시행되고 있다. 그러나 여전히 사례관리 전반에 대한 이론적 배경은 물론 실천적 적용에 대한 지식 기반이 부족한 실정임을 부인할 수 없다.

본 장에서는 먼저 사례관리 전반에 대한 이론을 소개한 후 강점활용 모델 중심으로 그 실천 및 적용방안을 제시함으로써 현장에서의 적용 및 실천에 도움을 주고자 한다.

1. 사례관리(Case Management)

1) 사례관리의 개념 · 정의

사례관리란 한 사람의 사례관리자가 복합적 욕구를 가진 클라이언트에게 다양한 서비스 자원(공급체계)을 연결시켜 클라이언트로 하여금 사회생활 상의 어려움을 극복할 수 있도록 돕는 통합적 사회복지실천 방법이다. 사례관리자는 일련의 과정을 통해 직접 서비스를 제공하기도 하고 서비스 제공자들과 연계하기도 하며, 자원을 연결시키는 기능을 수행하게 된다.

2) 사례관리의 이데올로기

사례관리자는 서비스 계획을 세우고 이를 실행할 때 개별 클라이언트 각자가 독자적인 힘과 욕구를 가지고 있다는 사실에 민감하지 않으면 안 된다.

클라이언트가 가진 힘과 욕구의 변화에 계속 대응하려면 클라이언트에 대한 지원과 서비스는 클라이언트의 유형이나 문제의 긴급성에 맞춰 이루어져야 하고 시간의 경과와 함께 변화되어야 한다.

클라이언트에 대한 지원은 클라이언트에게 부족할 정도로 알맞지 않으면 안 된다. 클라이언트는 가능한 한 자립하도록 격려되어야 한다.

클라이언트에 대한 사례관리 책무는 종료가 정해져 있지 않다. 클라이언트의 욕구에 따라 일생을 통해 필요한 때에는 언제라도 지원되는 계속적인 과정이다.

3) 사례관리의 목적

사례관리는 ① 클라이언트의 삶의 질(quality of life) 개선과 향상, ②
서비스의 지속적인 제공과 유지(continuity of service), ③ 서비스 조정의
개선(the better coordination of service 보다 나은 서비스 조정을 통해
클라이언트에게 효과적인 서비스를 제공함으로써 욕구 충족을 지원), ④
스테레오 타입의 유형화된 서비스가 아닌 클라이언트에게 가장 적합하고
개별적인 서비스(individual service) 제공, ⑤ 효과적 자원 개발과 분배
(development and distribution of resource)에 그 목적이 있다. 특히
효과적 자원 개발과 분배 목적은 필요한 자원은 한정적인데 사회복지기관
모두 자원을 소유하기 어렵기 때문에 필요한 자원을 분배하여 클라이언트
의 복지 향상을 위해 사용하도록 지원하게 된다.

4) 사례관리의 구성요소

사례관리는 복잡한 기능을 가지고 있다. 원조의 계속성이 클라이언트에
게 효과적으로 제공되기 위해서는 시스템 내의 여러 차원에서 조정되지 않
으면 안 된다. 사례관리 지원을 위해 개발되어야 할 여러 구성요소 중 사례
관리 대상자인 클라이언트와 핵심기관 그리고 사례관리자는 필수 요소이
다. 사례관리자는 클라이언트 차원에서 서비스를 조정하고 통합해 간다.
반면, 핵심기관은 지역 시스템 차원에서 프로그램에 대한 조정이나 기관들
끼리 또는 기관과 클라이언트 간 연결에 대한 책임을 진다.

(1) 사례관리 대상자(클라이언트)
사례관리 대상자는 사례관리 서비스를 필요로 하는 사람들로, 사례관

리 대상자인 클라이언트는 한 사람의 원조자의 도움뿐 아니라 여러 원조
자의 도움을 필요로 하는 다양한 문제를 가진다. 클라이언트가 충분한 지
식과 사회적 기술을 가지고 있거나 이를 효과적으로 활용할 수 있다면 사
례관리자 없이도 자신들의 문제를 해결할 수 있겠지만 사례관리 대상 클라
이언트는 도움을 효과적으로 사용하는데 특별한 어려움을 가지고 있다
(Ballew & Mink, 1996).

사례관리 대상자(클라이언트)에는 아래와 같은 특징을 가진 사람이 포
함된다.

① 여러 가지로 중복된 신체적 정신적 손상(impairment)이 있는 클라이
　언트
② 여러 가지 서비스를 필요로 하거나 받고 있는 클라이언트
③ 시설 입소가 검토되는 클라이언트
④ 서비스가 충분히 제공되지 않고 있는 클라이언트
⑤ 현재의 서비스가 부적당한 클라이언트
⑥ 도움을 받을 가족이 없거나 서비스를 제대로 받지 못하는 클라이언트
⑦ 가족만의 부양을 받고 있는 클라이언트
⑧ 행정적인 서비스 외에 이웃이나 자원봉사자의 도움을 필요로 하는 클
　라이언트
⑨ 병원 입·퇴원이 잦거나 자기 자신의 건강관리를 하지 못하는 클라
　이언트
⑩ 금전관리를 하지 못해 행정 서비스를 신청하지 못하는 클라이언트
⑪ 개별적으로 대변자가 필요한 클라이언트 등

(2) 핵심 기관

클라이언트에 대한 통합적 서비스 제공을 확실히 하는 방법은 많지만, 대개의 경우는 지역 차원에서 일정 기관에 대해 그 권한이나 특별한 조정력을 부여하는 방법을 택하고 있다. 이는 효과적인 사례관리 시스템의 일부로, 이러한 구조를 완성하는 작업은 매우 중요하다.

사례관리자의 조정 노력 결과에 대한 평가는 서비스 제공자가 클라이언트에게 특정 서비스를 제공할 의무를 상술한 일련의 제도적 계약에 의거한다(Mittenthal, 1976; Ross, 1980). 그러므로 계약 교섭자로 가장 적합한 자격은 소정 지역의 핵심 기관이라 할 수 있다. 핵심기관은 집행력을 가지고 다른 서비스 제공자로부터의 서비스 매입, 각 재원에 대한 통제, 서비스 제공자에 대한 법률 및 가이드라인에 의한 통제, 핵심적 기관에 의한 지역 전체 시스템에 대한 통제를 할 수 있어야 효과적으로 기능할 수 있다. 이외에 핵심 기관이 담당하는 중요한 기능으로는 새로운 서비스 개발에 대해 책임을 지는 일이다. 사례관리자의 중요한 기능이 클라이언트를 서비스와 연결하는 것인데, 필요한 서비스가 없다면 사례관리 기능을 효과적으로 수행할 수 없게 되기 때문이다. 그러므로 만약 서비스 시스템을 수정해 나갈 필요가 있을 경우, 핵심 기관은 사례관리자보다 한층 더 효과적인 변화를 촉진하는 매체가 될 수 있다.

(3) 사례관리자

사례관리자는 사례관리 시스템에서 가장 중요한 구성요소이다.

사례관리자는 1960년대 이래 개별 클라이언트에 대한 서비스 조정을 주된 업무로 하는 통합 사회복지사에 대한 요청이 복지 서비스에 인식되면서 등장하게 되었다(Intagliata, 1978). 초기 명칭인 업무 촉진자(사례관리자)는 리프와 리스맨(Reiff & Reissman, 1965)에 의해 적용되었고 이후 사례관리자, 통합가(integrator), 촉진자(expeditor), 중개자(broker), 옴부즈맨(ombudsman), 변호자(advocate), 일차 치료사(primary therapist), 환자 대표자(patient representative), 개별 프로그램 코디네이터(personal program coordinator), 시스템 대리인(systems agent), 연결 대리인(continuity agent) 등으로 불려졌다. 사례관리자가 실천하는 독자적인 기능을 명확히 하는 일은 쉬운 일이 아니다(Caragonne, 1979). 사례관리자는 상황에 따라 아웃리치(out reach) 워커, 매개자, 변호자, 상담자, 교사, 지역사회 조직가, 계획가 혹은 경영관리자 등 어떤 역할이든 완수할 준비가 되어 있지 않으면 안 된다(McPheeters, 1974; Turner & Shiffren, 1979).

① 사례관리자의 기능

가장 기본적인 사례관리자의 기능은 클라이언트의 포괄적인 욕구를 사정하여 파악하는 것이다. 이 기능은 클라이언트의 욕구, 삶의 상황, 그리고 자원에 관한 정보를 수집하고 사정하는 것을 말한다. 또한 필요한 서비스를 받지 못한 잠재적인 클라이언트를 발굴하는 것이 포함되기도 한다.

그러므로 사례관리자는 자신이 클라이언트와의 첫 면접이나 사정에 직접 관여하지 않고 시스템 내 다른 사회복지사에게 이를 맡겼다 하더라도 그 워커와 긴밀한 접촉을 통해 클라이언트에 관한 중요한 정보를 알고 있어야 한다.

두 번째 기능은 클라이언트를 그들의 욕구에 맞는 서비스와 연결시키는 것(linking)이다. 이는 사례관리자의 중개인 역할로 적합한 자원과 클라이언트를 연결하는 것이다. 사례관리자는 기관 간 의사소통 채널과 초점이 되어 클라이언트의 자원활용에 대한 조정을 강조하게 된다. 이때 사례관리자는 다른 서비스 제공자들과 협력하면서 서비스 소비자인 클라이언트가 최대의 이익을 얻을 수 있도록 서비스의 내용, 환경, 서비스 제공자, 서비스 제공 기간을 결정하는 자로, 클라이언트에 대한 계속적인 원조를 확실히 보장하는 기능과 소비자인 클라이언트의 사회적 · 경제적 · 물리적 통합을 가능한 한 높은 수준으로 끌어 올리는 책임을 담당해야 한다.

사례관리자는 또한 클라이언트와 다른 시스템들을 연결하는 사람으로 기능한다. 이를 위해 클라이언트가 입수 가능한 자원을 파악할 수 있어야 한다. 자원은 서비스와 수급 자격 요건 양쪽 모두를 포함한다. 효과적 연결을 위해 클라이언트의 변호자로 기능할 것도 요구된다. 또한 클라이언트가 서비스를 이용함에 있어 처하게 될 장애를 제거해 줄 수 있어야 한다. 장애의 구체적 예로는 서비스 기관의 제한, 규칙이나 시책 혹은 일반의 서비스 기관의 대부분이 나타내 보이는 특정 장애(예를 들면, 정신 장애, 지적 장애)인에 대한 서비스 제공 기피 등의 경우를 들 수 있다. 이와는 반대로 클라이언트 자신의 서비스 이용에 대한 저항이나 기피 등의 경우도 있을 수 있다. 이때 사례관리자는 클라이언트가 가지고 있는 수급권에 대한 거부권을 존중하는 한편, 클라이언트가 기꺼이 원조를 받을 수 있도록 적극적으로 동기부여를 할 것이 요구된다(Turner & Shiffren, 1979).

세 번째 기능은 클라이언트에게 제공된 서비스를 모니터링(monitoring)하는 것이다.

사례관리자는 클라이언트와 서비스 제공자 모두와 정기적이고 빈번하게 사후조치적 접촉을 함으로써 클라이언트가 필요한 서비스를 실제적으로 잘 받고 활용하는지를 확인하게 된다. 즉, 모니터링 과정에서 가장 기본적인 국면은 서비스 제공자와 클라이언트 사이에 합의된 서비스가 확실히 실시되고 있는지를 점검하고, 클라이언트와 서비스 제공자 양자 간 합의한 것이 지켜질 수 있도록 보장하는 것이다.

만일 그렇지 않다면 그 상황이나 서비스 계획을 수정하기 위한 조치를

취하도록 한다. 전형적으로 사례관리자는 클라이언트의 진전도, 서비스 전
달, 그리고 계획이 충실히 이루어지고 있는지를 점검하고 이에 관한 기록과
문서를 작성해야 한다.

네 번째 기능은 서비스를 통한 치료적 개입활동을 계획하는 일이다.

사례관리자는 클라이언트 및 관련된 다른 사람들과의 협조를 통해 클라
이언트의 욕구를 충족시키기 위해 접근할 수 있는 다양한 서비스들을 확인
하게 된다. 이를 위한 과제로 관련된 전문가와 프로그램 대표자들을 모아
집단적 논의와 의사결정회의를 하도록 지도하며, 클라이언트와 가족과 중
요한 다른 사람들이 목적을 형성할 수 있도록 통합된 개입계획을 설계할
것이 요구된다(Bertsche & Horejsi, 1980: 96).

다섯 번째 기능은 클라이언트에 대한 지지와 옹호 기능이다.

다양한 자원에 의해 클라이언트에게 서비스가 제공되는 동안, 사례관리
자는 클라이언트와 그 가족이 서비스를 받아 이용하는 과정에서 부딪치게
되는 불가피한 문제를 다루도록 돕는다. 구체적 활동 사례에는 갈등 해결,
상담, 정보 제공, 정서적 지지, 클라이언트 편에 서서 적절한 서비스를 받을
수 있도록 옹호하는 활동이 포함된다(Roseman, 1991; Rose, 1992;
Moxley, 1989)

위 5가지 기능에 부가하여 사례관리 기능은 포괄적인 서비스 계획(plan-
ning) 및 작성, 제공될 서비스에 대한 개발 및 준비, 결과에 대한 평가와 추
가 지원(follow up)(Agranoff, 1977), 아웃 리치, 직접적 서비스의 제공,
그리고 클라이언트에 대한 변호적 기능 등 확대된 기능을 수행하고 있다.
사례관리 시스템에서 이러한 기능이 활용되는 범위는 상황에 따라 달라지
며, 이들 기능을 수행하는 사례관리자에게 ① 클라이언트의 문제와 욕구
를 파악하여 클라이언트를 위한 진로계획을 세울 수 있는 능력, ② 지역 내

잠재적인 자원을 동원하고 활용할 수 있는 능력, ③ 클라이언트나 기타 기관단체의 의사소통 관계기술 등을 요구하게 된다.

② 사례관리자의 역할

사정(assessing), 연결(1inking), 모니터링(monitoring), 치료적 개입 활동에 대한 계획, 클라이언트에 대한 지지 및 옹호 활동은 사례관리자의 역할에 필요 불가결한 요소이며 이는 활동을 실행하는 '과정'에서도 중요하게 작용한다. 사례관리자가 서비스를 지원하게 될 경우에는 복수의 역할을 완수하게 된다. 사례관리 기능이 광범위하기 때문에 어떤 일은 다른 직접 케어 담당 직원이나 사례관리를 실시하고 있는 기관의 슈퍼바이저나 관리직 수준의 직원 또는 다른 전문 분화한 서비스 제공기관이나 소비자 그룹에 위임하는 경우도 있다. 클라이언트의 능력을 이끌어 내는 사람(en-abler)으로 아마추어를 활용하기도 한다. 아마추어는 클라이언트에게 기본적인 지역에서의 생활기술을 가르치거나 지역에 있는 서비스나 자원 제공 기관에 데려가거나 소개할 때 유용하게 활용할 수 있다.

가. 일상생활 유지에 필요한 지원

사례관리자에게는 클라이언트의 일상생활 유지에 필요한 지원이 기대되며 지원하기도 한다. 그러나 사례관리자가 클라이언트의 모든 직접 서비스 욕구에 응할 수는 없다. 카라곤(Caragonne, 1981)은 정신보건 영역에서 일하는 많은 사례관리자들이 클라이언트에 대한 카운슬링이나 사정에 대부분의 시간을 소비하고 사례관리의 중요한 활동인 연결(linking), 의뢰 (referral), 사후지도(follow-up), 평가(evaluation)를 무시하는 것을 발견했다. 이 문제에 시스템 개발자가 민감하지 않으면 직접 서비스와 조정·감시의 복수 목적으로 고용된 사례관리자 자신이 전문 분화된 직접 케어 직원이 되어버릴 위험성이 있다.

나. 위기개입

위기개입은 또 다른 중요한 사례관리자의 기능으로 이런 종류의 지원에 대한 욕구는 일상적 스트레스 대처 능력에 장애 및 결함을 가지고 있는 클라이언트에게 특히 중요하다. 사회생활 적응에 어려움을 느끼는 클라이언트는 예기치 못한 환경의 변화에 민감하게 반응하거나 위기 상황에서 심각한 불안을 느낄 수 있다. 이러한 위기에 시의 적절하게 대처하지 않으면 클라이언트의 기능이 현저히 악화될 가능성이 높다.

다. 변호적 역할

클라이언트에 대한 변호적 역할은 또 하나의 중요한 사례관리자의 기능이다. 예로써, 만성 장애를 가진 클라이언트에 대한 서비스의 요건이나 서비스 제공에 저항하는 기관이 있을 경우, 대개의 사례관리자는 이를 인간관계를 이용한 교섭을 통해 해결한다(Riffer & Freedman, 1980). 때로는 법률상담 서비스 기관의 도움을 필요로 하는 클라이언트를 위해 전통적인 변호적 서비스 제공 기관의 도움을 활용할 수 있다.

라. 새로운 서비스 자원의 개발

클라이언트가 계속 케어를 받을 수 있도록 확실히 보장하기 위해 사례관리자는 서비스·시스템 안의 갭을 찾아내지 않으면 안 된다. 클라이언트와 연결되어 있는 시스템에는 불완전한 것이 많기 때문에 클라이언트가 필요로 하는 서비스를 손에 넣기 어렵게 하는 경우가 있다. 이 경우 사례관리자의 역할은 그 상황을 다른 전문가들이 눈치 채도록 촉진하는 것이다. 그래도 상황이 개선되지 않으면 보다 직접적인 행동을 취할 필요가 있다.

사례관리자 이외에 중요한 활동가들을 참가시키고, 새로운 서비스 자원을 개발하는 것은 사례관리의 또 다른 기능이다. 이러한 의미에서 새로운 서비스 자원 개발에 요구되는 개입은 시스템 차원에서 진행하지 않으면 안 된다.

시스템 차원에서의 변화를 촉진하기 위해 사례관리자는 다른 활동가들과 함께 단결해서 클라이언트의 충족되지 않은 욕구에 대한 실증을 보여 주고 다른 활동가들이 우선 활동할 수 있도록 자극을 주는 촉매자(catalyst)적 역할을 담당하기도 한다(Horejsi, 1978). 또한 사례관리 시스템을 효과적으로 움직이기 위한 시스템 차원에서의 조정은 물론 서비스와 사람과의 연결을 확실히 하기 위한 별도의 제도적 구조를 마련하기 위한 노력이 요구된다.

2. 사례관리의 과정(강점 관점에서)

사례관리 과정을 강점 관점에 비추어 살펴보면 (1) 계약(engagement), (2) 강점사정(assessment), (3) 진로 계획(planning), (4) 실행(practice) 그리고 (5) 보다 많은 지속적인 협력과 권리옹호(advocacy) 및 (6) 서서히 클라이언트와의 관계를 줄여 나가기의 비직선적이고 역동적으로 전개해 가는 원조과정을 염두에 두고 6단계 원조과정을 통해 실천해 나가게 된다.

1) 제1단계: 계약(engagement)

강점활용 모델에서 계약은 매우 중요하다. 계약단계는 원조 시 필요한 클라이언트와의 신뢰관계를 형성해가는 시기이기 때문이다. 서로 신뢰할 수 있는 관계를 형성하기 위해 사례관리자는 먼저 클라이언트에게 사례관리 과정에 대해 알기 쉽게 설명하고 자신의 역할을 명확하게 설명한 후 의문이 있으면 질문하도록 전달한다.

둘째, 이 원조가 어떻게 클라이언트의 희망이나 욕구를 충족하는 데 도움이 될 것인가, 원조 내용은 무엇인가 등에 관해 구체적으로 설명함으로써 원조의 중요성을 클라이언트가 이해할 수 있도록 돕는다. 초기 단계에서는 클라이언트의 현상이나 희망 등을 파악하기 위해 노력하도록 한다.

셋째, 사례관리자(case manager)와 클라이언트는 서로 이해할 수 있는 좋은 관계를 형성해 가야 한다. 강점활용 모델에서는 클라이언트의 초기 저항이나 의심을 망상으로 파악하지 않고, 다른 사람이 자신의 사적 영역에 개입하는 상황이나 불안정한 상황에 대한 정상적인 반응으로 파악한다. 생전 처음 관련 프로그램에 참가하게 될 경우 누구나 불안해하는 것처럼 클라이언트도 마찬가지라는 것이다.

계약 단계에서는 편안하고 즐거운 분위기에서 클라이언트의 관심사에 관해 우선적으로 서로 이야기하도록 한다. 이 단계에서는 클라이언트의 문제점이나 약점보다 클라이언트의 생활면에서의 강점에 초점을 맞춤으로써 클라이언트가 사례관리 과정에 자연스럽게 들어갈 수 있다.

클라이언트에 대한 자세한 정보는 다음 단계인 강점활용 사정 시 수집하게 된다.

2) 제2단계: 클라이언트의 강점사정(assessment)

강점사정은 개인과 환경 사이에 있는 잠재력을 재발견하는 것이다.

사례관리 과정의 제일보는 사례관리자가 관련성 있는 데이터를 수집한 후(그러한 데이터의) 비판적, 객관적인 평가를 통해 개입할 필요성이 있는지를 판단하는 것이다.

사정이란 전문가가 관련 이론 및 지식들을 이용하여 클라이언트의 문제나 병리를 명확히 하고 문제의 원인이나 관련 요인에 대해 판단, 결론, 결정을 내리는 과정을 말한다. 사정은 클라이언트의 문제를 경감해 나가기 위한 원조과정의 일부로, 강점활용 모델에서 사정은 클라이언트와 사례관리자 양자가 함께 시행해 가는 과정이다. 사정을 통해 클라이언트의 독자적인 강점이나 가능성, 클라이언트의 특징, 희망, 생각, 의지 등에 대한 정보를 수집하게 된다.

강점활용 사정의 실시는 클라이언트의 전체상 파악에 도움을 주며, 6가지 생활영역, 즉 주거, 생계, 직업, 건강/여가, 사회적 지원(social support)에 대한 정보를 사정에 의해 수집하게 된다(〈표 12-1〉과 〈표 12-2〉). 이들 각각의 영역에 관해 사정함으로써 강점을 명확히 하여 처우 계획이나 처우의 실행(practice) 시 세우게 될 단기 목표의 단서나 방향성을 찾을 수 있다.

또한 목스레이(Moxley)는 사례관리 사정의 자원목록(resource matrix)을 ① 욕구 영역, ② 욕구의 진술, ③ 대상자의 자기보호 능력, ④ 대상자의 상호적 보호 능력, ⑤ 전문가의 보호능력 등으로 분류하고 있다(〈표 12-3〉 참조).

사례관리자는 평소 클라이언트를 원조해 줄 가능성이 있는 잠재적인 협력자를 찾아 궁극적으로 어떤 활동을 실시하고자 할 때 그 협력자에게 원조를 의뢰할 수 있고 클라이언트의 자립이나 사회적 지지망 확대에 관심을 가질 필요가 있다.

반면, 개인의 행동 패턴은 생육력 · 사회환경 · 목표 달성에 대한 생각 등에 의해 크게 좌우된다. 그 때문에 강점활용 모델에서는 사정 시 가능한 한 자세히 클라이언트의 현재 상황, 희망 그리고 상기한 6가지 생활영역에 관한 현재까지의 정보를 얻기 위해 노력하게 된다. 사정 시 바사 레이놀즈(Bertha Reynolds)의 표현처럼 먼저 클라이언트에게 "오늘은 어떤 문제로 오셨는지?"가 아니라 "지금까지 어떻게 살아오셨는지?"를 묻게 된다.

강점활용 사정은 사례관리자 단독으로 클라이언트의 욕구에 대한 목록을 작성하는 것이 아니라 클라이언트 자신이 사례관리자의 원조를 얻어 목록을 작성하는 과정으로, 이러한 정보는 클라이언트와 사례관리자 사이에 신뢰관계가 돈독히 형성될수록 얻는 것이 많다.

3) 제3, 4단계: 계획과 그 실행(practice)

사례관리 서비스의 중요한 기능으로 계획을 들 수 있다. 계획 과정은 정해진 하나의 형식이 있는 것이 아니라 처우 방식에 의해 다양하게 진행된다.

| 표 12-1 | 사례관리 F 클라이언트에 대한 사정(강점 관점)

<table>
<tr><td rowspan="2">사례관리자 이름 ______________ 클라이언트 이름 ______________
일자 ____년 ____월 ____일</td></tr>
</table>

생활 영역	· 현상 · 지금 무엇을 하고 있는가 · 지금 무엇을 할 수 있는가	· 개인의 희망/의지 · 지금 무엇을 하고 싶은가	· 자원 · 개인 차원/사회 차원 · 과거 어떠한 자원을 사용했는지
일상 생활			
가계 · 보험			
직업 · 교육			
사회적 지지			
건강			

여가 · 레크리에이션 지원		

우선순위
1.
2.
3.
4.
5.

사례관리자 코멘트	클라이언트 코멘트
사례관리자 서명 일자	클라이언트의 서명 일자

| 표 12-2 | 사례관리 개인 계획표

클라이언트 이름 ________________   사례관리자 이름 ________________
예정 면접 횟수 ______

특별히 초점을 맞출 생활 영역
일상생활(   )   직업/교육(   )   사회적 지지(   )
가계/보험(   )   건강(   )   여가 · 레크리에이션(   )

클라이언트의 장기 목표

단기 목표	실행방법	달성 예정일	달성일	코멘트

클라이언트 서명   일자   사례관리자 서명   일자
협력자 서명   일자   협력자 서명   일자

〈단기 목표는 달성해야 할 목표를 측정 가능한 방식으로 표현〉

사정 차원			
사정의 특성	클라이언트 욕구에 대한 명확화	자기보호에 대한 사정	상호적 보호에 대한 사정	전문가보호에 대한 사정
체계화된 개념들	부응하지 못한 욕구들	클라이언트 기능화	사회적 망·사회적 지지	공식적 대인 서비스
사정의 기본단위	1. 소득 2. 주택·보호처 3. 고용·직업 4. 건강 5. 정신건강 6. 사회적·인간상호적 욕구 7. 여가선용·휴식 8. 일상의 활동 9. 이동수단 10. 법적 욕구 11. 교육	1. 신체적 기능화 2. 인지적 기능화 3. 감정적 기능화 4. 활동적 기능화	1. 사회적 망의 구조 2. 사회적 망의 상호작용 3. 정서적 지지 4. 방편적 지지 5. 물리적 지지	1. 자원목록 2. 이용가능성 3. 적절성 4. 수용성 5. 접근성
사정의 과정	일상의 주요 영역들에 대한 클라이언트의 욕구를 사례관리자가 클라이언트와 함께 검토한다.	클라이언트의 자기보호 욕구를 충족시킬 수 있는지 여부를 사정하여 클라이언트의 기능적 영역들과 상호 연결시킨다.	사회적 연결망이 클라이언트의 욕구에 부응할 수 있는지 여부를 사정하여 상호적 보호차원들과 함께 상호 연결시킨다.	공식적 서비스들이 클라이언트의 욕구에 부응할 수 있는지 여부를 사정하여 전문가 보호자원과 함께 상호 연결시킨다.

※ 자료: David P. Moxley, The Practice of Case Management; 김만두 편역(1993), 사례관리 실천론, 홍익재, 124쪽.

강점활용 모델에서 계획은 사례관리를 실제로 실행할 때 중요한 열쇠가 된다. 계획 시 먼저 "클라이언트의 협력 없이는 계획할 수 없다"는 것을 클라이언트에게 전달하지 않으면 안 된다. 또 계획과정에 사례관리자와 클라이언트가 협력해서 단기적 목표를 설정하고 그 목표를 달성할 수 있도록 지원해 나가야 한다. 이 계획 단계에서 실시하는 구체적, 단기적 원조의 예로, 사례관리자가 클라이언트와 복지사무소에 가거나 편의점에 가기 등을 들 수 있다. 이 같은 원조를 전문적인 원조가 아닌 혹은 별개의 고립된 활동이라고 생각해서는 안 된다. 오히려 이러한 원조야말로 현실적 장면에서의 교육이나 카운슬링의 모델링의 일종이라 할 수 있다.

강점활용 모델의 최종 목적은 클라이언트가 자립생활에 필요한 교육이나 훈련에 클라이언트 스스로가 참여하게 되거나 자신에게 권한을 부여(empowerment)할 수 있도록 지원하는 데 있다. 클라이언트와 계획을 세울 때 사례관리자는 클라이언트의 자립 정도를 고려하여 무리 없이 달성할 수 있는 목표를 설정한다. 우선 클라이언트가 혼자서 할 수 있는 목표가 있는지 생각한다. 이 정도라면 가능할 것이라는 추측으로 결론을 서두를 것이 아니라 클라이언트가 무리 없이 할 수 있는 것을 목표로 설정하는 것이 중요하다. 또 목표를 보다 구체적이고 달성하기 쉬운 것으로 설정함으로써 클라이언트가 혼자서도 이를 추진해 나갈 수 있게 할 필요가 있다.

다음으로 클라이언트의 목표 달성에 필요한 지지망의 구축에 초점이 맞춰진다. 사례관리자는 함께 동반해 줄 가능성이 있는 사람을 찾기 위해 사정을 통해 정보를 모은다. 사정 시에는 클라이언트를 중심으로 생각해야 하며, 지원을 받고 싶다고 클라이언트가 희망할 때에 한해 협력을 의뢰한다.

원조과정 안 계획의 최종 단계에서는 설정된 목표를 클라이언트가 달성할 수 있을지, 그리고 그 목표가 클라이언트에게 바람직한 것인지를 점검할 수 있어야 한다.

권한 부여 견해를 수용하는 실천에서는 클라이언트의 자립을 최대한으로 지원하는 것이 중요하다.

4) 제5단계: 보다 많은 지속적인 협력과 권리옹호(advocacy)

(1) 클라이언트가 획득한 기능이나 이익의 유지: 3C의 실행

사례관리에 있어 모니터링은 다각적이면서 집약적인 과정이다. 사례관리에 필요한 원조활동(클라이언트가 획득한 기능이나 이익을 유지해 가도록 지원하는 것)과정인 모니터링을 강점활용 모델에서는 3C의 편성이라고 정의한다. 3C란 보다 많은(Collective), 계속적인(Continuous), 협력(Collaboration)을 말한다.

클라이언트가 이미 획득한 기능이나 이익을 유지하기 위해서는 보다 많은 사회적 지지나 지원자가 필요하다. 그러므로 지원을 찾아내기 위해 클라이언트의 자립생활을 성취시키는 원조자를 사례관리자로만 한정해서는 안 된다. 가족, 친구, 고용자, 집주인, 변호사, 금주모임(AA), 간호사, 세라피스트, 사회복지사, 정신과 의사 등 클라이언트와 접촉한 경험이 있는 사람들은 클라이언트의 현상이나 성장에 좋은 영향을 줄 가능성이 있기 때문이다. 강점활용 모델에서는 보다 많은(collective) 협력자를 모으는 활동을 지속적으로(continuous) 시행한다. 협력(collaboration)은 클라이언트가 이미 획득한 기능이나 이익을 유지할 때에 필요한 세 번째 중요 요소이다. 사례관리자, 클라이언트, 지원자가 서로 협력하면서 원조가 진행되고 각각의 입장을 인정하면서 원조 안에서 서로에게 가치 있는 것을 찾아낼 수 있다.

(2) 클라이언트의 기능이나 이익 유지: 4A와 권리옹호(advocacy)의 실행

클라이언트의 기능이나 이익을 유지해 가는 데 필요하지만 매우 복잡한 것이 사례관리의 권리옹호 기능이다. 권리옹호를 실시하기 위해서는 창조성, 인내, 자원 관계자에 대한 관여 기법, 기회 균등의 촉진이나 차별의 금지 등에 관한 법률 및 처벌 규정에 대한 지식 등이 필요하다. 권리옹호 기능은 4A를 이용하여 설명된다.

일반적으로 권리옹호란 사회복지 · 교육 · 법률 · 교정 · 정신 의료 등의 분야에서 아직 채워지지 않은 클라이언트의 욕구에 대응하기 위해 필요한 일이라 이해되고 있다. 이러한 욕구를 4A로 설명할 수 있다. 4A란 자원을 이용할 수 있고(Availability), 자원 이용이 적절하며(Adequacy), 자원을 곧바로 이용할 수 있고(Accessibility), 자원 활용에 적절히 대응할 수 있어야(Accommodation)한다는 것이다.

권리옹호를 시행하는 사례관리자는 우선 자원 이용이 가능한지에 대한 문제에서부터 시작하게 된다. 클라이언트의 자원 이용이 가능한지를 파악하는 일은 권리옹호의 제 일보이다. 다음에 중요한 것은 자원을 곧바로 이용할 수 있는지와 관련된다. 원조 시에 문제(예를 들어, 교통수단이 없음)나 서비스가 확실해도 지역 자원을 즉시 이용할 수 없는 경우가 있다.

자원이 이용 가능하고 곧바로 이용할 수 있다고 판단하면 사례관리자는 다음으로 그 자원을 활용하여 어떻게 클라이언트의 욕구와 적절히 대응시켜 갈 것인가를 생각해야 한다. 예를 들어, 클라이언트가 자원 서비스를 이용할 때 경험하게 될 대인관계나 커뮤니케이션 방법 등을 함께 논의할 수 있을 것이다.

권리옹호에서 마지막으로 생각해야 할 사항으로는 자원의 충분함(adequacy)을 들 수 있다. 구체적으로는 자원을 활용함으로써 클라이언트의 욕구가 어느 정도 채워졌는지 파악하는 것이다. 이는 클라이언트의 목표 달성도, 만족도, 욕구 충족도, 클라이언트 자신의 능력이나 기술 활용도, 프로그램 활동에 대한 참여도 등을 체크하게 함으로써 자원의 충분함을 평가할 수 있다.

그러나 서비스가 비록 충분히 공급되었다 하더라도 적절하지 않은 서비스라면 권리옹호(advocacy) · 권한부여 입장에서 일하는 사례관리자에게는 큰 부담이 되게 된다. 이때 서비스 '입수 가능성'이라는 판단 기준이 중요하게 작용하게 되는데, 입수 가능성이란 클라이언트가 실제로 사용할 수 있는 형태로 서비스나 자원이 입수 가능한가와 관계된다.

적합하지 않은 서비스를 입수 가능성이 수월하거나 비교적 접근성이 좋다는 이유로 교묘히 대치, 교체하는 것은 권리옹호나 권한부여와 동떨어진 제공자 주도형 실천이라 할 수 있다. 그러므로 사례관리자는 특정 클라이언트에 대한 서비스 제공의 적합성에 의문이 들 경우에는 타 기관으로 의뢰하는 방안도 고려해야 한다.

5) 제6단계: 클라이언트와의 관계 줄여 나가기

클라이언트에게 권한을 부여하면서 서서히 클라이언트와의 관련을 줄여 나가기는 강점 활용 사례관리의 최종 단계이다. 클라이언트와 관계를 줄여 간다는 것은 클라이언트와의 접촉 기회를 줄여간다는 것이지만, 이후에도 지원(생애 사례관리)은 계속될 것이고 또 상황 변화에 맞추어 필요한 원조는 해 나가게 된다. 즉, 클라이언트와의 관계 줄이기로 사례관리자가 클라이언트와의 접촉을 완전히 그만두는 것은 아니다.

이를 요약하면, 사례관리의 초기 단계에서 원조의 제1목적은 권한부여에 있다. 즉, 사례관리자는 클라이언트에게 중요한 활동이나 의지 결정을 스스로 할 수 있도록 원조하는 데 있다는 것을 클라이언트에게 전달해야 한다. 사례관리자는 클라이언트와의 관계를 줄여 가기 전에 우선 사정(assessment)을 통해 획득한 정보로부터 사례관리자를 대신해서 원조할 수 있는 사람을 적극적으로 찾을 필요가 있다. 이어서 계획이나 실행(practice) 단계에서는 이를 구체적인 협력자로 대체하고 사례관리자는 서서히 클라이언트와의 관계를 줄여가기 시작한다. 최종 단계에서 사례관리자는 클라이언트와의 적극적인 관련을 점점 줄여 가지만 권리옹호(advocacy) 차원에서의 지원은 계속적으로 지속해 가게 된다.

| 12장 참고문헌 |

이영분 · 김기환 · 윤현숙 · 홍금자 외(2000), 『사회복지실천론』, 동인출판사.
홍금자(2004), 학교사회복지사업 실천의 이론적 배경.

Charles, D. C. & Carol, A. S. (1998), *Assessing Client Strengths*, p. 221~225.
Strobino, J. & Salvaterra, M. (2000), *School Transitions among Adolescent Children of Military Personnel: A Strengths Perspective*, NASW, pp. 95~107.
Moxley, D. P. (1989), *The Practice of Case Management*; 김만두 편역(1993), 『사례관리 실천론』, 홍익재, 124쪽.
Rapp, C. A. (1998), *The Strength Model: Casemanagement with people suffering from severe and persistent mental illness*, New York: Oxford University Press.

제13장

사회복지실천의 응용: 교정복지실천

교정복지실천이란 교정복지 생산물인 교화의 수요자 또는 교정복지 생산물인 교화의 필요자에 대하여 교정복지사 또는 교정관련 전문가가 교정복지실천에 관한 전문기술과 지식 및 이념을 바탕으로 개입하여 활동하는 것이다(천정환 외, 2010: 222).

1. 기본 개념들

1) 교정복지론

교정복지의 역사가 일천하다보니 교정복지에 대한 개념이 확립되어 있지 않아 여러 학자들이 자기의 학문적 관점에서 정의를 내리고 있다. 가령 남세진은 교정복지를 범법자의 반사회성을 교정하여 재범에 빠지는 일이 없도록 하는 데 목적이 있다고 주장한다(남세진, 1992: 227). 남세진의 교정복지의 정의에는 소극적인 교정복지의 개념이 전제된 바 그것은 범법자의 반사회성의 제거를 교정복지의 목적으로 본 것이 그것이다. 왜냐하면 반사회성의 제거는 소위 교정행정학에서 말하는 "위생요인"이지 어떤 선한 일을 하게 만드는 "동기요인"이 아니기 때문이다. 또한 남세진의 정의에는 회복적 교정복지 이념이 결여된 바 회복적 교정복지 이념이란 교정복지에 있어서 가해자와 피해자가 공통으로 교정복지서비스를 생산하는 것을 말하기 때문에 남세진의 정의에는 가해자의 측면만 고려되었지 피해자 측면과 입장은 반영되어 있지 않기 때문이다. 또한 남세진의 정의에는 사회복지 실천적 개념이 적극적으로 반영되지 못하는 한계점이 있다.

이정서는 교정복지란 범죄자와 우범자 및 유해 환경을 대상으로 사회복지 방법론을 통해 재범방지와 관련환경의 개선을 도모하는 사회적 노력이라고 하는 바(이정서 외, 2002: 454), 이정서의 교정복지에 관한 정의에서는 범죄자 외에도 우범자와 유해환경을 대상으로 하여 외연을 넓힌 점은 특이하나 우범자는 아직 형법상의 범죄기수가 아님에도 그들을 교정복지의 대상으로 하는 것은 과잉금지원칙에 어긋나는 문제점이 있다. 그러나 사회복지방법론을 교정복지서비스의 주요한 생산의 수단으로 한 점은 교정복지실천에서 주요한 공헌이라고 할 수가 있다.

이정찬은 교정복지를 범죄자에 대해서 교정교육하고 사회 내에서 보호관할하는 조직적 활동이라고 정의한다(이정찬, 2000: 15). 이정찬의 정의에서의 특징은 교정복지서비스 안에 교정서비스와 보호서비스라는 이질적 영역이 내포된 점인데 그것은 교정서비스와 보호서비스는 성격이 상이하기 때문이다. 그리고 이정찬의 정의에서는 사회복지 실천방법을 수단으로 하지 않는 한계를 보이고 있다. 따라서 교정복지의 개념을 범죄인에 대하여 적절한 방법을 통해 올바른 사회복귀를 위한 모든 원조활동은 물론이고 유해 환경과 피해자에 대한 지원 활동까지도 포함한다고 할 수가 있다(천

정환 외, 2010: 21~22). 한편 교정복지의 종류에는 교도관이나 교정복지
사 등 관료제적 조직과 연관된 조직의 일원이 생산하는 관료제적 교정복지
와 관료제적 조직과 무관한 자, 가령 자원봉사자나 동료수형자 등에 의해
생산되는 비관료제적 교정복지가 있다(천정환, 2005: 91).

2. 교정복지의 실천장소

교정복지서비스의 생산과 교정복지의 실천이 이루어지는 장소는 경찰,
검찰, 법원, 보호관찰소, 교도소, 구치소, 치료감호소, 비행예방센터 등이
있다.

1) 경찰청과 교정복지의 실천

경찰 영역에서 교정복지실천이 이루어지는 영역은 생활질서과의 여성, 청
소년계와 형사과, 수사과가 주된 영역이다. 특히 여성, 청소년계가 경찰영
역에서 이루어지는 교정복지에서 중요한 바, 가령 여성들이 피해자로서 여
성, 청소년계에서 조사를 받을 때는 경찰관이나 담당자는 그들이 제2차 피
해자화 되지 않도록 정서적 원조 활동을 해야 하며 마찬가지로 여성들이
범죄가해자일 경우에도 실체적 진실의 발견을 위한 심문 외에는 하지 말아
야 심리적 손상과 제2차 피해자를 막을 수 있다. 그것은 교정복지란 가해
자에 대한 개선작용 외에도 가해자나 범죄피해자가 제2차 또는 제3차 피
해자화가 되지 않도록 행하는 원조활동을 내포하는 개념이기 때문이다.
또한 경찰서 내의 유치장에 수용된 구류형 수형자들에 대해서도 경찰관이
나 사회복지사에 의하여 그들의 반사회성을 교정하고 개선하며 그들의 올
바른 정체감이 형성될 수 있도록 개입하여 지지활동을 할 필요가 있다. 또

한 범죄 소년 중에서 촉법소년과 우범소년에 대하여 경찰이 훈계하여 방면하는 경우에 재범을 막기 위하여 여성, 청소년계 직원들이 교정복지적 방법을 통하여 개입하는 경우가 있는데 현재는 경찰서 내에 교정복지사나 사회복지사가 제도적으로 개입할 길이 없으므로 경찰서 관련 직원들에 대하여 교정복지실천이나 사회복지실천에 관한 교육을 연수하는 것이 바람직하다. 이외에도 형사과와 수사과에서도 여성, 청소년계와 마찬가지로 범죄자나 피해자에 대한 교정복지적 활동이 필요하다고 할 것이다. 특히 강력계 등과 같은 곳은 2차 피해자화가 많이 발생하는 곳이므로 가해자나 피해자의 심리적 원조가 이루어지도록 복지적 수사활동이 법적으로 제도화되어야 한다.

2) 교도소의 조직과 교정복지의 실천

| 표 13-1 | 교정본부의 사무분장

팀명	업무 내용
교정기획과	• 교정행정에 관한 종합계획의 수립 및 시행 • 교정행정관계법령의 입안 • 교정행정공무원의 배치 · 교육훈련 및 복무감독 • 지방교정청 · 교도소 · 구치소의 조직 및 정원관리에 관한 자료 작성 • 지방교정청 · 교도소 · 구치소에 대한 지도 · 감독 • 교도소 · 구치소(이하 "교도소 등"이라 한다)의 순회점검에 관한 사항 • 교정행정관계 각종 행사계획의 수립 및 시행 • 교정 관련 국제협력 및 교정공무원의 국외훈련 • 교정 관련 홍보 업무 • 그 밖에 본부 내 다른 팀의 주관에 속하지 아니하는 사항

보 안 과	• 수용자의 수용 · 처우 및 석방에 관한 기본계획의 수립 · 시행 • 수용자의 이송에 관한 사항 • 수용자의 규율 · 계호 및 보안에 관한 기본계획의 수립 · 시행 • 공안사범의 수용 · 처우 · 이송 및 석방에 관한 사항 • 공안사범의 규율 · 계호 및 보안에 관한 사항 • 공안사범의 청원에 관한 사항 • 수용사고 조사 및 사고예방 등에 관한 지도 • 수용자의 선거 및 수용기록에 관한 사항 • 교정행정의 정보화 및 전산장비 운영 업무 지도 · 감독에 관한 사항 • 출정(出廷)업무 지도 · 감독에 관한 사항 • 접견업무 지도 · 감독에 관한 사항 • 교정시설의 경비 및 비상훈련에 관한 기본계획의 수립 · 시행 • 교정시설의 무기 및 탄약 관리의 지도 • 보호장비 및 보안장비의 운영에 관한 종합계획의 수립 · 시행 • 교정시설경비교도대의 조직 및 정원관리 • 경비교도의 임용 및 배치 • 경비교도의 복무 · 후생 및 교육훈련에 관한 제도 및 기본계획의 수립 · 시행
직업훈련과	• 교도작업특별회계의 경리 · 용도 및 결산 • 교도작업의 계획 · 관리 및 통제 • 교도작업특별회계 소관의 물품 및 국유재산관리 • 직업훈련에 관한 계획 수립 및 제도개선
복 지 과	• 교정행정예산의 편성 및 배정에 관한 자료작성 • 교정시설 및 장비에 관한 사항 • 교정행정공무원의 피복 및 급양에 관한 사힝 • 수용자의 영치금품관리제도에 관한 사항 • 수용자의 피복 및 급양에 관한 사항 • 수용자 및 원생급식관리위원회의 운영에 관한 사항
사회복귀과	• 수형자의 교육 및 교화에 관한 기본계획의 수립 · 시행 • 수형자의 교화프로그램 연구 및 개발 • 수형자의 검정고시 교육과정 및 평생교육 등에 관한 기본계획의 수립 · 시행 • 수형자의 교육프로그램 시행에 관한 사항 • 공안사범의 교육 및 교화에 관한 사항 • 수용자(피보호감호자를 포함한다. 이하 같다) 교화방송에 관한 사항 • 교정위원의 위촉 · 해촉 및 지도관리 등에 관한 사항 • 수형자 사회복귀 중장기 계획수립 및 관계 법령 · 제도 연구 • 사회복귀지원사업 관련 법인에 대한 인 · 허가 및 관리 · 감독 • 수형자의 귀휴 · 사회견학 및 봉사체험에 관한 사항 • 석방예정자 사회적응교육 및 지원에 관한 사항 • 가족만남의 집, 가족만남의 날 계획수립 및 시행 • 불우수형자 가족지원을 위한 계획의 수립 · 시행

| 분류심사과 | • 수형자의 분류처우에 관한 기본계획의 수립 · 시행
• 개별처우계획의 수립 및 처우프로그램의 개발
• 과학적 분류기법의 개발 · 운영에 관한 사항
• 분류처우회의 운영 및 관리에 관한 사항
• 가석방심사 업무에 관한 사항
• 가석방심사위원회의 운영 및 관리에 관한 사항
• 교정행정 관계법령의 입안
• 민영교도소 운영의 관리 · 감독에 관한 사항
• 교정행정관련 주요 제도개선에 관한 사항 |
| 의료과 | • 수용자의 보건위생관리 종합계획의 수립 · 시행
• 수용자의 의료 및 약제에 관한 사항
• 의료장비의 공급 및 관리계획의 수립 · 시행
• 수용자 건강검진에 관한 계획의 수립 · 시행
• 수용자 질병예방 관련 업무 |

과명	업무 내용
총무과	• 인사 · 관인 및 관인대장의 관리 • 문서의 접수 · 발송 · 편찬 및 보존과 통계 • 보고 · 수용 · 석방 · 영치 · 차입 · 예산 · 결산 및 금전의 출납 • 기타 소내 다른 과의 주관에 속하지 아니하는 사항
보안과	• 직원의 훈련 · 점검 및 규율 • 수용자의 구금 및 계호(천안개방교도소의 경우에는 지도) • 수용자의 상벌 · 출정 · 접견 · 무기 및 경비
분류심사과	• 수용자의 자질검사 • 처우의 분류 • 교육 및 작업의 적성판정 • 누진처우 및 가석방
직업훈련과	• 교도작업특별회계의 재산 및 물품수급과 작업계획 · 경영 · 관리 • 수용자의 직업훈련 • 작업상여금의 계산 • 작업통계
시회복귀과	• 수용자의 교육 · 교화 · 생활지도 및 서신 • 귀휴와 석방자 보호
복 지 과	• 물품의 출납 · 용도 · 건축 및 영선 • 국유재산의 관리 • 수용자에 대한 급여
의 료 과	• 소내의 위생 • 수용자의 보건 · 의료 및 약품조제

※ 출처: 교정본부 홈페이지(http://www.corrections.go.kr)

　교도소 조직이야말로 교정복지실천이 가장 활발해지는 장소이다. 먼저 수용자에 대한 교정복지는 먼저 교정기획과에서 디자인과 기획을 행하고 그 다음에는 사회복귀과와 보안과 등 관련 부서에 해당 내용을 전달한다. 이를 전달 받은 지방교정청에서는 총무과를 거쳐서 사회복귀나 보안과 등에서 담당하고 이를 다시 개별 교도소에 하달한다. 개별 교도소에서는 사회복귀과와 분류심사과에서 집중적인 교정복지 처우가 이루어지게 되는데 사회복귀과에서 행하는 수형자에 대한 교육과 교화 등에서 교정복지 실천이 이루어지게 된다. 교도관이나 사회복지사는 수용자 등에 대한 교정복지를 실천하는 데 있어서 먼저 클라이언트의 특성들을 사정(assessment)한 다음에 거기에 맞는 사회복지실천모델[33]을 선택한 다음에 교정복지실천에 들어가는데 교정복지의 실천과정에서 클라이언트가 표시하는 부정적 방어기제의 성격을 파악하고 부정적 방어기제의 사용을 막도록 하기 위해서는 교정심리사나 심리요법가의 학제적 협력이 들어가야 한다. 교정복지의 실천과정은 먼저 해당 클라이언트의 자발적 동의에 의한 교정복지실천의 계약이 있어야 되며 그 다음으로는 클라이언트의 욕구나 특성과 생태계 등에 대한 다양한 역동적인 사정을 행해야 한다(천정환 외, 2010: 260). 역동적 사정단계에서는 클라이언트의 특징과 욕구 및 생태계와 강점 및 약점과 문제 목록들을 항목별로 작성하여 상정하게 된다. 그리고 클라이언트에 대한 1차 사정이 끝나면 교정복지를 위한 개입계획과 개입전략을 수립한 다음에 개입하고 치료하게 된다. 그리고 나서 피드백과 종결 및 평가 단계 등을 행하게 된다. 가령 아내에 대하여 수없이 폭행한 남자 수형자인 클라이언트에 대해서 먼저 클라이언트에 대한 가족역사, 입소경위, 교정사고의 정도와 내용, 인구사회학적인 특성, 클라이언트의 생태도와 강점과 약

---

33 사회복지실천모델에는 장점모델, 인지행동모델, 과제중심모델 등 다양하게 있다.

점 및 문제목록들을 만들어보니 클라이언트는 어릴 적에 부모가 이혼한 상태였으며 어머니가 자신을 버리고 다른 남자와 재혼한데 대하여 어릴 적에 깊은 트라우마를 경험하였다는 사실을 알게 되었고 그것이 부인에 대한 폭행으로 감정이 전이된 상태라는 것을 알게 되었다. 그리고 교도소 등 교정시설 내에서 보이고 있는 해당 클라이언트의 교정사고는 행동주의적 관점에서가 아닌 신행동주의적 관점에서 살펴보니 단순한 자극반응에 의한 행동이 아닌 관심을 끌기 위한 퇴행(regression)과 교도소라는 외적 권위와 과거의 어머니와를 동일시하는 복합적인 방어기제를 사용하고 있음이 나타나게 되었다. 따라서 해당 클라이언트를 치료하기 위한 개입단계에서는 먼저 심리사의 도움을 얻어서 해당 클라이언트가 보이는 심리적 저항을 무력화 시키고 어릴 적 트라우마를 의식 위로 끌어올리는 작업을 통하여 부적합한 방어기제를 사용하지 못하게 하며 이 과정에서 의식화를 두려워하는 해당 클라이언트가 보일 수 있는 위장된 방어기제에 능동적으로 대처해야 한다. 그 다음 사정 단계에서는 해당 클라이언트의 폭행의 원인이 아내의 행동 때문이 아니라 어릴 적 부모의 이혼으로 인한 트라우마의 잔재 때문인 것으로 사정하고 협동적 개입을 하게 되고 그 결과를 피드백하는 교정복지실천과정을 거치게 된다. 그리고 구치소에는 미결업무를 원칙으로 하는 곳이지만 이곳에서도 교도소처럼 심한 구금반응과 그로 인한 부적응과 교정사고가 발생하므로 교도소 등에서처럼 기결수형자들에 대한 동일한 과정과 방법으로 교정복지를 실천할 필요가 있다.

3) 소년원학교

소년원학교는 과거 소년원으로 불리던 것으로, 형사 처벌받은 소년범죄자를 수용하는 소년교도소와는 달리 법원 소년부에서 보호처분을 받을

10세 이상 19세 미만의 소년을 격리보호하여 교정복지를 실현하는 곳이
다. 2011년 현재 전국의 소년원학교의 현황과 기구는 다음과 같다.

| 표 13-2 | 학교현황

기관(학교명)	설립일	개교일	대상	교육과정
서울소년원 (고봉중 · 고등학교)	'42. 4. 20.	'00. 8. 31.	9호10호	- 중고등학교 교과교육, 컴퓨터, 검정고시 - 직업능력개발훈련 - 보호자교육
부산소년원 (오륜정보산업학교)	'47. 1. 18.	'00. 8. 31.	10호 위탁	- 직업능력개발훈련, 컴퓨터, 검정고시 - 보호자교육
대구소년원 (읍내정보통신학교)	'45. 11. 21.	'00. 8. 31.	9호 10호	- 인성교육, 컴퓨터, 검정고시 - 직업능력개발훈련 - 보호자교육
광주소년원 (고룡정보산업학교)	'46. 11. 7.	'00. 9. 6.	10호 위탁	- 직업능력개발훈련, 컴퓨터, 검정고시 - 보호자교육
전주소년원 (송천정보통신)	'67. 3. 25.	'00. 9. 6.	9호 10호	- 중학교 교과교육, 컴퓨터, 검정고시 - 보호자교육
대전소년원 (대산학교)	'98. 7. 1.	'09. 3. 2.	7호 8호 9호 10호	- 7호 처분자 및 의료처우자 교육 - 8호 처분자 교육- 컴퓨터, 검정고시 - 보호자교육
청주소년원 (미평여자학교)	'09. 7. 1.	'10. 5. 4.	8호 9호	- 인성교육, 컴퓨터, 검정고시 - 8호 처분자 교육(女) - 보호자교육
안양소년원 (정심여자 정보산업학교)	'46. 10. 1.	'00. 8. 30.	9호 10호	- 중학교 교과교육, 컴퓨터, 검정고시 - 직업능력개발훈련 - 보호자교육
춘천소년원 (신촌정보통신학교)	'63. 9. 9.	'00. 9. 4.	9호 10호	- 인성교육, 컴퓨터, 검정고시 - 직업능력개발훈련 - 보호자교육
제주소년원 (한길정보통신학교)	'87. 11. 9.	'00. 8. 30.	8호 9호 10호	- 인성교육, 컴퓨터, 검정고시 - 8호 처분자(제주지역 男)교육 - 보호자교육

※ 출처: 범죄예방정책국 홈페이지(http://www.moj.go.kr)

교정복지는 소년 보호 처분(주로 8호, 9호, 10호 처분)을 받은 자를 대상으로 소년원 학교에 수용하여 교정복지서비스를 생산하게 된다. 여기에서 소년보호처분 7호란 의료보호시설처분이며 8호는 1개월 이내의 소년원 처분이고 9호는 단기소년원, 10호는 장기소년원 처분을 말한다.[34] 소년원생에 대한 교정복지는 주로 교무과와 분류보호과에서 행해지는 바 해당 소년원생(클라이언트)에 대하여 소년원 직원이 교과교육 및 인성교육과 그리고 미술치료와 음악치료 등 다양한 심리치료와 지시적 또는 비지시적 상담을 통하여 교정복지 실천을 하게 되는 바 그 메커니즘은 교도소에서와 유사하지만 다만 소년원은 교정복지보다는 보호복지에 좀 더 가까운 개념이라는 것이 특징이다. 해당 클라이언트들에 대한 이러한 교정복지 또는 보호복지를 행하는 기초로서 분류심사과에서 해당 클라이언트들의 심리검사와 생태도 등을 작성하게 된다. 그리고 분류보호과에서는 출원한 클라이언트가 사회 내에서 보다 잘 적응할 수 있도록 지도, 원조 및 원호하는 사후지도기능도 담당하게 되는 바 이러한 사후지도적 교정복지는 일반 교도소에서 행하는 교정복지에는 없는 절차인데 그것은 국가가 보호소년에게 보다 더 후견적 지위를 갖고 있다는 의미가 있다. 그러나 소년교도소와는 달리 소년원 학교에 대한 복지적 처우가 범죄소년에 대한 지나친 온정주의로 법의 위하력을 감소시킨다는 비판이 있어 최근 미국 등에서는 소년범죄에 대하여 다시 강경책으로 선회하고 있다.

4) 대안교육센터

대안교육센터란 과거에는 없던 개념으로 주로 법원과 검찰청 및 보호관

---

[34] 1호 처분은 보호자에게 위탁 2호는 수강명령처분, 3호는 사회봉사명령처분, 4호는 단기보호관찰, 5호는 장기보호관찰, 6호는 아동복지시설 위탁을 말한다.

찰소와 학교 등에서 의뢰한 위기청소년에 대한 인성교육과 교정복지를 행하는 국가기관으로서 대안교육센터가 일반교도소나 소년교도소, 보호관찰소 및 소년원과 다른 점은 위기청소년의 보호자들에게도 교육을 실시할 수가 있다는 점으로 여기에는 각종 심리검사와 대안교육 등을 실시한다.

위의 대안교육센터에서 행해지는 교정복지의 특징은 위기 청소년들에게 법을 교육한다는 점으로 이는 위기 청소년들에게 준법정신을 함양시켜 교정서비스를 생산하는 것이다. 또한 상담조사나 청소년 심리상담 외에도 체험교육을 하게 한다는 것인데 가령 위기 청소년들에게 범죄를 행하게 되면 감옥에 가게 된다는 것을 이론이 아닌 감옥모형에 들어가 체험케 하여 범죄 결과에 대한 공포감을 느끼게 하는 것이다. 이러한 체험교육을 통하여 위기 청소년들이 올바른 사회화를 통하여 반사회성을 제거하는 것이 체험교육의 목적이다.

3. 교정복지실천의 방향

교정복지의 생산물은 수형자가 교도소가 제공한 교육프로그램과 규율제도에 순응하여 잘 적응하는 "교도소화"의 개념과 출소 뒤 다시는 재범을 하지 않고 사회규범을 잘 지키겠다는 교화 개선의 개념을 포함하는 개념이라고 할 수가 있다. 그리고 앞에서 언급하였지만 이러한 교정복지의 실천은 우리나라는 지금까지 교도소 내의 교육, 교정상담이나 사회복지사 등에 의한 내부적 커뮤니케이션에 의한 관료제적 교정복지가 주류를 이루어 외부적 커뮤니케이션에 의한 비관료제적 교정복지가 부족한 것이 사실이다. 귀휴나 가족만남의 집 등의 가족과의 접견과 서신수수, 전화 통화와 외부 교정위원과의 접촉 등 관료제적 조직과 연관되지 않는 비관료제적 교정복지의 실천이 시급하다. 그리고 교정복지에는 사회복지사의 도움에 의해 교화된다는 타자(他者) 교정복지 외에도 수형자 자신이 귀휴나 서신, 가족 만남의 집, 교정위원과의 접촉 등 어떠한 일을 계기로 하여 자기 자신이 자신의 문제점을 진단하고 스스로 자기에게 개입하여 문제를 스스로 해결하여 교화가 되는 자기 교정복지의 개념도 있는바 이러한 자기 교정복지의 활성화를 위한 실천프로그램도 중요하다. 또한 교정복지는 사회복지사나 교도관 등에 의해 이루어지는 공식적 교정복지와 가족, 친지, 교정위원 등 비전문가에 의해 이루어지는 비공식적 교정복지가 있는데 이러한 비공식적 교정복지의 활성화도 필요하다.

|13장 참고문헌|

남세진(1992), 『인간과 복지』, 한울.
이정찬(2000), 『교정복지학』, 교정선교회.
이정서 외(2002), 『사회복지학개론』, 유풍출판사.
천정환(2005), "신교정복지개념론", 『교정복지연구』, 제1호, 91쪽.
천정환 외(2010), 『교정복지론』, 창지사.

NASW 윤리강령에서는 사회복지실천의 중심적 가치관으로 ① 서비스 정신, 사회정의(social justice), ② 인간의 존엄과 가치(dignity and worth of the person), 인간관계의 중요성(importance of human relationships), ③ 정직과 성실(integrity), 실천능력(competence)을 들고 있다. 또한 사회복지사의 실천방법으로 ① 클라이언트에 대한 직접 실천(direct practice), ② 지역사회 조직화(community organizing), ③ 슈퍼비전(supervision), ④ 상담조언(consultation), ⑤ 사회복지기관 행정 및 운영관리(administration), ⑥ 권리옹호(advocacy), ⑦ 사회행동과 정치적 행동(social and political action), ⑧ 정책기획 및 실시(policy development and implementation), ⑨ 교육(education), ⑩ 연구 및 평가(research and evaluation)를 들어 구체적으로 제시하고 있다.

한국 사회복지사 윤리강령

윤리
강령

전문

사회복지사는 인본주의 · 평등주의 사상에 기초하여, 모든 인간의 존엄성과 가치를 존중하고 천부의 자유권과 생존권의 보장활동에 헌신한다. 특히 사회적 · 경제적 약자들의 편에 서서 사회정의와 평등 · 자유와 민주주의 가치를 실현하는 데 앞장선다. 또한 도움을 필요로 하는 사람들의 사회적 지위와 기능을 향상시키기 위해 저들과 함께 일하며, 사회제도 개선과 관련된 제반 활동에 주도적으로 참여한다. 사회복지사는 개인의 주체성과 자기결정권을 보장하는 데 최선을 다하고, 어떠한 여건에서도 개인이 부당하게 희생되는 일이 없도록 한다. 이러한 사명을 실천하기 위하여 전문적 지식과 기술을 개발하고, 사회적 가치를 실현하는 전문가로서의 능력과 품위를 유지하기 위해 노력한다.

이에 우리는 클라이언트 · 동료 · 기관 그리고, 지역사회 및 전체 사회와 관련된 사회복지사의 행위와 활동을 판단 · 평가하며 인도하는 윤리기준을 다음과 같이 선언하고 이를 준수할 것을 다짐한다.

사회복지사의 기본적 윤리기준

1. 전문가로서의 자세

1) 사회복지사는 전문가로서의 품위와 자질을 유지하고, 자신이 맡고 있
는 업무에 대해 책임을 진다.

2) 사회복지사는 클라이언트의 종교·인종·성·연령·국적·결혼상태
·성 취향·경제적 지위·정치적 신념·정신, 신체적 장애·기타 개인
적 선호, 특징, 조건, 지위를 이유로 차별 대우를 하지 않는다.

3) 사회복지사는 전문가로서 성실하고 공정하게 업무를 수행하며, 이 과
정에서 어떠한 부당한 압력에도 타협하지 않는다.

4) 사회복지사는 사회정의 실현과 클라이언트의 복지 증진에 헌신하며, 이
를 위한 환경 조성을 국가와 사회에 요구해야 한다.

5) 사회복지사는 전문적 가치와 판단에 따라 업무를 수행함에 있어, 기관
내외로부터 부당한 간섭이나 압력을 받지 않는다.

6) 사회복지사는 자신의 이익을 위해 사회복지 전문직의 가치와 권위를 훼
손해서는 안 된다.

7) 사회복지사는 한국사회복지사협회 등 전문가단체 활동에 적극 참여하
여, 사회정의 실현과 사회복지사의 권익옹호를 위해 노력해야 한다.

2. 전문성 개발을 위한 노력

1) 사회복지사는 클라이언트에게 최상의 서비스를 제공하기 위해, 지식과 기술을 개발하는 데 최선을 다하며 이를 활용하고 전파할 책임이 있다.

2) 클라이언트를 대상으로 연구하는 사회복지사는 저들의 권리를 보장하기 위해, 자발적이고 고지된 동의를 얻어야 한다.

3) 연구과정에서 얻은 정보는 비밀보장의 원칙에서 다루어져야 하고, 이 과정에서 클라이언트는 신체적, 정신적 불편이나 위험·위해 등으로부터 보호되어야 한다.

4) 사회복지사는 전문성을 개발하기 위해 노력하되, 이를 이유로 서비스의 제공을 소홀히 해서는 안 된다.

5) 사회복지사는 한국사회복지사협회 등이 실시하는 제반교육에 적극 참여하여야 한다.

3. 경제적 이득에 대한 태도

1) 사회복지사는 클라이언트의 지불능력에 상관없이 서비스를 제공해야 하며, 이를 이유로 차별대우를 해서는 안 된다.

2) 사회복지사는 필요한 경우에 제공된 서비스에 대해, 공정하고 합리적으로 이용료를 책정해야 한다.

3) 사회복지사는 업무와 관련하여 정당하지 않은 방법으로 경제적 이득을 취하여서는 안 된다.

사회복지사의 클라이언트에 대한 윤리기준

1. 클라이언트와의 관계

1) 사회복지사는 클라이언트의 권익옹호를 최우선의 가치로 삼고 행동한다.

2) 사회복지사는 클라이언트에 대하여 인간으로서의 존엄성을 존중해야하며, 전문적 기술과 능력을 최대한 발휘한다.

3) 사회복지사는 클라이언트가 자기결정권을 최대한 행사할 수 있도록 도와야 하며, 저들의 이익을 최대한 대변해야 한다.

4) 사회복지사는 클라이언트의 사생활을 존중하고 보호하며, 직무 수행 과정에서 얻은 정보에 대해 철저하게 비밀을 유지해야 한다.

5) 사회복지사는 클라이언트가 받는 서비스의 범위와 내용에 대해 정확하고 충분한 정보를 제공함으로써 알 권리를 인정하고 존중해야 한다.

6) 사회복지사는 문서 · 사진 · 컴퓨터 파일 등의 형태로 된 클라이언트의 정보에 대해 비밀보장의 한계 · 정보를 얻어야 하는 목적 및 활용에 대해 구체적으로 알려야 하며, 정보 공개 시에는 동의를 얻어야 한다.

7) 사회복지사는 개인적 이익을 위해 클라이언트와의 전문적 관계를 이용하여서는 안 된다.

8) 사회복지사는 어떠한 상황에서도 클라이언트와 부적절한 성적 관계를 가져서는 안 된다.

9) 사회복지사는 사회복지 증진을 위한 환경조성에 클라이언트를 동반자로 인정하고 함께 일해야 한다.

2. 동료의 클라이언트와의 관계

1) 사회복지사는 적법하고도 적절한 논의 없이 동료 혹은, 다른 기관의 클라이언트와 전문적 관계를 맺어서는 안 된다.
2) 사회복지사는 긴급한 사정으로 인해 동료의 클라이언트를 맡게 된 경우, 자신의 의뢰인처럼 관심을 갖고 서비스를 제공한다.

■
사회복지사의 동료에 대한 윤리기준

1. 동료

1) 사회복지사는 존중과 신뢰로서 동료를 대하며, 전문가로서의 지위와 인격을 훼손하는 언행을 하지 않는다.
2) 사회복지사는 사회복지 전문직의 이익과 권익을 증진시키기 위해 동료와 협력해야 한다.
3) 사회복지사는 동료의 윤리적이고 전문적인 행위를 촉진시켜야 하며, 이에 반하는 경우에는 제반 법률규정이나 윤리기준에 따라 대처해야 한다.
4) 사회복지사가 전문적인 판단과 실천이 미흡하여 문제를 야기시켰을 때에는, 적절한 조치를 취하여 클라이언트의 이익을 보호해야 한다.
5) 사회복지사는 전문직 내 다른 구성원이 행한 비윤리적 행위에 대해, 제반 법률규정이나 윤리기준에 따라 조치를 취해야 한다.
6) 사회복지사는 동료 및 타 전문직 동료의 직무 가치와 내용을 인정·이해하며, 상호 간에 민주적인 직무관계를 이루도록 노력해야 한다.

2. 슈퍼바이저

1) 슈퍼바이저는 개인적인 이익 추구를 위해 자신의 지위를 이용해서는 안 된다.

2) 슈퍼바이저는 전문적 기준에 의해 공정하게 책임을 수행하며, 사회복지사·수련생 및 실습생에 대한 평가는 저들과 공유해야 한다.

3) 사회복지사는 슈퍼바이저의 전문적 지도와 조언을 존중해야 하며, 슈퍼바이저는 사회복지사의 전문적 업무수행을 도와야 한다.

4) 슈퍼바이저는 사회복지사·수련생 및 실습생에 대해 인격적·성적으로 수치심을 주는 행위를 해서는 안 된다.

■

사회복지사의 사회에 대한 윤리기준

1) 사회복지사는 인권존중과 인간평등을 위해 헌신해야 하며, 사회적 약자를 옹호하고 대변하는 일을 주도해야 한다.

2) 사회복지사는 필요한 사회서비스를 개발하기 위한 사회정책의 수립·발전·입법·집행에 적극적으로 참여하고 지원해야 한다.

3) 사회복지사는 사회환경을 개선하고 사회정의를 증진시키기 위한 사회정책의 수립·발전·입법·집행을 요구하고 옹호해야 한다.

4) 사회복지사는 자신이 일하는 지역사회의 문제를 이해하고, 그것을 해결하는 일에 적극적으로 참여해야 한다.

사회복지사의 기관에 대한 윤리기준

1) 사회복지사는 기관의 정책과 사업 목표의 달성 · 서비스의 효율성과 효과성의 증진을 위해 노력함으로써, 클라이언트에게 이익이 되도록 해야 한다.

2) 사회복지사는 기관의 부당한 정책이나 요구에 대하여, 전문직의 가치와 지식을 근거로 이에 대응하고 즉시 사회복지윤리위원회에 보고해야 한다.

3) 사회복지사는 소속기관 활동에 적극 참여함으로써, 기관의 성장발전을 위해 노력해야 한다.

사회복지윤리위원회의 구성과 운영

1) 한국사회복지사협회는 사회복지윤리위원회를 구성하여, 사회복지윤리 실천의 질적인 향상을 도모하여야 한다.

2) 사회복지윤리위원회는 윤리강령을 위배하거나 침해하는 행위를 접수받아, 공식적인 절차를 통해 대처하여야 한다.

3) 사회복지사는 한국사회복사협회의 윤리적 권고와 결정을 존중하여야 한다.

사회복지사 선서

나는 모든 사람들이 인간다운 삶을 누릴 수 있도록,

인간존엄성과 사회정의의 신념을 바탕으로,

개인 · 가족 · 집단 · 조직 · 지역사회 · 전체사회와 함께 한다.

나는 언제나 소외되고 고통 받는 사람들의 편에 서서,

저들의 인권과 권익을 지키며, 사회의 불의와 부정을 거부하고,

개인이익보다 공공이익을 앞세운다.

나는 사회복지사 윤리강령을 준수함으로써,

도덕성과 책임성을 갖춘 사회복지사로 헌신한다.

나는 나의 자유의지에 따라 명예를 걸고 이를 엄숙하게 선서합니다.

홍금자

동경복지대학원 사회복지학과 교수

천정환

동서대학교 경찰행정학과 교수

박영숙

성산효대학원대학교 사회복지학과 교수

이혜영

송호대학교 사회복지학과 교수

정민숙

남부대학교 사회복지학과 교수

홍미기

숭의여자대학 가족복지과 교수

신소정

부산여자대학 아동복지보육과 겸임교수

사회복지실천론

초판 1쇄 발행 2011년 12월 30일

지 은 이 홍금자 · 천정환 · 박영숙 · 이혜영 · 정민숙 · 홍미기 · 신소정
펴 낸 이 박정희

기획편집 권혁기, 이주연, 최미현, 양송희
마 케 팅 김범수, 이광택
관   리 유승호, 양소연, 김성은
디 자 인 하주연, 이지선, 김윤희
웹서비스 양채연, 이동민, 이정돈, 백윤경, 김정희

펴 낸 곳 사회복지전문출판 나눔의집
등록번호 제25100-1998-000031호
등록일자 1998년 7월 30일

주   소 서울시 금천구 가산동 60-3 대륭포스트타워 5차 1105호
대표전화 02-2103-2480   **팩스** 02-2624-4240
홈페이지 www.ncbook.co.kr / www.issuensight.com

ISBN: 978-89-5810-246-5(93330)

책값은 뒤표지에 있습니다.
잘못된 도서는 구입하신 서점에서 교환해 드립니다.